中共湖北省委宣传部与 华中科技大学
中南财经政法大学 新闻传播学科共建项目

讲好真语

赵振宇　著

華中科技大學出版社
http://www.hustp.com
中国·武汉

图书在版编目(CIP)数据

讲好真话/赵振宇著. —武汉:华中科技大学出版社，2019.11(2020.12 重印)
ISBN 978-7-5680-5742-4

Ⅰ. ①讲… Ⅱ. ①赵… Ⅲ. ①公民权-基本知识-中国 Ⅳ. ①D921.04

中国版本图书馆 CIP 数据核字(2019)第 229810 号

讲好真话 赵振宇 著
Jianghao Zhenhua

责任编辑：杨 玲
封面设计：刘 婷
责任校对：李 弋
责任监印：周治超
出版发行：华中科技大学出版社(中国·武汉) 电话：(027)81321913
武汉市东湖新技术开发区华工科技园 邮编：430223
录 排：华中科技大学惠友文印中心
印 刷：武汉市金港彩印有限公司
开 本：710mm×1000mm 1/16
印 张：19.25 插页:8
字 数：418 千字
版 次：2019 年 11 月第 1 版第 1 次 2020 年 12 月第 1 版第 3 次印刷
定 价：80.00 元

华中出版

本书若有印装质量问题，请向出版社营销中心调换
全国免费服务热线：400-6679-118 竭诚为您服务

内容简介

《讲好真话》是一本有利于提高新时代领导干部表达能力和公民政治思想文化素养的普及读本。

本书把握时代大背景，以积极审慎的政治理论视野，从民主意识、科学精神、独立品格和宽容胸怀四个层面全面深刻阐述新媒体时代敢于讲真话、讲好真话的必要性和紧迫性，并重点结合突发事件中的网络表达、政治协商中的意见表达、领导干部面对媒体怎样讲好真话、如何当好新闻发言人等方面阐述了讲好真话的实现路径、表达艺术和技巧。

本书特点鲜明：一是内容针对性强，新媒体时代有的干部表达不当引起的舆情震荡、突发事件下网民的非理性表达等无不显示讲好真话的重要性，本书提出讲好真话的原则和表达技巧，实用性强；二是语言通俗精炼，表达准确生动，说理透彻深刻，思维方式新颖富有张力，使用了大量鲜活案例，晓之以理、动之以情，可读性强；三是编写体例生动，全书充分运用图片、典型事件、名言警句、优秀评论作品等表现形式，特别邀请漫画家合作，为本书点睛增趣，吸引力强。

本书出版后受到广泛好评，人民网、光明网、学习强国、《中国纪检监察报》、《中华读书报》、《领导科学论坛》、《北京日报》、《解放日报》、《湖北日报》等众多媒体予以报道和评述。本书的出版有利于提倡和鼓励讲好真话，反对和惩治讲假话，对于提高领导干部和公民的政治思想文化素养，营造良好的舆论环境和健全管理体制，讲好中国故事等具有重要意义，已有单位将本书作为党建活动的辅导读物，邀作者交流互动。

扫我有动图

古人曰："知无不言，言无不尽。""言之者无罪，闻之者足戒。"

提倡讲真话，仍是当下一个重要课题。它不仅是新时代社会经济全面发展的需要，更有利于不断提高民众的政治文明素养；与此同时，提倡讲好真话，不是口无遮拦的"雷人雷语"，更不是信口雌黄的"胡言乱语"，而是在民主、科学、独立、宽容原则下的负责任、高效率的理性表达。

1

1998 年 3 月 21 日，作者(时任《文化报》总编辑）撰写一篇《和谐之美》评论参加 '98 我最喜爱的春节晚会节目评选，在 63 万观众来信中，作为 10 位嘉宾之一受到晚会邀请。图为作者在中央电视台节目评选颁奖晚会“实话实说”现场，接受主持人崔永元的采访(视频截图)

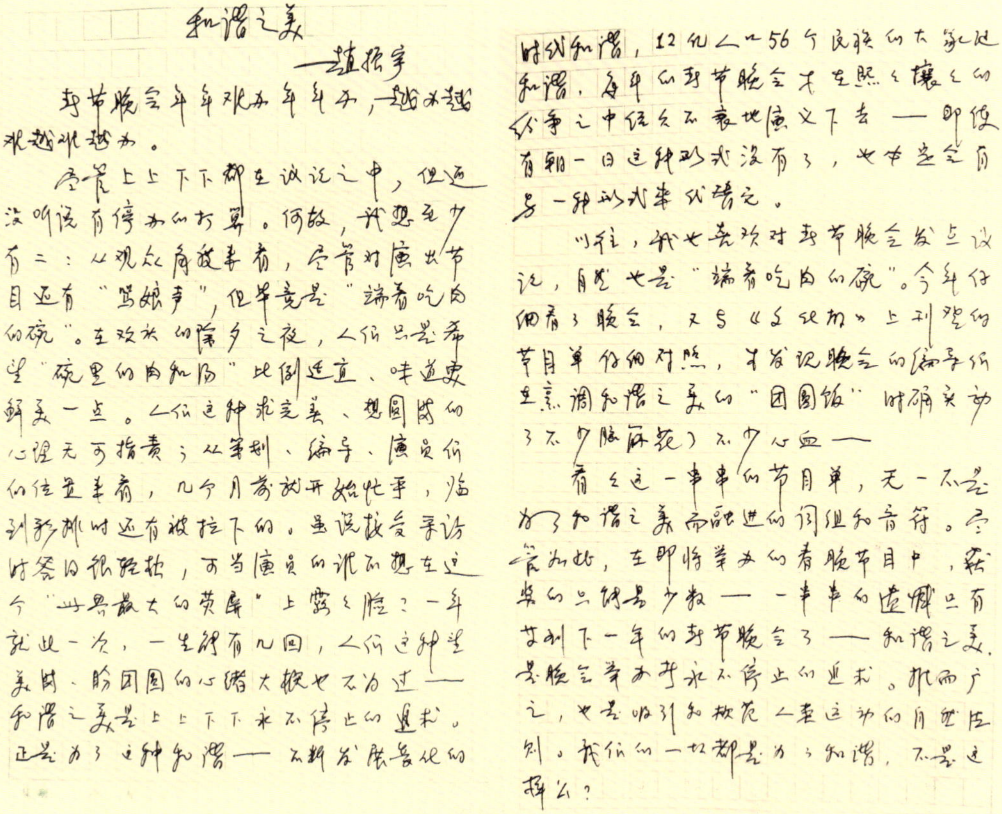

和谐之美

——董振宇

春节晚会年年难办年年办，越办越难越难越办。

尽管上上下下都在议论之中，但还没听说有停办的打算。何故，我想至少有二：从观众角度来看，尽管对演出节目还有“骂娘声”，但毕竟是“端着吃肉的碗”。在欢庆的除夕之夜，人们总是希望“碗里的肉和汤”比例适宜、味道更鲜美一点。人们这种求完美、想团圆的心理无可指责；从策划、编导、演员们的位置来看，几个月前就开始忙乎，临到彩排时还有被拉下的。虽说接受采访时答的很轻松，可当演员的谁不想在这个“世界最大的剧场”上露露脸？一年就此一次，一生能有几回，人们这种望美好、盼团圆的心绪大概也不为过——和谐之美是上上下下永不停止的追求。

还是为了这种和谐——不断发展变化的时代和谐，12亿人口56个民族的大家庭和谐，每年的春节晚会才在熙熙攘攘的纷争之中结结实实地演义下去——即使有朝一日这种形式没有了，也必定会有另一种形式来代替它。

以往，我也喜欢对春节晚会发点议论，自然也是“端着吃肉的碗”。今年仔细看了晚会，又与《文化报》上刊登的节目单仔细对照，才发现晚会的编导们在强调和谐之美的“团圆饭”时确实动了不少脑筋，花了不少心血——

看看这一串串的节目单，无一不是为了和谐之美而融进的词组和音符。尽管如此，在即将举办的春晚节目中，获奖的只能是少数——一串串的遗憾只有等到下一年的春节晚会了——和谐之美是晚会举办者永不停止的追求。推而广之，也是吸引和教育人来这方面的自然法则。我们的一切都是为了和谐，不是这样么？

《和谐之美》文稿

A25 新聞透視眼 □熱線：2873 8990 □傳真：2873 1451 □電郵：edu@wenweipo.com

【責任編輯：鄧寅光】

香港文匯報 WEN WEI PO

趙振宇：傳播程序應科學公開

【本報訊】（記者 任智麗）香港及內地資訊流通互相影響，新聞及評論的發展佔據着重要的角色。華中科技大學新聞學院教授、新聞評論研究中心主任趙振宇，日前應中文大學新聞及傳播學院邀請，到港主持題為「程序的監督與監督的程序：中國個案研究」講座，探討內地新聞傳播發展面對的程序問題。

趙振宇同時從新聞評論的角度，在肯定內地社會民主化的方向之餘，嚴厲地指出當中的不足，及提出多項實質建議，透過傳播程序及方式的更新，推動社會進步。

重公民權利 防黑箱作業

趙振宇指出，在日常的程序，尤其是決策的程序上，科學性、公開性及合法性，是建立社會主義民主政治及促進實現和諧社會的重要因素。

趙振宇引用了多個實際的例子說明了內地決策當局於建立科學及公開程序上的積極嘗試，及當中的不足。例如在就重大議案上召開公眾聽證會，雖然是重視民意的表現，但在設計及程序上如果沒有認真看待民意組成及當中權精性，便是缺乏了科學性的根據，達不到應有的效果。

在民意的展示上，趙振宇表示，近年內地已明顯出現進步，「從字眼上」，從前我們看到的都是「全部」及「一致」贊成通過，現在已看到很多的「過半數」，那意義是很大的。

而在程序的公開性方面，他提出應向事主本人開放其人事檔案，及公布領導人意選票數等，從中體現一個公開的程序，以顯示對人們公民權利的尊重，防止黑箱作業帶來的消極作用，同時也能幫助宣傳政策方針，及提升法制的正義及崇高地位。

趙振宇亦表示，現時內地新聞傳播及幹部的誠實程度仍殖有不足，故特地提倡社會應作嚴厲的反思及改善，「前幾年，我們提在強懷講真話的巴金，現在這位老人已經離我們而去，我們整個民族都應該養成講真話的品格。」

■趙振宇（左）應邀到中大主持講座，透過內地的個案分享他對程序監督的看法。 本報記者任智麗 攝

2

2007 年 1 月，应邀到香港中文大学访问并报告，1 月 25 日香港《文汇报》予以报道

3

2007 年 7 月 15 日，在台湾政治大学做《说了不白说——中国大陆民主化进程中公民权的保障和实施》报告

4

2008 年 5 月 28 日，在中国记者协会于北京召开的有关党报新闻评论改革创新研讨会上，提出建立“评论记者”工作机制，受到与会者肯定

5

2008 年 12 月 16 日，在北京大学做《今天，我们怎样做新闻》报告

6

2009 年 11 月 10 日，在新著《我们说了些什么——一个新闻学教授的历史回眸》出版座谈会上，与原华中理工大学校长杨叔子院士在一起

7

2009 年 11 月 14 日，接受《长江商报》专访谈“官员说话如何不‘雷人’”

官员说话如何不“雷人”

——赵振宇教授专访

赵振宇

評論 周刊

长江商报 B15

滋生“雷人语录”的土壤

8

2011 年 7 月 11 日，在湖北省图书馆“名家讲坛”演讲时与读者交流

9

2011 年 8 月 25 日在美国马萨诸塞大学阿默斯特分校做《尊重保障公民权利，树立良好国家形象》报告

赵振宇做客齐鲁大讲坛

“讲好真话要先畅通渠道”

主办：省委宣传部、省社科联、山东大学、齐鲁晚报

赵振宇谈“讲好真话”

“有独立精神，不人云亦云”

10

2011 年 11 月 16 日，在“齐鲁大讲坛”做《今天，怎样讲好真话》报告

11

2012 年 5 月 22 日，为华中科技大学党委中心组（扩大）学习会议做报告《程序化：领导科学的首要前提》，“引起与会校领导和干部的极大兴趣”

12

2012 年 7 月 31 日，为武汉市委宣传部“新闻发布能力与媒介语言艺术”培训班授课

13

2013 年 10 月，应邀在重庆大学新闻学院为研究生讲授“民主进程中的公民表达”系列课程

14

2011 年至 2013 年，连续参加武汉电视台主办的多场“电视问政”，被评为“最犀利点评专家”。图为中央电视台报道的视频截图

15

2012 年 9 月 24 日，在华中科技大学新闻与信息传播学院办公室接受英国广播公司(BBC)记者访问

16

2014 年 1 月 7 日，参加武汉市政协会议与市长对话，提出加强城市“时间文明”建设，促成市政府发布在全市开展“时间文明”活动的《通知》。图为 5 月 28 日武汉电视台播放专题节目视频截图

17

2014 年 7 月 19 日，在井冈山大学为全国新闻学教学科研高级研讨班讲授《关于中国新闻评论现状与发展的思考》

18

2014 年 8 月 24 日，在武汉市人民政府参事室做学习党的十八大报告有关论述演讲

19

2015 年 8 月 24 日，参加湖北电台"政风行风热线"现场直播节目

20

2016年6月24日，在湖北省人大常委会“干部讲坛”做《加快推进社会主义民主政治程序化进程》报告

21

2016年9月25日、11月21日，为湖北省纪委宣传干部做《怎样认识和做好新闻评论》系列讲座

22

2017年9月27日，在中国地质大学(武汉)做《今天，怎样讲好真话》演讲后与青年教师合影

23

2018年5月22日，在西北师范大学做《新闻人的时代特征与社会担当》报告

24

2019年4月22日，在西南大学新闻传媒学院演讲后与师生们合影

25

2019年6月15日，参加中南财经政法大学“新媒体时代新闻评论卓越人才培养研讨会”，受聘为该校“文澜学者”、新闻评论研究中心顾问，向大会致辞

26 2018 年 11 月 24 日，在中国人民大学参加第十一届中国新闻学年会，做大会主题演讲《关于新闻学专业特色教育的实践与思考》，与郑保卫、胡百精、周勇、雷跃捷、强月新、刘洁、唐远清等老师一起，向“全国新闻学青年学者优秀学术成果奖”作者颁奖。图为大会合影

目　录

绪　论

2017年10月，中国共产党第十九次全国人民代表大会在北京召开。习近平同志代表党中央向全体代表、全国人民同时也向世界宣布：中国特色社会主义进入新时代。进入新时代的中国，社会主要矛盾已经转化为人民日益增长的美好生活需要和不平衡不充分的发展之间的矛盾。面对新时代，人们不仅对物质文化生活提出新的更高的要求，对美好生活需要的内容日益广泛、层次日益丰富，而且在民主政治等方面的要求也日益增长和提高。为此，党的十九大报告在“健全人民当家作主制度建设体系，发展社会主义民主政治”一节中在原来党的十八大报告提出的“民主选举、民主决策、民主管理、民主监督”基础上增加了“民主协商”的重要内容，在强调协商民主重要作用时，特别提到“有事好商量，众人的事情由众人商量，是人民民主的真谛”。

为什么要商量？为什么要众人商量？就是因为我们在追求美好生活的历程中，还有许许多多美好的愿景需要描绘，疑难的问题需要研究，成功的经验需要总结，失败的教训需要反思。有了这么多的事情，当然要好好商量；由于职业、岗位、经历、思想认识和方法的不同，观察视野和角度的不同，人们对相同的事情有着不一样甚至是相反的看法和意见。只有众人都参与商量，才能真正反映民意，把众人的事情办好。议论纷纷，有利择善而从，畅所欲言，方能把握实情。提倡民众讲心里话，讲自己对客观现实的真实反映（意见和建议），讲自己愿意讲的话，讲自己认为是正确的话。公民能心情舒畅地讲真话，是人权的基本要求；保障公民讲真话的权利，是国家民主政治进步的表现。为达此目的，在坚持新时代中国特色社会主义思想和基本方略的前提下，公民在有序参与表达中，应坚守民主、科学、独立和宽容的品格，将犀利批评、热情讴歌、积极建议和深入研究相结合。在这里要特别注意并采取有效措施保护不同的意见、反对的意见、少数人的意见、弱势群体的意见，以及不愿意表达、无法表达和不善于表达自己意见的人的意见。只有这样，我们才能形成有集中又有民主，有纪律又有自由，有统一意志又有个人心情舒畅、生动活泼的政治局面。

政治民主化的增量推进，加快了思想解放的步伐。从党的十三大报告提出的“重大情况让人民知道，重大问题经人民讨论”，到2008年5月1日《中华人民共和国政府信息公开条例》的实施，民主政治迈步向前，也日益朝着“重大情况向人民报告，重大问题由人民决定”演进。保障公民讲真话的权利，能增益于社会秩序的回归，它是国家民主政治进步的表现，它是行政决策科学化的首要前提，它对提升民族公民的素养，也大有裨益。[①]

中国与世界一起进入了21世纪，这是一个新时代。从2002年党的十六大报告确立的全面建设小康社会经济建设、政治建设和文化建设“三位一体”的发展目标，到2007年党的十七大提出的“四位一体”，在原来基础上增加了社会建设的重要内容，强调构建社会主义和谐社会的重要任务，从注重物的增长到尊重人的发展，这是在着力解决现代化进程中人与人的关系，能为现代化进程提供稳定的社会架构，是科学发展的内在要求。2012年党的十八大报告指出全面建成小康社会的发展目标，总体布局是经济建设、政治建设、文化建设、社会建设和生态文明建设“五位一体”。在此，增加了生态文明建设，强调为人民创造良好的生产生活环境，这是

① 赵振宇：《切实保障公民的知情权和决定权——关于修改“重大情况让人民知道，重大问题经人民讨论”两句话的思考》，《西南民族大学学报》2006年第1期。

在着力解决现代化进程中人与自然的关系，努力使中国的现代化走上可持续发展道路，这是科学发展的本质要求。2017年，党的十九大报告指出，我们进入了中国特色社会主义新时代。在这个新时代，人们美好生活需要日益增长，不仅对物质文化生活提出了更高要求，而且在民主、法治、公平、正义、安全、环境等方面的需求日益增长，民意表达则是其中一项重要内容。

社会转型为公民的政治参与发展提供了契机，而公民意见表达的勃兴也必将为经济建设、政治建设、文化建设、社会建设、生态文明建设等社会各领域的转型谏言献策，凝聚智慧与力量。形势是在不断发展变化的，公民的意见表达能力和素质提高也要与之相适应，这是一个长期的持续发展的课题。

一、参与经济建设，提升中国国际竞争力

2001年12月11日，中国正式加入了世界贸易组织，成为其第143个成员国。这标志着中国的改革开放从此进入了一个新阶段，我国将在更广泛更深入的程度上参与经济全球化进程。中国加入WTO将会促进我国经济步入全球化的轨道，使我国按世界贸易组织的游戏规则办事，同时，也使人们的观念和文化立场发生着巨变。这种巨变是相反的作用力向两极延伸：一极是不断地融入全球化，一极是民族自我的重新回归。我们在与世界文化交流时应该坚持自己文化的民族性和独立性，但是，这种坚持不应是狭隘的、封闭的，否则便会走入故步自封的境地。在“取其精华，去其糟粕”的基础上坚持和提升中华文化的特质，科学地借鉴和吸收西方文化中的先进成分，这才是中国与世界文化交流中的正确之举。

经济全球化改变人们的思想观念。经济的全球化使“人类历史上第一次出现了任何东西都可以在世界上任何地方生产和销售到世界各地的现象”[①]。在这种背景下，信息技术和新闻传播在世界各国的文化交流中起着越来越大的作用。“全球化不仅仅是，甚至并不主要是一个经济现象，它主要指的是时空转换。”而这种转换靠的就是现代传播手段。这种信息的传播不仅使得各种信息立刻传遍全球成为可能，并且能使这些信息马上进入成千上万的人的生活之中。[②] 全球化是以物为核心的全球化，也可以说是跨国公司在全球范围内以资本增值为目的的一种进程。然而，确保这种进程顺利完成的条件之一便是消费文化在全球范围内的扩散和形成。在这个进程中，媒体发挥着重要作用，它能使受众养成消极抵制或积极顺从的态度。[③]

---

① [美]来斯特·瑟罗:《资本主义的未来》，转引自《WTO与政府管理》，湖北人民出版社2001年版，第133页。

② 杨伯溆:《全球化:起源、发展和影响》，人民出版社2002年版，第37页。

③ 杨伯溆:《全球化:起源、发展和影响》，人民出版社2002年版，第193页。

经济的全球化是影响和推动我们社会发展的重要因素。这也正如联合国教科文组织报告指出的那样:“当代的经济、政治和社会生活的全球化,已经导致了文化的进一步渗透和重叠,文化在特定的几种文化传统的社会空间中共存以及文化经验和实践更加活生生的相互渗透。现代传媒和运输技术、旅行和旅游业已得到加强,并以从未有过的速度在加速运转。”①

中国加入WTO使中国与世界的文化交流更加频繁和广泛,其中新闻传播表现得更为突出,作为意见表达者的中国公民对此要有更深刻的认识。

2013年开始,我国提出并实施共建“一带一路”倡议,发起创办亚洲基础设施投资银行,设立丝路基金,举办首届“一带一路”国际合作高峰论坛、亚太经合组织领导人非正式会议、二十国集团领导人杭州峰会、金砖国家领导人厦门会晤、亚信峰会,倡导构建人类命运共同体,促进全球治理体系变革。我国国际影响力、感召力、塑造力进一步提高,为世界和平与发展做出新的重大贡献。

这一切都表明中国将会更好更快地走向世界、步入世界的大家庭之中。与此同时,形势的发展也对公民表达提出了更多更高的要求。认真总结和改进我们的参与和传播,是时代赋予中国政府、媒体和公民神圣的职责。

经济全球化对新闻传播提出新要求。党的十九大报告提出,在解决人民温饱问题、人民生活总体上达到小康水平这两个目标提前实现的基础上,到建党一百周年时建成经济更加发展、民主更加健全、科教更加进步、文化更加繁荣、社会更加和谐、人民生活更加殷实的小康社会,然后再奋斗三十年,到新中国成立一百周年时,基本实现现代化,把我国建成社会主义现代化国家。根据这个发展目标、原则和重大战略,中央有针对性地提出了具体的实践措施和政策要求,特别是根据国际和国内经济形势和发展条件的变化,提出了一系列重要的经济思想和决策理念,这些思想和理念是我们研究经济理论和经济现象的基本依据,也是各级政府、新闻媒体和公民参与发表评论时的行动纲领。

新闻媒介的深度功能之一是推动经济形态的发展。媒体用铁一般的事实揭示经济发展的规律,展示生产力进步的前提和条件。每篇经济报道都是对单一经济现象的披露和说明,各种媒体的无数篇经济报道显示经济发展的前景,揭示出经济发展的方向。② 新闻评论为经济建设助力,最主要是通过经济评论发力。这些作用主要表现在:解读好经济政策;分析经济现象和经济环境,预测经济发展趋势,以引导消费行为与投资行为,为决策提供参考和依据;监督经济活动,保障其有序进行。舆论监督表现在四个方面:一是对不法的经济活动进行揭露和批评,显示了媒体的社会责任;二是对不良经济倾向进行针砭,如开发区热、重复建设、行政垄断等,体现了媒体的前瞻能力;三是

① 联合国教科文组织:《世界文化报告1998》,北京大学出版社2000年版,绪论第1页。

② 刘建明等:《新闻学概论》,中国传播大学出版社2007年版,第271页。

对某些经济政策偏差进行评析，促进其即时校正，这显示媒体的全局观念；四是对经济工作中的认识误区、盲区的校正和点拨，对有害经济思想进行批评，这显示了媒体的深度和水平。[①]

二、参与政治建设：有效保障公民权利

中国的改革开放从1978年开始起步，至今已经进行了40多年，中国的经济体制和经济结构已经发生了和正在发生着历史性的变化。经济的发展、社会信息传播方式的变化导致人们的表达意识空前增强。

2008年5月1日起施行《中华人民共和国政府信息公开条例》，该条例的实施为人民的知情权和表达权提供了制度保障；2007年11月1日起施行《中华人民共和国突发事件应对法》，该法规定，在重大突发事件发生时相关机构应"定时向社会发布与公众有关的突发事件预测信息和分析评估结果，并对相关信息的报道工作进行管理；及时向社会发布有关采取特定措施避免或者减轻危害的建议、劝告"，并对"编造并传播虚假信息"进行相应惩罚，从而从法律上保证了人们的知情权、参与权、表达权和监督权。2017年，党的十九大报告指出："扩大人民有序政治参与，保证人民依法实行民主选举、民主协商、民主决策、民主管理、民主监督；维护国家法制统一、尊严、权威，加强人权法治保障，保证人民依法享有广泛权利和自由。巩固基层政权，完善基层民主制度，保障人民知情权、参与权、表达权、监督权。""加强协商民主制度建设，形成完整的制度程序和参与实践，保证人民在日常政治生活中有广泛持续深入参与的权利。"

列宁曾经说过："一个国家的力量在于群众的觉悟，只有当群众知道一切，能判断一切，并自觉地从事一切的时候，国家才有力量。"[②]可见公民的知情权对于一个国家来说，是多么重要。

对于公民来说，知情权是公民从事政治、经济、文化和个人生活的必要条件之一，是公民享有权利和履行义务的基本前提。人民要管理国家事务、经济和文化事业、社会事务，就必须先了解与这些事务相关的信息，没有了解就没有正确管理的可能；人民要对国家机关和国家工作人员提出批评和建议，对国家机关和国家工作人员的违法失职行为提出申诉、控告或检举，也必须对他们的行为过程有所了解，以此为前提，才能运用好手中的权利，真正实现监督。所以，知情权是人民实现自我管理、政治参与的前提，是大众监督政府、保护自身利益的重要保障。

受众知情权的获得程度，通常与一个国家在一定时期的新闻监管政策有关。所以，

---

① 杨继绳：《经济新闻的功能和趋势探讨》，《中国记者》2003年第5期。

② 转引自南振中：把密切联系群众作为改进新闻报道的着力点——对"三贴近"本质和核心的思考，《新闻战线》2003年第2期。

从某种意义上来说，受众知情权的维护需要政府和媒体共同努力。

信息公开的基本原则有六点：一是，政府信息公开是常规，不公开是例外；二是，公民有权获知政府如何运作、如何行使权力；三是，关于保障官方秘密的法律，应限于合理和必需的范围之内，而政府内部的纪律和处分制度也应该与之配合；四是，公民应有权获知存于政府中的有关他们的私人资料；五是，在确认公民知情权的同时，为保护国家、商业等方面的正当权益，可以制定限制信息发布的规范，但应有明确、统一和公平合理的准则；六是，当公众与政府对有关信息公开发生争议时，应有一个客观独立的仲裁机构，审核政府的决定和索取信息者的依据，做出有权威性的和约束力的判断。[①] 不论是哪一种形式的信息公开，向政府索取信息的权利主体都是全体公民，还包括在本国国土活动的外国人，并非只是特定人（如新闻记者）的特权。

三、参与文化建设：为观念创新提供必要条件

文化，从广义上来说，是指由人类创造的一切物质成果和精神成果的总和，它所涵盖的范畴相当宽泛；而从狭义上来说，文化只包括语言、文学艺术与意识形态的一切精神产品。文化建设就是发展教育、科学、文学艺术、新闻出版、广播电视、卫生体育等各项文化事业的活动。它既是建设物质文明的重要条件，也是提高人民思想觉悟和道德水平的重要条件。党的十九大报告提出，文化是一个国家、一个民族的灵魂。文化兴国运兴，文化强民族强。没有高度的文化自信，没有文化的繁荣兴盛，就没有中华民族伟大复兴。要坚持中国特色社会主义文化发展道路，激发全民族文化创新创造活力，建设社会主义文化强国。

时下，网络上各种意见纷呈，各种观点交锋，展现出一片百家争鸣、百花齐放的可喜场景。但同时，也为我们如何保证具有中国特色的优秀文化的建设与发展，不断提升人们的民族素养提出了许多新课题。1997 年，亨廷顿曾著文宣称，美国的文化霸权就是“将本文化强加于其他国家，实质上就是维护文化一元化”。虽然文化是在斗争中得以长存的，但作为社会主体的国家必须维护主流文化意识，建构社会的主流价值观，增强国家的“软实力”，这是保证一个国家、一个民族在这个世界文化多元化时代得以存在、延续并发展的前提条件。

经济全球化为中国文化发展提供机遇，同时也为中国文化建设带来很大冲击。在全球化趋势下，文明冲突与融合并存，在这个背景下，应科学分析新闻传播和思想文化宣传的合理性和科学性。国家通过文化体制改革不断释放文化生产力，但国家意志整体的立足点仍是在国家经济发展方式转变的框架下，将文化产业打造成新的经济增长

① 魏永征、张咏华：《西方传媒的法制、管理和自律》，中国人民大学出版社 2003 年版，第 51 页。

点，若文化事业的激活力度不够，文化发展的主体性没有确立起来，文化就难以发挥安心定志的作用。从世界范围看，随着经济和科技的发展，属于不同文明群体的人民相互交往增多了。我国应该坚持开放型的文化，坚持"批判地吸收"的指导思想，积极促进多元文化的发展。

国家主流文化应超越各种社会文化的文化形态和文化旨趣，代表公共道德。当社会陷入文化失序、道统失衡、价值失调的混乱局面而社会自身又无法自我修补时，就需要国家主流文化在不超越边界、不侵犯其他多元文化的基础上，凝聚社会共识。

目前，互联网已经发展成为影响最广、市场潜力最大的媒介之一。从总体上看，中国大众传媒的发展水平与发达国家之间的距离已明显缩短，基本形成了覆盖全国城乡并面向世界的传播网络。与此同时，随着新科技革命特别是信息化的发展，我国大众传媒呈现出一些崭新的发展特点，如产业化发展、全球化发展、数字化发展、多样化发展等。

互联网技术的飞速发展，使其大容量、高速度、超文本、互动性、多媒体形态的特点得到了充分的发挥，使新闻传播朝着更加快捷、更加便利、更加多样化和个性化的方向发展。[1] 而伴随着网络技术的发展，新闻传播更加表现为一种高度全球化和高度自由化的传播状态。此种状况下，公众可以更加自主地选择信息的收发，不会轻易被新闻传播媒介的舆论导向所左右。在网络技术发展中应运而生的微博，则凭借其随时关注、即刻评论、自由转发等新的传播特点，受到了更多公众的欢迎。微博兼具传播方式简单和传播速度极快的特点，使每个公民都有成为"传播者"的可能。

为适应新的媒体环境的需求，要把争取网络空间作为重要的目标之一。针对青少年中网络使用者比例较高的客观实际，尤其需要做到两点：一是要尽可能多地传播公众所需要的信息，进一步提升相关信息对公众的吸引力及需求的满足度；二是要对公众进行有针对性的传播，通过"对症下药"的方式，提高信息传播的接受程度。

传播文化知识，提高公民文化素养，是当下和以后长时期的一个历史重任。大众传媒作为具有文化特征的意识形态产品，承担着传播信息、引导舆论、构建文化的责任。从功能上讲，新闻报道与新闻评论是文化构建的一个重要渠道。建设一个面向现代化、面向世界、面向未来的，民族的、民主的、科学的、大众的新型文化，成为文化建设的当务之急。要完成这一要务，就必须重视和发挥大众传媒的作用。传媒不断地向人们传播政治、经济、文化信息，大大加快了社会发展进程。

新闻评论和公民表达的过程是精神意识和思维活动的过程，它以多种符号为物质载体，并凭借一定的技术手段加以传播。在现实生活中，人们通过物质交换、人员交流和信息传递进行文化交流。而新闻评论和公民表达是媒体和民众用来传播信息、表达

---

① 仝欣：《新闻传播媒介多样化的利与弊》，《新闻爱好者》2011 年第 4 期。

观点、打造自身品牌的最重要的方式之一。因此我们可以说，新闻评论和公民表达既是一种文化现象，又是一种传播文化的载体，它能传播文化知识，提高公民的文化素养。

四、参与社会建设：促进社会持续和谐发展

构建和谐社会是要实现民主法治、公平正义、诚信友爱、充满活力、安定有序、人与自然和谐相处的目标。这是一个庞大的系统工程，需要各个方面相互沟通、理解和配合，需要上下左右共同齐心、不懈努力。在此，营造一个保障公民意愿表达的良好舆论环境是十分重要的。

社会建设已经引起政府部门高度重视，我们必须面对如下问题：

一是结构性社会问题可能影响社会稳定，如人口膨胀问题、失业问题、官员腐败、社会安全、弱势群体问题、贫富分化等。这些社会问题的出现使社会阶层不断细化，导致许多长期性或一定时期稳定存在的亚文化群出现。各种亚文化之间竞争博弈、争夺话语权，导致极端思想出现，极端思想会撕裂社会文化，消解主流文化的整合作用。

二是变迁性社会问题可能激化矛盾，如农民工问题、留守儿童问题、环境问题、老龄化问题、离婚率上升问题、空村现象等问题。对文化变迁过程无法适应的群体和个人会带来其他性质的社会问题，比如自杀、精神疾病、犯罪等。

三是越轨性社会问题可能引发其他社会问题，如青少年问题、黑社会问题、信用缺失和道德滑坡问题等。必须研究怎样对青少年进行思想文化宣传，怎样抚平经济社会发展不平衡带来的心理落差，怎样构建社会道德体系和建立社会主义诚信体系等亟须解决的问题。

四是病态性社会问题可能侵蚀健康的社会主流文化，如色情泛滥、吸毒贩毒、艾滋病流行等。病态性社会问题的长期存在将严重影响社会风气，侵蚀健康的社会主流文化。

五是心理性社会问题可能引发社会突发事件，如社会焦虑、精神疾病、自杀行为、迷信盛行等。心理性社会问题可能会造成情绪迁移，造成社会突发事件。对国民心理健康问题日益严重的现象，我们不能任其发展，应该通过多种途径开展预防和调适工作。

加强舆论环境建设，保障公民有序参与管理国家事务，是建设和谐社会的一项重要任务。民主的舆论环境使民众的言语与意愿得到畅通的表达，使人民内部矛盾和其他社会矛盾得到正确处理，使社会公平和正义得到切实维护。非民主的舆论环境则使群众的积怨不能得到排遣，会造成矛盾激化而使群众上访、越级上访，甚至出现过激举动。由此，民主政治就会遭到践踏，法治和人权也会遭到践踏，安定团结的社会局面就会遭到破坏。

2016年9月29日，我国公布的第三个《国家人权行动计划（2016—2020年）》再次

提出保障公民的知情权、参与权、表达权、监督权。监督权部分要求:加大对公务员违法违纪行为的监督力度;发挥报刊、广播、电视等传统媒体的监督作用;加强传统媒体与互联网等新兴媒体的互动,重视运用和规范网络监督。[①]

中国社会科学院发布的《社会蓝皮书:2016 年中国社会形势分析与预测》指出,中国公众最关心的问题中,“看病难、看病贵”名列第一。短期内城乡之间的收入差距不会出现拐点。从 2000 年到 2010 年,城镇居民家庭中 20%最高收入户与 20%最低收入户相比,按年收入计算,中间阶层收入是低层的 3.5 倍。[②] 如果民众利益表达权利得不到尊重,民众的诉求得不到满足,则必然导致群体性事件的集中爆发。

在信息公开、民意疏导的过程中,媒体是一道无法替代的桥梁。譬如,在汶川地震、玉树地震等多次突发事件中,媒体就显示出其强大的力量:开放及时的信息,对于政府决策、凝聚人心、稳定社会、消除谣言等,功不可没;媒体迅速介入,全方位地展现地震的惨烈、救助的快速、危机的进展,立体化的真实图景激发国人的道义精神和爱国情怀——正因为媒体的巨大现实价值,从国家领导人到地方各级官员,大多认可媒体的监督功能。

在一个法治完善的国家,民众利益表达和救济途径应是多样化的。例如,可以通过选举的人民代表和协商产生的政协委员以提案和议案的方式表达特定利益集团或弱势群体的利益诉求;也可以通过媒体报道,扩大影响以引起上级领导甚至中央的警示;或者通过诉诸法院以求得法律的庇护;再就是走上街头游行示威以博得社会关注。但是,在当今中国,由于国情的限制,各级人大代表政协委员并不能完全反映特定人群的利益诉求,媒体的舆论监督功能在一些地方常常得不到充分的发挥,司法系统的公平正义还待完善,民众利益的表达渠道并不十分通畅,有的甚至很闭塞。如果当地政府能够及时应对,听取民众的意见表达,并采取相应的措施跟进,往往这样的群体性事件会得到比较圆满的解决。

五、参与生态文明建设:努力建设美丽中国

“把生态文明建设放在突出地位,融入经济建设、政治建设、文化建设、社会建设各方面和全过程,努力建设美丽中国,实现中华民族永续发展。”党的十八大报告首次论述生态文明,首次把“美丽中国”作为未来生态文明建设的宏伟目标,把生态文明建设摆在总体布局的高度来论述,表明我们党对中国特色社会主义总体布局认识的深化;把生态文明建设摆在“五位一体”的高度来论述,也彰显出中华民族对子孙后代、对世界负责的

---

① 中华人民共和国国务院新闻办公室:《国家人权行动计划(2016—2020 年)》,新华社 2016 年 9 月 29 日电。

② 《社会蓝皮书:2016 年中国社会形势分析与预测》,中国社会科学院出版社 2016 年版。

态度。

2016年2月16日,《人民日报》发表述评,对党的十八大以来加强生态文明建设的形势进行了回顾:

生态文明理念深入人心——从顶层设计到全面部署,从最严格的制度到更严厉的法治,生态文明建设扎实有序推进,越来越多的人深刻认识到:保护与发展并不矛盾,青山和金山可以“双赢”。

环境保护合力集聚形成——生态文明体制机制日趋完善,“生态”“环保”“绿色”成为人们关注的热词,广泛的生态共识落地生根,转化为积极的行动和巨大的合力。

绿色发展底色日益亮丽——优化国土空间开发格局,全面促进资源节约,加大自然生态系统和环境保护力度,加强生态文明制度建设,美丽中国的绿色底色,一天天愈发清新养眼。

2015年5月,中共中央、国务院发布《关于加快推进生态文明建设的意见》,这是继党的十八大和十八届三中、四中全会对生态文明建设做出顶层设计后,中共中央对生态文明建设的一次全面部署。该意见首次提出“绿色化”概念,并将其与新型工业化、城镇化、信息化、农业现代化并列,赋予了生态文明建设新的内涵,明确了建设美丽中国的实践路径。

2017年10月,党的十九大报告强调,生态文明建设功在当代、利在千秋。我们要牢固树立社会主义生态文明观,推动形成人与自然和谐发展现代化建设新格局,为保护生态环境做出我们这代人的努力!

在生态文明建设中,新闻评论和公民表达同样大有可为:

第一,守望环境。媒体以源源不断的信息反映社会各方面的变动,延伸人的耳目。人们从新闻传媒上了解各种新信息,扩展视野,随时知道周围环境的变动,预防或应对可能遭遇的不幸事件,这就是媒体守望环境的功能。新闻报道与新闻评论对自然环境、社会环境、政治环境、经济环境和国际环境的突变做出及时、全面的反映。它让人知晓并预防自然的灾变,把握经济资讯以应付经济危机,防止和应对社会动荡,对政局的突变做好心理与行动准备,等等。

目前,我国已进入一个环境问题敏感期。作为一个发展中大国,我国经济发展快,环境污染严重,而群众的环境意识有了很大提高,依法维护自身环境权益的愿望日益强烈,两者之间的矛盾不断累积。再加上政府处理这些问题不论从制度上、认识上和应对实践上,都准备不足,难以适应形势需要。在这种情况下,通过媒体的报道,新闻评论的阐释与呼吁,公民的意见表达,我们能有效地发现这些问题,进而推动政府与公众对于生态环境的重视,并从各方面采取措施解决相关问题。

第二,实现舆论监督。媒体向大众揭露背离生态文明准则的倾向,动员公众采取一致行动反对官僚主义、社会腐恶和不良风气。媒体将社会丑恶的事实公布于众,产生抑制丑陋行动的作用，称为新闻监督或媒介监督。媒体揭露错误和丑恶已形成制度，成为社会抵御伤害、进行自我保护的利器。“公众参与是解决环境问题不可替代的力量”，这个共识正在形成。2009 年，最高人民法院在《关于依法保护行政诉讼当事人诉权的意见》中坦陈：“只有畅通行政诉讼渠道，才能引导人民群众以理性合法的方式表达利益诉求，最大限度地减少社会不和谐因素，增进人民群众与政府之间的理解与信任。诉讼渠道不畅，必然导致上访增多，非理性行为加剧。”

在我们建设法治社会的今天，“司法诉讼渠道解决的环境纠纷不足 1%”的现实让人震撼。对于这样的选题，有良知与责任感的媒体当然不能无视。事实上，在生态文明建设中，新闻评论和公民参与监督的范围是广泛的：监督法律条文的制定和政府的各项决策，监督国家法令的执行和政府的施政行为；监督国家公务员的一言一行；监督市场运行的违法现象，等等。通过这些监督，生态文明建设中的法律缺位、执法犯法、违法不究等现象，才可能得到有效消除。

第二节　什么是讲真话

一、“讲真话”含义解读

所谓讲真话就是讲心里话，讲自己对客观现实的真实反映（意见和建议），讲自己愿意讲的话，讲自己认为是正确的话。在现实生活中，“真实”常常与“虚假”“伪装”相对应。“虚假”说的是与现实不符，而“伪装”则是凭借外部力量有意掩饰自己的本来面目。“讲真话”可以从以下两个方面予以解读——

1. 真实地反映客观现实

这句话有两层意思：一是说人们通过语言文字表达自己的思想和需求。人是社会关系中的人，人与社会、自然和谐相处，需要用劳动改造世界，用语言文字表达意愿，这是人与动物的根本区别。人们的意愿表达一般来说有两种方式，即语言和文字。语言是以语音为物质外壳，以词汇为建筑材料，以语法为结构条理的符号体系与信息载体。它是人类特有的一种机能，是一种特殊的社会现象。人们借以表情达意，交流思想，是人类最重要的交际工具和独一无二的思维工具。[①] 文字则是记录语言的一种符号，是语言的一种书面形式。

除此以外，人们的意愿表达还有第三种形式，即人们的身体语

① 《简明社会科学词典》编辑委员会：《简明社会科学词典》，上海辞书出版社1984年第二版，第785页。

言。《中华人民共和国集会游行示威法》(全国人民代表大会常务委员会于1989年10月31日通过并施行)第二条规定:“所谓集会,是指聚集于露天公共场所,发表意见、表达意愿的活动。所谓游行,是指在公共道路、露天公共场所列队行进、表达共同意愿的活动。所谓示威,是指在露天公共场所或者公共道路上以集会、游行、静坐等方式,表达要求、抗议或者支持、声援等共同意愿的活动。”综上所述,集会、游行、示威都是人们表达自己意愿的一种活动方式,虽不是普遍的,但却是受法律保障的,当然,也存在一些问题需要研究解决。① 本书主要研究的是运用语言和文字进行意愿表达。

人与社会的接触中,要真实地反映现实的存在,用语言文字来表达它,这里强调的是“客观”。所谓“客观”,指的是不依赖于人的意识而可以为意识所反映的物质世界。世界无限复杂的多样性都是物质的特定形态。运动是物质的根本属性,时间和空间是物质的存在形式。② 人们的意愿表达是一种主观见之于客观的意识反映,意识不是也不能是人的主观意愿,它只能从客观实践中产生和形成。那么,客观存在的纷纭繁杂、千变万化的物质世界就是我们形成认识论的前提和基础。

新时代的发展与变化得益于两点:一是科学技术的发展带来社会的进步,二是人们思想文化素质的提高更好地适应和促进这种形势发展。当下,网络新媒体以传播速度快、容量大、互动强、链接广而展现它的优势。与此同时,传播快使得真假混杂,泥沙俱下;容量大使得人们没有足够的能力和精力去寻找自己真正需要的信息;强大的互动性则使信息的确定性难以得到保障。“虽然每个网民只是提供的一些零散‘碎片’,但是,当关键的碎片拼贴在一起时,当它们与专业媒体所提供的图景组合在一起时,最终呈现出来的景象,会比仅仅由专业媒体所描绘的景象,要更为丰富、立体、真实。”③此刻,摆在职业新闻人和广大公众面前的重要任务就是要对信息进行选择、核实和解读——选择社会广泛关注或者应该关注而尚未关注的信息;核实信息的真假,以建立网络时代极其稀缺的公信力;解读信息内在的、背后的、隐含的意味。在当今媒体时代,谁的选择能够得到广大受众的认可,谁的核实能够做到准确无误,谁的解读能够让受众释疑解惑,谁就能够在媒体竞争中站稳脚跟,谁就能在政治参与中展示自己的才华,为社会做更有成效的工作。

“真实地反映客观现实”这句话的另一层意思是:经过实践检验,它是正确和基本正确的话。公民的意愿表达是主观见之于客观的反映,这种反映不以人的主观意志而转移。丁是丁,卯是卯,真是真,假是假,客观存在的物质世界,不论是自然的,还是社会的;不论是听广播、看电视、阅览报刊等文化生活,还民主、法治、公平、正义等政治生态;不论是“马航失联”“问题疫苗”等突发事件,还是生老病残、衣食住行的生活琐事,它都

① 赵振宇:《关于保障公民集会游行示威权的思考与建议》,《宁夏社会科学》2010年第1期。

② 《简明社会科学词典》编辑委员会:《简明社会科学词典》,上海辞书出版社1984年版,第650页。

③ 彭兰:《碎片化社会背景下的碎片化传播及其价值实现》,《今传媒》2011年第10期。

是真实的客观存在。

2014年3月8日，一架MH370航班在从马来西亚首都吉隆坡飞往北京的途中失踪，机上载有239人。在以后的时间里，有关方面在跨越印度洋南部12万平方公里的范围内进行水下搜寻，耗资1.35亿美元，是航空史上最昂贵的搜寻行动。但是，一直没有结果。2016年7月22日，在一份给遇难者亲属的声明中，中国、马来西亚和澳大利亚三国决定中止搜寻MH370。“部长们重申并未放弃确定MH370航班位置的希望。”[①]虽然时至今日，这架坠落于澳大利亚西部印度洋的波音777客机仍然杳无音讯，但是，失联的班机终究存在于这个世界上，它不会因为我们一时的(时间可能会很长)或因为搜寻手段等原因而到现在还没有找到它，就否认它的存在。人们常说，“天有不测风云，人有旦夕祸福”，说的是大自然和人类社会纷纭繁杂、变幻莫测。人们面对自然与社会的变化发展，之所以“一筹莫展”，是因为在这个时间和空间里人们还不能完全、正确地认识它们。而人类的存在，就是要不断地解开这一个又一个“不解之谜”！

我们提倡讲真话，当然不是语无伦次、胡言乱语。那么，怎样才能鉴别我们的意见表达是否符合客观实际呢？只有经过实践的检验，才能确认它的真伪和优劣。公民在参与政治活动中，力求说真话是指说正确和基本正确的话。为什么说“力求”呢，这是因为人与自然、人与社会、人与人的互动和谐统一运动中，常常会出现一些不以人的意志转移的众多突发、偶发因素。这些因素的出现，会影响人们对客观事物的观察与判断，自然也会影响人们的意见表达。“力求”，是我们讲真话的初衷，最终实现“正确和基本正确的话”则是我们努力的方向和目标，这就是人的主观世界与客观世界运动变化、发展互动的辩证法。

2. 由衷之言

这句话也要作两种解读：一是人们在安全自由状态下的由衷之言。真话不是应酬之言，不需要装腔作势，也不能颐指气使。

公民能心情舒畅讲真话，是人权的基本要求；保障公民讲真话的权利，是国家民主政治进步的表现。马克思曾深刻指出：“发表意见的自由是一切自由中最神圣的，因为它是一切的基础。”[②]胡适说过：“我深信思想信仰的自由与言论出版的自由是社会改革和文化进步的基本条件。”[③]《欧洲人权公约》第十条第一项规定：“人人有言论自由的权利，此项权利应包括保持主张的自由，以及在不受公共机关干预和不分国界的情况下，接受并传播消息和思想的自由”。[④]

---

① 据2016年7月23日《参考消息》报道。

② 马克思、恩格斯：《马克思恩格斯全集(第11卷)》，人民出版社2008年版，第573页。

③ 胡适：《容忍与自由：胡适读本》，潘光哲编，法律出版社2011年6月第1版，121页。

④ 万鄂湘：《欧洲人权法院判例评述》，湖北人民出版社1999年版，第585页。

公民表达权包含以下内容：决定是否发表言论的自由；不受限制地发表言论的自由；以某种方式和形式发表言论的自由；匿名发表的权利；个别或共同发表言论的自由；对公共事件和社会事件及其当事人进行报道和公正评论的权利；批评国家机关及其工作人员以及对国家机关的工作提出建议的权利；向国家诉冤请愿的权利；接近媒体的权利，即要求媒体发表答辩、更正的权利。①

"由衷之言"的第二层意思是说，这种由衷之言可能是不正确、不全面甚至是错误的话。在现实中常有这样的误解，以为讲了真话就一定是正确的，有关方面就一定要全盘接受并付诸行动，否则就是不听真话、不让人们讲真话以致不让人讲话。

"由衷之言"强调的是人们说话的一种心理状态，它是自由的、安全的、不受利诱的和不受强迫的。至于这些话是否正确，是否为真理，却是要接受实践检验的。畅通公民讲真话的渠道、掌握民情，是领导行政科学决策的首要前提。正确的话，可以帮助我们把握时局，认清形势，科学决策；片面或错误的话，也有利于掌握动态，分析原因，从另一面或反面检查、改进工作。

真话不是真理，真话不是政策，真话不一定要全盘接受，真话有时也是错误的，讲了错误的话要承认、要改正。公民意见表达的过程也是一个学习和体验的过程，在民众自觉参与和平等交流中，大家会在过程中感悟到国家法律的尊严、建设的艰辛、管理的繁杂、社会的多样化，这对于提高整个民族的政治和科学文化素质是大有好处的。

二、法律保障公民讲真话

《中华人民共和国宪法》作为国家根本大法提出保障公民的言论自由。

《宪法》第二条规定："中华人民共和国的一切权力属于人民。"这是《宪法》第二条赋予公民决定权的最高法律依据。除此，《宪法》第二条中还有具体规定："人民依照法律规定，通过各种途径和形式，管理国家事务，管理经济和文化事业，管理社会事务。"

第二十七条规定："一切国家机关和国家工作人员必须依靠人民的支持，经常保持同人民的密切联系，倾听人民的意见和建议，接受人民的监督，努力为人民服务。"

第三十三条规定："国家尊重和保障人权。"第三十五条规定："中华人民共和国公民有言论、出版、集会、结社、游行、示威的自由。"而这一条说的都是公民的意愿表达，只是表现形式不同而已。

2009 年 4 月 13 日，国务院新闻办公室发表了中国第一个《国家人权行动计划（2009—2010 年）》，提出了"（五）知情权。积极推行政务公开，完善相关法律法规，切实保障公民的知情权。（六）参与权。从各个层次、各个领域扩大公民有序政治参与，保障

---

① 侯健：《表达自由的法理》，上海三联书店 2008 年版，第 10 页。

公民的参与权。(七)表达权。采取有力措施,发展新闻、出版事业,畅通各种渠道,保障公民的表达权利。”“加强对新闻机构和新闻记者合法权利的制度保障,维护新闻机构、采编人员和新闻当事人的合法权益,依法保障新闻记者的采访权、批评权、评论权、发表权”。其中第一次提出“评论权”,这不仅仅是对新闻工作者而言,也是广大公民的一项权利。该行动计划同时提出:“(八)监督权。健全法律法规,探索科学有效的形式,完善制约和监督机制,保障人民的民主监督权利。”

2016 年 9 月 29 日,新华社发布第三个《国家人权行动计划(2016—2020 年)》。在“二、公民权利和政治权利”中将“知情权和参与权”并为第四条,要求:“多渠道多领域拓宽公民知情权的范围,扩展有序参与社会治理的途径和方式。”特别强调:完善突发事件信息发布制度,提高立法公众参与度。探索建立有关国家机关、社会团体、专家学者等对立法中涉及的重大利益调整论证咨询机制,拓宽公民有序参与立法途径,健全法律法规规章草案公开征求意见和公众意见采纳情况反馈机制;完善人民监督员制度。改革选任和管理方式,充分保障人民监督员的各项权利,进一步拓宽人民群众有序参与司法渠道;修改城市居民委员会组织法,加快制定或修改村委会组织法配套法规。推进居务、村务公开建设,促进居民、村民民主参与;健全以职工代表大会为基本形式的企事业单位民主管理制度。推进企事业单位信息公开制度化、规范化建设,保障职工的知情权,有效参与民主管理。

将“表达权和监督权”并为第五条,提出:扩展表达空间,丰富表达手段和渠道,健全权力运行制约和监督体系,依法保障公民的表达自由和民主监督权利。特别强调:依法保障公民互联网言论自由。继续完善为网民发表言论的服务,重视互联网反映的社情民意;建立对各级国家机关违法行为投诉举报登记制度。畅通举报箱、电子信箱、热线电话等监督渠道,发挥社会监督的作用;完善信访工作制度,推进信访法治化。保障公民合理、合法诉求依照法律规定和程序就能得到合理合法的结果;发挥报刊、广播、电视等传统媒体监督作用,加强传统媒体与互联网等新兴媒体的互动,重视运用和规范网络监督。依法保障新闻机构和从业人员的知情权、采访权、发表权、批评权、监督权。

从《国家人权行动计划(2016—2020 年)》的制定和修改完善中,可以看到我国政府从法治的角度不断扩大和提高公民参与管理国家事务的参与度和科学性。依法保障公民政治权利可从以下几方面入手:多渠道多领域拓宽公民知情权的范围,扩展有序参与社会治理的途径和方式;扩展表达空间,丰富表达手段和渠道,健全权力运行制约和监督体系,依法保障公民的表达自由和民主监督权利;发挥报刊、广播、电视等传统媒体监督作用,加强传统媒体与互联网等新兴媒体的互动,重视运用和规范网络监督;依法保障新闻机构和从业人员的知情权、采访权、发表权、批评权、监督权等。

我国政府于 1998 年签署了联合国《公民权利和政治权利国际公约》,其中规定:“人人有权持有主张,不受干涉;有自由发表意见的权利,此项权利包括寻求、接受和传递各种信息和思想的自由，而不论国界，也不论口头的、书写的、印刷的、采取艺术形式的，或通过其选择的任何其他媒介。”①

通过上面的介绍可以看到，无论是从国家宪法还是国际法的层面，无论是什么样的社会制度，现代国家的法律法规都支持公民表达自由的权利。

虽然国际法和国家宪法都从法律的角度保障了公民表达的基本人权，但要真正做到“心情舒畅讲真话”却不是一件容易的事情。这既有我们国家两千多年封建专制制度和思想的影响，也有公民在法治轨道上站立和进步的问题。公民表达素质的提高也是一个长期的实践过程，需要我国政府、媒体和公民自身等诸多方面的共同努力。

三、讲真话是一个历史发展过程

为了实现和保障公民表达意见的自由，人们经过了漫长的探索与实践。

启蒙思想家在反对封建专制制度的斗争中，也提出了言论自由的口号，其后，各国相继用《宪法》的形式赋予公民言论自由。但是，作为一个独立且完整的权利，直到18世纪末它才被确定下来。1789年法国《人权宣言》中，言论自由作为人权的最重要的内容被加以规定，1791年美国宪法修正案第一条也把言论自由列为首要的公民权。而现在所普遍使用的关于言论自由的概念，是1948年联合国《世界人权宣言》以及《公民权利和政治权利国际公约》之中最终明确的概念。

大胆地说出自己的心里话，免于恐惧地思考与表达，是人的一种本能的需要。但讲真话并不容易。少说话尤其是少说真话，被有的人奉为“低调做人”的圭臬。这与“谨言慎行”的传统惯性有关，也与“祸从口出”的历史教训有关。

“一个人如果不讲真话挺可悲的”。连续三届担任全国人大代表、知名企业家董明珠在面对中央电视台采访时，说了这么一段颇有个性的话：“也许别人认为我这个人修养不够，别人有修养不说真话，我为了讲真话，宁可不要这样的修养。”如此硬气的表达，令人击节赞叹。其实，敢讲真话才是真正的修养，一种令人钦佩的修养。

巴金曾经说过：“人只有讲真话，才能够认真地活下去。”今天提倡讲真话，有敢不敢的问题，更有怎样讲好的问题。是否认真地讲真话，检验着一个人的修养，也检验着一个社会的生态。我们提倡的讲真话，不是口无遮拦的“雷人雷语”，更不是信口雌黄的“胡言乱语”，而是负责任的理性表达。

有道是，言为心声。我们必须承认，真话不是真理，讲真话只是袒露心声，谁也无法保证自己的话完全正确，也无法保证讲出的话所产生的社会效果。讲真话见真心，说错

① 朱晓青、柳华文：《〈公民权利和政治权利国际公约〉及其实施机制》，中国社会科学出版社2003年版，第79页。

话也不丢人。每个人都需要讲真话的勇气，要敢讲负责任的大实话。这种勇气来源于求真务实的正气，来源于襟怀坦荡的底气，更来源于敢于和善于把握事实本质和能对该事实性质判断准确的智慧和锐气。

中华人民共和国成立以后，中国历史从此进入一个崭新的时期，公民表达权保障也进入新的发展阶段。总的来说，公民表达权保障大体上经历了三个阶段——公民表达权保障的初步展开阶段、公民表达权保障的挫折和严重倒退阶段、公民表达权保障初步恢复及逐渐走向成熟阶段。

《中华人民共和国宪法》是中华人民共和国的根本大法，拥有最高法律效力。中华人民共和国成立后，曾分别于1954年9月20日、1975年1月17日、1978年3月5日和1982年12月4日通过四个宪法，现行宪法为1982年宪法，并历经1988年、1993年、1999年、2004年、2018年五次修订。宪法虽然多次修改，但以下内容却一直保留着："中华人民共和国公民有言论、出版、集会、结社、游行、示威的自由"，"人民依照法律规定，通过各种途径和形式，管理国家事务，管理经济和文化事业，管理社会事务"，"一切国家机关和国家工作人员必须依靠人民的支持，经常保持同人民的密切联系，倾听人民的意见和建议，接受人民的监督，努力为人民服务"。

2006年10月16日，中国共产党第十六届中央委员会第六次会议通过了《中共中央关于构建社会主义和谐社会若干重大问题的决定》，这是"表达权"概念第一次进入中共中央的正式文献。该决定认为，为了保障社会的公平正义，在推进决策的科学化、民主化，深化政务公开的过程中，应当依法保障公民的知情权、参与权、表达权和监督权。2007年10月，"表达权"一词正式载入中国共产党第十七届全国代表大会政治报告。自此，表达权成为我国政治生活的关键词。

2019年2月28日，中国互联网络信息中心(CNNIC)在京发布第43次《中国互联网络发展状况统计报告》。截至2018年12月，我国网民规模达8.29亿，普及率达到59.6%，全年共计新增网民5653万人；我国手机网民规模达8.17亿，网民通过手机接入互联网比例高达98.6%。信息化服务快速普及，公共服务水平显著提升，让广大人民群众在共享互联网发展成果上拥有了更多获得感，这其中就包括人们充分发表自己意见，参与国家各项事务的管理。可以说，我们已经身处一个公民表达的时代，不论你有没有准备好。只有充分地实现公民表达，才能获得真理。道理是清楚的，但实践起来却不是一件容易的事情。

在20世纪80年代，当改革开放进入艰难探索的起步时，极需要调动广大人民群众的积极性，让其畅所欲言、发挥聪明才智。为此，《人民日报》发表了《鼓励大家讲心里话》(1986年7月21日)的评论员文章。30多年过去了，评论中很多话，在今天看来仍然是具有指导意义、令人深思的。评论员文章写道：

对于一个执政党来说，能否听到人民群众的心里话，是事业成败的关键所在。人民群众能不能真正讲心里话，取决于人民对我们党的信任程度，标志着社会主义民主的发展水平。

讲心里话不是件容易的事情，这是因为我们有过不容许讲真活、听不得人家讲心里话的政治氛围。在极左思想支配下，“一言堂”“一句顶一万句”成为信条，听不得不同意见，容不得独立思考，自然形成“万马齐喑”的局面。在那期间，说真话、暴露真实思想，有可能招来横祸，至少也要触霉头。奉迎伪饰则可以得福，虚与委蛇才得以安生。人们避害趋利，也就不会讲心里话了。党的十一届三中全会以来，我们已经从根本上扭转了局面，逐渐形成一种不怕讲心里话的氛围。我们要在这个基础上进一步的努力，才能巩固并发展社会主义民主的成果，从而进一步调动人民群众的积极性，集中人民智慧，搞好社会主义改革和社会主义现代化建设。

要求人们讲心里话，首先就要坚持宪法所规定的言论自由的原则，不得侵犯人民群众所享有的发表各种意见的权利。邓小平同志曾经说过：“对于思想问题，无论如何不能用压服的办法，要真正实行‘双百方针’。一听到群众有一点议论，尤其是尖锐一点的议论，就要追究所谓‘政治背景’、所谓‘政治谣言’，就要立案，进行打击压制。这种恶劣作风必须坚决制止。”一有不同意见，就无限上纲，这是神经衰弱的表现，结果只能堵塞言路，孤立自己，是违反社会主义民主的精神的。正确的做法应当是在宪法和法律许可的范围内，允许发表各种意见，包括一些不一定正确的意见，不搞“以言治罪”。

要创造能够真正讲心里话的气氛，还要注意提供方便、创造机会来让人民群众发表意见，并采纳和实行其中的正确观点。特别是在群众针对领导已经决定了的事提出不同看法，要更加耐心倾听，比较、研究。一旦证明群众的意见是正确的，就要从善如流，修改我们的决定。这是使我们的政策与计划不断充实、完善的重要途径。对于不正确的意见，应当进行解释、说明，以理服人，要相信群众的判断能力。

鼓励大家讲心里话，首先要各级领导干部带头讲心里话。一是在上级面前讲心里话，如实反映情况；二是在群众面前讲心里话，能够同群众交心。二者都不可缺少。领导干部、先进分子带头说心里话，可以起示范作用，使群众增强信心，对于强化说心里话的气氛是极其重要的。我们的事业需要听到群众的心里话，就需要进一步创造群众畅所欲言的环境。真诚、坦率、信任、和谐，是我们这个社会应有的气氛。让我们上上下下共同为此而努力。

“众人之诺诺，不如一士之谔谔。”每逢全国两会，这句略显生僻的古语都会被很多媒体摘出来引用一番。不少代表和委员都表示：“给自己的定位是讲真话。”探索真理，就要打破思想禁锢。“习惯势力和主观偏见”对思想的禁锢，是公民表达的枷锁，是探索真理的天敌。改革开放40多年了，我们还在为讲真话而努力，颇值得玩味和反思。

“敢于直言，讲好真话”是一个相互联系、相互促进的舆论系统：其一，说明外部环境还存在着影响人们讲真话的不利因素，需要人们有勇气有担当有付出，这是需要改进和完善的;另外,它同时要求人们具有相应的知识储备、判断能力和表达技巧,需要不断地在讲真话实践中提升自己、突破自己——这是一个社会环境不断改善、公民素质不断提高的互动过程。

说到讲真话,我以为有两位老人值得我们学习记取不可忘却。

晚年的巴金在《随想录》一书中,以罕见的勇气"说真话",为中国知识分子树立了一座丰碑。他对过去的反思,他追求真理的精神也赢得了文化界的尊敬。从《随想录》里,人们又见到了那个熟悉的巴金,他开始独立思考而不再盲目听命,挣脱思想枷锁而不再畏首畏尾,直言中国过去"太不重视个人权利,缺乏民主与法制",痛感"今天在我们社会里封建的流毒还很深、很广,家长作风还占优势",要集中批判"长官意志"。

2005 年 10 月 17 日,巴金老人去世了。我在媒体上写过一篇评论《巴金走了,我们还寄托于谁》——巴金走了,他是以中国作家协会主席的身份离开我们的,但他更是以"说真话"的思想战士离开我们的。巴金从 20 世纪末至 21 世纪初的 20 多年时间里,他一直以一个"说真话"的民主战士活在人们的心里。今天,这位英雄走了,我们还寄托于谁?

巴金知道:"我提倡讲真话,并非自我吹嘘我在传播真理。正相反,我想说明过去我也讲过假话欺骗读者,欠下还不清的债。"老人在生前尽力地做一件事,就是为了讲真话,去还那些还不清的债。巴金走了,作为一个讲真话的精神寄托,他走了。但是,作为一种讲真话人的属性应该回归——从来就没有什么救世主,也不靠神仙皇帝。要创造人类的幸福全靠我们自己,不是这样么?但愿这个话题不只是热闹这么几天。

时至今日,人们在提到讲真话的时候,还是有人回忆崇敬巴金老人,但更多的是将钟南山院士作为我们学习的楷模。

钟南山院士再次被提起,不仅是他精湛医术在 2003 年"非典"时期的贡献,更在于 17 年后的今天他以再战的精神,特别是在救人于危难之际敢于直言、勇于讲真话的精神气概而获得举国上下的称赞。

钟南山说:"以人为本,起码要从讲真话开始。就像我们医生,对病人讲真话,才能让人信任你。真话和真药一样重要。"这段话的思想来自于他的父亲钟世藩教授。2020 年 1 月 20 日钟南山到达武汉调查后立即指出:肯定存在人传人的情况。为此他提醒大众:(1)没有特殊情况不要到武汉;(2)有感冒要及时到发热门诊就诊;(3)源头不清楚,但可能是竹鼠、獾这种野生动物,尽量别去碰野味;(4)出门记得戴口罩,买不到 N95 口罩,普通口罩也可以起到阻止飞沫传播的作用。

正是有钟南山说了像真药一样的真话,才引起高层重视,武汉市于 1 月 23 日采取了"封城"等一系列积极举措!

巴金和钟南山,一位百岁老人,一位 84 岁的院士,他们是社会科学和自然科学的代表,他们将人文品格和科学精神和谐相融于一体——在疫情再战中记取他们,在新时代的国家与社会治理中以他们为楷模，敢于实事求是讲真话，是为了把当前和以后的事情做得更好。但愿这个话题也不只是热闹这么几天。

言论自由是人格及自主性最重要的方面。保障公民表达，是因其有助于提升人们的自主性。我们崇尚公民的自主性表达，是因为言论自由作为基本权利才能彰显人的自我，是建立和谐社会秩序的必要前提。我们提倡社会要有讲真话的嘴巴，更要提倡有听真话的耳朵。如果没有听真话的耳朵，讲真话的嘴巴再多也是白搭。网络媒体的发展，让我们有了更多表达自己意愿的渠道，但同时也提醒我们，在要求自己畅通表达意愿的同时，特别要注意倾听他人的意见，为倾听他人意见创造畅通表达意见的环境和条件。畅所欲言，不可能字字珠玑、句句至理，不能保证都是正确的。当我们要求别人允许自己讲错话的时候，也同样应该允许别人讲错话，讲不同意自己的话，讲反对自己的话。只有这样，我们才能真正实现“各美其美，美人之美，美美与共，天下大同”的和谐社会。①

讲真话是一个历史发展过程。1978—2008 年，我国经历了以阶级斗争为纲转向以经济建设为中心的现代化建设、改革开放和加入世界贸易组织等重大变革，其间还伴随着知识经济浪潮、网络媒体革命和政治体制改革，影响是深远的。回顾历史是为了更好地把握未来。过去的 30 年间我们说了些什么并做了些什么，有很多东西值得回味，需要记录。笔者作为这个时代的参与者和见证人，以一个新闻学教授的责任感，用纪实的方式，回眸了 30 年来中国民主进程中发生的重大变革、一代知识分子的思考、典型的新闻事件以及媒体对此的评论，出版了《我们说了些什么——一个新闻学教授的历史回眸》(武汉大学出版社 2009 年版)。《讲好真话》在此基础上对公民表达的课题有了进一步思考，对近十年来民众表达意愿参与国家事务管理的实践与理论，予以反思和总结，指出追求民主、科学、独立和宽容，是公民有效表达的基本准则和必经之路。面对新时代，人们不仅对物质文化生活提出新的更高的要求，需要美好生活的内容和层次日益广泛，而且在民主政治等方面的要求也日益增长和提高。人们的意愿表达是人权的一项重要内容，也是当代公民展现新时代风貌，积极参与社会活动的一种具体表现。全书围绕公民表达的民主意识、科学精神、独立品格、宽容胸怀和怎样讲好真话等五个方面内容，阐述培养这些基本素质的意义和方法，告诉人们要学会运用现代传播工具和科学方法真实有效地表达自己的意愿，促进社会和谐有序发展。笔者特别对突发事件中的网络表达、政治协商中的意见表达和领导干部面对媒体讲好真话做了较为深入的论述。

《讲好真话》的阅读对象为全体公民，对于普通大学生和领导干部来说尤为重要。本书可作为大学生的科学文化素质教育课——他们步入大学后提高认识社会和时评论辩素质的一门基础课的读本，也是领导干部面对媒体讲好真话的辅导读本。现代社会

① 费孝通:《创建和而不同的全球社会》，载《思想战线》2001 年第 6 期。

为我们提供了一个政治民主化、经济全球化、信息网络化和文化多元化的交流平台，各种思潮、思想和观念纷呈。本书每一章都将在“是什么—为什么—怎么做”的思维框架中，对公民表达进行更深入更多元的思考，旨在为广大读者讲述公民表达的基本内容和原则，为提高其思想文化素质奠定基础。这一课程在高校课堂、干部论坛开设可以培养学生、干部的逻辑思维和辩证思维，提高他们分析问题、解决问题和表达意愿的能力。

怎样讲好真话是个大课题，笔者愿意与读者朋友一起在交流和互通中结成友谊，在探讨和争鸣中发现和发展真理。

第一章

公民表达的民主意识

民主意识是公民思想体系中的重要一环，也是公民素养教育培养的重要方面。党的十九大报告提出："有事好商量，众人的事情由众人商量，是人民民主的真谛"，"加强协商民主制度建设，形成完整的制度程序和参与实践，保证人民在日常政治生活中有广泛持续深入参与的权利"。公民的意愿表达是传播民主思想的重要方式。党的十八大以来，在我国的社会经济蓬勃发展的当代景象中，我们高兴地看到，为了推动社会民主化的真正实现，完成中华民族伟大复兴，实现中国梦，公民表达正发挥着更大更积极的作用，这一切是和当代公民民主意识的提升分不开的。

第一节 公民表达离不开民主意识

一“点”都不能少

公民表达的民主意识是指表达者所具备的有关民主的观念和认识，它包含两个层次：一是公民对民主内涵及相关意义的认知，民主意识是国家公民最基本的意识要求；二是公民在表达意见时对民主内涵及相关意义的认知体现。

民主意识是公民表达思想体系中的重要一环，也是公民评论素养教育培养的重要方面。从某种程度上讲，公民表达的实践行为就是捍卫民主自由的过程。新闻评论文本（现在还有广播、电视和新媒体等多种表现形式）是传播民主思想的重要载体，甚至可以说，新闻评论这种形式一诞生，就承载着推动人类民主解放进程的力量。在漫长的新闻评论发展道路上，新闻评论者不断努力用文章呼唤民主思想和民主精神，并为此付出了大量心血甚至生命。20 世纪 90 年代以后，在新闻评论和公民表达蓬勃发展的当代景象中，我们更可以看到，为了完成中华民族伟大复兴，推动中国社会民主化的真正实现，人们的意愿表达正发挥着越来越大的积极作用，这一切都和当代公民表达民主意识的提升分不开。

大约在公元前 5 世纪，希腊语中出现了 democracy 一词，它由 demos（城邦平民）和 kratos（力量）这两个词组成，其含义是人民统治或者多数人统治，特别强调穷人和富人一样拥有平等的政治权利。[①] 有趣的是，民主最开始的意义往往和乌合之众联系在一起，因此遭到如亚里士多德等精英知识分子的不满，民主甚至被看作一种对文明造成重大威胁的观念。直到法国大革命之后，民主所包含的平等意义被历史学家、社会学家托克维尔，政治学家、政治学学者布赖斯，经济学家熊彼特等人挖掘出来，被赋予其作为政治和社会生活基本理念的地位，甚至被宣扬成一种文明社会的主导风气。

列宁说过："民主是一种国家形式，一种国家形态。"[②]民主的原意就是多数人的统治。正是在这个意义上，我们说过去时代的民主，都是残缺不全的、片面的，只有推翻封建社会、打倒军阀割据成立的新中国才是名副其实、真正意义上的人民民主。

民主是一个发展的过程，正如党的十一届三中全会所指出的那样："由于过去一个时期内，……民主太少，当前这个时期特别需要强调民主，强调民主和集中的辩证统一关系，使党的统一领导和各个生产组织的有效指挥建立在群众路线的基础上。"党的十九大报告指出："有事好商量，众人的事情由众人商量，是人民民主的真谛"，"用制度体系保证人民当家作主"。

在今天看来，民主首先是一种政治制度，这种制度简单概括起来就是人民当家作主的制度形式，在实际运用中，这种制度还包含着相关的实践操作程序，比如决策者通过公开选举产生等。其次，民主还代表着一种崇高的意识追求，象征着平等、自由、公正。

民主意识的第一层含义是指在一定的社会历史条件下，社会主体对于社会民主制

---

① ［英］安东尼・阿伯拉斯特：《民主》，吉林人民出版社 2005 年版，第 19 页。

② 《列宁选集（第 3 卷）》，第 257 页。

度、主体民主权利、民主参与的观念和认知。民主意识是一个极为宽泛的概念，也是一个不断发展变化的概念。首先，民主意识作为社会文化的一种构成，代表了古典意义上的作为人民“公善”与意志的一种文明价值观念，这是民主意识存在的真正目的，社会如果缺乏了民主观念的引导，人类将会被专制和暴政束缚，社会成员将失去平等、自由和自身的合法权利。

民主意识的第二层含义指有关民主政治的基本价值准则。现代社会，民主意识拥有更加丰富和具体的内涵。民主意识是作为社会主体的公民对国家政治制度和自身政治权利的观念反映，同时也包括对国家民主制度运行以及相关法律制度的认识。现代社会民主意识已经成为衡量社会民主水平的重要指标，民主意识是民主的主观条件，主体民主意识的强大与薄弱直接制约着民主发展的实际水平。

在当下社会，如何正确理解“民主”，俞可平先生作了通俗的解读：

民主是个好东西，不是对个别的人而言的，也不是对一些官员而言的；它是对整个国家和民族而言的，是对广大人民群众而言的。

民主是个好东西，不是说民主什么都好，民主绝不是十全十美的。它有许多内在的不足。相对而言，民主是人类迄今最好的政治制度。

民主是个好东西，不是说民主可以为所欲为，能解决一切问题。它只是人类众多制度中的一种，主要规范人们的政治生活，而不能取代其他制度去规范人类的全部生活。

民主是个好东西，不是说民主就没有痛苦的代价。这不是民主本身的过错，而是政治家或政客的过错。

民主是个好东西，不是说民主是无条件的。如何以最小的政治和社会代价，取得最大的民主效益，需要政治家和民众的智慧。推进民主政治，需要精心的制度设计和高超的政治技巧。

民主是个好东西，不是说民主就可以强制人民做什么。应当尊重人民自己的自愿选择。①

由于民主意识属于社会的上层建筑部分，因此对国家经济的发展也起着重要的作用。具体的民主政治普遍认为，民主应该由一些可以辨识和容易执行的价值准则构成，大体包括平等主义、参与意识、法律观念、协商理念。

一、平等主义

平等几乎是公认的民主政治的基础，平等主义也是民主的真正意义所在。“民主政

① 闫健：《民主是个好东西——俞可平言谈录》，社会科学文献出版社 2006 年版，前言。

治所预设、所体现的第一项价值是‘平等’。”[1]平等主义本身是民主意识的源头之一，也是民主意识发展的重要基石。英国学者安东尼·阿伯拉斯特称：“民主必然与平等相联系。只有当足够多的人们能够强烈地感觉到自身的价值和权利时，对普选权或平等政治权利的要求才能奏效。”[2]平等主义包含着一系列的平等原则，强调作为主体的个体在参与社会管理和享受社会福利方面具有同等的权利。

公民表达所应坚守的平等主义的内涵是：公民表达应熟悉并了解《中华人民共和国宪法》所规定的公民享有的基本权利和义务，并在意见表达中自觉运用。平等主义的基本含义就是尊重公民生命权与生存发展权的平等，认为公民在基本权利和义务方面具有平等性。在这一点上，无论是身价过亿的财团富翁，还是芸芸众生，在生命的尊严和生存的权利上都无条件地一律平等。但现实生活中，平等的获得却并不如想象中那样完美，而且，不论哪个层次的人士都会存在着不平等，不同层次人士间的不平等尤其严重。因此，评论表达的重要主题就包括保护弱势群体的利益不受侵犯，倡导无论富人还是穷人，无论权势还是平民，在宪法所保护的基本权利和义务范围内具有平等性。

英国法律史家亨利·萨姆纳梅因在其所著的《古代法》中指出：“所有进步社会的运动，到此处为止，是一个‘从身份到契约’的运动。”[3]同样，托克维尔也把人类社会从传统到现代的转变概括为“身份平等”的过程。他认为：“身份平等是一件根本大事，而所有的个别事物都由其产生。”[4]

追求人的身份平等，是人类进步发展的漫长历史过程。中国有着两千多年的封建历史，从“礼不下庶人，刑不上大夫”的封建观念到新时代“法律面前人人平等”民主法制观念的逐步形成，我们进行了不屈不挠的抗争和循序渐进的发展走到了今天。中国走过了数百年上千年，但仍是“路漫漫其修远兮”，在古代，“礼不下庶人，刑不上大夫”的社会是一个典型的身份社会，实质上把人分三六九等，身份第一，法律成为统治阶级约束被统治阶级的圣旨，平头百姓毫无个人人格可言，法律代表的只是极少部分团体的利益，个人人格自由在当时只能成为水中月、镜中花的一种空想。“平等”的光芒早已被专制制度的阴影所覆盖，这种制度下的法律只能是一种低级状态下的法律。经过漫长的进步社会运动，人们为了保护自身的利益，在突出个人人格独立上提出了“法律面前人人平等”，彰显着一种进步法律的理性光芒，是构建现代民主法治的坚强基石。

公民置身于中国现实的复杂土壤中，面对着城乡之别，官民之别、阶层之别以及其他诸多由特权而导致的不公正，无形之中被赋予了向全社会伸张和普及平等信念的重任，这也许是公民意愿表达最重要的一项社会责任。让每一个中国公民都生活在无歧

---

① 江宜桦：《自由民主的理路》，新星出版社 2006 年版，第 40 页。

② [英]安东尼·阿伯拉斯特：《民主》，吉林人民出版社 2005 年版，第 65 页。

③ [英]梅因：《古代法》，商务印书馆 1984 年版。

④ 托克维尔：《论美国的民主(上卷)》，商务印书馆 1988 年版。

视的社会境遇中，充分享有宪法与法律规定的各种权益，不会因为身份、职业、民族、学历、相貌等外在条件而受到不公正对待，在平等而宽和的社会体系里实现人生价值。荷兰籍哲学家马格利特在其名著《正派社会》中指出，正派社会的第一原则就是“不羞辱”，“在文明社会里，社会成员相互不羞辱，在正派社会里，制度不羞辱人”。马格利特认为，正派社会里没有二等公民，在“不羞辱”的前提之下，正派社会会以一律平等的公民身份形成一个人人同样受尊重的文明群体。意见表达的平等观念终极诉求亦在于此。[①] 胡适先生曾言：“千言万语，归根只有一句话，就是承认人人各有其价值，人人都应该有可以自由发展的生活方式。”[②]胡氏之言，可以说将民主社会自由平等的价值以最洗练通俗的文字和盘托出。新闻评论和公民表达所诉求的平等的价值要义亦在于此。

以 2003 年轰动全国的孙志刚事件为例，一个大学生因没有带上有效证件夜晚在城市闲逛时被一群人打死。南方都市报在一篇题为《谁为一个公民的非正常死亡负责?》的评论中这样写道：“一个风华正茂的年轻人就这样被剥夺了生命，令人扼腕叹息。但是，我们在关注此事的时候，不应过分关注孙志刚的身份——一个大学毕业生，一个风华正茂的年轻人，一个拥有美好前途的年轻人，还要还原出孙志刚的普通公民身份。否则，我们就可能因为对特殊身份的义勇而淹没了对‘小人物’的关怀。在强大的国家机器面前，谁不是小人物呢？谁不是普通公民呢?”[③]这段话清楚地表明了公民表达的立场和态度，无论是大学生孙志刚，还是我们这个社会中每一个普通公民孙志刚，生命的尊严和生存的权利是平等不容侵犯的，这样的意见表达正是民主意识平等性的正确反映。

在现实生活中，因身份不同而将人们以价而分的事情时有发生。以 2017 年 7 月的“相亲价目表”为例，媒体爆出，北京不少公园的相亲角流行着这样一份价目表，列出了“户口鄙视链”(以京籍京户为最高)，“房产鄙视链”(以中心城区和教育资源聚集地为最高)，“学历鄙视链”(男以海归博士最高，女以本科最高)。《光明日报》在一篇《相亲价目表：新旧交替时代的双重荒诞》的评论中指出：“门当户对固然是历史经验，但并不说明其本身具有合理性。正是在过去许多的反例中，我们看到了婚姻最珍贵的东西，那就是超越等级、超越境遇的爱和责任。而自由恋爱和提高婚姻自由度的溢出效应，更不是几部小说戏曲所能概言。”

在这样的价目表主导下，婚姻促进社会流动的功能日益关闭，罗密欧和朱丽叶、才子佳人状元郎的故事也越来越失去空间，社会心态渐趋保守，阶层日趋固化，社会活力和社会创新问题凸显，核心价值观建设也将遭遇巨大阻力。评论指出：“关于婚姻中的种种不当价值观，是该想想如何正本清源地纠正解决一下了。”[④]不少媒体在进行评论

① 吴敬琏、江平：《洪范评论(第 8 辑)》，中国法制出版社 2007 年版，第 252 页。

② http://wenda.tianya.cn/answer/77ee76e0b67a57ab00046a75e63ce6ce。

③ 南方都市报评论员子曰：《谁为一个公民的非正常死亡负责?》，2003 年 4 月 25 日《南方都市报》。

④ 光明网评论员：《中国式相亲价目表》，2017 年 7 月 13 日光明网。

时都认为“相亲价目表”可能导致婚姻的过分功利化、社会心态的日趋保守和社会阶层的固化，尤其把“剩男”“剩女”当作商品明码标价，对女性和外地人抱有歧视心理这种心态十分不健康，不论收入、学历、年龄、户口，男男女女都有追求幸福、自由挑选伴侣的权利，而不应该因为“鄙视链”的存在而否定这种权利的平等性。而许多网民的评论集中在对北京户口和女性与男性截然相反的“相亲价目”上，认为这种鄙视的依据是不合理的，是一种没有根据的优越感，任何一方都不能因为金钱和种种便利就获得挑选伴侣的特权，这种声音也反映了公民表达中民主意识的平等性。

二、参与意识

政治参与是民主意识的核心内容。古代雅典社会，民主政治最重要的表现就是全体公民都有参与公民大会和进行决策的权利，这是直接民主的典范。现代民主制度的基本特色是代议制民主，这就意味着公民需要通过选举选出他们的代表，由这些代表行使统治权。在代议制民主下，强调参与意识，不仅包括公民珍惜选举权，亲身参与政治选举，同时强调公民应尽可能多地参与公共事务讨论协商，并对公共权力进行有效监督。面对多元和庞杂的国家事务和社会事务，公民如果完全放弃自己参与国家统治的权利和义务，势必带来政府管理环节的漏洞和腐败问题的滋生。因此，保障和鼓励公民更多更好地参与管理国家事务，对公共问题进行协商讨论，应该是民主的发展方向。只有全体公民在公共问题上展开公开讨论和协商并在此基础上进行公开投票和选举，民主才能真正实现。

公民表达的参与实践本身就是一种参与公共事务讨论的行为。公共领域的存在和发展与现代社会民主水平密切相关，而公共领域的活跃依赖于主体参与意识的增强。因此，公民表达参与意识的第一层含义即首要体现就是身体力行，坚持通过意见表达等实践方式尽到公民参政议政的义务。

公民表达参与意识的第二层含义还表现在通过意见表达实践培养公民的参与意识。参与是激发人民公共道德的重要机制。只有通过亲自参与提出、讨论、解决公共问题的过程，才能认识到公共意见的产生机制，协调个人利益与公共利益的矛盾，有利于培养关注公共利益服务公共事务的公民道德。亲身参与的公民，不仅在参与中实现了一个公民应尽的义务，同时也享受到公民权利带给他的身份愉悦，而参与中的协商氛围和宽容精神也会使他的思想得到提升。

公民表达参与意识的第三层含义表现在应尊重每个公民对公共事务表达意见的权利。公民对公共事务表达意见本身就是公民参与意识的体现。参与是促成决策正当的必要条件，公民通过新闻评论的方式实现参与，是同民意问答、政策辩论、公民选举、公证听会等方式一样将促成决策产生的正当性和公共性。

以2017年7月的“葛宇路”事件为例，一则《如何在北京拥有一条以自己命名的路》的文章在网络上引发热传。文章中称，一位名叫葛宇路的学生从2013年起寻找地图上的空白路段，并贴上自制的“葛宇路”路牌。随后，高德地图等地图收录这条道路，这条本来无名的道路竟以“葛宇路”这个人名来命名。之后，葛宇路自制的路牌已经被有关部门拆除。对于这样的事情，许多人的第一想法，都是批评与质疑电子地图把关不严、审核不严。因为这条路当时还没有被命名，但是，在不少电子地图上，这条路却成了“葛宇路”。若是相关电子地图在把关与审核方面能做得更好，这样的闹剧便可避免。这样的批评，还是有一些道理的。

但是，搜狐网的一篇评论《不妨把“葛宇路”当成慢作为的警示牌》却认为：“真正应该承担主要责任的是相关部门。据记者了解，这条路从2007年就有了，而2013年才被葛宇路命名为‘葛宇路’。而如今，时间已经来到2017年。从有这条路到现在，时间已跨过10年，但这条路一直都没有被命名，这背后相关部门的慢作为之慢，足以令人哑口无言。根据有关规定，道路名称由规划行政主管部门命名，对于新修的市政公共道路，交通管理部门向规划部门咨询后，再开展管理工作。因为分工明确，若顺藤摸瓜下去，很容易找出失职或慢作为的部门是哪个部门，主管部门应该查处下去，给公众一个交代。就此来说，这条无名路不妨就命名为‘葛宇路’，并把其当成政府部门慢作为的警示牌，警示相关工作人员在做任何事情时，都不应该如此疏漏，都应该及时作为，避免给居民带来不必要的困扰。而这，显然是打造服务型政府的应有之义。”①

葛宇路自制路牌的行为本来就是一种公民表达，一开始是出于一种不满情绪和调侃，随着网友评论的介入，这一行为被当作是对政府部门办公的监督和警示。这种评论反映了公民积极通过表达意见进行政治参与的意识。

中国走过了改革开放40年的历程，民主制度在发展，公众的民意表达和参与也有了新的表现形式：其一，民众对政府的诉求日益强烈，并努力通过各种渠道表达出来；其二，民众表达的渠道大大增多，为人们的表达提供了方便；其三，公众的民意已经对政府决策产生重大影响，成为公共决策不可逾越的环节；其四，针对表达的兴起，一些相应制度开始建立；其五，一批“意见领袖”开始出现。②

今天，我们进入了新时代，人们“不仅对物质文化生活提出了更高要求，而且在民主、法治、公平、正义、安全、环境等方面的要求日益增长。”“坚持人民当家作主。”“发展社会主义协商民主，健全民主制度，丰富民主形式，拓宽民主渠道，保证人民当家作主落实到国家政治生活和社会生活之中。”党的十九大报告中有关坚持和发展社会主义民主的这些论述对于指导公民意见表达是具有十分重要意义的。

---

① 2017年7月14日搜狐网。

② 俞可平：《走向善治》，中国文史出版社2016年版，第46页。

三、法律观念

民主需要法律为之保驾护航。民主政治的成功与否与人们看待人性的角度相互关联。民主政治的出发点是把一切人包括政治家看作是不能舍弃人性之恶的普通人。因此,民主政治必须依靠法律来保障。中国的文化传统虽与西方不同,但在通过法律保障人民享受民主自由的时候,也强调法律对滥用自由的惩罚和限制。法律观念包括宏观意义和微观意义两个层次。从宏观上讲,侧重于法律为民主保驾护航的理念;从微观上讲,则指具体的司法程序和法律事务。

第一,公民参与社会事务的意见表达要遵守法治思维是一种底线思维的原则。所有社会成员在面对和处理有关国家或者自身的问题时,都应处在宪法和法律原则的规制下,这是一种不能妥协的底线。同样的道理,公民表达同样应坚持法治这一底线。人们面对纷繁复杂的社会议题,面对纠结不清的新闻事实,很多时候都不会自动站在真相与正义一边,这个时候最理性也最适宜的态度是将自己的意见表达严格限制在法律许可的范围内,表达主体自觉利用法律规则、理性与方式,去对社会事务做出适当评判,并对法治底线充满敬畏。

第二,公民表达的法治思维,也是一种规则思维。这种思维首先表现为要具备基本的"规则意识",对法律规则要有强烈而自觉的遵守意愿,养成遵守规则、捍卫规则和传播规则的价值旨趣和习惯。一方面,对权利拥有者不遵守法治的思想与行为要进行监督和鞭策;另一方面,也要对公民违背法治精神的错误思想与行为进行引导和矫正,从而提升全社会的法律规则意识,将规则观念深深嵌入社会的价值肌理之中。

长期以来,天价彩礼加重群众负担,甚至发生因婚致贫,备受诟病,倡导新风尚逐渐成为社会共识。不过,对发布此种规定,社会公众并不买账,原因在于其没有厘清权力的边界,缺乏法治的思维和方式。

如某地一份"街道办红白喜事操办标准"的规定引发舆论关注。"订婚彩礼不超过两万元,索要彩礼过多者,交公安机关调查,严重者以贩卖人口或诈骗论处。"当地相关负责人回应称,这是为了抑制农村高额彩礼,倡导婚俗新风。

对此,《人民日报》刊发了一篇从法治思维入手的评论:对于公民而言,法无明文禁止即自由;对于政府公权力而言,法无授权不可为。这是基本的法理逻辑,也是现代法治的应有之义。现行法律并未禁止也未规定彩礼的具体数额,因此街道办事处也不能划定标准,更无权做出"严重者以贩卖人口或诈骗论处"的判断。

此次某地"红白喜事操办标准"之争,折射出基层社会治理中如何处理好目标和方式之间的关系。对涉及群众切身利益、社会关注度高的问题,考验着治理者充分运用法治思维和法治方式的能力,既要主动回应关切,还必须让权力运行于法有据。只有加强和规范源头治理，才能最终遏止乱发文和不合理政策文件出台。①

第三，公民表达的法治思维，还应是一种契约思维。现代社会，法律关系从本质上说是一种契约关系。无论是作为商品社会意义上的交易合同，还是政治社会意义上的一种庄严的政治承诺，契约本身都是利益相关者为了实现各自的权利预期所设计的一种必须共同遵循的思想准则与行动指南。

公众在行使自己的参与权表达意愿时，必须恪守宪法和各项相关法律，不能只顾好的意愿却干出不合法规的事情来。

2015 年 12 月，湖南永州祁阳县重点股室中层干部民主测评中，由于排名靠后，县环保局钟伟民、张旭将面临被免职调离的命运，由于该局有两个股室排在测评最后 5 位，局长李晓华同样要受到免职处分。湖南省环保厅一名工作人员在微博上发文称，参与测评的人中有被环保部门执法处理过的企业主，是他们打击报复才导致环保局的相关股室排名靠后。以公众打分测评的结果决定干部的去留，祁阳的这一步迈得很大，在当地带来的震慑估计也不小。组织者是为了推进机关作风转变，但是如此“一刀切”的做法，使得被免职调离的干部不服气、环保局的同行们抱不平，不少网民亦不认同，认为此举将使环保局等执法部门陷入两难境地：执法严格了，企业不满意；执法不严格，群众不满意。

打分定去留的做法虽在一定程度上体现了民意，但并非科学的干部考核机制，其带来的负面效应不容忽视。也许有人会说，参与此次测评的一共有 556 名测评员，企业代表只有 40 名，占的比例很小，如果真是因为严格执法得罪了企业主，那群众应该满意了啊，得罪少部分，团结了大部分，怎么还是排在最后面呢？

对此，《中国青年报》发表评论指出，这就涉及打分定去留的另一弊端：测评员对被测评岗位和人员真正了解多少，有没有人打人情分、印象分。如果测评员平时对被测评对象了解不多，对其工作能力、工作岗位要求以及其工作职能发挥所面临的制约因素等没有足够的认识，那又如何保证测评的公正性？在公众对环境污染日益担忧的过程中，有不少人把矛头对准环保局，把环境问题全部归咎于环保局，由此带来的局面是，公众对环保局的整体评价确实不高。在这种大环境下对环保局官员进行测评，不排除测评员把对环境问题的担忧转化为对环保局的不满意，进而把这种不满意具体量化到了被测评的环保局工作人员身上，使得被测评人员“躺着中枪”。

在这类测评中，把社会问题、综合因素作用下形成的问题和不满，转化为对测评对象的不满意，对被测评人员来说就是一种不公，这种已经承载不公因素的结果最后又用于决定其去留上，进一步放大了测评的不公效应，会打压干部工作的积极性，也与中央改革精神背道而驰。当然，这并不意味着全盘否决祁阳县的做法。祁阳县把考核干部

① 魏哲哲：《移风易俗当有法治思维》，2018 年 6 月 27 日《人民日报》。

的权力交给公众，邀请公众对公职人员进行测评，这种做法值得肯定，但是在结果的运用上应该慎重，不能搞“一刀切”。

在全面考量干部时，测评分数只能作为参考依据，还应结合干部的平时工作情况、一贯作风等，综合考量。而且在免职程序上，还得给予被免职对象申诉的程序和权利，用科学的、法治的手段，推动干部作风的转变。既不能使不作为、慢作为、乱作为者损害党委、政府的形象，更不能使勤政廉政、作风优良者遭遇不公甚至打击报复，影响干部工作的积极性。最低限度要做到处理程序不违法，处理结果能服众。[①]

四、协商理念

民主就意味着某种形式的公共协商。公共协商意味着有关公众利益的决策是通过公共商讨和辩论的途径制定出来的。在最近的20多年，协商民主思想成为学术领域中的一个显著成果，重视协商成为民主的发展方向。协商理念是基于民主成员平等这一原则的，协商态度之所以成为民主的重要内涵，是因为它的存在使本来价值很大但存在较多分歧的公共意见可能被纳入讨论中，以保证公共议题得到合理的解决途径。公民表达一方面应重视公众意见，竭力实现文本的公开公正，向公众提供达成共识的意见；另一方面要认识到多元意见和意见表达多元化存在的合理性，并通过新闻评论实践促使意见的公开讨论和协商，扩大有利于协商的社会空间。

公民表达的协商理念还体现在对宽容精神和文化的自觉塑造。公民表达通过自觉自愿的实践将一种渗透着平等、参与、理性的文化习惯深深植入到公众的头脑中，使他们更加主动地参与到新闻评论的生产、传播过程中，加入协商和讨论的队伍，理解到公民在决策制定过程中发言权平等的意义，这个社会才因此走向民主和进步。

公众表达意见根本目标是抵近和达致共识。在意见纷纭的社会中，共识并不自动存在，它常常是公共协商的最终结果。协商的根本主旨也在于在一些存在尖锐矛盾的社会议题上敦促整个社会达成共识。公民的意见表达不应陷入对自我利益与自我情绪的深度迷恋，而应对他者的利益与情感谋有“同情之理解”，懂得妥协和折中的智慧，而不是陷入话语斗争的泥沼不能自拔。当然，这种妥协情怀，并非无原则的退让，也不是“和事佬”和“和稀泥”，而是话语灵活性的体现，在不违背原则的前提下，在妥协中追求理解和解决社会议题的最大公约数。

2017年7月8日，山东临沂发生了一起“汽车撞上暴走老年团”、造成1死2伤的交通事故。而事件的经过可以概括为——出租车撞上了暴走团队，暴走团成员走在机动车道上。出租车驾驶人因涉嫌交通肇事罪被刑事拘留。此事一出，网络舆论呈现出多

---

① 许辉:《公众打分决定官员去留，步子迈大了》，2015年2月6日《中国青年报》。

元化的态势，南方网对此事刊发快评文章《出租车撞上“暴走团”，如何让悲剧不再重演?》认为，“暴走团”霸占机动车道，就像“凑够一拨行人就集体闯红灯”一样，凭借的无非就是“人多力量大”，本质涉及的都是规则秩序的维系问题。人民网也有观点认为，人多势众固然可以逼迫机动车上的司机礼让，但不能也不应该逼迫法律让步，否则一个社会的基本秩序必当受到冲击。《新京报》刊发的评论《暴走团被撞，讨论规则莫失口德》指出，不管最终责任如何划分，悲剧都无法挽回。反思和讨论很有必要，“规则意识”再强调也不为过。遗憾的是，不少地方部门在公共资源建设和治理出现困境，凸显出“规则意识”的薄弱，忽略“健康锻炼”和“生命安全”的双重意义，从而上演了让人不愿看见的悲剧。如果从“暴走团”上路开始就有人问、有人管，何至于队伍庞大之后风险失控呢？老年人违规占用公共场所的根本原因是公共资源的匮乏，政府应该加大对公共服务的投入和提升监管力度。①

多元的公民表达能将不同的声音纳入讨论范围，使这种争抢行为得到合理的解决。此外，充分的表达既能让自己畅所欲言，又能使大家众说纷纭，倾听彼此不同的理由，培养自身更加宽容的心态和更平等的沟通方式，有利于提升公民表达的素养。

2018 年 8 月 24 日，《人民日报》在“记者调查”专版以《“最大公约数”这样求解》为题报道了这样一件事——山东省济南市绿园社区 9 号楼前，一棵香椿树自在矗立，怎么看都别扭，这棵香椿树太显突兀，与周边环境不搭调。“它是我们小区协商民主的见证，大家一致同意留下作个纪念。”9 号楼楼长张燕莉道出其中奥秘。原来，在去年底，这棵香椿树的命运，引发居民争议。绿园社区建于 1995 年，管理松散，家家户户在楼前种树养花。时间久了，公共空间被挤占，居民停车、锻炼都受影响。2017 年，济南开展拆违拆临、建绿透绿行动。绿园社区借此东风，重新规划楼前空间。20 多棵老树，是去还是留？征询民意，多数同意清理，只有几位老人不舍，毕竟养护多年，有了感情。有人说，少数服从多数，这事不难办。可同住一个社区，抬头不见低头见，老人们心里留了疙瘩咋办？最后，双方各退一步，留下一棵香椿树，让老人们有点念想。

像这样的难题消解，靠的是协商民主，就是“有事好商量，众人的事情由众人商量”。商量的原则是什么呢，按照以往的经验，“少数服从多数”是民主集中制的一个的法则。但是，在执行起来，特别是涉及老百姓、邻里间的生活琐事，还不是那么容易解决。2015 年，济南市委和市政府在村(社区)等基层单位推行协商民主，探索“多元共治”，力求在协商中找到各方利益的“最大公约数”。几年间，被协商民主改变的，何止一个绿园社区。济南不断拓展充实基层协商的内容，建立起居民议事会、百姓说事厅、楼院长杂谈会等 2360 多个协商议事机构，破解了一道道社会治理难题。参与指导这项工作的山东大学政治学与管理学院马奔教授在报道结尾发表评论说，众人的事情由众人商量，找到

① https://baijiahao.baidu.com/s?id=1572880120378925&wfr=spider&for=pc。

了"最大公约数"的求解方法。其核心价值在于，通过构建日常参与制度，实现基层治理更加科学合理，引导群众有序参与、理性发声。体现的是公平、公正、公开的原则，有助于形成共建共治共享的社会治理格局。即便问题一时难以彻底解决，起码可以让利益各方充分表达诉求、互相增进理解。

习近平指出，在中国社会主义制度下，有事好商量，众人的事情由众人商量，找到全社会意愿和要求的最大公约数，是人民民主的真谛。[①] 我国正处于经济社会转型期，呈现出阶层分化、利益调整、思想多元、矛盾凸显、诉求增强等特点。社会阶层越是分化，利益格局越是多样，文化越是多元，越需要协商。

协商民主能够最大限度地包容和吸纳各种利益诉求，既能反映多数人的普遍愿望，又能吸纳少数人的合理主张，最大限度地实现最广大人民的民主权利。通过协商，我们可以确立利益共同点和最大公约数，达成广泛共识。协商民主能够广开言路、广集众智、广求良策，把社会各方面分散的意见、愿望和要求进行综合，能听到各种真知灼见、真招实招，使党和政府的决策更加符合实际、顺应民意。

① 习近平:《在庆祝中国人民政治协商会议成立65周年大会上的讲话》,2014年9月22日《人民日报》。

第二节　民主意识在公民表达中的作用

集思广益，求同存异

中国进入了新时代，要求深化政治体制改革，坚持正确政治方向，保证人民当家作主，增强党和国家活力、调动人民积极性，扩大社会主义民主，建设社会主义法治国家，发展社会主义政治文明。党的十九大报告指出，我们完全有信心、有能力把我国社会主义民主政治的优势和特点充分发挥出来，为人类政治文明进步做出充满中国智慧的贡献。到21世纪中叶，我国的政治文明与物质文明、精神文明、社会文明、生态文明一起全面提升，实现国家治理体系和治理能力现代化，实现把我国建成富强、民主、文明、和谐、美丽的社会主义现代化强国的“中国梦”。

政治文明是人类社会自产生国家以来，以民主为主旨，包含自由、平等、公正、法治等思想、制度和行为的形成及其不断发展而呈现出的进步程度。[①] 政治文明进程是告别政治愚昧和政治野蛮的过程，其最核心的意义在于促进民主政治的发展。

社会主体民主意识的发展程度是判断民主政治水平的一个重要方面。社会主体是指一定社会生产关系中从事实践活动的人，它是社会存在的基础，也是社会发展的动力。公民民主意识的发展程度与政治文明建设密切相关。

中国特色社会主义进入新时代，我国社会主要矛盾已经转化为人民日益增长的美好生活需要和不平衡、不充分的发展之间的矛盾。社会主要矛盾的变化是关系全局的历史性变化，对党和国家工作提出了许多新要求。要在继续推动发展的基础上，着力解决好发展不平衡、不充分的问题，大力提升发展质量和效益，更好满足人民在经济、政治、文化、社会、生态等方面日益增长的需要，更好推动人的全面发展、社会全面进步。

新中国成立以来，特别是改革开放四十年以来，我国的经济取得了高速稳定的发展，到如今，我们即将全面建成小康社会，到21世纪中叶将建成富强民主文明和谐美丽的社会主义现代化强国。伴随着经济文明稳步的发展，我国的政治文明也取得了长足的发展，初步建设成了中国特色的社会主义民主政治体制，真正意义上实行了人们当家作主，让我国人民都参与到国家的政治生活中，真正的自己管理国家。

在这政治文明建设取得伟大成就之时，人民参政热情膨胀之际，人们的公民意识也随之逐步觉醒，在人们的参政中起着了重要的作用。公民意识的觉醒深刻地影响着民主政治的发展，对建设社会主义法治国家具有十分重要的理论意义和现实意义。

一、政治文明进程推动和深化公民的意见表达

公民通过信息载体表达意见，是公民表达权利的一种形式，也是承载公共区域中公共意见的有效形式。有学者提出了“对话新闻”的概念，向我们展示了民主理念同新闻传播理论与实践相结合的研究成果。第一，协商民主与公共新闻相结合的探索。协商

---

① 许耀桐、刘昌雄：《政治文明建设与民主政治发展》，中国经济出版社2006年版，第4页。

民主意味着“政治共同体中自由、平等的公民，通过参与政治过程、提出自身观点并充分考虑其他人的偏好，根据条件修正自己的理由，实现偏好转化，批判性地审视各种政策建议，从而赋予立法和决策以合法性”。“引导、组织公众积极参与公共事务，让公众懂得应该如何去解决所面临的社会政治问题，从而推动社会的民主进程。”第二，传播学视角下交往行为理论的探讨。在这里，交往理性的核心是主体之间的关系，它处理的是主体通过沟通达成共识、相互理解的可能性条件。这种交往行为体现的正是一种以协商和共识为基础的沟通式传播。研究者力求提倡传媒“在传播活动中应该树立一种对话交往的互主体意识，把传受两级都视为具有同等主体地位的伙伴关系，并注重互动的真正精神内涵”。这些探讨揭示了沟通交往对传播领域的影响及价值。第三，国内借用协商理论分析传媒报道对公共政策个案的影响。在相当长的一段时间内，国内新闻传播实践的土壤中并不包含“对话协商”的质素，一些由民众推动的环境保护、医疗改革等社会议题，通过作为“调停者”的传媒发挥作用，“搭建公众讨论的多元空间与场域，进而引导公众理性的参与及对争议性议题的认知”。学者们结合事实案例，从引入协商民主理论的“可能性”层面提出建议。就目前的情况来看，“社会主义协商民主”已是中国主流政治话语中的一项重要内容。①

公民的意见表达，特别是运用新闻传播的方式，在报纸、广播、电视和网络媒体上发表自己的意见，已经在很大程度上影响和推动着地方和国家的民主进程。

我国的政治文明进程推动了新闻评论实践的蓬勃展开，20 世纪 90 年代后期，新闻评论开始复兴。在信息爆炸、社会开放的今天，大众的民主意识、表达意识、参与意识越来越强。新闻评论作为一种能够直接表达作者观点立场、引导公众舆论的议论性的理性形式，愈加受到媒体的重视。作为一种表达方式，新闻评论展示了“对话新闻”的特性，评论内容从感性事件到理性认识的升华，也是从“是否可以”向“如何能够”的视角转变。

河南洛阳王城公园篮球场上发生一场暴力冲突，起因是篮球场上打球的年轻人和跳广场舞的大爷大妈因为场地问题发生冲突，进而大打出手。事后警方介入，篮球场处于封闭状态。场地上的围殴虽结束了，但网上的“围殴”却刚刚开始，积蓄已久的因运动权利而产生的代际矛盾，借助这一事件发泄出来。《中国青年报》评论员曹林发表了《大妈围殴少年，网络围殴大妈，舆论广场舞最丢人现眼的跳法》的评论。评论不仅仅是对某个人、某件事进行批判，在深刻剖析事件所反映出来的问题之后，作者提出“这种冲突之下，互怼和围殴只会加剧矛盾，指向政府，骂老人和大妈，解决不了任何问题，资源约束之下，只能在互相尊重互相妥协下寻求共生。人们习惯给自己生产权利，在‘利益’后面加一个‘权’仿佛就成为一种不证自明理直气壮的权利，什么休息权、安静权、运动权、

① 张晋升、许诺：《作为对话的新闻：社会主义协商民主的传媒实践》，《现代传播》2015 年第 5 期。

健身权、住房权，其实权利很多时候不是天然的，而是在冲突中互相协商出来的，协商产生权界，权界产生权利”的观点。面对这种短时间内难以缓和的矛盾，我们该怎么做呢？“广场舞与业主休息形成冲突，业主的休息权并不比大妈的健身权更优先——这时就需要协商，哈尔滨某小区业主与大妈们就订立了一个公约，约定了广场舞的时间和音乐的分贝，形成了各自的权界。这场冲突其实也不是无解，虽然是篮球场，但如果平常没人打球，空置也是浪费，在公共资源有限的情况下，不能排他性地占有，找地方跳舞的大爷大妈和喜欢打篮球的小伙子完全可以协商各自的时间，各有妥协才能各美其美。权利是协商出来的，通过协商和妥协形成各自的权界，在权界中获得排他的自由空间，权利不是围殴出来的。”①

政治文明进程深化公民的意见表达意识。随着信息技术和数字技术的深入发展，信息的传播环境已经发生了根本性的改变。以传播方式多样性、传受主体多元性、传播速度实时性和传播效果深远性为特征的新媒体时代，不但实现了“所有人对所有人”的传播，而且也改变了我国公民在政治领域对民主参与的态度。新媒体时代的来临，不但增强了公民民主参与的意识，同时也给政府旧有的执政理念和工作方式带来了巨大的挑战。民主参与强调的是公民作为国家权力的真正主体，在政治生活中对与自己切身利益相关的事务拥有的参与权。从古希腊民主开始，民主和参与本身就是不可分的一个整体，在民主理想的传统中，参与也是居于核心地位的，近代民主发展的历史，无论是从绝对主义转化为代议制民主，从有限选举演进为竞争选举，还是公民政治权利在内容和范围上的不断扩大，其实质都是公民政治参与的扩大。在网络媒体兴起的今天，互联网媒体搭建起了一个网络公共讨论的虚拟空间，这种空间起着一种公共领域的作用，而人们在公共领域中的交往互动将影响到人们的行为与思想，影响民意，并最终对正式的协商民主构成一定的影响。

互联网媒体的兴起改变了人们获取信息的方式，人们所能得到的信息量、信息的传递方式都发生了巨大的变化。而这种变化将会影响人们对世界的认识，影响人们观念、习惯的形成，从而对协商民主决策的质量和共识的形成产生一定的影响。民意表达作为互联网传播过程中的重要内容之一，不断借助时事引申、重申当下我国社会主义政治文明进程中的一些命题，包括民主化、法治化、公开化、监督化等，在评论选题上表现出公共管理、公共政策等内容。公民参与的关注，在评论功能上强调对民主价值和公共理念的传播。

2012 年 9 月 15 日、16 日是日本政府宣布将钓鱼岛国有化的第一个周末，与此同时，中国数十座城市接连爆发大规模的反日游行抗议。据悉，尽管多数游行抗议者坚持理性反日底线，但其间全国各地 52 座大中城市爆发反日游行，在青岛、西安、长沙等地，

---

① http://www.360doc.com/content/17/0603/00/9742787_659513670.shtml。

不法分子乘乱打砸抢，过激行为表现出的盲目、疯狂、暴戾，实在是令人深感痛心。西安、深圳等多个城市群情激愤的民众制造多起打砸抢烧事件，日资店企乃至同胞财物也受牵累而遭到破坏。从9月15日开始，当局以及官方媒体开始急转风向，呼吁民众更多地采取理性表达的方式保卫钓鱼岛。之后，若干日资店企宣布停业停产，当时的日本首相野田佳彦于9月16日再度要求中国确保不危害在华日本人和企业。[1]

事件一发生，新闻评论在网络论坛、微博上做出迅捷反应。也有少量普通网评仍然认为，“砸日本车是允许的，但不能伤害人”，但大多数网络评论清醒地指出，“爱中国人，远比恨日本人重要得多”，“民主、法治社会，人们的行为必须接受法律约束，守法应当成为超越价值分歧的底线共识”。

主流媒体的评论旗帜鲜明地批判过激行为，义正词严地呼吁理智爱国。《人民日报》评论道，“文明理性展现中国力量”（2012年9月18日）；《光明日报》刊发评论认为，“这些不法分子把自己的个人情绪化作暴力行为，倾注在中国公民及其财产身上，这种无知加愚蠢的行为，对钓鱼岛问题的解决不仅没有丝毫助益，反而会带来有害的后果”（2012年9月18日）。

时隔3日之后的9月18日，是“九·一八”事变81周年，这不免令人担心过激行为会在当日重演，还好所担忧的没有成为现实。诚然，过激行为的骤然刹车不能完全归功于舆论引导，但新闻评论在此次事件中的显著作用有目共睹：驳斥丑恶行径、疏导民众情绪、引领舆论风向、确立行为准则。尽管有少量的评论坚持认为游行中的过激行为只是爱国激情一时失控的表现，但这种声音几乎被淹没在呼唤善意、克制、宽容、理性的呼声之中。

政治民主化是当今的时代特征，向民主化转型的必要条件之一是公民具备民主的价值观。新闻评论作为公民表达的一种形式，针砭时弊，激浊扬清，是促进社会转型的动力，尤其是在现今社会矛盾冲突加剧、政治体制改革呼声高涨之时。新闻评论谴责资源环境的人为破坏行为、指斥贪污腐化等阴暗面、关注政治制度的完善与革新，这是无可推卸的责任。评论者在其中表现出来的民主意识显然已经达到一定的境界。

二、扩大意见表达空间，搭建意见表达平台

作为一种传播形式，意见表达与思想意识形态的传播保持着应然的联系，新闻评论又是一种常见的表达形式。评论文本特别强调在文字之外，语义、句法和叙述层面上的社会观念因素，也就是说，在具体的语音文字层次之外，意义层次不容忽视。在新闻评论文本的意义层次之上，作为意识之一种，民主意识被作者编码，附着在作品的叙述之

① http://www.360doc.com/content/12/0917/08/1297235_236505813.shtml。

中，而随着新闻评论阅读和传播的展开，被解码的民主意识流淌出来。上述新闻评论与民主意识传播的逻辑关联包含一种简单的思维推理，事实上，这种思维推理适用于其他意识与新闻评论的关联。因此，我们需要洞悉新闻评论与民主意识更深刻的逻辑关联性与这种关联的必然性。

从新闻评论自身看，报纸上的新闻评论是一种文本，但更是一种包含意见信息和担负意见信息传播功能的新闻文本。从这一点看，新闻评论必须公开发表，将意见公开呈现出来，这和某些非新闻文本是不同的，私人意义上的写作是不属于新闻评论的。而值得公开呈现的意见大多是和公共事件联系密切的，也就是说对公共事件发表意见的评论文字才值得被公开。政治无疑是最大的公共事件，而民主政治则是真正属于人民的公共事件。因此，新闻评论与民主政治之间存在着必然的关联。哈贝马斯在考察资产阶级公共领域的发生时指出，从 17 世纪末开始，评论文章开始出现在杂志上，与刊登在报纸上的消息不同，这些评论文章几乎从诞生之时起就由于对公共领域的公开评论遭到了君主权力的干预。① 这一事例充分说明，评论形式与媒介的结合意味着人们对众人之事的公开讨论找到了新的途径，新闻评论承载有关政治及民主政治的公共意见是历史的选择。

从媒介角度理解，新闻评论作为意见性信息的载体，在传播民主思想，促进媒介深度功能实现方面具有重要意义。媒介深度功能主要集中在媒介对社会变革、文明进步、人的培育等方面，而这一功能的实现主要通过媒介对先进思想的传播。民主是先进的政治理念，大众传媒有义务向人民传播这一思想，新闻评论恰恰是这种意识原料的最佳载体。因此，只要在媒介承认民主政治这一基本前提下，新闻评论传播民主思想是一种必然的选择。近代以来，中华民族经历的每一次政治变革，新闻评论都发挥着思想先声的作用。作为中国报刊政论第一人，王韬主持《循环日报》笔政十年，他的政论宣传变法自强的主张，表明政治改革的理想，将西方先进的政治学说理念传到中国。梁启超在维新运动之外，其报刊政论工作保持了相对的独立性，他革新了政论文体，以时评性短评文体为利器，将先进的政治学说传达给世人。资产阶级革命派十分重视报刊评论，不仅在报纸重要版面刊载社论，同时特别注重时论和短评，通过评论实践，民族和民主等问题在报刊中得以讨论，民主共和的观念开始深入人心。进入新民主主义革命时期，毛泽东、李大钊、陈独秀、瞿秋白等无产阶级政治家发表了大量优秀的报刊言论，将马克思主义与无产阶级民主思想传到中国。

扩大言论发表空间，强调意见平台的搭建。当代新闻评论者民主意识的一个发展就是扩大媒介发表言论的空间，比如开辟言论版面、言论频道，让公民意见获得更大的发表空间。无论是报纸言论版的设置，还是网络意见平台的建设，都非常重视媒介意见

① 哈贝马斯：《公共领域的结构转型》，学林出版社 1999 年版，第 24 页。

平台功能的发挥。媒介意见平台为公共意见的发表提供了空间,使公共意见的协商辩论得以进行,这一功能的发挥体现了公民民主意识的增长。

以网络新闻评论发展来看,搭建意见平台是网络新闻评论传播的重要特征。网络评论频道是各大网站竞相设立的意见平台。这些呈现观点的平台,能够做到评论信息24小时更新,转载评论的全面性、系统性,同时不主动掺杂自己的观点和意见。网络编辑为了做到这一点,要求时刻关注最新的评论信息,在汇集的同时加以整合,将各大媒体评论通过一个平台展现出来,此外就是不对信息进行评价,力争展现评论的原生态状态,维护媒体公开公正的形象。

新浪评论频道在众多的评论频道中表现十分突出。新浪评论频道是新浪网新闻中心下辖的一个分支频道,与其他网络评论频道相比,其编辑理念和编辑手段都具有鲜明的优势。这主要是因为"背靠大树好乘凉",新浪是最早开始以"新闻"为发展目标的互联网商业网站,至少比其他网站早1～2年开始24小时更新新闻,因此,新浪新闻以时效性见长。新浪评论频道得其所荫,非常注重评论的24小时更新。其次,新浪拥有庞大的内容提供商,这使评论频道拥有丰富的资源进行编辑整合。新浪在全球范围内注册用户超过2.6亿,日浏览量最高突破8亿次,评论频道的潜在用户数量惊人,这在一定程度上刺激了频道的发展。

和目前我国网络编辑普遍追求网络信息平台功能的实现有关,网络观点频道编辑也突出打造网络意见平台的思路,因此,在频道栏目设置上尽可能丰富化、多元化,以期容纳更多的意见性信息,同时在编辑制作上也有利于对海量信息进行归类。具体而言,观点频道的栏目主要是按照题材、作者、观点、文章等角度进行设置的:新浪评论频道从题材上进行区分的栏目有时事评论、体育评论、文娱评论、财经评论,从作者角度设置的栏目有时事评论员排行、财经评论员排行、体育评论员排行、文娱评论员排行,从观点角度设置的栏目有看图说话、一语惊人、今日话题,从文章角度设置的有热评排行、每周排行、评论集、今日推荐。除了这四个角度,新浪还针对评论内容设置了焦点人物栏目,又从媒体合作角度设置了封面报道栏目,还在页面的右上方设置了往日评论查询,这样评论频道的栏目达到18个,不仅大大超过了任何一张报纸评论版所能容载的限度,而且包罗万象、内容丰富。

目前,新浪网络评论频道已经成为众多新闻评论者和广大网民的一个信息分享平台,新浪的编辑模式很好地体现了编辑人员试图搭建意见平台促成观点交流的目的,而这个想法已经受到了公众的欢迎。公开化是民主的重要特征,意见的公开化将有利于公共权力监督和公共利益维护,这些都是民主推动的方向。

三、重视网络意见,倡导公民表达

重视网络公共意见的反映和深化。信息网络化促使意见表达发生了惊人的变化。

网络实现了信息的快速传递，打破了一元性或非此即彼的思维方式。在网络空间，意见的表达形式更加多元，意见的表达更加自由，意见表达的主体无论从数量上还是从身份上都更加丰富。网络开放了更加广阔的公共意见讨论和发表平台。通过网络，政府和民意之间实现了迅速的沟通和互动，使决策的制定和运行更加合乎公共利益。重大自然灾害、事故灾难、公共卫生事件和社会安全事件发生后几分钟网友已经开始在线交流，新浪、百度、搜狐等商业网站迅速开辟专题，官方网站的表现也出人意料。在各类论坛，各种意见交流平台，关于抗震救灾、人道关怀、志愿服务等议题不断被讨论。

2010年8月24日21时36分许，一架由哈尔滨飞往伊春的E190型飞机在抵达伊春机场降落时失事，已造成42人遇难，54人受伤，其中7人为重伤。其时，伊春空难的具体原因尚不清楚，但从报道的情况来看，或能透出一点端倪：伊春林都机场地处山谷交会漫滩处，因此，夜航情况比较复杂。南航黑龙江分公司运行安全技术部2009年8月27日印发的“关于伊春/林都机场运行安全措施”文件，就明确指出，“9月1日以后伊春机场原则上不飞夜航”（新华网2010年8月25日）。

又是一起悲剧，让人在忧伤中有点透不过气来。每一起灾难总是那么的突然与惊心，然而灾难过后撩开事故的面纱，又总能发现事出有因，之前已有种种隐忧或预兆，只是那些不祥的因素被忽视了或尚未来得及采取措施，这就让人更加难以释怀了。

这次空难，飞机是在距离跑道1.5公里的草地上断裂的，随后发生小型爆炸，可谓降落不成功。不管事故的原因为何，此处机场“夜航有风险，飞行须谨慎”应该引起注意。遗憾的是，虽然有“原则上不飞夜航”的安全警示，意外偏偏发生在“原则上”不许可的夜里。于是，有人以《伊春空难是不是栽倒在“原则上”》为题发表了自己的意见：

这正是令人痛心之处。不知道这“原则上”该如何执行，又是以一个什么样的标准为限进行弹性变通？伊春机场是去年(2009年)8月27日开通，当时即有航空公司作了不飞夜航的安全提示，为何在将近一年过去后，仍有飞机打破“原则”在晚间降落。究竟是在什么情况什么环节上可以白天不懂夜的危险，还是机场条件已改善了可以不必讲那个原则了？这一点有必要给公众一个解释。

也许这起空难完全与夜航因素无关，不得不说的是，有的悲剧刚好就发生在这个原则上。每一起意外总是有不意外的地方，防不胜防的原因乃在于对一些意外原本就没有认认真真地防范过。王家岭矿难发生前，事发处的作业工段曾多次发现巷道积水，却没有引起重视。这样的教训不胜枚举。

任何时候，对待可能会发生的灾难，我们须谨慎戒惧为好，有备则无患，而不是以变应万变。毕竟，灾害的发生不以人的意志为转移，你设定几十年一遇的标准，刚好来了几百年或千年一遇的怎么办？以为近期无迹象表明会有大灾，偏偏天有不测风云又如何应对？与其事后哀叹没想到，再举一反三搞什么运动式检查，不如平日将安全意识的经念好。①

网络意见可因某一事件而发生,也有因被评论对象的再次出现而成为人们评论的焦点。

2009年5月7日,杭州市文二西路发生一起改装三菱车因超速驾驶撞死人的事件,被称"杭州飙车案"。死者谭卓25岁,湖南省长沙市宁乡市(原宁乡县)人,为家中独子。2002年,谭卓以优异成绩考取浙江大学通信工程专业。2006年,谭卓毕业后就职于杭州依赛通信有限公司,担任硬件工程师。肇事者胡斌,20岁,杭州师范大学体育系大二学生,曾获得首届杭州卡丁车大赛冠军。通过媒体调查以及网民的人肉搜索,民众发现肇事者系杭州本地富商之子,且有数次超速违例的前科。肇事者胡斌,一审获刑3年,备受关注的杭州飙车案有了阶段性结局。他面临的不仅仅有法院的判决,还包括众人的义愤。

7月3日,当宣判公布后,网民们发表了不少评论,如《胡斌只判3年公众当然缺乏安全感》《有钱就能免于刑罚吗?》《胡斌母亲的泪,能警醒多少梦中人》《杭州飙车案原被告为何都在喊"不公"》等。当下,人们对于公平、正义的普遍感受和诉求,反映在胡斌案中,类似庭审中存在替身的离奇猜疑等,这些极具戏剧色彩的情节,怎能不引起民意的质疑与猜测!加上"富二代""飙车""权势"等关键词,无疑又撩拨起普通人。由此看来,民众的愤怒有其道理,尽管胡斌只害死了一个谭卓,但在其他人的价值评判体系中,依据逻辑和经验,"胡斌"们一旦失控,一切弱者都可能被"撞"到九霄云外。

近年来,不乏以牺牲法律尊严而一味迎合民意的司法判决。所以,从维护司法、遵从法治的角度来说,该案一审判决还真值得投去赞赏的目光,这或许就是一种进步。此时,南方网发表了一篇评论《让时间检验胡斌案中的民意与法律》(作者杨鹏)。

因为对不公、不平的隐忧,所以人们对法律有太多的期待,法律也被赋予了更多的重任。人们需要法律时时刻刻"警告"每一个可能伤害弱者的人。其实,法律充其量只能裁判违法行为的后果,而产生不公行为,也并不全部由法律而起。回到胡斌案中,进入刑事诉讼程序后,"强行"以交通肇事罪起诉,却没有选择舆论一度热议的危害公共安全罪,更成为舆论的焦点话题之一,在很多人看来,罪名选择的差异,主要是保留了胡斌生的可能。有人质疑判3年太轻,原因是不足以让那些"马路杀手"们后怕,可是,就如人们迷信于法律的震慑力,却并不能因之而消除犯罪。事实上,片面追求重罚,从没有带来长久的安全感。

……

近年来,每一桩"特殊"案件被撩拨起来的民意,经常与法律互搏、摩擦,已成为常态,不免令人担忧—— 理想的法治秩序还没有建立,而民意的不信任已然被培养了起

① 余人月:《伊春空难是不是栽倒在"原则上"》,2010年8月26日《中国青年报》。

来。法律作为一个群体的最高理性，必须被尊重，而每一个成员的意志也需要被强调，正如胡斌案，法律需要去证明去说服民意。固然，民意不一定次次正确，但这并不意味着可以忽视民意的诉求指向，而且，民意未必需要接受时间和历史的考验，法律却一定需要。那就让时间去检验胡斌案中的民意与法律吧。

5年过去了，2014年5月2日，在杭州龙井路西向东下山方向，一辆白色宝马轿车翻在路边。经确认，这起事故中的驾驶员就是2009年“5·7”飙车案中的胡斌。据知情人士透露，“胡斌当时体验过弯的感觉，一不小心失手才导致了翻车”。5年前在闹市飙车酿成一起严重车祸，5年后“我心依旧”，仍旧在公路上“体验过弯的感觉，一不小心导致翻车”，以至于人们要翻出当年的旧账，再次对当年法院的“轻判”耿耿于怀。

5月5日，华商报再次刊发了杨鹏的评论《胡斌为什么还是那个胡斌》：

如果说，5年前人们通过那次车祸在追问，是什么造就了胡斌？而5年后，仿佛几年的牢也白坐了，我们是否应该反思胡斌为什么还是那个胡斌？是否应该追问，胡斌提前减刑出狱的理由何在？某种意义上，入狱服刑，于胡斌而言，只是人生的一次简单历程，而非拐点。

是的，当胡斌还是那个胡斌，这是个悲摧的事实。不得不说，这一点，恰恰是5年前舆论喧嚣之后，所有人的隐隐担忧。显然，胡斌的监狱改造，似乎是失败的，虽然监狱改造的失败并不鲜见，但公众亦有必要探寻每一起失败的缘由。就像胡斌，5年前的“富二代”“闹市”“飙车”等关键词，构成了舆论哗然的根本原因，因此，今天在胡斌再次“出事”的时候，亦须仔细探寻，他为什么依然喜欢“过弯”的感觉。

网络给人们更多更大的表达空间，舆论的多元化也给人们更多更深入的思考，对同一对象、相同或相似事件的判断和评论也在接受时间的检验。网络空间泥沙俱下，对于一些基本的新闻事实评论作者一定要慎重对待，对于民意的走向和表现也要仔细分析，毕竟新闻评论者所担负的公开发表言论的责任更重，不能够受到虚假信息的误导。

提高公民意识，倡导公民表达。民主是公民做主，因此，人们在发表意见参与管理国家事务时，要特别重视公民意识。公民是作为主权权威的参与者存在的，作为公民享有该国宪法和法律规定的权利同时必须履行义务。公民意识是指公民个人对自己在国家中地位的自我认识，也就是公民自觉地以宪法和法律规定的基本权利和义务为核心内容，以自己在国家政治生活和社会生活中的主体地位为思想来源，把国家主人的责任感、使命感和权利义务观融为一体的自我认识。它围绕公民的权利与义务关系反映公民对待个人与国家、个人与社会、个人与他人之间的道德观念、价值取向、行为规范等。公民意识主要体现在公民应该享有的一系列权利和义务当中，例如，公民有通过各种途径和形式，管理国家事务，管理经济和文化事业，管理社会事务的权利，一切国家机关和国家工作人员必须接受人民监督，公民有言论、出版、集会、结社、游行、示威的自由，公民权利受到侵害时公民有权获得赔偿，等等。

“广开言路”是当下倡导公民参与的一种媒体保障。这正如《新京报》新闻评论部在推出评论周刊时“告读者”所说:“我们期待着你参与言说。今日中国社会,开放激荡,广开言路已是历史必然。从技术上说,传播的发达也让每个人都有机会以言论创造历史。‘自媒体’的勃兴宣告了一个‘人人都有话说’的言说时代已经到来”。《南方都市报》也是“广开言路”的倡导者,编辑部高呼公民时评的时代到来了!“20个世纪90年代以来,随着中国新闻媒体的改革,新闻界有一个重要的变化,就是都市类媒体的崛起,它们区别于以前的报纸的特征是要市场化运作,要在犀利的市场中生存,要赢得市场。它必须尊重读者和民众的需求,按照新闻要求来办事。都市报纸的崛起和网络时代公民写作时代的到来,这两种向上升长的力量,就是风云际会。这是一个公民崛起的逻辑关系。”①

倡导“广开言路”正是提高公民意识,实现公民管理国家事务、监督公共权力、享受言论发表自由权利的体现。“广开言路”显示了表达者主体强烈的身份意识,即以公民的身份进行评论实践,面对公共问题,公民有说的权利,也有说的义务。“广开言路”的推动目的在于加强主体的权利意识和民主参与意识,使主体意识到参与本身就是履行民主权利的一项重要内容。

卢梭曾经用极其精准的话将人民、公民、臣民三个词含义的差别概括出来:作为集体称为人民,作为国家法律的服从者称为臣民,而公民则是作为主权权威的参与者存在的。根据我国《宪法》规定:“凡具有中华人民共和国国籍的人都是中华人民共和国公民。”作为公民,享有该国宪法和法律规定的权利的同时必须履行义务。写作并发表新闻评论,表达参政意见,关涉公民所享有的言论自由等权利。“广开言路”显示了言论作者赋予写作过程合法性的意愿。

“广开言路”还将促进公共协商的展开。公共协商是公共性的又一个重要项度,也是新闻评论接受过程中达到的一种理想状态。公共协商基于这样的理念,如果决策不是被强加给公民的话,那么它应该在公共论坛中得到理性的检验。公共协商首先必须符合公共性的条件,即给出的理由要受到公开的检验。公民写作无疑在程序上给公共协商创造了一个好的基础,至少有利于公共协商的议程来源的广泛性和民间性。

“广开言路”的形式是多种多样的,媒体编辑部鼓励普通公民进行时事评论的写作,在言论版的选稿标准中不设定作者身份限制,而是倾向于将来自各方面的意见呈现出来,防止造成话语权的垄断。例如,大家谈、百姓评说、网友点评等栏目都是言论版常见的栏目形式,意图就在于转换评论作者身份,让更多的声音汇聚于此。

不同群体的网民在参与网络讨论时的明显差异,决定了网上民意与主流民意之间的客观差距。社会各界应该理性看待网络舆论,对于网络讨论中的各种观点,无论是用

① 中欧论坛:何雪峰畅谈公民写作与中国时评。

作数据参考、信息分析，还是政策咨询，都应考虑发帖人的身份特点及其知识背景，有选择地接受和使用，用批判的眼光分析舆论倾向，以免将有失偏颇的个人观点当成公共舆论和民意代表误导大众。为此，北京大学新媒体研究院院长谢新洲教授带领他的团队对此选题进行了网络调查。

谁在网上发表意见：互联网为用户提供了“虚拟的公共空间”，其匿名性、交互性、低成本和不受时空限制等特点，让网民畅所欲言成为现实。将用户属性与网络讨论行为进行交互分析发现，不同群体结构特征的网民在网络讨论参与度上表现出明显的差异化。

调查发现：

①有九成网民曾参与网络讨论。

②年轻网民是网络讨论的主体。从年龄上看，网络讨论中20～29岁的参与者最多，占网民总数的35%；其次是19岁及以下的网民群体，占22%；对样本数据进一步分析发现，30岁以下网民中参与讨论的比例为94%。

③中高学历网民是参与网络讨论的活跃群体，高中及以下学历人群发言比例均低于样本总体发言比例。大专、本科人群为90.7%，硕士、博士人群高达92.2%。

④农村及小城镇网民更倾向于参与网络讨论。

⑤学生群体、在职人员以及党政机关事业单位人员倾向于在网上发表言论。近年来，官员“触网”成为新趋势，各部委纷纷通过开设留言板、邮箱、博客，设立网络新闻发言人等多种形式进行网络问政，越来越多的党政领导关注网络言论，利用互联网平台收集民意、体察民情。

⑥低、高收入的未婚网民参与网络讨论的比例较高。

网上讨论的热点话题：网络讨论的议题涉及广泛，此次调查把网民发言的相关内容分为“生活”“娱乐”“社会”“健康”“时尚”“文化教育”“旅游”“政治”“突发事件”“财经”“体育”“国际热点”“军事”“科技”“法律”“地方政府”“中央政府”等17大类，针对网民参与相关议题的讨论情况分析了原因。

调查发现：网络讨论议题分布多元，生活议题广受关注；网络讨论实用性、目的性强，多数网民热心公共事务；网络政治参与形式多样，网民以理性参与为主。

网络讨论的影响因素：网民在虚拟世界与现实社会的互动中极大地丰富了讨论空间的内涵。与此同时，网络讨论行为也受到网民的互联网使用情况和个性特征等因素的影响。

调查结果：网民的互联网使用影响网络讨论的参与程度；网民的个性特征影响网络讨论的参与程度——孤独者、羞怯者和自信的网民更愿意参与网络讨论。个性特征对网络讨论参与度的影响，进一步验证了互联网带来的公众话语空间的扩大趋势。

针对以上调查结果，调研团队提出以下几点建议：

①重视网络舆论，建立反馈机制。中央和各级地方政府以及企事业单位都应充分重视网络舆论，注意追踪各大网站、论坛、博客的信息，关注网民热议问题，建立有效的网络舆论反馈机制，推动我国政治民主化的进程。

②加强网络讨论中的议题引导作用。在网民关注的网络讨论议题中，生活、娱乐、时尚、健康等轻松话题是网民讨论的热点，政治、政府、经济等严肃问题却相对受到冷落。鉴于此，应有效利用网络加强政府与民众之间的互动和沟通，提高公民参政议政的热情，从而对国家的大政方针的制定、改进和完善起到一定的推动作用。

③对网络舆论应持理性的批判分析态度。鉴于网络讨论的参与群体中，年轻、未婚、学生、农村(小城镇)人口比例相对较高，讨论议题难免出现生活化、娱乐化、缺乏理性、不够成熟等问题。

④引导网民理性思考，杜绝网络暴力。调查发现，近四成网民参与网络讨论的目的是“凑个热闹，无聊说说”，近三成表示发表评论是为了“发泄情绪、表达不满”。据《中华人民共和国侵权责任法》第 36 条规定：“网络用户、网络服务提供者利用网络侵害他人民事权益的，应当承担侵权责任。”因此，要进一步提高网民的媒介素养，引导网民对各类议题进行理性思考和使用文明用语，制止网络讨论中的诽谤和谩骂等人身攻击行为，杜绝网络暴力，营造良好的网络舆论环境。[①]

---

① 谢新洲、王秀丽、田丽、王洪波、杨萌：《网上民间，能否代表主流民意》，2010 年 6 月 10 日《光明日报》。

第三节　公民表达民主意识之坚守

公民民主意识的建立最初来源于一种自发的社会民主政治心理，这种心理是公民的基本政治心理素质之一，表现为对民主的一种体验和感性认识，公民自然拥有这样一种建立在客观政治环境基础上的直接经验性的意识。但从一种自发的民主心理上升到一种理性的民主意识是一个复杂漫长的过程，作为一种社会意识形态，民主意识的培养不是一蹴而就的，需要长期的学习和实践的磨炼。民主意识的培养大体应该经过以下过程：坚持学习民主知识，在社会实践中学习和提高民主素养，借助典型案例增强民主意识，最后使民主思维和行为方式内化为表达者的内在修养和行事习惯，使之成为自身人格的组成部分。

一、坚持学习民主知识

人们对评论者常常冠之以“杂家”，意即广泛涉猎各门学科知识，才能在实践中避免犯错误。民主知识的学习是公民表达者的重点学习内容，也是培养公民民主意识的基础。

民主知识首先包括有关民主的一些基础知识。安东尼·阿伯拉斯特的著作《民主》为我们展开了有关“民主”这个词汇的生动性和复杂性，让我们看到民主知识的习得是非常艰巨的。比如，仅仅对于“民主”这个词汇的追溯就是一段艰苦的心路。在具体的意见表达中，有时候并不像学术探讨般深究，但是了解基本的民主知识还是必要的，比如，民主的起源，民主的发展，民主作为一种传统在各个国家文化继承中的表现，民主作为一种制度在各个国家的不同发展，等等。民主在不同国家的起源和发展都不同，受到该国文化历史传统的深刻影响，比如，在中国，两千多年前，中国人就知道“民主”这个字眼，但是这个“民主”和雅典城邦的民主概念截然不同，它指的是君主无须征求臣民的意见就可以自己做出决定，这恰恰和“民主”的现代内涵是相反的。

民主知识还包括对理性化、系统化的民主理论、民主思想的学习。民主理论是从社会生活中概括和提炼出来的一种系统的、自觉的、理论化的反映形式，它比普通的民主知识更加集中，更加深刻。因此，公民应注重学习相关的民主理论，注重对一些著名论断和观点的日常积累学习。民主理论有很多种表达方式，如古典城邦式民主、共和主义民主、自由主义民主、社会主义民主、竞争式精英民主、多元主义民主、法治民主、参与式民主、自主式民主等。总的说来，可以分成直接民主和代议民主以及宪政民主与极权民主两大类。在公民意见表述中，特别是涉及民主思想具体知识的表述中，要注意区分不同民主理论类型的诉求重点，进行必要的区分，以防在常识问题上闹笑话。

公民也应熟悉存在于社会中的各种民主思潮及其发生发展历程。民主思潮以理论的形式出现，体现了不同阶层、社会集团的人们在政治上的差异，一般与占主导地位的民主理论表现出对立的状态。古希腊人最初发明了“民主”并创造了古希腊民主经验。

在此之后，民主演化成为近代民主观念形态和实践形式经过了漫长的历程，这一历程是不同民主思潮和流派、不同民主政治形式较量和协商的过程。评论者对民主思潮的学习将丰富其民主意识内涵，坚定其对民主的信仰。

民主知识的学习是公民参与表达的重点学习内容，也是培养公民民主意识的基础。民主是保护人类自由的一系列原则和行为方式，它是自由的体制化表现。民主以多数决定少数、同时尊重个人与少数人的权利为原则。所有民主国家都在尊重多数人意愿的同时，极力保护个人与少数群体的基本权利。在学习掌握民主一般知识的基础上，特别要学习和把握中国民主的发展历史。

中国民主，即是在中国大地上生成、兴起和发展壮大的民主，是中国共产党领导的和人民当家作主、依法治国有机统一的民主模式。中国民主的兴起和发展，其思想动因源于马克思主义的民主理论。马克思、恩格斯阐述了民主是社会主义的根本目的，在《共产党宣言》中指出："工人革命的第一步就是使无产阶级上升为统治阶级，争得民主。"列宁在领导社会主义革命和社会主义国家的建设中更明确地指出："没有民主，就不可能有社会主义，这包括两层意思：一是无产阶级如果不通过争取民主的斗争为社会主义革命做好准备，它就不能实现这个革命；二是胜利了的社会主义如果不实行充分的民主，就不能保持它所取得的胜利，并且引导人类走向国家的消亡。"毋庸置疑，由五四运动为其做出思想和干部准备的中国共产党，接受了马克思主义的理论指导，从成立之时便奠定了民主文化的深厚底蕴，并从制度上选择了民主集中制。

中国民主的兴起和发展，其实践动因源于中国新民主主义革命时期根据地的民主实践。中华人民共和国成立后，中国共产党成为执政党，此时客观上已有了开展民主实践的现实环境，但主观上却囿于几十年的习惯做法，而没能在实行民主方面有所作为。"文化大革命"结束后，1978 年的中国迎来了解放思想、拨乱反正的新时期。从荒谬的"以阶级斗争为纲"转变为正确的"以经济建设为中心"，从破除"家长制""终身制""指定制"的专制和人治转向追求民主和法治，告别了专制和人治，致力于民主和法治建设，由此带来了新时期中国民主。极左思想路线醉心于国家上层建筑革命，已把中国的国民经济推到崩溃的边缘，加剧了社会和人民的贫穷落后。为了走出困境，党的十一届三中全会确立了进行社会主义现代化建设的基本国策。社会主义现代化建设，首先是经济建设。经济建设要求实行市场经济，建立社会主义市场经济体制。市场经济是平等的经济，它只承认等价交换，不承认任何凌驾于市场的特权，不论任何人，不论性别、年龄、身份、地位、受教育程度，都必须以平等的身份参与市场经济。这种平等性反映在政治上和文化上就要求有与之相适应的民主制度和理念。因此，在进行社会主义现代化经济建设的同时，需要政治建设和文化建设的跟进。而政治建设和文化建设若离开了民主也不可能发展，政治建设和文化建设的现代化，本身就意味着民主化和多元化，要求彻底终结个人专断与权力过分集中、个人迷信与权力失却监督的专制和人治状态。为此，邓小平明确指出："没有民主就没有社会主义，就没有社会主义的现代化"，"民主化和现代化一样，也要一步一步地前进。社会主义愈发展，民主也愈发展"。

中国的民主，不是从外部直接加予或硬性嵌入，而是广大民众由衷地发出的呼唤，具有强烈的自立内生性。民主之于中国，无须任何强制，也无须他人说教，因为人民需要民主，社会需要民主，政党需要民主，国家需要民主。中国民主所具有的自立内生性决定，只要中国的现代化在发展，中国民主也必然要发展。①

党的十九大报告在第六部分"健全人民当家作主制度体系，发展社会主义民主政治"中，提出：坚持党的领导、人民当家作主、依法治国有机统一，加强人民当家作主制度保障，发挥社会主义协商民主重要作用，深化依法治国实践，深化机构和行政体制改革，巩固和发展爱国统一战线。这些纲要既是我国民主政治发展的目标和任务，同时也是公民在提高民主意识中学习的重要内容。

中国的民主政治在实践中发展，公民学习民主知识就必须重视民主知识的时代性。人们在表达中涉及的民主问题大都是现实的问题，在针对某一事件发表意见时，还需要学习与其相关的具体法律条文和国家及司法机关的权威解读，只有这样才会避免失之毫厘、谬以千里的差错，才能做到与时俱进、有的放矢。

二、在社会实践中学习和提高民主素养

民主精神是评论者民主意识培养的中间层次和核心层次。评论者的民主精神不仅是古典意义上的"公善"意志的体现，而且是对具体的现代民主政治基本价值准则的坚守和信仰。

民主意识从知识形态跃升到精神信仰，需要实践的打磨。评论者的实践主要表现在运用新闻评论形式发表意见和传播意见，扩大公共领域讨论空间，增加公共协商的机会。实践为评论者提供了运用民主知识解决公共问题的机会，实践也促使评论者敢于冲破世俗、冲破权威发表意见。就好像不经历浴血奋战的战士不能成为真正的战士，不经历长期的艰苦的新闻评论实践也不能锻造出真正的民主精神。

杰出的无产阶级政论家李大钊毕生追求民主、真理。他在短暂一生中留下了500多篇报刊评论，这些作品表现了一个知识分子探索真理、捍卫民主自由的实践过程。辛亥革命后，受当时社会形势的影响，李大钊的思想表现为激进的革命民主主义，他撰写了《敬告全国父老书》，号召国民团结起来共同抵御侵略。之后他又撰写大量反映时局变化的文章，分析国际国内快速变化的局势。俄国十月革命后，李大钊陆续发表了著名的文章《庶民的胜利》和《Bolshevism 的胜利》，这些文章反映出他转变为一个共产主义

① 许耀桐：《中国式民主的兴起和发展》，《新视野》2016年第2期。

者的思想变化。五四运动后，李大钊的政论文写作热情被大大激发，从 1919 年 5 月到 1921 年 7 月，他先后写出了 122 篇政论文，这些文章标志着他已经转变为一个真正的马克思主义战士。李大钊民主思想的逐步深化依赖于他积极投身社会实践，通过文章参与政治舆论较量的实践经验，正是在这一实践过程中，李大钊成长为真正的民主主义战士，锻炼出坚强的民主精神。

今天，我们进入了新时代。随着政治文明建设的深入，人们的民主意识也在实践中不断提高。

平等观念，是照亮现代文明的一道亮光。然而，追求平等是件知易行难的事。比如，南京一名环卫工人被狗咬伤，主人不仅没赔礼道歉，还一边殴打环卫工人一边喊，“你就配扫地，你儿子也就配扫地”。如此等级观，在一些人身上仍有遗存。事件发生后，有不少网友从规则意识、发展机会、身份差异、换位思考等角度，探讨如何捍卫的问题。

河南郑州　申国华：让规则压倒“关系”。现代社会，规则公平是一种普遍诉求。然而，一旦牵扯到自身利益，许多人往往把“平等”二字忘到脑后，总想托人通融，找亲戚朋友照顾。一旦形成风气，原本不想找关系的人，也被迫四处求人，生怕处处被动。维护规则公平，不能只盯着办事规则，还必须看住那些能随意拨动砝码的人。前不久，某县从乡镇选拔部分优秀教师。消息一出，人们纷纷“找关系”。然而，县里在选拔规则上做了很多防范：从外地抽调面试官，临时抽签选考场，当场宣布成绩。各环节都实行“阳光操作”，让想歪点子的人找不到门路。

规则公平是最重要的权利平等。想法子堵住漏洞，让规则压倒“关系”，全社会都需要补课。

山东泰安　桑胜高：别损害机会均等。孩子入学难只是城乡发展机会不平等的一个缩影。农民进城务工，缩小了城里人和“乡下人”之间的经济差距，然而，他们在关乎代际公平的社会权利方面依然处于弱势，孩子入学、看病就医、社保养老等，都是愁事。有人感叹，机会好像摆在面前，却相隔千万里。一位刚在城里买房的朋友说，当地初中给新生入学设置了“杠杠”，女儿上学可是犯了难。比如，要有在城市购房的证明，有县直或市直单位缴纳养老保险的证明等。如此规定，孩子在城里就近读初中的机会被卡住了。

当然，长期形成的社会格局和管理模式，改变起来并不容易。不过，少设门槛、多行方便，起码应该成为一项社会治理原则。

河南濮阳　梁星毯：以观念弥合鸿沟。最近和同事外出，碰到一位正在收破烂的老人，衣衫褴褛，满手黑泥。许多行人经过老人身边时，纷纷掩鼻捂口，投去嫌弃的目光。老人时不时躲闪着路人，看上去有些尴尬。随着生活水平的提高，大多数人衣着越来越光鲜。但是，城市里还有一些体力劳动者和生活困难者，比如捡垃圾、扫马路、蹬三轮的人，他们不仅从事着多数人不愿意干的脏活、重活、苦活，而且收入回报也很低，更没有获得应有的社会地位。鄙夷体力劳动者的封建观念仍未消亡，还在新生的文明社会里游荡。

人分三六九等的身份意识，是凝聚社会共识的一个障碍。从某种程度上说，经济社会权利方面的鸿沟，还需要观念上的平等来弥合。唯有如此，才能以和谐促转型，真正实现包容性发展。

江苏扬州　钟实：“不均”也要换位看。表弟高中毕业后就外出打工，吃苦受累，常抱怨老板“太黑了”。前不久，他自己开了间汽车修理铺，天天算着成本过日子，请来的工人抱怨待遇低，工作不甚卖力，表弟也一肚子苦水。

任何一个社会，都存在诸多不均或不公现象。然而，有些问题是位势使然。生活中不乏这样的例子，一旦角色转换，许多人的想法就会改变。比如，有人吐槽领导安排不公，自己当领导后却发现情况没那么简单。其实，许多矛盾是竞合关系，并非无法调节的利益冲突，学会换位思考就能找到出路。

以理性的态度，学会区分和理解不同类型的不公平，在底线上达成更多共识，才能形成合力来应对“永远在路上”的公平问题。《人民日报》在《大家谈》栏目中以“平等之光，让我们相向而行”为题，组织了这场讨论。[①] 人们在参与意见表达中，不仅有道理，还有自己身边发生的事实，而“事实胜于雄辩”在人们的观点表达中起到了很好的作用。

除了平等，还有公正，它们是社会心态中最敏感的那根弦。近年来，全面依法治国在加快推进，尤其是对一批冤假错案的纠正，让全社会深切感受到公正的力量。那么，结合生活实际，哪些方面的进步积累了公正的信念，哪些方面的不公亟待解决，如何让制度顺着人心的方向不断完善，这些问题都需要人们在实践中去思考、去广开言路。而媒体也顺势而为，开辟专栏，组织讨论，让人们在畅所欲言中集思广益，促进着民主政治的发展。

随着中国的国门大开，越来越多的人通过各种方式出境、出国，感受外面民主政治发展的新面貌。他们通过实践对比，增强了对民主意识的认识和对自己所在单位民主管理等方面问题的思考。下面是一位高校老师到香港地区考察后撰写的文稿《民意表达与民主管理》：

香港的每所高校中，“民主墙”都是一道独特的风景。小到日常校务，大到学校的重大决策，学生和教职工都可以在“民主墙”上畅所欲言，公开表达对校方的不满。校方会及时地就“民主墙”上反映的问题展开调查，并设法解决。

香港高校普遍认为，当代大学生群体拥有自己独立的思想与人格，他们需要被尊重，而首当其冲就是对话语权的尊重；作为教职员工，更不应该是“沉默的大多数”，而是

---

① 2015年10月8日《人民日报》。

要对学校事务有充分的发言权。

“民主墙”的使用，并不是完全的自由。香港高校为“民主墙”制定了系统的使用规则。以香港理工大学为例：民主墙的管理者建立了学生会干事会，使用者必须为学校的学生、教职员和校内认可组织（即学生会辖下如何发所有组织、校友会）的成员；使用者可自行张贴大字报于民主墙上，而所有大字报及对大字报的回应一律严禁任何粗言秽语、色情成分、人身攻击涉及金钱上的交易、触及法律的文字和图画；所有大字报及回应必须写上学生编号、教职员编号或组织有效盖印和名称及大字报张贴第一日之日期；合规格的大字报及回应将被盖上批准印章，而违规的大字报及回应将被盖上违规印章甚至被撕下。从“民主墙”使用守则上可以看出，香港理工大学对于学生和教职工表达言论、参与民主管理的权限的开放程度。

在香港，“民主墙”是师生参与民主管理的一个显性渠道，“教授治校”则是教职工参与民主管理的制度保证。香港科技大学明确提出，“教授是学校的灵魂”。学校中最重要的决策均要通过校董事会。例如聘请校长，就是由校董会成员组成一个专门的小组，在全世界内进行公开招聘。校董会虽然权力很大，但学校日常绝大部分工作，尤其在学术、教学上的工作，都由教务委员会来处理。教务委员会可设立多个专门的委员会，教授们大多参与了各种委员会的工作。比如要新聘教授时，应聘者从一开始就要与应聘系主要由教授组成的“招聘委员会”打交道，每个委员都要打分，最后试讲时全系教授（包括没有终身教职的助理教授）都可以投票。教授工作数年后是否续聘、是否晋升为终身教职都由主要是教授组成的专门委员会决定。

作者最后感慨：民主是个好东西。建设世界一流大学，必须积极探索建立中国特色的社会主义现代大学制度。如何找准切入点，抓住着力点，努力探索“党委领导、校长负责、教授治学、民主管理”的实现形式，香港高校的管理体制和运行机制，给我们提供了一个看问题的新视角。[①]

三、借助典型案例增强民主意识

当代新闻评论的不断变化、不断前进的发展态势让人们看到了新闻评论的繁荣，但透过越来越多言论版的开设、言论作者队伍的扩大、言论文章的高速增长，我们可以看到，真正的推动力量是新闻评论者在新闻评论实践中将民主意识付诸实践的努力，这种努力是通过一个一个的新闻事件、一篇一篇的新闻评论作品来完成的。

1. 孙志刚事件

孙志刚，男，1976 年生，湖北黄冈人，2001 年武汉科技学院（现武汉纺织大学）艺术

① 胡艳华：《民意表达与民主管理》，2011 年 10 月 17 日《华中科技大学周报》。

系艺术设计专业毕业，2003 年春节过后来到广州，案前任职于广州市达奇服装公司。

3 月 17 日，孙志刚因无暂住证在广州街头被警方带至广州天河区黄村街派出所。后因有心脏病被收容站送往广州收容人员救治站，遭遇无情轮番毒打，不治身亡。

4 月 25 日，《南方日报》的子报《南方都市报》刊登了一篇题为《一大学毕业生因无暂住证被收容并遭毒打致死》的封面新闻，首次披露了孙志刚惨死一个多月却无人过问的前前后后，并发表评论《谁为一个公民的非正常死亡负责》。

5 月 14 日，华中科技大学法学院俞江、腾彪、许志永三位青年法学博士以中国公民的名义，向全国人大常委会上书，建议对《城市流浪乞讨人员收容遣送办法》进行违宪审查。上书指出，人身自由是由《宪法》所规定的根本权利，是神圣不可侵犯的。

5 月 18 日，孙志刚的遗体在广州火化。

5 月 23 日，我国著名法学专家贺卫方、盛洪、沈岿、萧瀚、何海波联名上书全国人大常委会，提请就孙志刚案及收容遣送制度实施状况依照《宪法》启动特别调查程序。

6 月 5 日至 6 日，广州市中级人民法院公开审理乔燕琴等 12 人伤害（致死）孙志刚一案后做出一审判决：主犯乔燕琴被判处死刑；第二主犯李海婴被判处死刑，缓期两年执行；其余十名罪犯胡金艳、乔志军、李文星、何家红、韦延良、李龙生、吕二朋、张明君、周利伟、钟辽国分别被判处有期徒刑 3 年至无期徒刑。

6 月 9 日，孙志刚案涉及的广州市公安局天河区分局黄村街派出所原民警李耀辉，广州市脑科医院江村住院部原副主任张耀辉，广州市收容人员救治站原负责人彭红军，医生任浩强，护士邹丽萍、曾伟林等 6 人，以玩忽职守罪，被判处有期徒刑 2 年至 3 年。

6 月 10 日，孙志刚被故意伤害致死案中涉及的其他 23 名违反党纪政纪的有关责任人员，经广州市委、市政府同意，已由广州市纪委、市监察局和有关单位给予党纪、政纪严肃处分。

6 月 20 日，国务院总理温家宝签署国务院第 381 号令，公布施行《城市生活无着的流浪乞讨人员救助管理办法》，该办法自 2003 年 8 月 1 日起施行。1982 年 5 月 12 日国务院发布的《城市流浪乞讨人员收容遣送办法》同时废止。

这是一个活生生的案例，它以一个风华正茂大学生的死去，废除了 20 多年的《城市流浪乞讨人员收容遣送办法》，换来了保护公民正当权益的《城市生活无着的流浪乞讨人员救助管理办法》，彰显了大众的舆论和法律工作者的专业力量。把对流浪乞讨人员的强制遣送改为救助，是符合社会发展需要的合法的政策。同时，该事件也显示出新闻报道和新闻评论的监督和法律知识普及的力量。如果没有新闻媒体对孙志刚案的关注，对公正司法发挥积极的舆论监督作用，孙志刚的亲人朋友可能仍在四处奔走喊冤，故意伤害致死孙志刚的凶手可能至今仍逍遥法外，更多无辜的人可能继续在收容所里饱受折磨甚至死亡。新闻媒介作为社会的守望者，常常是在前面发现问题，为正义与公正呼喊，而司法机构紧随其后，是实现社会公正的最后一道防线。二者的目标统一于社会公正。在孙志刚案中，新闻媒体一直实践着社会守望者的使命，发现问题、冷观公审、及时报道评论，因此有较好的监督效果。①

2. 毒奶粉事件

2008年，中国奶制品污染事件（或称中国毒奶粉事故）是中国的一起食品安全事故。事故起因是很多食用三鹿集团生产的奶粉的婴儿被发现患有肾结石，随后其奶粉中被发现化工原料三聚氰胺。

公布数字显示，截至2008年9月21日，因食用婴幼儿奶粉而接受门诊治疗咨询且已康复的婴幼儿累计39965人，正在住院的有12892人，此前已治愈出院的有1579人，死亡的有4人，另截至9月25日，香港有5人、澳门有1人确诊患病。事件引起各国的高度关注和对乳制品安全的担忧。中国国家质量监督检验检疫总局（简称国家质检总局）公布对国内的乳制品厂家生产的婴幼儿奶粉的三聚氰胺检验报告后，事件迅速恶化，包括伊利、蒙牛、光明、圣元及雅士利在内的多个厂家的奶粉都检出三聚氰胺。该事件亦重创中国制造商品信誉，多个国家禁止了中国乳制品进口。

9月24日，国家质检总局表示，牛奶事件已得到控制，9月14日以后新生产的酸乳、巴氏杀菌乳、灭菌乳等主要品种的液态奶样本的三聚氰胺抽样检测中均未检出三聚氰胺。

2008年9月13日，中国国务院启动国家安全事故Ⅰ级响应机制（“Ⅰ级”为最高级，指特别重大食品安全事故）处置三鹿奶粉污染事件。患病婴幼儿实行免费救治，所需费用由财政承担。有关部门对三鹿婴幼儿奶粉生产和奶牛养殖、原料奶收购、乳品加工等各环节开展检查。国家质检总局负责会同有关部门对市场上所有婴幼儿奶粉进行全面检验、检查。

石家庄官方初步认定，三鹿“问题奶粉”为不法分子在原奶收购中添加三聚氰胺所致，已经拘留了19名嫌疑人，传唤了78人。这19个人中有18人是牧场、奶牛养殖小区、奶厅的经营人员，其余1人涉嫌非法出售添加剂。

河北省政府决定让三鹿集团立即停产整顿，并对有关责任人做出处理。三鹿集团董事长和总经理田文华被免职，后并遭刑事拘留，而石家庄市分管农业生产的副市长张发旺等政府官员，石家庄市委副书记、市长冀纯堂也相继被撤职处理。河北省委也决定免去吴显国河北省省委常委、石家庄市委书记职务。9月22日，李长江引咎辞去国家质检总局局长职务，这是因此次事件辞职的最高级别官员。毒奶粉事件在中国形成了一股“行政问责与司法问责风暴”。

新华社报道，三鹿毒奶粉事件事态扩大的主要原因是三鹿集团公司和石家庄市政

① http://ccgpa.tju.edu.cn/anliku.php? id=159。

府在获悉三鹿奶粉造成婴幼儿患病情况后隐瞒实情、不及时上报。

2009 年 1 月 22 日，河北省石家庄市中级人民法院一审宣判，三鹿前董事长田文华被判处无期徒刑，三鹿集团高层管理人员王玉良、杭志奇、吴聚生则分别被判有期徒刑 15 年、8 年及 5 年。三鹿集团作为单位被告，犯了生产、销售伪劣产品罪，被判处罚款人民币 4937 余万元。涉嫌制造和销售三聚氰胺的奶农张玉军、高俊杰及耿金平三人被判处死刑，薛建忠被判处无期徒刑，张彦军被判处有期徒刑 15 年，耿金珠被判处有期徒刑 8 年，萧玉被判处有期徒刑 5 年。[①]

《兰州晨报》于 2008 年 9 月 9 日，首次披露奶粉是导致婴儿肾结石的罪魁祸首。嗣后，新闻评论者对于到底是什么奶粉引起婴儿肾结石的问题十分关注，与此同时，舆论空间也充斥着揣测和质疑，流言和谣言在信息不公开的情况下悄然滋生，公布奶粉品牌成为公众最大的信息需求。评论者意识到此时此刻呼吁信息公开是扩大公共意见交流的突破口，于是在 9 月 11 日，有多位知名评论员撰写评论呼吁信息公开，如《大河报》范大中的《请公布致婴儿肾结石的奶粉是什么品牌》,《上海商报》何桂山的《某品牌是什么牌子奶粉》,《重庆时报》李晓亮的《奶粉致婴儿肾结石一切信息皆应公开》,《浙江在线》童大焕的《政府应尽快查明公开结石婴儿事件真相》等。这些评论是最早呈现公众意见的媒体声音，它们体现了新闻评论在突发公共事件下的一种应急思路。

2008 年 9 月 16 日，毒奶粉事件进一步升级，中央电视台报道说有 22 个厂家 69 个批次的婴儿奶粉含三聚氰胺，这一事实几乎摧毁了公众对中国奶业的一切美好想象。从知名品牌到“中国奶业地震”，事件的发展大大超出人们的预期，一时间对国家免检制度的问责，对政府预警机制的质疑，对相关部门监管责任的批评等议题成为舆论焦点。通过对新浪新闻评论频道转载的涉及毒奶粉事件的评论统计，约有三分之一评论就上述议题发表意见，这充分显示了监督公共权力成为毒奶粉事件中新闻评论一个重要的表现方面。这些评论如《婴儿肾结石事件必须环环问责层层追究》《食品免检不是要免掉政府监管责任》《食品安全危机后警惕公权肆意扩张》等，将散漫的公众舆论凝聚成理性判断，达到了更佳的传播效果，使政府能够准确获知民意，及时调整应急机制，服务公众利益。

化解危机是人们应对毒奶粉事件中最重要的内容。无论是天灾，还是人祸，一场危机爆发后，社会群体心理的承受力都不同程度地受到损伤。而近年来发生的若干事件又都和社会丑恶现象联系在一起，权钱交易、贪污腐败、造假盛行构成了突发公共事件产生的社会基础，社会道德和价值标准受到拷问和质疑，公众对社会的信任正在被蚕食。新闻评论面对这种情形，要主动担负起倡导公共理性、建言献策促进危机解决的责任。在三鹿奶粉事件中，奶农的利益问题始终是一个焦点，事件初期，奶农的利益并不

① https://baike.baidu.com/item/中国奶制品污染事件/86604?fromtitle。

被关注，相反有很多指责针对奶农。9月12日，中国江西网发表了刘长锋的《三鹿奶粉出问题不能拿奶农当替罪羊》一文，正面提出了奶农不该成为这次奶粉事件的惩罚对象，结合9月23日河北省政府出台出资3.16亿补贴奶农的政策，以及后续各地政府和中央政府对于奶农的经济补偿政策，应该说新闻评论较早地设置了议程，为相关政策的出台创造了商讨辩论的协商空间。

毒奶粉事件中，新闻评论实践表现出许多新的特色，对信息公开的强调、对公共权力加强话语监督、为化解危机而进行建言献策，这些方面能够体现当代新闻评论者借助一些重大和典型的突发事件加强民主意识在公众中的植入。

3. “外婆姥姥事件”

2018年6月，有媒体报道，上海小学二年级的语文课文第24课《打碗碗花》，原文中的“外婆”全部被改成了“姥姥”。有网友找出了去年上海市教委针对这一问题的答复，上海市教委认为，“姥姥”是普通话语词汇，而“外婆”“外公”属于方言。“外婆”与“姥姥”有区别吗？本可通用，非要把原文中的“外婆”改成“姥姥”，即便编者不嫌麻烦，那原作者是否知情呢，会认同吗？上海教育出版社回应称：“沪教版小学二年级第二学期语文教材把‘外婆’改成‘姥姥’是为了落实该学段识字教学任务的需要。‘外’‘婆’‘姥’三个字都是小学二年级识字教学的基本任务，‘外’字安排在二年级第一学期第4课中，‘婆’字安排在二年级第二学期第18课中，‘姥’字安排在二年级第二学期第24课中，即在认读‘姥’字前，学生已经认读了‘外’‘婆’两字。”

对此，网友纷纷炸开了锅，表示不能接受。

@天才胖次少女：哈？姥姥是普通话？外婆才是普通话吧？只听说过狼外婆没听说过狼姥姥。

@好奇心害不死的汪：我就想问，改动原文经过作者同意了吗？

@小猫爱吃鱼：难道只有我一个人觉得，姥姥姥爷才是方言？

@大冰：北方总想以北方方式来政治性绑架南方。

@七里香：外婆改叫姥姥，总有种骂街的感觉。①

在社会各界的关切和监督中，上海市教委公开发布《关于上海小学语文教科书“外婆”改“姥姥”一事的处理意见》，表示要恢复原文中“外婆”一词，并对作者和社会各界致歉；今后编写教材应充分尊重作者，维护作者正当权益。同时表示，2018年9月起上海小学二年级将使用国家统编语文教材，停用上海版语文教材（含“外婆”改“姥姥”文）。上海市教委教研室、上海教育出版社也同时发文致歉。

公民的意见表达，不仅仅因突发、重大、恶性事件而起，就是人们日常生活中的文化

---

① http://baijiahao.baidu.com/s?id=1603869973852510293&wfr=spider&for=pc。

教育、居住环境、工作出行、劳保福利等平常事，因为涉及面广，也会引发公民的积极参与，踊跃表达意见。这次小学生教材修改一事就是一个很好的例子。当然，专业人士的意见更理性、更专业，对社会的作用也更大。

国际在线特约评论员王石川认为，反思此事件，有以下三点看法：

其一，教材修改，应征求原作者意见，也应经过民意充分发酵，让公众参与讨论，而不能闭门造车，由少数人任性为之。

其二，事关文化认同、文化多样性和地域语言习惯，相关部门应该谨慎再谨慎。正如上海教育出版社所称，语文教材编写除了要考虑学生识字规律和增强学生对文化多样性了解外，还要充分考虑地域文化和语言习惯。

其三，应建立完善的纠错机制以更好更及时地回应舆论质疑。“外婆”改成“姥姥”引发了轩然大波，该以怎样的方式收场呢？若是任尔舆论质疑我自岿然不动，显然不可取。良性的姿态该是顺应民意，有错就改。但愿“外婆”改成“姥姥”一事经过充分讨论，能够引起相关部门警醒，莫再闹笑话，更不要再犯此类错误，以免贻笑大方。①

律师刘昌松从法律的角度谈了他的看法：教材选编要注意尊重作者版权（2018 年 7 月 2 日《光明日报》）。

他在评论中说，上海市教委的道歉是诚恳的，上海市教委及相关教育出版机构值得称赞的地方是，大大提升了教材采用文章的版权意识。处理意见一共四条，有两条涉及此方面：一条除“向作者致歉”外，还表示要“与作者沟通，将该文中‘姥姥’一词恢复为原文的‘外婆’一词，同时依法保障作者权益”；另一条“要求全市教材编写工作要从中吸取教训，充分尊重作者原文原意，切实依法维护作者正当权益”。

此前，上海市相关部门在尊重作者及版权方面，做得确实不够。“外婆”被改为“姥姥”所涉文章《打碗碗花》的原文作者、陕西作家李天芳，在接受媒体采访时表示：“更重要的不是改词的问题，是我压根就不知道他们使用这篇文章和怎么使用的，在哪个范围内使用。他们无论如何应该给我打个招呼，这是出版机构对作者最起码的尊重，也是版权法的基本规定。”

李天芳所说版权法的基本规定，是指《著作权法》第 23 条。该条指出：“为实施九年制义务教育和国家教育规划而编写出版教科书，除作者事先声明不许使用的外，可以不经著作权人许可，在教科书中汇编已经发表的作品片段或者短小的文字作品、音乐作品或者单幅的美术作品、摄影作品，但应当按照规定支付报酬，指明作者姓名、作品名称，并且不得侵犯著作权人依照本法享有的其他权利。”

可见，按照《著作权法》规定，有关单位和作者编写义务教育教材使用作品确实享有一些特权，这主要指“教科书中汇编已经发表的作品片段或者短小的文字作品”等，“可

① http://news.ifeng.com/a/20180622/58848853_0.shtml。

以不经著作权人许可”，理论上称之为法定许可，作者没有禁止使用权。但这个权利也仅此而已，不是漫无边际的，更不能无限扩展，例如也“应当按照规定支付报酬”；应当“指明作者姓名、作品名称”，“不得侵犯著作权人依照本法享有的其他权利”，例如修改权、保护作品完整权，以及改编权、翻译权等作品演绎权。

遗憾的是，有些义务教育教材出版机构，因为有了“法定许可”的特权，不付报酬、不指明作者和原作品名称、不经作者同意而擅自改动原文等的情形，时常有之。有网友认为，作者也应当增强版权意识，将版权侵权者送上法庭。其实，作家李天芳的版权意识很强，1985 年某国家级教育出版机构将《打碗碗花》部分内容选入小学语文教材，因未署名未付酬，李天芳多次去信出版社联系毫无结果，于是将该出版社告上法庭，被称为“全国首例教材著作权纠纷案”，4 年后终审判决出版社赔偿李天芳稿费、名誉和经济损失共计 6 万余元，但其三篇散文作品也从该出版机构编辑出版的中小学语文教材中删去，从此不再使用。

这次教材中“外婆”与“姥姥”之争事件，上海市教委的处理意见就是一个很好的表态，期待能够成为教育出版界的共识，成为全国教育出版机构改变观念的一个良好契机。也就是说，所有教育出版机构采用任何作者的作品，依法都应当署名，应当指明作品出处和原作品名称，应当付酬，增删改动作品应征求作者意见，而不能谁叫板就不再用谁的作品，谁不叫板就依旧侵权使用。

四、使民主思维和行为方式内化

民主修养是民主意识的一种自发的心理反应，这种反映不同于民主意识的低级形态即感性阶段的民主意识所表现出来的自发性。感性阶段的民主意识自发性虽然也是主体的一种自觉状态，但却是不稳定和不连续的，而理论形态的民主意识一旦形成，就成为主体的一种心理定式，一种自觉追求，表现出较强的稳定性和连贯性，因而成为主体独立人格的构成部分，能够被认识，具有相对的独立性，对实践产生长久的影响。对于新闻评论者来说，从事新闻评论实践是捍卫民主自由的过程，民主修养的练就是一个感性民主意识上升到理性民主意识的过程，这个过程就是民主意识的培养过程，因而，民主修养体现了民主意识培养的最终目的。

民主意识的培养和坚守，是公民在意见表达中不断地将抽象的理念与具体的事件相结合的过程。所以，我们不仅要重视对民主理论的学习，更要从实践中，特别是一些典型案例中学习，这既是现实的需要，也是培养和坚守民主意识的好方法。

作品选编[①]

多提供讲心里话的地方

前几天，人民日报评论员写了一篇很好的文章：《鼓励大家讲心里话》。我以为，文章还应该有续篇，即"多提供一些讲心里话的地方"。心里话只是关起门来讲是不行的。只在家庭里、同志间、座谈会上讲或是写在笔记本上是不够的。人民群众的心里话应该广泛、及时地反映在公开出版的报纸、杂志上，反映在广播、电视里，成为公开的舆论。这就需要在报刊上多设一些讲坛，多提供一些能够讲心里话的场所，否则，再好的愿望也是难以实现的。

要做到这一点，看来有几个认识问题要解决。

第一，党报的喉舌作用和桥梁作用应该是统一的。党报是党的喉舌，应该宣传党的路线、方针、政策。与此并行不悖的是，党是代表人民利益的，它的机关报就必须随时反映群众的呼声。只有当人民群众看到自己的心里话能够见诸报端、自己的主人翁地位得到尊重时，他才可能更深刻、更自觉地理解和执行党的决议，更信赖、更热爱党的报纸。这时党报的喉舌作用才能得到充分的体现。

第二，充分发挥人民群众的监督和反馈作用。要使党和政府的决策得以正确地贯彻执行，必须充分发挥人民群众的监督和反馈作用。仅靠一时的"直接对话"，靠少数人的座谈会是不能完成的。只有当人民都关心党和政府的决策并发表自己的意见时，党和政府的决策，才能迅速正确地得以实施，才能保证我们的工作失误最小。那种把人民群众对党和政府的工作，以至于方针政策的批评意见（有的可能是错误的，有的要经受实践的检验）视为异端的错误不能再重复了！

第三，读报观念和办报观念应该同步转变。由于历史原因和"左"的影响，在很长一段时间里，报刊上一字一句都被视为党的政策，报刊上只允许有一个声音。这种观念应该改变。现在人们对于报刊上提供的信息有了自己的独立思考、分析和选择。为了适应、促进这个变化，办报观念也要改革。编辑人员不能只是重复"红头文件"的词句，套用一个模式、发表大同小异的稿件。要发表人民群众对社会生活各个方面的不同意见，使各级领导机关从议论纷纷中体察民意，择善而从。

第四，以切实措施保证讲话者的权益。鼓励大家讲心里话，就难免会出现片面、过头和牢骚话，报上也难免会出现某些失实之处，出现问题以至错误。对此，一是力求减少和避免出错，二是有错则及时纠正，但不能因发表一篇错误的或者仅仅是不同意见的

---

① 注：选编作品系本书作者原稿，发表时有删改。

文章，说了几句真心话，就把作者、编辑搞得灰溜溜的。不允许人家讲错话，不允许文章出差错，群众的心里话就不可能充分表达出来。

如果真心鼓励大家讲心里话，那么就请多提供一些讲心里话的地方。

（原载 1986 年 8 月 10 日《人民日报》，8 月 12 日《光明日报》一版转载，多家媒体转发）

能否公布领导人当选票数

现在，北京正在召开五年一次的领导人换届的全国人民代表大会和政治协商会议。随着会议日程的进行，15 日至 17 日，十届全国人大第五次、第六次和第七次全体会议将要进行全国人大常委会委员长、国家主席、国务院总理等国家领导人的选举和决定任命。这是举世瞩目的一件大事，对于中国的广大公民来说更值得关注。自然，按照传统的惯例，在各位领导人的当选上是不会出现什么爆炸性新闻的。因为事先党中央、国务院、人大、政协都进行了反复的研究、斟酌，并广泛地听取了各民主党派、各方面人士的意见，意见基本一致。现在的问题是，中国公民不仅需要知道选举的最终结果，而且也想了解选举的过程，知晓各位领导人当选的具体票数。

人民代表都是人民选出来的，他们都代表着人民的利益和愿望，每个公民都有权利了解他们选出的代表在大会中的表现——他们提交了什么议案，发表了什么意见，在领导人的选举投票中他们都有什么表现，等等。新闻报道在介绍各位当选领导人的生平资料时，也应报道他们当选的具体票数。多少年来，我们都是这样的，知道了某某某当选了什么领导职务，但是，他究竟得票多少，却是不知道的。自然，参加会议的代表们是清楚的。大会结束后再由他们层层传达或只原则性地介绍一下，这些都是有组织纪律的。对此，广大人民群众是不满意的。最近，负责宣传工作的中央领导同志说过这样的话，必须高度重视反映人民群众的心声，使党的主张和人民利益更好地统一起来。衡量精神文化产品，最终要看人民满意不满意、人民喜欢不喜欢。这些话，我以为是很正确、很在理的，同时，这个精神也应该表现在对大会选举国家领导人的过程中。前不久召开的党的十六大提出："发展要有新思路，改革要有新突破，开放要有新局面，各项工作要有新举措。"我想，在改革会议报道，在对领导人的选举程序报道中，也应体现这一精神。这不是一个技术问题，而是一个思想观念问题。

多少年来，我们的工作和我们的报道常常习惯于"一致通过"和"全体拥护"。如果有了反对票或弃权票，就以为是某某领导人没有威信或不团结不稳定，担心得很。其实，大可不必。事物发展都是不平衡的，每个人的思想认识也都不可能一致。即便是出于对某某领导的爱戴和拥护，他也可能从关心和爱护的角度出发投反对票或弃权票。在一个几千人的大会上，对要选举表决的领导人有不同意见和票数分布，这是完全正常的事；相反，如果是“一致通过”“全体拥护”，那倒是很奇怪的事了。不论是中国还是外国，任何选举，都没有要求达到100%，只要符合一定的法律要求和程序就行了。其实，在中国的人代会上，没有得全票甚至有很多反对票、弃权票而使方案通过事是出现过的。1992年4月3日，七届全国人大五次会议以超过三分之二的1767票赞成通过了关于兴建长江三峡工程的决议。但是，在这次会议上，有177票反对，644票弃权，25票未按表决器。当时的媒体报道说："经过40年的反复论证，大多数(请注意，使用的是‘大多数’)代表对兴建这项工程是赞成的，有些投弃权票、反对票是可以理解的、也是正常的，这都是对国家、对人民、对历史负责的态度。"这是十多年前的事情了。历史已经跨入了新的世纪，网络媒体的发展使信息的传播更加迅速和广泛，中国加入世界贸易组织更开阔了中国民众的视野。我想，不论从哪个方面来说，人们都需要更多地了解大会的各种信息，包括领导人的选举过程的信息，同时，人们也都能够接受大会传来的各种信息，这是我们的人民更加成熟的表现。

本次人代会能否公开报道国家领导人当选的票数，我不得而知。但是，我十分地坚信，新闻报道的改革作为政治文明建设和发展的一部分，终究要走出这一步。实践是检验真理的唯一标准，而时间是检验真理的最终标准，我们希望这一天早点到来。

——写于十届全国人代会选举之前

(原载2004年3月4日《长江日报》)

人事档案应向本人开放

每个人都有一份人事档案，它记载和反映着个人的经历和德才等方面的情况。人事档案是组织人事部门在了解人、使用人的过程中逐渐形成和丰富的。同时，它也是组织人事部门(不仅仅是本单位)了解人、使用人的重要根据。某些特殊人物的人事档案还是研究某些历史事件、民族和国家变化、发展的重要资料和文献。所以，对于人事档案的保管是十分重要的。

“文化大革命”中，“四人帮”及其一伙出于政治目的，或某些人派性作怪，私自抛出或篡改别人的档案，作为攻击、打倒人的根据，造成了一场民族灾难，使冤假错案丛生。这样的历史悲剧再也不能重演了。近年来，不少地方的组织人事部门，为了保证人事档案的真实性，对人事档案特别是老同志的人事档案进行了清理，剔出了那些不实材料，并向本人发放了“放心卡”，这是十分必要和值得称赞的。但是，仅此还不够，还必须进一步，更彻底一点，即将人事档案向本人公开，并形成一种制度，每件装入档案的材料都应与当事人见面，如有意见可在其上申述。

实行档案向本人公开的政策，我想至少有以下几点好处：

其一，可保证人事档案的真实准确性。人事档案的要求之一，就是装入其中的每一件材料必须真实准确。只有这样才能科学地反映人们的历史，同时也为了解人、使用人提供可靠的根据。档案是对人们历史的记载，而历史是由每个人自己书写的。一个人的思想品德如何，劳绩政绩如何，学识业务水平如何，其他各种社会关系如何，这些，一般来说，当事人是比较清楚的。档案向本人公开，就可以甄别、核实某些材料，纠正因各种原因而产生偏差或杜绝某些假材料、张冠李戴的材料塞入。

其二，可以监督人事档案的管理者和撰写人事档案材料的领导者、有关人员忠于职守，不徇私情，更可以防止某些别有用心的人借撰写档案材料（包括各种鉴定、评语、证明材料等）图报复、泄私愤，达到压制、坑害人之目的。现在，粉碎了"四人帮"加强了人事档案的科学管理，人们的政治思想觉悟有了普遍的提高，以档案图报复，造冤案的人不多了（如发现应加惩处）。但是，由于档案不向本人公开，就有可能使某些人趁机做手脚，结果使当事人的面貌得不到真实全面的反映。这对于组织部门特别是外单位人了解当事人是不利的（随着人才流动的正常进行，查阅档案的机会将会增多）。实行人事档案向本人公开，那么，每个参与档案工作的人对当事人进行定性定量分析时，在遣词造句时，就必须考虑真实、准确，更不可能借机塞进自己的"私货"。

其三，可以帮助当事人反省、自励。人的历史是由自己书写的，但由于时间的流逝，人们可能将某些有益的东西遗忘。这里包括成功的经验、光荣的历史，也包括某些过失和错误。实行人事档案向本人公开的政策，人们在一段时间里可以查阅自己的档案，回顾自己走过的历程，对于改正错误，发扬成绩，更好地工作是大有帮助的。在"整党"中，不少党组织发动党员重新阅读自己的入党申请书，就起到这样的积极作用。

（原载 1988 年 6 月 27 日《光明日报》）

用公正程序保证民众利益

据报载，武汉市政府近期出台《经济适用住房实行公开登记及摇号销售试行办法》（简称《办法》），改变以往实施的"先来后到"的销售方式，体现机会均等，此法在全国居首。（见 2005 年 11 月 29 日《长江日报》报道）

经济适用房是政府为解决低收入家庭困难而提供的一种适度优惠住房。但由于要求购房的人多，而政府分批建好的经济房又不能及时满足全体购房者的需求，于是从 1994 年开始，武汉市一直都是执行的谁先登记谁先购买的销售方式。但在实施中发现，由于信息的不对称，许多符合条件的市民一次次失去了购买和选择的机会，形成了事实上的不公平。

目前实行的《办法》规定，开发商在取得经济适用房预售许可证后，必须提前将可供选择的住房、登记时间、地点等信息登报，并在市房地产市场信息网上公告，让需要购房选房的用户一目了然。摇号选在项目辖区内适宜的场所实施，由公证人员现场公证。同时，还邀请 5～10 名购买人代表参与监督，这些人在自愿报名者中随机产生。

“先来后到”是自古以来人们从事经济活动或其他有关活动的一种常用的游戏规则，不论是到商店购物车站购票，还是到餐馆进餐游乐场所参观，人们大都能够遵循这一规则行动。这一规则保护了先来者的利益，给后来者以某种提示，显示了社会的某种公平，一般来说大家都能接受。正因为如此，武汉市在经济房的购买和挑选中一直实行这种方法。但是，社会是在不断发展变化的，人们的需求也是因不同的对象有轻重缓急之别的。像购买住房特别是有优惠条件的高价物品，仅靠“先来后到”这一种方法显然是不能适应形势了。人们在不同的地方工作，有的比较松闲关系多，获取信息的时间和渠道也多，而有的人却因工作或地域或人缘的原因，不能或较少较迟地获得信息，或知道了情况但没有时间、没有精力去捷足先登，这样自然就会形成机会屡屡落空的现象。如果还有开发商和有关管理部门某些人员的不规范的信息发布或腐败行为，这样的先来后到就有更大的问题了，那么，民众的利益自然也就不能得到保护了。

房少人多，如何保证政府的关爱落到实处，如何防止少数人利用职权从中获取私利，如何体现机会均等、保护民众的公正利益，实施科学的管理程序是十分重要的。程序是指事物运动的某种次序或过程或环节，含有某种秩序或顺序的意思，为达到某种状态而进行的运动过程。这种过程包括按时间要求（如先来后到）或按年龄要求（如尊老爱幼）或按紧张程度（如轻重缓急）或按量度需要（如大小多少）等依次排列的工作或运动步骤。社会程序，它是人们按照一定的社会运动规律经过无数次的实践，摸索、总结、形成的主观行动守则。这些行动守则虽然是人们主观意志的产物，但它必须符合人类社会发展的规律性。人们的社会实践活动就是为了不断地制定一些行动程序，来调适和规范自己的行动，以适应社会规律的需要。武汉市最近出台的《办法》，虽然在最后售出经济适用房的总量上是一样的，但在分配的方法和过程却是与“先来后到”方法不一样，人们的感觉自然也不同。新《办法》至少表现出以下两个好处：一是体现了公开透明的原则。需要购房者可以通过报纸和网络获取房源、房型等方面的信息，购买人名单将在网上公布。二是体现了公民参与、机会均等的原则。信息提前公开人们有准备的时间，采取现场摇号的方式既接受了公民监督，更体现了机会均等。自然，采取摇号方式也必须保证它运行的科学性和对它的公开监督。

党的十六大提出要加强程序化建设的要求，十六届四中全会提出要提高各级领导机关的执政能力，“权为民所用，情为民所系，利为民所谋”。任何良好的愿望，任何以人为本的举措，都必须有科学有效的运动程序来做保证。举一反三，希望各级领导部门在程序的科学化建设上有更多更新的创造。

（原载 2005 年 12 月 27 日《解放日报》）

对民众呼声“有所应”更要有所为

现在，全国不少城市都加强了网络与市民的沟通，方便群众在第一时间顺畅跟踪政府部门办事进度，进行满意度测评，促进了政府工作作风的转变，受到大众的好评。但是，在这项工作中还存在某种程度、某种表现的官僚主义和形式主义的问题。

对于“民有所呼”，政府相关部门大都做到了“我有所应”，有的还很及时。但是，这些回应有不少只是具体涉事单位的说明、解释、推托，强调客观因素的多，真诚道歉、分析检查、从主观上自省的少。不论是网上留言，还是电话回复，语气上很温和，“不好意思”“请您谅解”“考虑到您反映问题的心情……”。这种回应本身是需要研究改进的(有的“所呼”，还没有“所应”)。现在我要说的是，“民有所呼”，不仅要求“我有所应”，更需要“我有所为”，只有把老百姓反映的问题真正解决了，解决好了，这才是我们政府和其工作人员的职责所在。

城市道路上时常出现挖了填、铺了挖的“马路拉链”问题，时至今日并没有解决。这既有某个部门的施工问题，更是政府主管机关职责不明、管理不善的问题。我在“留言版”以“不能政出多门，顾前不顾后”为题，反映刚刚铺好的高标准绿色自行车道路，没过几日，就被打围开挖铺设线管。我指出：“为何两部门不相互沟通，统一安排施工？此类事情经常发生，要追责，更要考虑政府部门的设置与分工问题”。一周后，我接到某具体施工公司的网上回复和此前的电话说明：“给您带来不便，敬请理解”，“以上信息已联系告知您，对此您表示满意”。人们在日新月异的都市中生活，时时处处都能感受到我们生活环境的改变和改善。但是，这种享受应在科学有序的环境中，在最优化的资源共享中。“我有所应”不是也不能是应付和推责，更不是邀功！我们的媒体在报道和反映这些进展时，也需要实事求是，既要报道成绩、介绍经验，也要指出存在的问题和需要改进的地方；既要有具体涉事单位的回应和整改，更需要上级责任机关负责任的“我有所应”，之后，更需要“我有所为”，而这种“所为”是在主管机关顶层设计的科学管理框架下的有序行动。

中央刚刚印发《关于进一步激励广大干部新时代新担当新作为的意见》提出：“注重培养专业作风、专业精神，引导广大干部坚持理论联系实际，干一行爱一行、钻一行精一行、管一行像一行。突出精准化和实效性。”在贯彻落实中央文件中也要反对形式主义，以更加有效的实际行动为群众排忧解难、获得民心，促进社会发展。

(原载 2018 年 6 月 27 日《光明日报》)

第二章

公民表达的科学精神

科学精神是对真理的追求，不懈追求真理和捍卫真理是科学的本质。科学精神体现为继承与怀疑批判的态度，既尊重已有认识，同时崇尚理性质疑；科学精神是对创新的尊重，创新是科学的灵魂。科学尊重首创和优先权，鼓励发现和创造新的知识，鼓励知识的创造性应用；科学精神体现为严谨缜密的方法，每一个论断都必须经过严密的逻辑论证和客观验证才能被科学共同体最终承认。任何人的研究工作都应无一例外地接受严密的审查，直至所有对它的异议和抗辩得以澄清，并继续经受检验。这些都是新时代对公民提出的新要求。

第一节　公民表达少不了科学精神

就一般意义上的科学精神，早已有繁多论述，这里仅择其要者而言。中国人第一次提出"科学精神"的概念，是留美学生任鸿隽发表《科学精神论》一文，首次提出科学精神为"科学发生之源泉"，是科学家的"人志"，概言"科学精神者何？求真理是已"。并认为科学精神具有五个特征：崇实、贵确、察微、慎断、存疑。[①] "科学精神"作为一个理论概念，首先是在美国社会学家罗伯特・默顿的"科学的规范结构"(1942)[②]一文中出现的，该文也成为研究和探讨科学精神的概念与内涵的经典文献。它提出了科学精神包括四种惯性的规范，即普遍性、共有性、无偏见性和有条理的怀疑性。近百年来，不少的科学家和知识分子都对科学精神做过各种各样的理解和阐释，这些探索都是具有历史意义的。

2007 年 2 月 26 日，中国科学院向社会发布了《关于科学理念的宣言》[③]，《宣言》中指出：

科学精神是对真理的追求。不懈追求真理和捍卫真理是科学的本质。科学精神体现为继承与怀疑批判的态度，科学尊重已有认识，同时崇尚理性质疑，要求随时准备否定那些看似天经地义实则囿于认识局限的断言，接受那些看似离经叛道实则蕴含科学内涵的观点，不承认有任何亘古不变的教条，认为科学有永无止境的前沿。

科学精神是对创新的尊重。创新是科学的灵魂。科学尊重首创和优先权，鼓励发现和创造新的知识，鼓励知识的创造性应用。创新需要学术自由，需要宽容失败，需要坚持在真理面前人人平等，需要有创新的勇气和自信心。

科学精神体现为严谨缜密的方法。每一个论断都必须经过严密的逻辑论证和客观验证才能被科学共同体最终承认。任何人的研究工作都应无一例外地接受严密的审查，直至对它所有的异议和抗辩得以澄清，并继续经受检验。

科学精神体现为一种普遍性原则。科学作为一个知识体系具有普遍性。科学的大门应对任何人开放，而不分种族、性别、国籍和信仰。科学研究遵循普遍适用的检验标准，要求对任何人所做出的研究、陈述、见解进行实证和逻辑的衡量。

人类社会发展的历史告诉我们，公民表达于公民自身而言，可以促进人格的自我实现和人性的自我发展，从而获得成就感与满足感；而于社会而言，公民表达可以使政治不断民主化，集思广益，解决社会问题，针砭时弊，促进社会进步，最终增强全体公民的参与意识。要发挥上述任何一项社会功能，科学精神都是必不可少的。

---

① 转引自刘雪贞：《任鸿隽科学精神论探析》，《淮阴师范学院学报(哲学社会科学版)》2007 年第 1 期。

② 罗伯特・默顿：《科学的规范结构》，《哲学译丛》2000 年第 3 期。

③ http://www.cas.cn/html/Dir/2007/02/26/14/77/72.htm。

一、集思广益，促进社会发展

常言道:“家家有本难念的经。”教育、就业、医疗、住房、物业管理、养老保险、出行交通、社会治安等问题是每个公民家庭都必须经历的问题,切实体会并成功处理了这些问题的百姓,个个都有话说,个个都可能说出点道理来。在这样的情况下,集思广益就显得非常必要。但是,集思广益并不等同于众说纷纭、七嘴八舌,想要真正达到解决社会问题的效果,就必须恪守科学精神,去粗取精,去伪存真,由此及彼,由表及里,在深思熟虑后提出最有价值的意见。

随着休闲时间的增多和人们生活质量的提高,“带薪休假”的问题提上议事日程。2015 年 8 月,国务院正式颁布《关于进一步促进旅游投资和消费的若干意见》,鼓励有条件的地方和单位,根据实际情况,依法优化调整夏季作息安排,“为职工周五下午与周末结合外出休闲度假创造有利条件”。

从政策执行的角度讲,“2.5 天小短假”的提出,让带薪休假又往前走了一步,有诚意、有想象力,也体现了很好的政策导向。然而,对于怎样让普通劳动者走出“休不休”的困局,放假形式需要怎样改进,还有哪些方式值得探索,网络微友们提出了不少好建议。

网友@Lee 巧蓉提出:把休假列入用工成本。朋友是一名基层公务员,某次和她聊起带薪休假的问题,她叹了口气说“太难”。因为她所在单位的在岗人员,几乎是“一个萝卜一个坑”。她负责的窗口业务,只有她和同事两个人,他们还分别负责不同的业务流程。她若是休假,另一个人就压力很大,得忙成陀螺。其实,各行各业都面临同样的问题。说到底,人手不够,就是因为在具体制度安排上,没有预先把带薪休假的需要作为用工成本算进去。如此一来,本该由单位考虑的人员休替问题,就变成了职工个人的思想包袱。一年几天的轻松写意,和其余 300 多天上司的眼色,如此不对称的选择,只会让带薪休假近在眼前,又难以企及。她提出,在法律规定出台多年后,正当的休假依然成为困扰,无疑需要更有可操作性的规定。

网友@刘振军认为,化整为零以减少冲击。上班族无疑都有带薪休假的需求,家里或多或少都有一些事情要处理。可如果休假就得扣薪水,对工薪族来说,似乎有点不划算。国家虽然支持带薪休假,但工薪族不可能不考虑老板的想法,至少要尽量减少对企业生产、经营、管理的冲击。他提出,“化整为零”的休假方式,或许更能让双方接受。以我们单位为例,员工因私请假,按规定要被扣除相应绩效。为了响应国家规定,单位又出台了一个规定,可以将个人的因私请假天数,抵减当年应休假期,相应绩效不会被扣除。把一整段的假期,拆成零散的片段,这样对单位影响最小,也容易落实。

网友@高创则认为,有了共识还要“打补丁”。“2.5 天小长假”的提出,不仅释放了更大的善意,展示了政府推进这一福利的决心,也符合帮新事物站稳脚跟的现实逻辑。一纸令下只是第一步,真正落地显然要经过多次反复,并需要不断施加新的推力。他以电脑系统为例予以说明,系统软件安装完之后,要保证系统正常运转,需要不断地"打补丁",把系统漏洞堵上。带薪休假也是如此,基本的共识有了,剩下的就是制度的修正和细节的落实。比如,有单位就在年度目标任务中,添了一项"落实休假比例",对制度落实的实际情况进行考核。再比如,有些地方的劳动监察部门,对单位、企业落实带薪休假的情况严加监察,让休假不再"羞答答"。当然,不同的地区和单位,情况不一样,需要打的"补丁"也不尽相同。只有将灵活性和制度刚性结合起来,才能让带薪休假在更大范围、更高程度上变为现实福利。①

我们进入了新时代,人们在追求美好生活的进程中,有许许多多的问题需要商量讨论。在科学精神的指导下,在议论纷纷中集思广益,促进社会发展。

二、针砭时弊,促进社会进步

究竟怎样才算是真正的针砭时弊?怎样的发声才能促进社会进步?是毫无根据地在网上乱喷一气吗?自然不是。是如同炸药包一般遇事便愤怒大骂吗?自然也不是。真正能促进社会进步的公民表达必然是建立在科学精神的基础之上的,对事件深入细致地研究,最终以确凿的证据、理性的观点、严密的论证来说服受众,这才是理性的公民所应有的行为。我们可以先来看一下青岛种树事件中公民的表达,用行动向我们证明了什么才是于社会有益的公民表达。

2012 年 2 月 27 日,青岛市人民政府下发《关于在全市开展植树增绿大行动的通告》,通告确定在每年的"3·12"植树节、4 月春季植树月和秋季植树季三个时间集中开展大规模的植树增绿活动,努力营造"三季有花、四季常绿"的园林绿化风格,进一步提高全市的生态宜居效果。4 月初,青岛汇泉广场北草坪被铲,最早引发市民及网友的集中关注,后青岛市海滨风景区管理处回应,汇泉广场草坪是正常的更新,只种草不种树。此后,网友对青岛种树质疑声不断,主要就种树的位置、密度、方法及成活率提出疑问。4 月 18 日上午,青岛市人民政府新闻办公室官方微博"青岛发布"透露:市有关部门高度重视,已着手研究解决存在的问题和不足,并答复相关问题。在这次事件中毅然发声的青岛姑娘潘琦首先上网仔细阅读了《宪法》和《山东省行政决策程序》等文件,发现公民对任何国家机关和国家工作人员有"批评和建议的权利"。在明确自己可以在这项事件中发表意见后,她做了充分的调查研究:为了了解植树成本,她到工地上与工人聊天;为了了解种树的决策过程,她打市长热线,给市建委、园林局打电话……

---

① 《带薪休假,如何卸掉包袱》,2015 年 8 月 20 日《人民日报》。

从确认自己能否表达开始，到怎样表达，表达什么内容，潘琦都做到了有理有据、客观公正，可以说，科学精神贯穿了她的表达始终。当然，这股子研究劲最终也有所收获，4 月 19 日，青岛市副市长在与网民的在线交流中就工作不足道歉，并承诺对存在的问题进行调整；4 月 23 日，青岛市城市园林局对媒体表示，该工程已进入实质性整改阶段。[①]

潘琦用其科学的公民表达向我们印证了“城市不是市长的城市，而是市民的城市”，促进社会进步不是一句空话，只要坚持，必有回响。

教育改革涉及千家万户，稍有不慎就会损害群众利益，引起社会动荡。

2018 年 11 月，浙江高考英语科目考试结束后，浙江省教育厅、省考试院收到部分考生及家长关于本次考试难度偏大的反映，遂参照去年同期试题难度，对部分试题进行了加权赋分。11 月 24 日，高考英语科目成绩公布后，考试成绩和加权赋分方式受到一些学生和家长质疑，引发社会广泛关注。浙江省委、省政府高度重视，成立由省长任组长，有关权威专家参与的省政府调查组。

经调查组认定，此次高考英语科目加权赋分决策依据不充分、决策严重错误，导致结果不公正、不合理。本次加权赋分是在正式评卷完成后进行的，不属于评分细则的范畴，省教育厅主要负责人和省教育考试院混淆了加权赋分与评分细则的概念。在具体操作中，省教育考试院又没有进行充分的技术论证，仅作模拟推演，导致不同考生同题加权赋分值存在差别。

按照《浙江省重大行政决策程序》规定，重大行政决策应当按程序充分论证、仔细研究、集体决策，但省教育厅主要负责人未能正确履行职责，违反民主集中制原则，不经过集体研究，个人决定了事关全局和稳定的重大问题。省考试院有关负责同志在院长办公会议多数人持不同意见的情况下，不坚持原则，违规通过和执行了加权赋分的错误决定。

按照实事求是、有错必纠、有什么错纠什么错的原则，省政府决定取消这次考试的加权赋分，恢复原始得分。经调查认定，此次高考英语科目加权赋分是一起因决策严重错误造成的重大责任事故；决定免去郭华巍省教育厅党委书记、委员职务，责令其辞去省教育厅厅长职务。[②]

党的十八大以来，中央多次强调决策程序的科学化，但是浙江省教育厅和省教育考试院仍然出现如此错误，引起了网友的不满：

随缘博爱：为何不将题目的难度出得差不多，而是修改分数。

IringBerry：说真的。我只听说过大学时专业等级考试加权评分，没听说过高考也这样。

---

① 《青岛种树事件 一堂生动的公民课》，2012 年 4 月 20 日凤凰网，http://news.ifeng.com/opinion/special/qingdaozhongshu/。

② 董碧水：《浙江高考英语加权赋分是一起重大责任事故》，2018 年 12 月 6 日《中国青年报》。

月亮河点评：规则应该提前制定和公布，如果是事后定的规则，就有违反公平和正义的嫌疑！

阳光灿烂：我家孩子客观题没扣分才考132呢，还不如客观题扣十分的人。

你背后有人耶：你得制定一套公开流程，达到规定条件才能加权……这都得经过讨论的呀！

竹篱山南是故乡：两次考试，就应该制定规则映射到同一标准下，这样才合理。

gzw13319310933：加分就有人为主观行为，显然不公平！

澎湃特约评论员李一陵以《高考英语“倒加分”：不能以公平之名制造新的不公》对此发表评论指出：

表面上看，这种做法可以提高此次考试成绩、缩小两次考试的分数差距，但新的问题又来了：如果加权分值和算法不合理，且只对部分试题加权赋分，那么，对于在这部分试题中本就正确率较高的学生来说，是否同样意味着不公平？有家长反映平时成绩优秀的孩子作文被扣16分，成绩没那么好的同学却只扣了一两分。这种操作，是不是为了部分“填平”加权赋分造成的差距？答案尚不清楚，但对一些学生而言，却是实实在在的伤害。

新高考改革的目标之一是通过等级赋分等方式破除分分必争的弊病，但这不意味着分数就不再重要。在目前录取方式下，分数仍然是考量考生的重要尺度。对于考生、家长以及社会来说，高考制度任何方向上的改革，都必须回应好公平这一底线要求。否则，再好的改革初衷也可能被扭曲。

此次浙江英语考试争议，也再一次提醒相关部门，每一个决策背后，都牵连着数以万计考生以及背后家庭的切身利益，容不得半点疏忽大意，必须慎之又慎。①

三、增强公民参与意识

更科学、更有序的意见表达将会激发全体公民政治参与的热情，调动参与意识，从而使公民更加深刻地认识到身为国家主人的权利与义务。

经过多年的努力，特别是网络媒体的发展，我们欣喜地发现，人们参与媒体表达自己意愿越来越多，涉及的领域和内容也越来越多。2012年，在人民网的强国论坛上一条“喜迎十八大网友说期待”的帖子，聚集了近10万的人气，广大网民在跟帖中表达愿望、诉说期待，形成十八大盛会的一道“民意风景线”。《人民日报》针对此事发表的评论也充分肯定了我国公民参与、公民表达的发展：“这是‘参与’的十年：公民主体意识和参与意识日益增强，政府施政更加注重保护和尊重公民的参与权，网络使公民参与渠道更

---

① http://www.sohu.com/a/279181084_355311。

加便捷多样。公共事务不再是政府部门的专利，更多了公民参与的身影；社会管理不再只有政府单打独斗，‘社会协同、公众参与’成为‘党委领导、政府负责’的重要补充；慈善事业不再限于官办，草根慈善、‘微公益’书写十年慈善事业的重要篇章。”

人的现代化就是从“消极公民”转变为理性参与公共事务的“积极公民”。理性科学的公民表达，把命运共同体意识写进了每个人的心中，在政府与公众之间搭起良性互动的桥梁，也在悄然之间使政治生态更加民主开放。

“从网络上积极‘围观’、坚定互动，到现实中参与监督、促进公开；从草根慈善、社会组织，到共享共建、志愿精神，‘积极公民’的形象在十年间逐渐清晰。对公众而言，只有理性参与公共事务，才能涵养‘无穷的远方、无数的人们，都与我有关’的公共精神，这本身就是最好的民主演练；对政府而言，以制度渠道海纳公众的‘参与百川’，能够促进自身的制度创新，尊重民意也是公权力最好的民主素养。

‘你所站立的地方，就是你的中国；你怎么样，中国就怎么样’，如果你曾以 140 个字理性表达诉求，或者参加过政府决策的听证会，那么你已经参与到时代的前行之中，成为我们这个‘参与时代’的建设者、推动者、主人翁；一个人的力量或许微不足道，但是所有人的力量相加，就足以升腾起改变时代、推动进步的‘正能量’。”①

在公民表达中贯穿科学精神，最终推动的，必然是整个国家民主政治的完善，经济的繁荣昌盛，文化的百花齐放，同时，也将全面提高公民素养，真正实现“中国梦”。

科学精神在公民表达中发挥着重要作用。它能够激发人们的探索欲，指导人们的探索过程并最终帮助人们检验探索结果；它能够规范公民表达，让一切在科学有序的前提下进行，促使公民选择合适的时机、合适的媒介，讲出有价值的真话；它能够帮助公民发现社会弊病，帮助解决社会问题，全面提高公民素养，最终促使我国社会进步发展。在科学精神的指引下，无论是国家整体还是公民个人，都将获益匪浅。

当今信息技术迅猛发展，交流渠道越来越多，微博、微信、知乎等都成了巨大的舆论场。同时，人们的表达欲望也越来越强烈，热门新闻、政治事件的浏览量和留言量一破再破，如此火热的公民表达少不了科学精神。

公民表达，说的是公民依照法律表达自己对于国家公共生活的看法的相关权利。宪法上体现为议论自由与出版自由，人们通过评议的方式来公开陈述和表明自己的观点，游行、集会、示威等权利也是宪法中的表达权体现。表达权并不是绝对的权利，对表达予以适度限制也是必要的，我国宪法第 51 条规定，“中华人民共和国公民在行使自由和权利的时候，不得损害国家的、社会的、集体的利益和其他公民的合法的自由和权利”，这就是对表达权的法定限制。不以领导的意志、他人的好恶、赞同者的多寡、一时的舆论倾向干预表达者自由行使表达权是十分重要的。同时，捍卫他人特别是与自己

① 《公民主体意识和参与意识日益增强》，2012 年 11 月 17 日人民网。

意见相左者的表达权也是铸造民主社会的基本保障。这是因为只有在人人尊重他人的表达权，而又不滥用自身表达权的社会集体中，表达权才能得到充分行使。

从政治层面讲，每一个人、每一个群体都必须借助自己的话语为自己争取相应的政治地位和政治影响力，为自己的政治行为选择提供正当性和合理性的辩护与论证，“议会政治的争吵”“法庭上的辩论”和“各种听证会的举行”等，就是现代民主政治的典型表现。因此，如果说古代政治的“君权神授”“朕即国家”等政治原则，为“君要臣死、臣不得不死”之类剥夺臣民权利提供充足论证而无须为自己的政治行为提供任何辩护的话，那么，现在的政府执政者则必须为自己的政治行为提供相应的政治话语辩护。现代社会从事政治活动需要能言善辩者，议会、法庭等即是话语政治的场所；现在的政坛活跃者大多也是能言善辩者，如议员、律师等。现代民主政治带上了明显的话语表达特征。

所谓公民表达，是指公众对涉及国计民生的所有问题有发表自己意见的权力，特别是有关公众切身利益的问题，在有关部门决定之前，公众有权赞成也有权反对；在有关部门决定之后，公众仍然有权力对其合理性、合法性进行讨论和批评。现代民主政治的话语表达特征无疑凸显了公民的话语表达权。正如美国政治学家穆拉维契克所说的那样：“民主是对深深期望得到体面对待的人的回应。民主是人类出自天然本性的期望，期望人人对他们各自的命运都有发言权”；“相信民主是一种普世性的价值是因为确信人类不应该未经他们同意而被统治”。

强调公民表达要有科学精神，这是为了保证公民有清醒的头脑和认识，对事情和现象能够有冷静理性的判断，在思考过程中保证感性与逻辑并存。具体而言，科学精神在公民表达中体现在以下四个方面。

1. 客观求实

公民表达要追求事实的真实，并以事实为基础，以经过反复检验的逻辑规律为论证方式，对事实做出合情合理的分析、判断，追求事实真相。科学活动的求真精神也就是实事求是的精神，追求真理的精神。求真，获得真理，即获得对对象世界的正确认识，这是科学活动的本质。科学研究者的求真精神，是他所应具有的科学精神的核心、灵魂。没有了求真精神，就等于没有了科学精神。要对科学精神有所把握，最重要的是要了解它的内涵、构成要素，以及它的整体结构。科学精神以追求真理作为它的发生和逻辑的起点，这是一个历史的事实。而逻辑起点则是由无意识的心智本能和朴素的求知欲望发展而成的科学信念和科学预设。于是，追求真理乃至“为知识而知识”“为真理而真理”，成为科学精神的“原始公理”，也是科学精神的“绝对命令”。在科学中，通向真理的唯一道路是实证的和理性的道路：实验的严格检验和理性的无情审查。因为真理是已经或即将被实验或经验证实或确认的命题——已经被证实或确认的就成为我们所谓的相对真理，即将被证实或确认的可以称为潜在真理；还因为真理是理性可接受的理想化，是合理性的命题——不仅合乎人的理性，而且与其他合理的理论相容。求事实之真更多的是需要付出体力与消耗精力，而求推理之正确则需要逻辑这种脑力的运用。澄清似是而非、呈现真实的做法，就是一种客观求实的体现。

2017 年，媒体曾披露这样一件事：有位小学生发现湖南省义务教育地方课程实验教科书《生命与健康常识》关于“溺水怎么救护”的内容存在“致命错误”。“小孩溺水可采用倒置双脚控水”知识，与水上安全教育的教练所传授的不一样。随后，媒体采访了女孩的教练、长沙市红十字会救护员罗格，他从专业角度解释了教材存在的问题，并指出这是国外 30 年前就淘汰的方法。经媒体报道，湖南省教育厅和省教育科学研究院组织专家对教材内容进行了修订，将不正确的溺水救援方式删除。

《中国青年报》的评论员王钟本着客观求实、认真求证的精神对此事发表了自己的意见——什么溺水救援方法才是正确的，有人认为这是常识。现在看来，人们对常识的普及度太过于乐观了。在某种程度上看，我们仍生活在一个常识匮乏的年代，但是大家都很信任“常识”，一出现关于常识的说法就全盘接受。如果错误的知识在教学实践中被认真传授，也许“倒置双脚控水”就真的成为“常识”了。

这次教材曝出“致命错误”，也给实施素质教育提了个醒，那就是“顶层设计”只是前进的一小步，更重要的是把素质教育的内容向每一个受教育者铺开，进而在教学实战中接受检验。教材的错误不是由任课教师发现，让人怀疑是不是没有多少老师认真备过课。人们最不希望看到：教材发下来了，教学活动就到此为止了，素质教育课程被“更重要的主课”挤占，课程表也仅在应付上级检查时出现。

错误并不是最可怕的，可怕的是错误被置若罔闻。人们对教材的容错率低，既因为重视教育，也因为教材的影响力实在太大了。没人发现错误、指出错误，没人较真，才是教育让人痛心之处。①

同样是教材存在问题，有的需要从我国的实际出发，使其更加科学，更有时代特征。

上海将小学二年级课本中《打碗碗花》原文中的“外婆”全部改成了“姥姥”，引起网友热议，不少南方地区的群众表示不接受：“还我外婆！”上海市教委认为：根据《现代汉语词典》（第七版），“姥姥”是普通话词汇，指“外祖母”，而“外婆、外公”属于方言，上海是国际化大都市，改动有利于共建和营造多元、包容、开放、和谐的社会环境。② 对此，《人民日报》发表评论说：我国地域辽阔，汉语与少数民族语言的方言众多。因此，2000 年颁布的《中华人民共和国国家通用语言文字法》规定，汉语普通话为国家通用语言。关于“外婆”和“姥姥”之争，根据有关专家考据，两者最初可能都来自方言，但它们早就进入汉语普通话词汇系统，变成了通用语言，并且不以地域为界，在全国范围内广泛使用。

---

① 2017 年 9 月 12 日《中国青年报》。

② 2018 年 6 月 21 日东方网。

在语言发展演变中，普通话不断吸收方言的有用成分，反过来，方言对普通话也有影响。而方言一旦进入普通话系统，就变成了普通话，不宜再被视为方言。知晓语言规范，明了语言的丰富多彩，情感上不产生隔阂，不但为课文本身加了分，也让大众对语言规范有了更广泛的认可。

我们推广普通话，是为了消除方言之间的隔阂，而不是禁止和消灭方言。希望让“姥姥”与“外婆”握手拥抱，使普通话的推广运用更科学、更符合时代的要求。[①]

2. 理性存疑

公民参与表达要不相信权威，不轻信现存发现，而是对权威说法和既有结论保持怀疑与批判，并承认自身认识的不圆满。我们的社会当然需要权威，权威可以帮助人们辨别和相信已然现实和减少认知上的困难；但权威一经形成，往往又在一定领域、一定范围内握有较大的话语权。要质疑权威或者驳倒权威的理论或观点，是一件既有风险又有难度的事。因为权威拥有包括自身以及支持者在内的力量，质疑权威实际上是质疑广泛的权威拥护者。作为公民，为了增进社会智慧，贡献新知，不仅不能迷信权威，而且往往需要质疑权威。我们知道，权威不是自封的，是在实践中经过检验被社会所确认的。但是，某权威彼时彼地提出的理论或观点，到了此时此处，就可能与现实不符。从时间上来说，既有结论、观点、思想上的陈旧，也有空间上的不适应。因此，对其言论持不轻信的态度是完全应该的。同时，公民在表达观点意见的时候也应该保持一种批判精神。广义地说，公民表达的批判精神表现在对现实事物的批判和对前人理论的批判。狭义地讲，公民表达的批判精神，主要是指对已有理论的肯定理解，同时包含着否定的质疑，是一种扬弃的运动过程。前人的观点，包含着真理的因素，这是对前人观点肯定的理解。同时，前人的观点不是绝对真理，必然包含着某种片面、错误的因素。公民表达，就是要在新的实践基础上，重新检验前人的理论，继承其真理的成分，同时揭示其片面性或谬误，这样才能发展真理。真理总是在同谬误做斗争中发展的。公民对自身意见的态度，是衡量公民是否具有彻底批判精神的重要标尺。对自身观点的批判态度，就是不把自己的观点意见看作是绝对真理的态度，就是以更开放的心态去理解自身观点，就是自我批评的态度，就是勇于改正错误的态度。

我们进入新时代，科技事业已迎来科学发现与技术创新并重、向世界科技强国进军的新阶段，此时，对公开、平等、理性的质疑甚至批评，就应成为各方乐见的常态。2018年第2期《中国计算机学会通讯》(英文简称CCCF)，发表了黄铁军教授的文章《也谈强人工智能》，对上期周志华教授的《关于强人工智能》和李国杰院士的《走务实的人工智能发展之路》提出批评和反驳意见。对此，李国杰不但没有生气，反而在《营造百家争鸣

① 刘大潮：《当“姥姥”遇上“外婆”》，2018年6月28日《人民日报》。

的学术平台》的"主编评语"中大加赞赏:"我一直希望CCCF成为学术争鸣的平台,期盼多年的局面终于看到一点苗头,感到十分高兴。"李国杰院士作为这一领域的权威专家能够有如此态度,充分体现了一位资深科学家的广阔胸襟和真知灼见。

科学无禁区,真理愈辩愈明。无论是对国家的科技计划和管理政策,还是对某项具体的科学发现、技术成果,科技同行展开公开、平等、理性的对话、讨论乃至批评,是一个国家科研环境、科学文化健康发展的重要体现,也有助于减少科技决策的盲目性,有利于科技本身的良性发展。近些年我国科技事业取得了长足进展,但在一些部门和单位,科技领域自由辩论、公开争鸣的氛围还不够浓厚。无论是事关科技人员切身利益的科技政策、考核方法、评奖制度,还是存在争议的科学发现、技术成果,科技同行即便有不同意见,也大多止于窃窃私语,敢于公开发声的还不太多。

有评论指出,之所以造成这种尴尬,主要原因可能有两个:

一是"说了也白说",搞不好还被"穿小鞋"。一些部门和单位在推出科技决策之前虽然也会征求各方意见,但实际情况往往是:不是提意见的专家范围有限、代表性不足,就是对"不同意见"舍大取小甚至听而不闻。更有甚者,把提出异议的科研人员视为不听话的"刺儿头",要么"封杀",要么在其课题立项、奖项评审时"设障"。

二是"人情面子"作祟,怕得罪同行。近年来,结果不靠谱、宣传言过其实、涉嫌造假的科技成果时有出现,但考虑到大家都是同行,抬头不见低头见,往往少有公开质疑、批评的。"吾爱吾师,吾更爱真理",质疑、批评本是科研活动中的应有之义,"对事不对人",双方都应唯科学马首是瞻,不能把人和事混为一谈,更不应因此产生矛盾。

一些科技同行奉行沉默是金,其结果往往是:有名无实的伪专家忽悠百姓,不靠谱的"重大发现"误导公众,本不该上马的项目匆忙开工,不该结题的项目蒙混过关……长此以往,将影响中国科技事业的健康发展。

当前,我国的科技事业已迎来科学发现与技术创新并重、向世界科技强国进军的新阶段,公开的争鸣、理性的质疑和平等的讨论理应成为各方乐见的常态。①

3. 容纳异见

公民要允许别人对自己的思想、观点提出质疑,而不是企图霸占话语权,咄咄逼人,对异见持打压姿态。容纳异见与理性存疑是相辅相成的。理性存疑是对公民本体的要求,而容纳异见则是要求公民推己及人,允许他人对自己的思想、观点理性存疑。真理不会害怕与谬误交手,各种意见的争鸣,最终会让真理更加可信,谬误被驳倒。公民理性存疑品格的内涵之一就是认为自己的思想、观点也并不是圆满无缺的。因此,包容异见是这一品格的自然延伸。如果一边认为自己的思想、观点也并非终极真理,另一边却

---

① 柏木钉:《让科技争鸣成常态》,2018年3月19日《人民日报》。

又不能以宽容的姿态对待他人对自己思想、观点的质疑，那自身理性存疑的品格就会大打折扣。自身思想、观点一旦形成自己牢牢固守的权威，那自己实际上也就关上了向他人学习、与他人讨论的一扇大门。对于一个以追求真理并力求传播有用、有益思想、观点的公民来说，拒绝异见无疑会产生可怕的后果。如果一个公民拒绝与自己不同的观点，在媒体平台、公众场合等一味坚持和宣传自己的观点，那么他就会成为一个偏激的、不讲理的人。如果一定要以专家自诩，拒绝异见，闭目塞听，势必将与社会大众渐行渐远，也使得自己的意见经不起历史的检验。

容纳异见，表现在公民对国家事务的大事上，在日常生活中也有不少事是需要大家相互容纳的。如前几年，国家体育总局推出由专家研发的12套广场舞，引发社会热议。《人民日报》在微信号和评论版专门就此展开讨论，发表了不同意见：

网友@密涅瓦的猫头鹰认为，广场舞应当百花齐放。广场舞是大妈们茶余饭后自发组织的健身活动，具体操作细节如何，并不需要相关部门过多指导与管控。广场舞人群的舞者，不讲求动作多么规范标准，不追求集体的排名位次，"自我感觉良好"便是最大的获得感。树立"国标"，最终会让原本丰富多彩、生机勃勃的广场舞失去活力。

网友@付冬民则认为，广场舞也需科学引导。自从婶婶喜欢上广场舞，总是隔三岔五地叫我帮她下载广场舞视频和舞曲。面对网上花样繁多的广场舞，真不知道到底"哪家强"，只能多下载一些，先跳着试试，感觉不好就换。于是总想着，要是有专业机构推荐一些高质量的广场舞该有多好。近日，国家体育总局推出了12套广场舞，正好顺应了这种需求。

网友@刘维钧的观点是，"国标"要用在正途。他说，现在有了"国标"，舞者可根据自己的需要选择合适的标准，不失为一件好事。但也要注意到，一定要避免与"国标"的推广力度挂钩。广场舞是一种由民间兴起的休闲健身活动，不能单纯为推行"国标"，逐级搞评比、发奖牌，而滋生无谓的成本和干扰。期待"国标"的和煦春风，吹拂广场舞自然生长。

网友@紫指出，广场舞关键在于跳得开心。为群众喜闻乐见的，就是群众需要的。各地区文化、习惯不同，城市和乡村，南方和北方，广场舞也会有不同的味道，只要大妈们跳得开心、舞得起劲儿，身心愉悦、容光焕发，有谁在意它是不是"国标"，够不够高大上呢？只要大家跳得开心就行。[①]

4. 追求创新

创新是指公民应该力求从新的角度，以新的方法去观察事物，产生新的观点、新的看法。在科学研究中，不创新则科学就止步不前。而创新必定意味着对原有的方法、思

---

① 《当广场舞遇上"国标"》，2015年4月1日《人民日报》。

想、观点的突破。培养公民表达的创新精神，需要反对“永恒真理论”，反对教条主义。恩格斯在《反杜林论》中批判过杜林的“永恒真理论”。其实何止杜林一个人持有“永恒真理论”呢？马克思主义创立前后的许多思想家，都以为自己发现了“永恒真理”，连创立了辩证法思想的黑格尔也没有例外，他以为自己的哲学建立了永恒真理，完全地、绝对地回到了理念(绝对精神)自身。教条主义是百余年来马克思主义运动中的主要危险因素，教条主义实际上就是把马克思主义看作是永恒真理体系，只会固守马克思主义的“教条”，而完全缺乏创新精神。对马克思主义的教条主义态度，缺乏创新精神，是传统社会主义运动失败的重要思想根源。以邓小平为代表的中国共产党人，恢复、发扬了马克思主义实事求是的精神(也就是求真精神)，反对教条主义，提出改革开放的发展战略，使社会主义获得了新生。培养公民表达的创新精神，需要正确认识求真与创新的关系。一方面，创新的本质是求真，是为了发展真理，创新是为求真服务的。创新的本质含义是提出更符合实际生活的理论，推进真理的发现和发展。另一方面，求真必须创新。墨守成规不创新，就不能在发展中求真实，不能发展真理。我们面临的社会是纷繁复杂、变化多端的，舆论场的开放，就是要求公民从不同的方面、不同的角度、运用不同的方法来观察和判断发生的事实和已经出现的声音，从而产生新的思想与新的观点。只有这样，才符合时代的发展，才有利于时代的进步。

追求创新并不是科学家的专利，普通大众在自己的社会生活中也离不开创新。鲁迅说过，世上原本没有路，走的人多了，也就成了路。路天天走，只有不断开拓探索，才有新路。千里之行，始于足下，成功的路总是为有理想、有信心的人预备着的。

最近公布的《国家创新指数报告 2016—2017》显示：我国国内发明专利申请量达 96.8 万件、专利授权量达 26.3 万件，居世界第一位。其中固然有大量成果是科技工作者完成的，但也有不少是各行各业的普通从业者完成的。创新具有丰富内涵和多样形式，只要能突破陈规、有所推进，无论大小都可以称得上是创新。生活从不眷顾因循守旧、满足现状者，从不等待不思进取、坐享其成者，而是将更多机遇留给勇于和善于创新的人。只要积极进取、敢想敢做，就能进行不同程度、不同类型的创新。

创新不唯年龄，创新不唯学历，创新不唯职业。一个人不论年龄、身份和教育背景如何，只要有一定专业知识或专门技能，就能进行创新，为社会发展进步做出贡献。[①] 这里说的是人们参与社会实践劳动过程中的指导思想，在公民参与社会管理的意见表达中也是适用的。

上海大学邓伟志教授对于当前的学术研究意愿表达发表了很好的观点，他认为，学术从来都是推陈出新，都是革故鼎新，“革”者、“推”者会因能“革”、能“推”而欣喜。真理是从颠覆旧说中脱颖而出的，规律在发现之初只会为少数人所掌握。学术见解是高见、

① 朱亮高：《人人皆可创新》，2017 年 10 月 23 日《人民日报》。

远见，这就决定了学术观点难免不合某些鼠目寸光者的胃口，往往会被人称为“另类”，容易被冷落。因此，真正的学者要能耐得住寂寞，不怕孤立，来一点“百年之后方能知我”的自信，这是骨气，不是傲气。另一方面，被“革”、被“推”者，既然是学者，就要讲究学风，要大度，要豁达。学者最懂得学无止境，最理解追求真理是个过程，最相信理论研究只有起点，没有终点，因此，不要因被“革”、被“推”而发怒，不要为“革”者、“推”者设置障碍，更不要轻易打击新见解。有一点必须看到，今天是从昨天走过来的，不管以后怎样变化，足迹不会被掩埋。学术权威是要的，但没有任何一位学术权威是万能的。科学无禁区，一定要有尊重差异、包容多样的宏大胸怀。[①]

① 邓伟志：《变“敏感点”为学术“生长点”》，2018 年 3 月 1 日《文汇报》。

第二节　科学精神在公民表达中的作用

公民表达意见，也是一个不断接触世界和认识世界的过程。在这个过程中，科学精神堪称公民表达的有力武器，它可以帮助公民认识自我、提高自我，积极参与社会生活。主要通过以下几个方面呈现：

一、科学精神激发探索的兴趣

科学精神体现为继承和怀疑批判的态度，科学尊重已有的认识，同时崇尚理性质疑。因而它要求公民尊重现实已有的认识，却也不满足于已经拥有的知识，时刻保持怀疑的态度，对于人们进一步正确深刻地认识社会和改善社会起着积极的作用。近年来，有个新的术语出现，叫作“公民科学”，它指公众出于自身的关切和喜好参与到科学进程中。科学精神让关切和喜好不再只是关切和喜好，而是激发人们进一步付诸行动，实施探索。

在科学精神的推动下，人们在探究事物的性质、原因的过程中，要解决“是什么”“为什么”的问题，并力求提出新颖实用的对策，解决“怎么办”的问题。人们不仅要知其然，更要知其所以然。2011 年 3 月，南京爆发了著名的“梧桐树事件”。当时，南京市政府为了建设地铁 3 号线，决定将南京市主城区内许多 20 世纪栽种的法国梧桐树移栽。因为之前南京地铁 2 号线移栽后的树木的存活率仅有 18%，部分南京市民对此表示强烈不满，并发起绿丝带活动，要求保护南京市内的行道树。这样的绿丝带活动体现了南京市民的科学质疑精神，而事件后续进程中，南京市普通市民李春华给市长写信提出自己的意见和看法，则更是体现了科学精神推动下对于解决问题对策的探寻。信件内容如下：

为了能够更好地解决目前的问题，我们希望表达几点建议，希望您能够采纳。

第一，尽快停止对太平南路段 39 棵英国梧桐的移栽行为；

第二，向公众公布，因地铁三号线建设施工，计划被移栽的行道树的数量及路段；

第三，召开论证会和听证会，邀请各方专家、媒体、公众重新论证地铁建设方案，尽最大可能保留行道树；

第四，对确定一定要移栽的大树，逐一进行拍照登记，跟踪其生存状况，并向市民公示；

第五，提高城市树木管养经费标准，增加养护人力和资金投入。成立“移植大树养护基金”，由市民监督使用，可以是民间出资，也可利用“伐一补三”“砍树支付给树木所有者的树木补偿费”（参见《南京市城市绿化管理条例》第十八条相关）等行政收入补贴。①

总的来说，科学精神恰恰能帮助我们力争从前人不曾采取的角度去观察问题，采取

---

① https://zhidao.baidu.com/question/1961950333256673820.html。

前人不曾使用过的原理来分析问题，以求对事物有新认识、新发现。

二、科学精神指导探索过程

人们对社会现象、社会问题的探索兴趣，形成表达的意见，有一个思考与调查过程。在这个艰苦的思考与调查过程中，科学精神可以起到“指南针”与“拐杖”的作用。对于社会中一个事件、现象或问题，公民在表达意见时，知道一件事情可以从多个方面来看待，从而形成多种不同的观点。那么，到底何种观点才最切中要害？何种观点才能最好地表达自己？何种观点才能促进社会进步？这就需要以科学精神作为衡量标准。科学精神可以帮助我们明确有力的观点，而这又是在删除杂芜、不断提纯、纠偏校正的一系列环节中完成的。

前几年在广东发生一起围绕茂名芳烃项目引发 PX 是低毒还是剧毒风波。在风波当口，清华大学化工系学生围绕着 PX 百度词条的解释，展开了一场特殊的“攻防战”，并最终“坚守住科学的阵地”，防止了谣言的进一步扩散。此事经媒体报道之后，得到社会各界赞赏。

从转基因食品到环境安全，在现代社会，很多社会矛盾都与专业性的科学问题产生了关联。不同群体的利益诉求各不相同，但科学真相只有一个。在有人恶意连续篡改的情况下，清华大学学子站在客观公正的立场捍卫真理、阐明真相，对于化解冲突、达成共识有着非同寻常的意义。他们在此过程中展现出的不只是一种科学态度和科学精神，更有一种还原真相的责任担当。

“知是行之始，行是知之成”，科学的素养与精神，不仅体现在对科学知识的了解，更体现为运用这些知识维护和捍卫科学的勇气与能力。拥有这种勇气和能力，我们就不仅能确保自己行为的科学理性，也更能促进社会不断去伪存真、去邪扶正。[①]

再来看一个反面的实例。2017 年 5 月，马里兰大学的中国留学生杨舒平在毕业演讲时发表的一系列不负责的言论都是缺乏科学精神的体现。杨舒平在演讲中极力赞扬美国的空气质量和言论自由，认为美国的空气是“香甜”的，言论自由“和人类呼吸一样不可缺少”，同时又夸大了中国的空气质量问题和言论自由问题，称其在国内出门要带五层口罩，以制造演讲中的笑点。平心而论，杨舒平所说的是不是国内存在的问题呢？是的，国内确实存在空气污染问题。但是，杨舒平这次的演讲说真话了吗？很明显答案是否定的，至少她的家乡昆明的空气质量根本不需要她出门带五层口罩。她的表达之所以遭人指责，正是因为她在形成观点、寻找佐证的过程中完全没有恪守科学精神，所表达的看法也肤浅至极。一个有科学精神的人，在形成意见时，首先要做到的就是矫正

---

① 《捍卫科学是一种担当》，2014 年 4 月 7 日《人民日报》。

偏见、实话实说，再者也要理性存疑、追求创新，最后也要删繁就简、提纯精炼，这样形成的观点才能鞭辟入里，令人信服，彰显合格公民的气度。①

三、科学精神检查探索结果

在当今信息迅速传播的时代，时刻检查自己表达的思想、观点，看它能不能最终引起受众的共鸣，会不会取得理想的传播效果，十分重要。反思无疑需要自我批评、自我纠正的勇气，要对自己的思维过程进行重新审视，则必须借助于科学精神。

首先，要审视意见表达时所引用的事实是否准确。无论是引发公民表达欲望的新闻事件、生活事件，还是公民在表达意见时佐证观点而援引的事实，都应尽力做到准确无误。这是对自己的言论价值与读者的阅读体验最起码的尊重。它需要公民在表达之前再三确认事件的真实性，从多家媒体的不同报道和评论、多个角度进行核实，以科学严谨的精神检查自己。

其次，在原理、观点的引用上，是否精准无误，切忌断章取义。这需要公民以科学精神再次审视原理、观点提出的时代背景，确定其是否符合作者原意。

最后，自己的论述是否正确、恰当。自己的论述是新颖的还是老生常谈？自己的观点讲没讲清楚？自己的观点和观点之间、观点和事例之间是否存在逻辑联系？这些问题都是公民应对自己的意见表达需要进行反思的地方。

《人民日报》曾在2016年6月24日发表陈家兴评论《“断章取义”要不得》，所批评的正是在这个人人都有麦克风的时代，公民表达被曲解、歪解的问题。

有家媒体曾发表题为“理解不曲解”的文章，而一家门户网站则挑出文中半句话将标题改为“领会领导意图是做好干部首要问题”，不仅完全曲解原意，甚至还生发出题外之意，许多网站则不辨真伪进行转载。这种“标题党”现象，就是一种典型的断章取义。一些网站靠此吸引眼球，获得了天量点击，却误导受众，甚至给首发媒体制造“舆论漩涡”。

新媒体时代，各类媒体不是不可以结合自己受众的特点和需求，对一些首发媒体的作品重拟标题再传播，但不论怎么改，尊重原意是基本原则，也是其公信力的重要构成。肆意篡改原意，任意截取自己所需的意思，即便不是有意，也有失基本的专业水准，更是一种不负责任的态度。这种“断章取义”还常发生在一些论辩与行文上。比如庄子名句：“吾生也有涯，而知也无涯。以有涯随无涯，殆已；已而为知者，殆而已矣！”不少人就经常只引前半句，认为庄子也持有“要以有限的生命追求无限的知识”这一观点，可谓大谬了。有的人喜欢抓住别人的只言片语进行批驳，或拎出特定场合的一句话就公开传

① http://www.sohu.com/a/142804032_123477。

播或批评，让当事人都觉得奇怪自己怎么会说出这样的话。不尊重基本的客观事实，无视说话撰文设定的条件和语境，看似论证得力、反驳带劲，终究是在误导受众，是对话语权的一种滥用。

用科学精神反省自己的表达，避免事实错误、断章取义、逻辑混乱，是公民对自己话语权负责任的体现。

第三节 公民表达科学精神之树立

一、从道德情操入手树立科学精神

道德情操与科学精神既有联系又有区别。科学精神是一种求真的要求，就研究社会问题、分析社会现象的方法、手段而言，是一种工具性要求；而道德情操是一种求善的要求，就表达者自身的为人处世风格、原则而言，是一种价值性要求。公民表达的道德素质是其科学精神的基础与前提，求真的科学精神源自求善的道德情操，只有具备了良好的道德素质，公民表达时才会去自觉、勇敢地追求真理。公民表达时如果不能做到不依附、不阿谀、不逢迎权势，那么就会在本应该行使舆论监督功能时三缄其口或者颠倒是非。保持不发言，那自然也是与理性存疑的科学精神相悖的；颠倒是非，那更是直接违背科学精神、抛弃科学精神，以不科学的态度、方法得出不科学的结论。要做到科学精神，就必然要坚守某些道德情操；同时，科学精神又超越某些道德情操，需要在具备后者的基础上更进一步。

明确了道德情操对于科学精神的基础性作用，公民表达也就找到了一条养成科学精神的必由之路。

一是需要坚守护社会正义。表达者虽然不是新闻专业评论人，但是需要用新闻人的标准来要求自己。比起纯粹照录事实的报道者来说，其守护正义的重要性是一样强的。新闻报道面临的是采访中的各种风险与不测，这是一种直接遭遇到的、立即发生作用的风险与不测，而评论者即使一般不必去事发现场采访，但也面临着身败名裂的风险。事实上，因言失职的事在当代社会也不少。“铁肩担道义，妙手著文章”同样是评论人应有的职业追求。对此，表达者在学习撰写、制作评论或意见作品前就应该清楚。新闻人的价值追求与献身社会的理念，不是空洞的高标，而是实在的职业素养。评论者应牢记自身职责，站稳立场，不为身外利欲所动。现代社会利益冲突、矛盾突出，在此情势下评论者更需三思而后行，务必坚守职业良心。

二是需要加强反思和内省，不断陶冶情操。现代社会的公民普遍具有发表意见的冲动，专业评论者尤其如此。长期的评论或职业实践，使他们形成遇事发言的习惯，意见表达后所产生的反响，又将激起他们在下一件事发生时发言的兴趣。因此，公民一旦涉足评论，往往会在这条道路上走很长时间。在长期的意见表达和评论实践中，难免会受到各方力量的牵制，对种种有悖于新闻职业良心和职业道德的行为和想法，评论者应该保持足够的警惕，像打扫房屋灰尘一样勤于打扫内心的龌龊想法和行为上的污迹。时常反思自己的所作所为，“有则改之，无则加勉”，常常保持良好道德情操。

三是需要将求善与求真结合起来，将道德情操上升为科学精神。从道德情操向科学精神的跃迁，是评论者必须完成的职业动作，也是我们普通公民学习有效表达意见的基本功训练。为了完成这一跃迁，我们需要艰苦努力。一是以求真为最高目标，在确保动机为善的前提下穷究物理，格物致知。二是力求创新，用创新来导入科学精神。追求新思想、新观点，是意见表达者的特殊需求，也是防止思维老化、思想僵化的有效秘方。公民表达时如果力求创新——这本身也是科学精神的一个方面的品质，科学精神的其他方面也就成为被需求的品质以完成创新的任务。因此，力求创新对于将表达者的道德情操上升为科学精神具有前导性作用。

公民意见表达，不仅在于针砭时弊，在讴歌社会中展现自己的思想和观点，而且在于能在其过程中得到一种精神快乐。而快乐是人们精神上的一种愉悦，是一种心灵上的满足，是由内到外的一种非常舒服的感觉，这是人们在社会进程中自身发展的一种更高追求，这也是科学精神的魅力所在。

德国哲学家康德则认为："快乐是我们的需求得到了满足。"美国舒勒博士在他的新书《快乐的态度》中揭开了永远快乐之秘诀：①没有人是完美的，必须承认自己的弱点，并乐意接受别人的建议、帮助和忠告，只要你勇于承认自己需要帮助，成功必然在望。②从挫折中吸取教训，在面对失败或挫折时所抱的态度应是从中吸取经验，继续努力。③生活必须诚实和富于正义感，这样才能吸引好朋友来帮助你，好人永远是快乐的。④能屈能伸。无论在顺境或逆境之中，我们都应该是处之泰然。有了错误，立即改正。⑤热心帮助别人。如果要真正快乐，自己受人尊敬，则应帮助别人，与别人关系融洽。⑥要人待你好，你必须先对他人好。当你受到不平等待遇时，你必须宽恕和同情他人。⑦坚守信念。当你做任何事时，必须坚持个人的信念。⑧保持心境开朗。只要时常保持心境开朗，快乐就很难舍弃你。[①]

有人研究科学家的人物传记时发现，"快乐"这个词出现的频率极高，很多科学家愿意用"快乐"来描述自己的生活。他们的快乐来源于对未知领域的追求，来源于对科学之美的执着，来源于对人文精神的追求。

那些对未知领域充满探索欲望的人，那些对科学之美仍有执着之心的人，那些对人文精神尚有追求的人，就像梦想家一样，在事业的强烈吸引下，并不一味追求金钱和荣誉，而是在这个过程中享受创造的荣耀和辉煌，最后由衷地感受到快乐。[②]

公民表达，需要针对某一件事物和某一类现象引发思考，运用概念、判断、推理和论证表达自己的意见和意愿。在思想与实际相结合的过程中，人们从道德情操入手树立科学精神，追求和享受一种精神上的愉悦，这也是人们需要和愿意参与表达的精神动力。

---

① https://tieba.baidu.com/p/495106692? red_tag=3278129333。

② 刘诗谣：《科学是快乐的事》，2015 年 12 月 11 日《人民日报》。

二、从科学思维入手树立科学精神

科学精神是科学操守与科学方法的统一体。公民表达要培养科学精神，要从这两个方面去培养，即在培养科学态度的同时培养科学方法，而科学态度的培养归根结底还是通过长期的科学方法的培养与践行。

为此，表达者首先需要研读各学科书籍资料。若想用科学精神来研究事物、分析现象、观察问题，仅有逻辑方法是不够的。培养科学精神必须掌握各学科知识原理。各学科知识原理和科学精神的关系就像剑和剑术的关系，光有剑术，没有剑自然成不了剑客，表达者只有拥有了丰富的各类学科知识，科学精神才有用武之地。科学知识是培养我们各种品格的重要内容，对于培养科学精神也不例外，在此需要补充一点的就是新闻评论者应该多看一看阐释科学精神的书，以便更加全面、深入地了解科学精神。

科学思维，也叫科学逻辑，即形成并运用于科学认识活动、对感性认识材料进行加工处理的方式与途径的理论体系；它是真理在认识的统一过程中，对各种科学的思维方法的有机整合，它是人类实践活动的产物。在科学认识活动中，科学思维必须遵守三个基本原则：在思维上要求严密的逻辑性，达到归纳和演绎的统一；在方法上要求辩证地分析和综合两种思维方法；在体系上，实现逻辑与历史的一致，达到理论与实践的具体的历史的统一。思维科学是研究思维活动规律和形式的科学，它是哲学、心理学、神经生理学及其他一些学科的重要研究内容。在我们的日常生活中，首先要掌握好以下三点：一是从个别到一般的归纳思维。它是从个别或特殊的事物概括出共同本质或一般原理的逻辑思维方法，它是从个别到一般的推理，其目的在于透过现象认识本质，通过特殊揭示一般。二是从一般到个别的演绎思维。它是根据一类事物都有的属性、关系、本质来推断该事物中个别事物也具有此属性、关系和本质的思维方法和推理形式。三是归纳和演绎的辩证统一。它强调的是事物的个性与共性的对立统一。个性中包含共性，通过个性可以认识共性，同样，掌握了共性就能更深刻地了解个性。归纳和演绎之间是相互依存、相互渗透的，它们在科学认识中的主次地位也是可以互相转化的。

为了培养科学精神，我们应该养成科学思维的习惯。面对社会现象、新闻事件、热点问题，表达者介入之前，就应该问自己几个问题。比如，我如何做到客观真实？这一问题又可细化为：我掌握的新闻来源是否可靠？如果在网站浏览到一条消息，注明来自某家报纸，那么符合科学精神的做法是链接到这家报纸的电子版去看，并争取看它的图形版，即报纸实际出版的样子。如果条件允许、查阅方便，还应到阅览室翻阅报纸。我是否掌握了准备引用原理的准确阐述？我的直接引语是否符合作者原话、原文、原意？这就需要查找可信版本的书籍或资料，来核实验证；还可以问一下：我有没有做到理性存疑？此问题又可做进一步分解：我对新闻中的事件、人物产生了哪些疑问？哪些疑问是一般人都会想到的，而哪些问题虽然重要却不容易被想到？问题的要害在哪里？在新闻中存在哪些似是而非、容易被误读的信息？为了做到追求创新，评论者可对自己提出这样的问题：我究竟提出了什么新观点？我使用的证据能不能支撑新观点？证据是否孤证？经过长期如此的努力，我们对科学精神的追求就会从自我强制变成一种自觉。我们常听别人谈到，有些给报纸投稿、写稿的人在动笔写作之前，常常不停踱步或坐着抽烟，一声不吭，双眉紧锁，其实这正是表达者在寻找新的角度，创造新的观点的过程。这种集中时空内的思考是一场头脑风暴，对于思考主体来说是艰难的。但唯有长期如此形成习惯，科学精神才能成为一种自觉的追求与熟练使用的工具。

公众在意见表达中，对事实真假的判断，特别是对有关科学发现对与错的判断，很多情况下是受媒体报道影响的。在日常生活中经常会发现，一些大众媒体对一些科技成果常常爱以“国际领先”“诺贝尔”级的成就等定性评价，仔细去读可以发现，做出评价的并非某个权威学术机构或者专家，往往是该项目负责人，他们自说自话。长期以来，社会公众普遍认为，媒体的科学报道是严肃的，很少有人对官方媒体表示怀疑。如果媒体对科学事实所涉及的环节描述出现差错，对社会的影响和对科学的伤害，都将是难以弥补的。对此，我们要引起的注意。

教育部科技发展中心主任李志民曾在报纸上发表评论指出：大众媒体在报道科学资讯的时候，必须做到描述准确、评价客观，确保真实媒体报道公众关心的事件，用科学知识解释时，需要准确、客观和真实，避免采用“议题设定”的方法。大众传播学里有一个著名的“议题设定”理论，即大众传媒通过对一些问题的关注，对另一些问题的忽视，以图影响公众舆论。公众会倾向于认同大众传媒关注的那些问题，并采用其给各个问题确定的优先顺序。在传播学中，“议题设定”的重要性，不亚于自然科学中的牛顿定律。但是，用“议题设定”的方法报道涉及科学知识解释时，不仅伤害科学伦理，也伤害媒体自身。

科学研究的过程，有其自身规律和方式。科研成果的取得，从来都是一个反复争论、不断修正和逐步渐进的过程，科研人员的争论，也是对现象、数据和结论不断修正的过程。大众媒体要以普及科学知识，提高国民科学素养为己任。大众媒体客观报道科技发现是可以的，但不要试图裁判科学发现的对与错。一些媒体记者习惯简化论据、强化观点，会误导社会对所取得科技成就的理解。所以，大众媒体不应过早参与报道科技成就；同时，大众媒体不应简单或过度参与涉及科研管理和科技进展的报道。

评论还说，除了媒体对科研需要谨言慎行外，我们更需要警惕少数学者与研究机构的操弄。比如，一些科研成果在未经同行认真评议的情况下，就通过新闻媒体向社会公布，企图借此获取优先权和社会荣誉。这种不负责任的做法，严重破坏了科学发展的正常秩序，并在某些媒体不恰当的夸大和舆论导向下，进一步助长了浮躁风气。科技成果或学术观点的被认可，本质上是社会发展的需要，不能靠宣传，更不能靠包装和炒作。

需要引起我们重视的是，在一些人与团体的专业策划下，部分记者与媒体充分利用媒体与记者的“自由裁量权”进行选择性报道，进行更隐蔽的宣传与裁量，这已经不是无意间用媒体的尺子衡量科研与其他专业问题了，而是怀着特定目的误导，甚至是交易。因此，不仅是大众媒体不能轻易裁判科学问题，大众媒体也不能轻易裁判所有的专业问题。尤其是在目前的社会背景下，大众媒体更不能失了底线，成为利益的帮手。①

现代公民，少不了接触新闻媒体，以媒体报道帮助自己进行判断。新闻媒体当然要不断提高自身的媒体素养，担当社会责任，使自己的报道是科学的、经得起历史检验的。但是，对于每个参与表达的公民来说，则要谨慎从事，既要接收信息，增长知识，又要增强判断力，不要受媒体的不当影响，对科学发现做出非科学的判断。

公民表达传播的是事实信息和观点信息，事实信息首先必须真实，而观点信息最重要的在于透彻。怎样才能使我们在观点表达时说理透彻呢?

透彻之要义，在看透、想透、说透。

看透，就是洞彻客观对象及其关系。马克思看透了物质与意识的关系，认为繁芜丛杂的意识形态掩盖一个简单事实：人们首先必须吃、喝、住、穿，然后才能从事政治、科学、艺术、宗教等，物质决定意识，经济基础决定上层建筑，后者对前者有反作用。看透了客观对象及其关系，辩证唯物主义和历史唯物主义成立了。宋代张载曾言：“须透彻所从来，乃不眩惑。”看透了，澄明了，自然“不眩惑”。看不透，“眩惑”中，贸然为论，容易“假、长、空”；看不透，即使不是“假、长、空”，也解决不了“眩惑”的问题。自己“昏昏”，岂能“使人昭昭”。

想透，就是想明白、想得深、想得远。何谓想透？毛泽东在《改造我们的学习》中给出明确答案，就是有的放矢，合规律合目的；从实际情况出发，从其中引出其固有的而不是臆造的规律性，即找出周围事变的内部联系，作为我们行动的向导。想透了，就能做到理论联系实际，克服教条主义和经验主义问题，在社会实践中取得一个又一个成功。

说透，就是说清楚，说明白，让人一听就茅塞顿开，一看就豁然开朗，从茫然或知其然到以为然、深以为然。关于计划同市场的关系，这个20世纪最大难题之一，邓小平是看透、想透、说透了的。“计划多一点还是市场多一点，不是社会主义与资本主义的本质区别。计划经济不等于社会主义，资本主义也有计划；市场经济不等于资本主义，社会主义也有市场。计划和市场都是经济手段。社会主义的本质，是解放生产力，发展生产力，消灭剥削，消除两极分化，最终达到共同富裕。”社会主义的本质与计划和市场作为手段的关系，他彻底地说清楚、道明白了，为破解这个世纪难题画上圆满句号。

看透是根本，想透是树干，说透是枝叶，向着这个目标努力，就会不断提高我们的表

---

① 李志民：《大众媒体不要试图裁判科学发现的对与错》，2015年12月9日《中国青年报》。

达能力。[1]

掌握科学的思维方法对于培养公民表达的科学精神来说有着重要意义。科学精神比科学的思维方法要高一个层次,前者支配后者,后者是前者的表现。一个人只有思考问题的逻辑方法正确了,科学精神才能得到体现。否则,胡乱思考一气,是谈不上有什么科学精神的。公民表达一定要学习逻辑规律、掌握逻辑定理、学习论证方法,这样才会培养起科学精神。

三、在社会实践中树立科学精神

在新时代媒介环境下,树立公民表达科学精神愈加重要。信息网络化的趋势,则使得网络应用从生活娱乐向社会经济领域渗透,网民对网络安全的要求也逐渐提高。微博作为新兴的自媒体平台,广受推崇,用户数呈"爆炸式"增长,标志着微时代的到来。在微时代,网友们的政治参与、权利申诉方式发生了急剧变化,"围观即参与,分享即表态",舆论力量在"网聚"后,监督效力愈加明显。当信息扩散、居间联络变得轻易,公共空间就得以拓展,言论表达更为自由。公众表达的平台和渠道增多,公众表达的欲望更强,这反映的便是公众对自身话语权的把控,所以,在公民表达越来越常见的当下,如何引导公众树立公众表达的科学精神,是一个十分重大且紧迫的问题。

在网上,网络成员的身份被数字化、电子化,使得自己的真实身份得以虚拟化,从而使自己的网络行为摆脱现实社会的规范约束。在这种情形下,网民用隐蔽的身份进行自由操作,甚至放纵自己的言行,不考虑自己所作所为造成的负面影响。更有甚者在虚拟世界中忘记自己真实的社会角色,迷失在虚拟的网络世界,不能充分发挥自己的权利,更不用说去履行自己的义务了。此外,网络世界的信息由于各种原因而遭到扭曲失真,这使得部分思想容易动摇的网民丧失理性而发表过激言论,或者受不法分子的蛊惑而从事一些违法乱纪行为,或者导致个人道德感沦陷而从事一些低俗活动,等等,这一切都使公民表达的理性与规范性受到严重的威胁。

有些不法分子也会利用网络鼓吹自己所在的利益集团的思想,宣传自己的政治主张,甚至煽动公众进行网络攻击,以达到其政治目的。因此,在网络信息的传播中,需要有主流媒体的正确引导。对于那些理性的、有建设性的信息,主流媒体可以及时采用,将其变成主流报道,形成正向的舆论影响。对于那些非理性的、失真的信息,主流媒体可以采取适当的措施规避这些言论,政府部门还可以通过适当的议程设置措施,积极引导舆论。

公民表达科学精神的树立不是一蹴而就的,人们在参与社会实践中扩大视野,提高

---

① 张首映:《理论之美在透彻》,2013 年 6 月 5 日《人民日报》。

能力，增长才干，同时也是人们探求真理的过程和培养科学精神的大好机会。

首先，社会实践要求树立科学精神。先有新闻报道，后有新闻评论。在新闻事实后，如何确定主题，如何组织评论材料，特别是要说别人未想之理，讲他人未讲之论，这都需要人们遵循科学精神进行再认识再思考，使其表达展现一个新角度，达到一个新高度。现在有些媒体开辟了“想到就说”的评论栏目，我以为欠妥。新闻评论是对一种事实的判断，是非曲直、或好或坏，这是一个需要认真思想和分析的过程，要经过概念、判断、推理和论证，不是“想到就说”能够奏效的，“想好了再说”更符合科学精神的要求。

其次，实践过程检验科学精神。人们的意愿表达都是依据一定的事实和问题而产生的。意见表达的过程就是一个思想的过程，更是一个实践过程，我们的一切意见表达都要经受实践的检验。世界万物缤纷多彩，变化莫测，加之当今是网络化的信息时代，信息在传播中又会遭受外界众多因素的干扰和破坏，会发生扭曲和变异。这就要求人们必须严格核准事实，准确判断事实，有效表达意见。人们在实践的过程中，观察事物的角度有时会发生变化，原有的思想、观点也会得到补充、深化或纠正。

那么，怎样区别真理与谬误呢？1845 年，马克思就提出了检验真理的标准问题：“人的思维是否具有客观的真理性，这并不是一个理论的问题，而是一个实践的问题。人应该在实践中证明自己思维的真理性，即自己思维的现实性和力量，亦即自己思维的此岸性。关于离开实践的思维是否具有现实性的争论，是一个纯粹经院哲学的问题。”①马克思非常清楚地告诉我们，一个理论，是否正确反映了客观实际，是不是真理，只能靠社会实践来检验。这是马克思主义认识论的一个基本原理。毛泽东同志曾经说：“真理只有一个，而究竟谁发现了真理，不依靠主观的夸张，而依靠客观的实践。只有千百万人民的革命实践，才是检验真理的尺度。”（《新民主主义论》）“真理的标准只能是社会的实践。”（《实践论》）这里说“只能”“才是”，就是指，标准只有一个，没有第二个。这是因为，辩证唯物主义所说的真理是客观真理，是人的思想对于客观世界及其规律的正确反映。实践具有把思想和客观实际联系起来的特性。因此，正是实践，也只有实践，才能够完成检验真理的任务。科学史上的无数事实，充分地说明了这个问题。

1978 年 5 月 11 日，《光明日报》发表本报特约评论员文章《实践是检验真理的唯一标准》，并表达了上述观点，由此引发了一场关于真理标准问题的大讨论。这场讨论冲破了“两个凡是”的束缚，推动了全国性的马克思主义思想解放运动，是党的十一届三中全会实现新中国成立以来中国共产党历史上具有深远意义的伟大转折的思想先导，为中国共产党重新确立马克思主义思想路线、政治路线和组织路线，做了重要的理论准备。

这场关于真理标准的大讨论，不仅解决了当年我们党的指导思想路线问题，同时也

---

① 《马克思恩格斯选集(第 1 卷)》，第 16 页。

是新时代公民表达意见的指导思想。公民在不断的实践、思考、再实践、再思考的过程中，体现出的正是客观求实、追求创新的科学精神。长期经受这样的历练，对公民在表达中培养和形成科学精神是大有裨益的。

再次，要加大科普宣传力度。提倡和发扬科学精神，需要科学工作者长期不懈地做好科普宣传工作。但是，在现实生活中，却时有科普工作者以为做了此事就是“不务正业”，名声上不好听，在单位也不怎么受待见。

科研人员被认为是“科学传播的第一发球员”，做好科普原本应当是其职责之一。但为何在一些科研人员眼中做科普却并不那么光彩？究其根源，还是“科研人员做好科研才是本分，做科普是不务正业”的观念作祟。在现行的科研和人才评价指标中，占据核心地位的是论文、著作和项目，科普贡献并不在考核范围内。在这样的评价指挥棒影响下，重科研、轻科普的集体认知也就慢慢形成了。

长此以往，科研人员几乎不能从做科普中获得行业认同以及物质奖励，自然也就少了积极性。即使有人愿意做科普，更多也是源于自身的兴趣、责任感以及从受众那里获得的成就感。但对于重视声誉的科研群体来说，这样的动力常常敌不过科学界的不理解所带来的压力。

所以，在当下，要想真正认同科研人员做科普的价值，就应该尽快建立相关激励机制，改变“做科普是不务正业”的观念，形成科普与科研同等重要的集体认知，真正让科研人员能够没有压力、挺直腰杆地去做科普。①

最后，时间最终印证思想表达的真伪优劣。时间是物质存在的一种客观形式，它反映了物质存在和运动发展的一种状态。古人曰，“四方上下谓之宇，古往今来谓之宙”。“宇”表示空间，“宙”则表示时间。一切事物的发展变化都离不开时间，人们的意见表达不仅要接受实践的检验，更要经得起时间长河的印证。

马克思在《资本论》中说：“时间实际上是人的积极存在，它不仅是人的生命的尺度，而且是人的发展的空间。”②精神文明建设除了我们常抓不懈的教育、科学、文化和理想、信念、道德、纪律等内容外，也包含时间文明。

时间反映着物质运动过程的持续性、间隔性的矛盾统一和物质运动状态的顺序性。时间具有一维性，即不可逆性，它由过去走向现在奔向未来，只有一个方向，一去而不复返。时间文明讲的是人们在行为过程中必须恪守和践行的时间准则要求：要珍惜时间，就是认识到时间的宝贵而珍视爱惜节省它；要恪守时间，就是遵守时间的规定性，即在一定的时间内到达、运动、完成某项规定性的工作或任务。现代社会提倡时间文明，它有利于我们处理好人与人、人与社会、人与自然之间的关系。制定、遵循、提升时间文

① 吴月辉：《挺起腰杆做科普》，2019 年 3 月 19 日《人民日报》。

② 马克思：《资本论（第 1 卷）》，人民出版社 1975 年版，第 365 页。

明，不仅有助于追求个人道德完善，同时也有利于维护公众利益和公共秩序。在近代百年中国人民寻梦、追梦、圆梦的历史进程中，我们已经走过“雄关漫道真如铁”的昨天，正在经历“人间正道是沧桑”的今天，翘首展望“长风破浪会有时”的明天，所有这一切都离不开对时间的把握。

实践是检验真理的唯一标准，而意见表达所体现精神的真伪和优劣，却需要一个无止境的时间过程来印证：希望看到的好事将会越来越多，希望看到的坏事会越来越少。历史长河将最终印证一代又一代人意见表达的科学性和优劣性，这里所体现的科学精神也是在不断发展进步的。关注现实，关注问题，时刻保持清醒的头脑，才能使我们在科学之路上越走越远，越走越好。

改革开放 40 年来，中国的科学技术取得了长足进步，这些举世瞩目的成绩当然值得肯定，但是我们更应该看到差距和不足，浮躁和浮夸仍是中国科技界流行的瘟疫，而且至少已经持续了 20 年。很多科技工作者耐不住寂寞，坐不了冷板凳，总想走捷径，弯道超车。面对严峻的现实，2018 年 3 月“两会”一过，《科技日报》就开始策划和组织新专栏“亟待攻克的核心技术”这组报道。《科技日报》认为，公众有必要了解更多的东西，尤其应该知道，“我的国”也有不“厉害”的地方，甚至还受制于人！2018 年 6 月 21 日下午，《科技日报》总编辑刘亚东在中国科技会堂做了“是什么卡了我们的脖子？亟待攻克的核心技术”主题演讲，在详细介绍《科技日报》“亟待攻克的核心技术”系列报道的出台背景和意义之外，还详细说明了在那些核心技术之外，我们还缺乏的到底是什么？

中国的科学技术与美国及其他西方发达国家相比有很大差距，这本来是常识，不是问题。可是，国内偏偏有一些人，一会儿说“新四大发明”，一会儿说“全面赶超”“主体超越”，甚至说“中国现在的经济实力、科技实力、综合国力都分别超越美国，成为世界第一”。明明是在别人的地基上盖了房子，非说自己有完全、永久产权。如果只是鼓舞士气也就罢了，可麻烦的是，发出这些论调的人忽悠了领导，忽悠了公众，甚至忽悠了自己，这就成了问题。

不仅中国人如此，不少外国朋友也这样认为。刘亚东到日本访问，见到一位文部省前次官冲村宪树。冲村对中国非常友好，他说中国的经济实力、科技实力很快就可以和美国平起平坐，甚至超越美国，所以日本应该和中国搞好关系。刘亚东说，冲村的结论正确，但前面说得不符合实际；中国要建成现代化强国，还有很漫长的道路要走。冲村不同意这个说法，由于他不会说英语，交流是通过日语翻译进行的，效率比较低，所以到最后也没能说服刘亚东。

冲村的观点在日本很有代表性，无论左翼还是右翼，他们都是这样看待中国的。我们的舆论无疑对此起了推波助澜的作用。不可否认，这些为国际上的中国“威胁”论提供了口实。那些将中国建设成就夸大其词的不当舆论，无论出于什么动机，都有很大危害。

作为《科技日报》的记者，刘亚东的足迹遍及美国48个州，他以新闻报道的方式引领国内读者全方位、多层次地了解美国科技、教育、社会、文化以及风土人情。作为清华大学工学学士、硕士和北京大学法学博士，他吸取了自然科学和社会科学的优质养分，加之常驻美国练就的娴熟自如的英语，构成他从事科技新闻工作的综合优势。而广阔的国际视野又使其新闻思考和实践具有全球化的高度和厚度。只有认识到差距，才有可能弥补差距，否则我们的中国梦将永远只是个梦。为此，他讲了当下存在的三个问题：

第一，缺乏科学武装。科学和技术是两个完全不同的概念，但它们之间有联系。正是缺乏科学的指引，才阻碍了我们的技术发展和进步。

中国自古以来只有技术传统，而没有科学传统。技术发明靠的是经验的积累，或许还有灵机一动；而科学发现则是建立在系统研究和专业训练的基础上。有人说我们有四大发明。但是四大发明属于技术范畴，它不是在科学理论指导下的技术创新和突破，跟科学没有半毛钱关系。

比如指南针，我们的先人只知道它很有用，迷不了路，找得着家。没有去研究磁场、磁力线，也不懂得导体切割磁力线时会产生电流，更推导不出麦克斯韦方程。比如火药，我们的先人只满足于它能爆炸的事实，只知道一硝二磺三木炭，而没有深入探讨它的化学和物理机理，所以才止步于黑色火药，没能研发出黄色炸药。有人说，我们祖先发明了火药，因此才有了后来工业和军事上用的炸药。这种说法是错误的，黄色炸药和黑色火药没什么关系。

只知其然不知其所以然，不求甚解，这在今天严重影响着我们的技术发展和进步。离开科学的指引，技术的发展注定不会走得久远。

第二，缺乏工匠精神。中国的传统文化里是瞧不起匠人的。从我们对很多职业的称谓上就能看出这一点，什么剃头匠，泥瓦匠，小炉匠，很多教师自嘲，管自己叫教书匠……

2018年6月20日，《科技日报》头版头条报道了“海洋调查一线难觅学科带头人身影”，讲的是海洋调查的某个航次上，16名科研人员中有副高以上职称的只有一人。学科带头人都说：“学生去了，我就不去了。”这种现象在中国很普遍。

刘亚东到德国萨克森州首府德累斯顿参观了中德轨道交通联合研发中心的创新工厂，看到很多工程师穿着工装在一丝不苟、非常专注地工作。正是凭借这种务实严谨、精益求精的精神，德国人生产出了莱卡相机、奔驰汽车、克虏伯大炮等，创造了“德国制造”的品牌价值。

第三，缺乏持之以恒的情怀。正如前文所说，浮躁和浮夸是中国科技界流行的瘟疫，而且至少已经持续了20年。我们很多科技工作者耐不住寂寞，坐不了冷板凳，总想走捷径，弯道超车。刘亚东说他不喜欢“弯道超车”这个词儿。除非你车里有毒品，警察追你，要不为什么弯道超车呢？总结别人的经验，吸取别人的教训，少走弯路，这是对的，也是应该做的。但在更多情形下，“弯道超车”是个伪命题，往往成了投机取巧的代名词。弯道超车走直线，就意味着别人走曲线。

一场内部演讲却在公众舆论空间中获得了大量转发，短短几小时内就成为爆款，无疑有它打动人之处。刘亚东的演讲，充满了极强的自省精神，这样的反思、诘问，放在任何时候，都是难能可贵的。对于这一话题，网友们纷纷赶来围观，并发表自己的观点：

@超超级 loveovergold：中国不缺创新能力，根源上是产权不明等管理问题。

@空周志军：在核心技术上，没有谁卡你的脖子，甚至于让你知道他有什么核心技术，对于你来说都是一种恩赐，因为至少让你知道了目标的可行性和努力的方向。所谓卡脖子那是自己卡自己的脖子！

@努力向上豆腐仔：缺的是独立思考和大胆的创造。

@teatime：看到了问题，但没有看到问题的成因。

@小李他玛的飞刀：至于针对谁，我就不说了。

@雪局钻影：至纯至善的人心。①

看看网友的评论，才明白什么叫段子手在民间，评论也是门技术活啊！

专业的评论员却更加理性更加成熟更加系统地表达了自己同时也是媒体的意见。评论中最后讲道，崛起的大国，需要有成熟的国民心态。

中国梦，是 14 亿中国人的梦想。哪一个中国人，不期望自己的祖国繁荣昌盛？在奔向梦想的过程中，健康良好的心态，是重要的心理保证。

历史上的民族心态，值得我们反复品鉴。明清以后，闭关锁国，妄自尊大，认为中华以外都是蛮邦，凡外族人，都该来朝。

今天，一个强大、自信的中国正在为世界带来更多机遇。强起来的中国，正以越来越自信的姿态参与到国际事务中，积极贡献中国方案，成为推动全球化、维护世界和平与世界格局多极化的重要力量。

在实现梦想的关键时刻，清醒地认识自己，清醒地认识时空环境，辩证地看待成就与不足的关系，看待速度奇迹与时间短板，看待自身崛起与合作共赢，看待“厉害了我的国”与“不中听的话”……如此种种，都是成熟的国民心态，都是为了可实现的中国梦所做的心理准备。②

2018 年 7 月 2 日开始，人民网连续三天刊发三评浮夸文风的评论。

编辑部认为，文风无小事。近期“跪求体”“哭晕体”“吓尿体”等浮夸自大文风频现，消解媒体公信力，污染舆论生态，扭曲国民心态，不利于成风化人、凝聚人心、构建清朗

---

① http://baijiahao.baidu.com/s?id=1604210555089649191&wfr=spider&for=pc。

② 鲁珊：《相比妄自尊大，我们最大的问题还是自信不足》，2018 年 6 月 22 日《长江日报》。

网络空间。为了纠正各媒体浮夸自大、华而不实的文风，落实习近平总书记对文风“短、实、新”的要求，倡导清新文风，崇尚风清气正，人民网观点频道推出“三评浮夸自大文风”系列评论。

评论一：文章不会写了吗？

评论指出，最近在网上，“美国害怕了”“日本吓傻了”“欧洲后悔了”之类的文章，总能赚取不少莫名点击。然而，纵观这些所谓“爆款”文章，其内部水平却了无新意，令人担忧。比如，高喊《在这些领域，中国创下多个“世界第一”！无人表示不服》；有的任意拔高、贻人口实，鼓吹《别怕，中国科技实力超越美国，居世界第一》；将国外的只言片语，放大成“中国在世界舞台上占据中心位置”“中国现在是全球第一经济体”等声音。

这些“雄文”的共性，一无事实骨架，二无内容血肉，三无思想含量，徒有浮躁外壳，经不起一点风吹日晒。要知道，文章不会因为浮夸而增色，国家也不会因为自大而变强。挑动极端情绪、肆意传播偏见的后果，容易造成公众走进夜郎自大、自吹自擂狂妄误区，导致社会陷入信息碎片化、思维程序化的认知闭环。全媒体时代，真实客观理性的新闻准绳没有变，新鲜有趣优质的价值取向没有变，平实求实务实的文风导向也没有变。新闻讲事实，讲真相，讲正道，来不得半点虚假和浮夸，那些热衷于耍噱头、故弄玄虚、哗众取宠的路数可以休矣。

评论二：中国人不自信了吗？

毋庸置疑，中国取得了举世瞩目的发展成就，很多领域也位于世界前列，诸多成绩既数得上来又拿得出手。可是，并非什么都能用来自夸、什么都可洋洋得意。借助新媒体传播让亿万用户接收不实信息、虚假事实，这种浮夸自大很容易让一些人产生误解乃至形成误判。理性认知一旦让位于感性盲从，或者片面地出现“天下第一”的错觉，或者无形地助长了民粹主义情绪，都是百害而无一利。但是，像《中国放的这句狠话，美国再听不懂就要出大事了》《别怕，中国科技实力超越美国，居世界第一！》的报道在国际传播、形象传播中不经意间被“抹黑”了、“异化”了。

我们不自信了吗，需要用这种方式来助推？我们没底气了吗，需要给前进动力如此“注水”？显然不是。可以说，党和人民赋予发展的自信、赋予中国在国际舞台上的坚定，过去是、现在是、将来还是最重要的理由。只有脚踏实地、求真务实的精神才是中国人民应有的气质和禀赋。

评论三：文风是小事吗？

文风不端照见心态不正，语言浮夸助长风气浮夸。靠贬低别人、吹嘘自己来耍威风、逞能耐，已成一些自媒体账号招徕关注的惯用手法。无论出于什么动机，浮夸文风都可谓有百害而无一利，其结果只会是误国害民。文风不是小事，因为文风还连着党风民风。语言漂浮、文风浮夸，素来是为文者的大忌。一些自媒体散布“哭晕体”“跪求体”文章，必然会助长骄娇之气，激增民粹情绪，导致民众看不清事实真相，看不到真实差距，平添浮躁傲慢风气。浮躁和浮夸，于文于人、于国于民都可说是“瘟疫”，不可不慎，不可不防。

今天的中国，已经逐渐跨越经济崛起的门槛，行进在文化崛起、文明再造的关键阶段。社会价值如何建构？国民心态如何涵养？文化自信如何建立？文风的价值形塑、导向引领作用，可以说愈发凸显。不论是主流媒体还是各类自媒体，锤炼好文风都可以说是不可懈怠的责任。

系列评论发出后，引起海内外媒体和网民的高度关注。截至 2018 年 7 月 5 日 15 时，与评论有关的网络新闻 1258 篇，论坛帖文 346 篇，博客博文 30 篇，传统媒体报道 6 篇，微博 1044 条，客户端报道量 250 篇，微信文章 81 篇。三篇评论在《人民日报》客户端的阅读量分别达 258.9 万次、151.3 万次、85.3 万次。

《联合早报》、路透社、《南华早报》、博讯、侨报网、德国之声、多维新闻网等多家欧美和中国港台地区媒体对三评浮夸文风进行转评。

路透社认为，荣誉得靠实力加持，客观成绩才可以让别人主观信服。《南华早报》文章《美国“如此害怕”中国的进步？共产党喉舌并不这样认为》指出，《人民日报》是对夸大而未经证实的报道提出警告的最新一家媒体，称“自大不会使国家强大”。美国之音 2018 年 7 月 4 日晚的访谈节目《时事大家谈》就此做了题为“中国风向突变，我的国为何又不厉害了？”的专题访谈。

国外媒体认为，中国需要一场思想领域的“虎门销烟”。①

对此，网友们也参加了群议：

@揭育贤：各种华而不实、夸大其词的文章，只会让一些人产生误解，对社会会造成不良影响。我们应该倡导清新文风，崇尚风清气正。

@逍遥公：这个问题抓得好，忽悠之风不杀不行了。

@蝴蝶猪与汪汪：保持冷静继续前行！自身的强大不是对别人喊出来的，而是慢慢积累出来的。

@小橙 vitality：确实需要整治，那种标题、那种文章，会给人造成视觉和精神的双重污染。

@落子天秤：自信和自恋不同，人要是自信，就不会回避自身所存在的问题。②

中国在强大的同时存在许多方面的不足，如何看待这一问题，公民需要在议论纷纷中保持头脑清醒。

2001 年 11 月 10 日，世界贸易组织（WTO）第四届部长级会议在卡塔尔首都多哈以全体协商一致的方式，审议并通过了中国加入世贸组织的决定。自中国入世以来，发生

---

① 摘自人民网观点频道主编给作者的邮件。

② 华智超、杨京：《浮夸文风到底伤害了谁?》，2018 年 7 月 4 日《长江日报》。

过许许多多的贸易纷争。对此，我们也需要保持清醒的头脑，为了维护自己的利益不受损而发出代表中国同时也符合世界各国人民利益的声音。

北京时间 2018 年 7 月 6 日 12:01，美国东部时间 7 月 6 日凌晨 0:01，美国正式开始对 340 亿美元的中国产品加征 25%的关税，中美贸易战正式打响，中方做出回应，承诺不打中美贸易战的第一枪，但是为了捍卫国家与人民的利益，必须做出反击。此前，6 月 15 日美国白宫发布对华关税清单，将对中国价值 500 亿美元的商品加征 25%的关税。美国贸易代表办公室当时宣称第一组针对 340 亿美元中国商品的关税将于 7 月 6 日开征，对 160 亿美元的第二组关税还需进行进一步评估。当时国务院关税税则委员会回应，决定对原产于美国的 659 项约 500 亿美元进口商品加征 25%的关税，其中 545 项约 340 亿美元自 2018 年 7 月 6 日起实施加征关税，对其余商品加征关税的实施时间另行公布。这也将意味着中美贸易战的真正启动。这对中美两国以及全球贸易，无疑将产生巨大冲击。

美国政府多次对世界贸易组织表示不满，威胁要“退群”，宣称美国在贸易等方面受到不公平待遇，美国吃亏了。值得注意的是，正是这种所谓“美国贸易吃亏论”，成了美方无端发动贸易战的由头。一个当今世界综合实力最强的发达国家，竟堂而皇之大讲自己在国际贸易中受到欺负、吃了大亏，这实在是令世人大跌眼镜。如何看待这场由美国政府挑起的事端，《人民日报》发表评论指出：

吃不吃亏，要看规则谁制定。众所周知，美国主导创立了二战后国际经济、贸易、金融体制，并在此后几十年牢牢掌控国际经贸规则的创设权和修订权。从关贸总协定到世贸组织成立，从布雷顿森林体系到国际货币体系的变革，美国始终是国际经贸规则的缔造者、全球经济秩序的主导者，占据引领地位。一位“裁判员”会制定一套“让自己吃亏”的比赛规则，不管是谁，说破了天恐怕也难以让人信服。

吃不吃亏，要看获利有多少。规则制定者往往是最大受益者，对此感受有多深，美国自己心知肚明。美国成为二战后全球综合实力最强的国家并非偶然，其在主导国际经贸规则构建过程中，恣意享受着经济全球化带来的制度福利，通过在全球配置资源，不断提升、巩固其经济霸主地位，进而成为多边经贸体制和经济全球化的最大赢家。

在此，评论公布了一组数据：在经贸领域，美国是主要贸易强国，2012 年货物贸易额 3.89 万亿美元，服务贸易额 1.31 万亿美元，分别居全球第二和第一位；在金融领域，美元占全球外汇储备的 62%，其特殊地位使得美国能够通过发行美元，向全世界收取“铸币税”，获得巨大经济利益；在能源领域，美国 2009 年成为全球最大天然气生产国，2013 年取代沙特成为全球最大石油生产国。不仅如此，美国资本在全世界“薅羊毛”，获得丰厚回报；美国廉价进口大量发展中国家的优质商品，提高民众福利；美元被各国大量储备，为美国分担了通胀风险；美国凭借全球领先技术，赚取超额垄断利润；美国企业占据价值链高端和高附加值环节，坐享经济全球化红利……

评论最后说，一边端着全球化“饭碗”尽享美味，一边大声嚷嚷多边贸易体制对自己不公平，“吃亏论”彻底暴露了美国一味谋求利益最大化、在国际交往中占了大便宜还嫌不够的贪相。

让世界经济的大海退回到一个个孤立的小湖泊、小河流，是不可能的，也不符合历史潮流。国际贸易总要接着做下去，这一点美国比谁都清楚。“美国贸易吃亏论”当休矣！①

作品选编

也要重视程序科学化

随着科学的发展特别是软科学知识的普及，随着领导者素质的提高特别是民主意识的增强，时下，大凡涉及一些民众关心的重大问题或议项，一般来说，领导者都能做到集体研究，民主决策，有的还通过法律手段予以公证，通过新闻媒体予以公布。这是时代的一大进步，无疑是值得肯定的。但是，在“集体研究”“民主决策”中有时也包含着不民主、不科学的成分，首要就是程序不科学。

现在有不少大赛和评选都邀请评委参加，但由于程序设计得不科学，哪怕是专家参加，集体研究，法律公证，也会出现非科学化的情况。例如，有的评选是根据评委自己的判断，将选手(或成果)按 1～10 的顺序排列分别计分，总得分最少者成绩最佳，其余以此类推。此方法很简单，却酿成了一个致命的缺点——个别评委的意见可能将大多数人的意见予以否定。例如，某选手有 8 位评委同意他为第一名，有 2 位评委则将其列为最后一名，该选手得分为 8 分＋20 分，计 28 分。对于另一选手，有 5 位评委同意他为第二名，5 位评委同意他为第三名，该选手的得分是 10 分＋15 分，计 25 分。结果呢，大多数评委都同意第一名的选手，就因为两位评委的不同意见而排在后一位大家都认为稍差一些的选手的后面。

类似这样的程序不科学、不规范的例子还有不少。如某项事业发展的议案，往往是领导先圈定，再下发到基层去讨论；评先进、选人才，有的是先确定张三、李四，再去搜集他们的事迹材料填表上报；颁布获奖项目，也是先分配指标、确定等级，进行综合平衡，然后再请获奖者去填表申报，而不是先申报再择优评定，等等。这样评选的人和事，这样经过“集体研究”的有关决定或意见，或许也不错，但绝非最优化。从一定意义上说，它还是对人们参与社会活动，表现主人翁意志的一种亵渎。

---

① 《人民日报》本报评论员：《“美国贸易吃亏论”当休矣》，2018 年 7 月 6 日《人民日报》。

重视决策民主化、科学化是我们党在十一届三中全会以来的一个新的有力表现，与此同时也注意了程序的科学化。据中央统战部统计，党的十一届三中全会以来，民主党派中央领导人参加中共中央、国务院召开的或委托相关部门召开的民主协商会、座谈会、情况通报会达150次，其中党的十三届四中全会以来就达82次。毫无疑义，党中央国务院关于国家大政方针、重要人事安排和有关重大问题的决定是经过上上下下反复研究斟酌的，不可能是某位领导者的个人意见。尽管如此，党中央国务院还是真心诚意地征求党外人士的意见并形成了制度。而且，此举绝非“做做样子，走走过场”，而是确有成效，这已在党的十三大报告、十四大报告等有关文件中得到充分体现。调查研究、征求意见在先，集体讨论、修改定论在后；定量数据在先，定性评判在后；议论纷纷在先，择善而从在后；程序的科学化保证了我们党和国家政策的最优化。

程序即事物进行的先后次序。它是一个科学的系统，其每一步骤都有科学的含义，相互间又有内在的联系，并且，为了使每一步骤达到科学化，还必须有一整套科学技术予以保证。比如，我们现在常讲的决策程序，它就包括发现问题、确定目标、价值准则、拟订方案、分析评估、方案选择、试验实证、普遍实施等8个阶段，还有调查研究、环境分析等一系列的决策技术内容。为了保证行为的科学，必须首先保证决定行为的程序科学。当今时代，如果程序设计不科学，不科学行为容易在法制的保护下大摇大摆地引导人们步入歧途。

程序科学化是决策科学化的首要前提，这是摆在各级领导者和领导机关面前的一个新课题，望能引起人们的高度重视。

（原载1995年10月23日《科技日报》，曾获全国理论宣传优秀短论奖）

理论要走在行动的前面

马克思在论述德国革命时说过这样的话：“理论在一个国家的实现程度，决定于理论满足这个国家的需要程度。”“理论需要是否能够直接成为实践要求呢？光是思想竭力体现为现实是不够的，现实本身应当力求趋向思想。”①恩格斯也说过样的话：“一个民族想要站在科学的最高峰，就一刻也不能没有理论思维。”②这些导师的语录在很长的时间里是被人们广泛引用的，但是，在实践中却做得不够。

改革开放30年来，我们常常以“摸着石头过河”和“不管白猫黑猫，抓住老鼠就是好猫”（有人将其概括为“摸论”和“猫论”）来鼓励人们大胆地闯、大胆地干。在改革开放的初期或许有它一定的可取性，但是，绝不能将其作为成功的经验总结到我们党和国家的执政理念中去。改革开放是一个新事物，我们没有成功的经验可借鉴，只有从自己的实

① 《马克思恩格斯全集（第1卷）》，第462页.

② 《马克思恩格斯全集（第20卷）》，第384页.

际情况出发,鼓励人们大胆地闯、大胆地干,摸索出一条适合中国国情的方法来,这是十分必要的。但是,理论的研究和探索应该走在实践的前面,否则,再多的"学费"也是不够花的,花了也是冤枉的。

早在70多年前的红军时期,毛泽东就讲过这样的话:"我们不但要提出任务,而且要解决完成任务的方法问题。我们的任务是过河,但是没有桥或没有船就不能过。不解决桥或船的问题,过河就是一句空话。不解决方法问题,任务也只是瞎说一顿。"①只有满腔热情,不问河的深浅宽窄就贸然下河,轻者打湿衣裤,重者还会丢掉性命。更为严重的是,在30年中还有不少人就是扛着这样的"摸论",以"交学费"为名,去谋一己之利或一地之利的。"过河"之前,我们为什么不研究一下"造桥"或"修船"的问题,让理论界的学者们讨论来争辩去,拿出几个方案让决策机关拍板呢?这样或许需要花一点茶水费,这样或许会需要一点时间,但是,只有科学的方案才是最终解决问题的。比起那些盲目的"过河"者来说,这样的"学费"会更少。"猫论"也是如此。能够抓住老鼠的的确是好猫,实践是检验真理的唯一标准嘛!问题是,我们的科学界理论界为什么不去研究一下到底是白猫抓老鼠,还是黑猫抓老鼠,或是根据需要实施基因工程让白猫或黑猫变成抓老鼠的好猫呢?这样的效果不是更好,效率不是更高么?

说到底,还是我们的理论准备不充分,对理论和知识分子的重视程度不够。30年过去了,我们面前还有许许多多的新问题等着我们去解决。我们是否应该变得更加聪明一些呢,对理论思想领域的管理应该更加科学更加宽松一些呢?大家都知道"头脑风暴法"很好,也都知道"万马齐喑究可哀",那么,我们能否提倡一种真正的百花齐放、百家争鸣、议论纷纷、畅所欲言的舆论环境,让一切热爱关心我们事业的人都能够充分地接受信息,发表意见,哪怕这些意见是错误的或被人们认为是错误的,都无妨——实践是检验真理的最终标准。

30年来,我们伟大成就的成功之处就在于鼓励人们的独立精神和创造意识。不论是农村的承包责任制还是企业的自主权改革,不论是珠海的科技重奖还是医疗住房的改革,中央都在鼓励各地根据自己的实际情况,拿出有利于社会经济发展,有利于人民生活水平提高的举措来。30年来我们取得了举世瞩目的成就,有了许多成功的经验,这是值得我们自豪和欣慰的。但是,我们绝不能因此而停滞不前,更不能因此而照本宣科、循规蹈矩、墨守成规。改革的路,发展的路,是在继承前人成功又超越前人成就的基础上,向着未知的领域不断创新不断开拓不断否定不断超越的路。在这里,既要有不畏艰辛不怕荆棘的开拓者,也要有为着既定目标不达目的誓不罢休的实践者,更要有善于学习和借鉴、敢于批判和否定的创造者。但愿这一切都能在科学的理论指导下行进,在宽容失败和宽容错误的环境里发展。

① 《毛泽东选集(第1卷)》,第134页。

30年来，通过上下的努力，我们已经创造了一个相对过去比较宽松的舆论环境。“不说白不说，说了也白说”的状况正在向着“说了不白说”的进步发展。但是，还不够。在这个舆论不一律的时代，总有那么一些人或领导人喜欢用“一律”、“一言堂”和所谓的“主流声音”来代替议论纷纷的正常秩序。媒体上经常可以看到一些人发表文章批评了别人的观点或意见，却又不许别人回应和辩解。这种论辩中的不对等状况，与民主法制相悖，于思想繁荣不利，是需要认真对待和改善的。

（原载2008年11月20日《南方日报》）

让“常识”成为公众力量

据2009年7月16日中央电视台报道，发生在6月29日郴州铁路列车相撞出轨交通事故的直接原因现已查明。这是一起因K9017次列车第二节车辆在南京浦镇车辆有限公司生产中，客车车间员工冯龙安装制动软管时，违反操作规定，在没有确认折角塞门内防尘堵全部取出的情况下，将制动软管与折角塞门相连，使防尘堵底盖遗留在折角塞门内，堵塞了制动主管风道，致使列车制动力突然丧失而造成责任事故。

本次事故造成了两列车相撞，3人死亡、60余人受伤、6人重伤，京广大动脉遇险。事故直接责任者冯龙因涉嫌犯罪已移交司法机关处理，他涉嫌犯罪的直接原因就是忽视了常识，没有按规范的要求办事。

不懂常识，违反操作规范，设计高楼大厦的工程技术人员有时也是如此。6月27日发生在上海闵行区的一幢在建的13层居民楼从根部断开，整体倾覆倒塌。事件发生，舆论哗然，是什么原因导致如此“闻所未闻”事件？接受采访的众多国内顶级土木专家为之一震，感到耻辱。专家们认为，造成倒塌的原因，仅仅是一个简单到不能再简单的常识错误：施工方在大楼一侧无防护性开挖地下车库，又在相对一侧堆积9米堆土。大楼地基土体在合力的作用下整体平移，如剪刀一般剪断了楼房的基桩。“基根开挖对桩基的影响，以及不规范操作可能造成的严重后果”，这些都作为常识写进了《中华人民共和国行业标准：建筑桩基技术规范》中，但是，偏偏就有那么几个工程技术人员熟视无睹，轻如儿戏。

又是一起常识性的错误。这些年来，有很多人为的事故都不是被科技含量高的技术所难，而是犯了最简单的常识错误。从湖南凤凰大桥垮塌，杭州地铁工地塌陷，再到西宁巷工地坍塌和株洲高架桥倒塌，所有这一切都是在常识的圈子里犯错，在低级错误的台阶上环行——这是一个危险的信号！如果我们不重视常识问题的存在，不冲破存在怪圈的桎梏，错误将会来得更严重，对人们的损害将会更惨烈！

常识是什么呢？它就是一个普通的、能为大众所了解和掌握的基本知识。在人们咿呀学语的时候，大人们就开始教会孩子们掌握常识：吃饭的常识、睡觉的常识、游戏的常识和运动的常识。到了社会，又要学会并掌握待人接物的常识、安全保卫的常识、医疗保健的常识，还有应对灾难的常识，以及识别假货、坏人的常识。到了学校、进了单位，还要接受一般的和各门各类的学习和工作的基本常识，它是我们立身建业的基础，它是我们向着更高目标迈步的台阶。

常识是人们生命赖以存在的根基，是社会进步的规范要求。常识的力量是巨大的。在刚刚过去的四川汶川大地震中，有不少正在上课的娃娃都被突如其来的灾难永远地掩埋在了废墟下，然而，离北川县城15里路的邓家海元村山中的刘汉希望小学483名小学生却在9位老师的指挥下奇迹般地全部安全撤离。为什么他们能够做到？这是因为学校的老师们经常将地震中的安全撤离作为常识课教给大家并进行训练。常识，并不复杂高深，只要大家都学习并贯穿自己的行动中，就会产生奇迹。

因为常识太简单，太一般，所以很多人不屑一顾。对此，有关方面，有关部门，对此要有高度的重视。抓紧抓好常识的教育和训练，才会让灾难离我们而去，让损失减少到最低程度。

因为常识太简单，太一般，所以大家一学就会。既然如此，我们就应该好好地学习并努力地实践，让常识规范我们的行动，养成习惯，这是有利于个人和社会的大事。

因为常识太简单，太一般，所以对于违反常识特别是造成重大损失者，就绝不能轻描淡写、姑息养奸。一切对违反常识者的宽容和怜悯，最终都会危害个人和社会，我们必须严肃对待。

因为常识太简单，太一般，所以经常不被新闻媒体关注，自然也成不了新闻。新闻是对发生和发现有价值的事实的信息传播，我们的媒体、我们的报道，应该经常有对践行常识或违反常识的典型报道，警钟长鸣，防患于未然。这是新闻工作者和宣传教育者的神圣职责。

前两年就有南方的报人以“常识的力量”撰写评论和编辑出版评论集，呼吁将常识的力量上升为国家的力量，颇有道理。今天，我们更应提出，将常识的力量变成全民的力量！如果真是那样做了，就会少一些在禁区戏水身亡者的母亲的哭泣，少一些酒后开车而发生的悲剧，少一些违反安全措施发生的矿井爆炸，少一些野蛮施工造成的城市瘫痪。少了这些哭泣和悲剧，就会多一些快乐和团聚，天、地、人的和谐愿景便会呈现在我们面前。

（原载2009年8月14日《人民日报》）

学术评价，别唯洋是举

现在高校和一些科研机构在评价论文或其他科研成果时，相当普遍地存在着“两个凡是”现象：凡是提交有外国人参加的“国际会议”和有外国人肯定、称赞的论文，水平就一定高；凡是引用了外国人的著作和语录的论文，水平就一定高。

先来看看“国际会议”。当今时代，“国际会议”颇多，有在中国内地与国外某一地区或学校召开的会议，也有在周边某国或境外某地召开的会议，只要是会议上有外国人甚至是中国的港澳台人士，都能称为“国际会议”。如此“国际会议”到底能够在多大程度上代表真正的国际水准，可能很多组织会议者心里都是明白的。但是，我们的制度很明确，这样的“国际会议”可以得到经费的资助，参加这样会议的成果能够得到承认。一项学术研究，一项创新成果，能够得到有多个国家专业人士参加的国际会议的认可，当然是件好事情。中国要走向世界，中国要对人类做出更大的贡献，当然要关注世界，当然要重视各种各样的有意义有价值的国际会议。有可能要多参加或组织这样的会议。但是，如果只是打着“国际会议”的名称，却没有国际的实质，这样的评价还有意义吗？更何况，现在外国也有一些机构和人员，想着法子向一些发展中国家的人士发邀请，以“国际会议”的名义捞取钱财！在这种情况下，我们还有必要以此作为考核和奖励的唯一标准吗？

再来看看外国人的评价。我们说中国走向世界，就是要向世界上一切先进、优秀的文化学习，听取外国友人的意见，学习他们的长处。特别是在一些国外经过几百年努力发展起来的学科领域，我们更是要虚心地向他们请教。这些都是不错的。现在的问题是，凡是我们的研究成果，都要引用外国人的著作或语录，这就走到事物的另一面了。我们常说，一方水土养育一方人，不同的地理环境对人们的影响和作用也是不一样的。尤其在哲学社会科学的很多领域里，这些科学具有强烈的文化属性和社会属性，其发展一方面在于借鉴，更多的则在于根据现实进行有创造性的研究。例如，探索“中国特色社会主义”“多党合作”“一国两制”，如何学习外国人的经验？研究“唐诗宋词”，研究“论语诗经”，又如何参阅和借鉴外国人的成果？特别是那些正在中国大地上发生的事件、问题的研究，又如何去找外国人的现成答案？如果以此作为考核奖励的制度和标准，将会阻碍和难倒一批又一批的研究人，由此影响到我国哲学社会科学的创新与繁荣，从而影响我国的社会进步和发展。

学术研究和创新是件痛苦的事情，交流当属必要，学习借鉴前人和他人的成果更是题中应有之义。但是当无意义的交流成为评价标准之时，当照抄照搬别人的文献成为时髦之时，它便会让交流成为形式，摘抄文献成为简单的体力劳动（从网上寻找）！如果创新仅靠发表一些外文论文，参加一些“国际会议”，引用一些外文“学术语录”，不但让学术蒙羞，而且让国家蒙受巨大损失，更让一些踏踏实实进行研究的人变得浮躁、急于求成。

虚心地向世界学习，真诚地向前人和他人学习，永远是我们学术研究和创新的前提。只是希望一切政策的制定者，都要始终坚持实事求是的原则，一切从中国的国情和实际出发，让我们的各项制度和政策更有利于中国人才的成长，更有利于中国事业的发展。

（原标题为《学术研究和评价要反对“两个凡是”》，
载2012年1月30日《人民日报》）

倡导时间文明

走好中国道路，需要把握好“中国时间”和“中国效率”。当然，在此值得一提的是，在改革开放30多年之后的今天，“时间”的意义已经远远超过了“金钱”所能涵盖的范畴，而“效率”如同“生命”一般的价值优先性，似乎也已经有了更多可阐释的空间。世易时移，国家高歌猛进，社会日新月异，我们对时间与效率的认识也在与时俱进。

所谓“中国时间”在这里包含两个含义。一是以人类观察感知到的自然时间。按照国际通用的格林尼治时间的规定，全球共分为24个时区。中华人民共和国成立以后，全国统一采用首都北京所在的东八时区的区时作为标准时间，称为北京时间。只有将各地方的计时标准与北京时间统一，才能规范和方便全国人民的生产生活和出行交流（不同时区可有与该时区相符的作息时间）。

时间的第二个含义是与计划和管理相联系的社会时间。到中国共产党成立100周年的时候全面建成小康社会，到新中国成立100周年时建成富强民主文明和谐的社会主义现代化国家，这是实现中华民族伟大复兴之梦。“两个100年”是我们实现中国梦的最大时间表，各地区、各部门、各单位，一切在为中华民族复兴而努力工作的人们都该牢牢记住这一时间，并严格按照这一时间表的要求规划和实施自己的工作。

“中国时间”是我们必须加以珍视的宝贵财富，抓紧稍纵即逝的历史机遇，不浪费一点一滴的时间，在保持快速的同时，“中国时间”还必须是稳健的、审慎的、带着道德感和公平感的，换言之，“中国时间”是一种迅速而又正义的时间观念。

倡导“时间文明”，保障实现中国梦。认识时间、珍惜时间、恪守时间，实现中国梦，是当下的热门话题。国家梦是一个宏伟的蓝图，个人的梦就在我们日常的生活中，所有这一切都离不开对时间的把握。

所谓认识时间，就是掌握时间的本质和特性，在价值前提下把握时间的真谛。古人说，“四方上下谓之宇，古往今来谓之宙”。“宇”表示空间，“宙”则表示时间。时间是物质存在的一种客观形式，它反映了物质存在和运动发展的一种状态。一切事物的发展变化都离不开时间，实现中国梦更是如此。

所谓珍惜时间，就是认识到时间的宝贵而珍视爱惜节省它。时间反映着物质运动过程的持续性、间隔性的矛盾统一和物质运动状态的顺序性。时间具有一维性，即不可逆性，它由过去走向现在奔向未来，只有一个方向，一去而不复返。马克思在《资本论》中说：“一切节约归根到底都是时间的节约。”[①]任何对时间的浪费，都是对实现中国梦的怠慢和延误。

所谓恪守时间，就是遵守时间的规定性，即在一定的时间内到达、运动、完成某项规

① 《马克思恩格斯全集(第46卷〈上〉)》第1版，人民出版社1982年版，第120页。

定性的工作或任务。在与时间争分夺秒的职业如新闻、医务、军事等特殊人群和突发、危机、群体事件中，没有“等一下”的位置；在现代社会特别是大城市的生活节奏中，“堵车”不能成为人们迟到的理由。守时是保证科学计划得以有效实现的前提，实现“两个100年”的中国梦，必须以守时为准绳。

当下，我们有必要在全体公民中开展“认识时间、珍惜时间、恪守时间”的时间文明普及教育，让“识时、惜时、守时”的传统美德在新的历史时期成为中华民族新世纪风采！

精神文明建设除了我们常抓不懈的教育、科学、文化和理想、信念、道德、纪律等内容外，也应包含时间文明。

时间文明讲的是在一定时间里对人们行为准则的要求，它有以下几个特性：规定性、信用性、平等性、有益性、层次性。现代社会提倡时间文明，它有利于我们处理好人与人、人与社会、人与自然之间的关系。在制定、遵循、提升时间文明的进程中，它不仅有助于追求个人道德完善，同时也有利于维护公众利益和公共秩序。

实践是检验真理的唯一标准，而时间则是检验道路的终极标准。到2020年我国全面建成小康社会，到2049年我国建成社会主义现代化国家，是中华民族伟大复兴的中国梦。而倡导“时间文明”，把“中国时间”和“中国效率”统一起来，却是实现中国梦的首要前提和重要保障。让我们只争朝夕，和谐相处，为实现中国梦做出我们每个人应该做且做得好的一份事业来。

为此建议有三：

一是邀请有关社会科学和自然科学专家，举行“时间文明理论与实践研讨会”，对“时间文明”的概念、内涵、意义及开展相关活动进行研讨，让“时间文明”在党和政府的文件中得以体现，有效促进和保障实现中国梦。

二是“时间文明”既是市民素养的综合体现，也是城市文明建设的重要组成部分，更是城市发展精神风貌的重要体现。望能将“时间文明”写进中央文明办《城市文明建设条例》，制定相应检查、考核办法，使之纳入政府工作规划。

三是筹办、创建“时间文明博物馆”，介绍有关“时间文明”的自然科学和社会科学相关知识。

（原载2016年1月17日《光明日报》理论与实践）

第三章

公民表达的独立品格

独立品格是指作为认识与实践主体的人，应该具备的自主思考和决断的品性和品行。当我们在遵循民主意识和科学精神的前提下，意见表达是否坚持了独立品格尤为重要。

鼓励大家讲心里话，就是要在此时此地此问题上，根据自己的思想和需求发表真知灼见。独立品格要求我们在意见表达时，不是脱离实际，浅尝辄止，是非不辩，千篇一律，而是需要揣一颗真心，怀一腔道义，在核准事实的基础上想方设法以精辟的见解和独特的洞察力对事物进行深刻分析，力求拓展一方新天地。

第一节 独立品格的基本要素

独立表达，各抒己见

独立品格是指作为认识与实践主体的人，应该具备的自主思考和决断的品性和品行。独立品格包括自主意识、批判精神、责任意识和勇于发出第一声等内容。

一、自主意识

自主意识指的是人们作为活动主体而主动发起一定的活动并积极排除干扰将其推向前进，以实现自己目的的意识。自主意识表现为以下两个方面：一方面是指人作为活动的主体能够主动地发起一定的认识和研究活动并积极排除各种干扰将其推向前进，以实现自己预期的目标。另一方面是指人能够自主地进行认识和研究活动，而不依附于任何外在的权威和力量，保持一种独立的思想人格。这种自主意识表现在追求真、善、美的和谐统一。现在，很多报社评论员自己撰写的评论的选题多是报社选题会上讨论的结果，但仍是评论员自主意识的产物。他们上报的多个选题是他们从大量新闻报道、社会动向、热点问题中自主甄选出来的；评论选题确定后，具体的观点是他们思考的结果，论证的方式、如何遣词造句都是他们个性化的自主表达。对于普通公民来说，也是这样。他们选择什么主题、内容、方式表达自己的意见，不受外界权力的干扰和强制，他们享受着《宪法》赋予的公民言论自由的权利。

为了达到自己能够主张自己的意愿，还必须具有自觉调节和控制自己活动及方式能力。一个人如果脱离了主体对过程和结果的有效掌握和控制，就会成为异化于主体的客观存在并反过来成为主体的异己力量。这时，活动不再是主体实现目的的手段，反而成为约束主体发展的过程；活动的结果不是给主体带来幸福而是带来痛苦。这种控制能力，表现为人对于自身研究活动从方向、方式、进度、速度、节奏、周期等各方面进行自觉的监测、调节和控制，以争取最高的研究效率和最佳的研究成果，确保研究目标的顺利达成。在这方面，有很多优秀的新闻评论者为我们做出了榜样。尤其是那些长期关注某一领域问题的新闻评论人，以革除某一方面的不合理现象为旨归，结合当时的话语空间，对相关事件及背后存在的问题进行剖析，体现出对于社会进程中产生问题的深层次思考。

据报道，项目总投资 25.42 亿元的南京麒麟有轨电车，原计划于 2014 年 8 月开通，到现在仍没见动静，丛生的杂草已将部分轨道淹没。（澎湃新闻网 2015 年 7 月 27 日）麒麟有轨电车的命运与曾任南京市市长的季建业息息相关，2010 年，季建业在当选南京市长后不久，便主导推进了位于东郊的麒麟地区板块的大开发，建设科技创新园，作为解决出行问题的配套工程，有轨电车便应运而生。还没等到有轨电车开通，季建业就落马了，麒麟有轨电车项目也随之停摆。

这样的例子很老套，所谓“地以人传”，一些地方公共工程的建设往往与主政者的起落有关。乘兴而立，败兴而停，其兴也勃焉，其衰也忽焉。在“一任市长一张蓝图”的语境下，官员落马，工程下马，成了常见现象。之前就有报道称，季建业力推的全城雨污分流工程，在其落马后，短短几天之内相继停工。除了季建业，还有吕梁市原市长丁雪峰的吕梁新城项目、太原市原市委书记申维辰的龙潭片区改造工程、广州市原市委书记万庆良的南沙新区项目，也都陷入这种"人去政息"的困境。

那么，如何看待这种"人去政息"的行政现象呢？有资深评论员在媒体上发表评论指出：无论前任还是现任，干事创业的驱动力应以民生为本，打基础利长远，只要有利于发展、有利于群众得实惠，功成不必在我，如果一张蓝图抓到底、一届接着一届干，就不会有这种"原来姹紫嫣红开遍，似这般都付与断井颓垣"的今非昔比。人非物亦非的苍凉，是一种畸形政绩观的投射。有的项目，本身就是形象工程、拍脑袋工程，没经过科学的民主决策程序，强行上马后必然难以为继。

有的虽是民生工程，也夹带有急功近利的政绩思维与领导个人私利，好事就难以办好。比如，南京的雨污分流项目，虽是大势所趋，"从官方数据来看，治污效果明显，处理厂也如愿忙起来了。"但因急于求成，在没有大面积征集民意的情况下，遍地开花满城挖，"处处都是工地、条条道路都堵车"，曾让南京市民怨声载道。有轨电车不会排放废气，是一种无污染的环保交通工具，载客量远远超过普通公交车，但该工程涉及的拆迁问题多、需要审批的手续繁多，同样难以一蹴而就，缺少外部的强力推动就只能停滞不前了。

有轨电车这类项目的驱动力不应是政绩，而是科学民主的民生决策，因地制宜，量力而行，这样才不会因人废事，才能避免"李市长挖，王市长填，张市长来了不知怎么圆"的尴尬。山西右玉县18任县委书记坚持植树造林，将"不毛之地"改造成山清水秀、满目葱茏的"塞上绿洲"，"不适合人类居住的地方"成了"联合国最佳宜居生态县"，靠的就是方向对路不折腾，为民造福的驱动力源源不断，不管谁来主政，都会被这种惯性和"以民为本"的第一推动力推着往前走，这才是惠民工程的长久之道。①

长期关注、深入研究、适时置评，体现了新闻评论者的自主意识，也应是普通公民学习的榜样。

二、批判精神

批判精神指的是人们只相信自己的理性，不相信任何外在的权威和力量，认为一切东西都要经过自己理性的重新反思、批判、评价和审视的品格。作为一种主体意识，它不同于我们通常所说的怀疑主义。怀疑主义是把怀疑推向极端，为怀疑而怀疑，正如黑格尔所言："这种对一切规定的否定就是怀疑论的特点。"而这里所说的批判精神是要求

① 余人月：《有轨电车项目的驱动力不应是季建业》，2015年7月28日《中国青年报》。

人们在已有知识面前进行大胆的批判、怀疑，应进行自己理性的重新反思、批判、评价和审视，但又要求不应怀疑一切，全盘否定。它是在承认客观真理的基础上，对已有知识的不合理或过时部分的否定，并由此提出新的问题，促使人们去创新，也就是马克思所说的“扬弃”。

“难得是诤友，当面敢批评”是陈毅的名言。要真正做到这一点却不是一件容易的事情。1983 年 3 月 20 日，59 岁的黄永玉给 73 岁的剧协主席曹禺写了一封信：“你是我极尊敬的前辈，所以我对你要严！我不喜欢你新中国成立后的戏，一个也不喜欢。你心不在戏里，你失去伟大的灵通宝玉，你为势位所误！从一个海洋萎缩为一条小溪流，你泥溷在不情愿的艺术创作中，像晚上喝了浓茶，清醒于混沌之中。命题不巩固、不缜密，演绎、分析得也不透彻。过去数不尽的精妙的休止符、节拍、冷热、快慢的安排，那一箩一筐的隽语，都消失了。”作为戏剧大师的曹禺竟回信说：“你射中了我的要害。”不仅如此，他还将其装裱悬挂在自己的房间。[①]

在现实生活中，批评比赞扬难开口，批评也比赞扬难接受，这是人之常情，但正因为批评的稀缺，更凸显批评的价值。哲人有言：“最能保人心神之健康的预防药就是朋友的忠言和规谏。”人无完人，听取别人意见是改过迁善的前提。严峻的社会变革和公民意见表达的真谛，就是要求我们敢于直面现实，勇于发表自己具有独立品格的批评意见和积极建议。这是每个公民需要在社会实践中时刻谨记和践行的。

三、责任意识

责任意识指的是人们明确自己应当对自己的活动及其结果负责任的意识。现实中的人总是生活于一定的社会关系之中，其活动结果必然会给社会或他人带来影响，这种影响可能是正的方面，也可能是负的方面。无论是正的方面还是负的方面，都要求作为活动主体的人具有对自己的活动及其结果负责的责任意识。具有责任意识的人必然会从他人、社会、国家的根本利益出发，努力追求和发挥自身活动的正效应，防止和克服其负效应，并由此出发规范自身的认识和研究活动，从而表现出趋利避害、扬善抑恶的自觉意识。这种责任意识还表现为在评价人物、事件、现象、问题时，应对自己的评价行为及其结果负责。不可对人、事不从客观事实出发，妄加评价，甚至进行人格上的伤害。新闻评论者因为受到法律、法规的约束，其作品必然是倾向于负责的。

在公民意见表达的实践中，可从以下几个方面体现责任意识：

首先，要有全局观念。对某一人和某一事发表意见，一定要将该人该事放在一定的环境中予以思考和评论。

---

① http://www.360doc.com/content/17/0115/02/29757931_622533395.shtml。

其次，要有服务意识。我们的受众是各式各样的社会人，只有在满足他们的多种需求中，才能更好地体现公民意见的价值所在。这些意见要体现在思想观念上的服务、方针政策上的服务、科学知识上的服务、生活消费上的服务等方面。

再次，建设意识。根据“只能鼓劲，不能添乱”的原则，一切着眼于建设，即对成功的经验予以科学的总结，使其有推广的意义，对失败的教训进行深刻的反思，提醒人们免蹈覆辙，对困惑的问题提出可供研究、探索、解惑的思路；对改革开放和现代化建设中出现的新事物、新问题，持积极慎重的思考态度，为领导机关科学决策提供参考意见。对于大众关心的敏感问题，既要组织发表有针对性、有说服力的评论，又要防止由此可能产生的思想波动和行为混乱；在展现光明远景和成绩时，也要同时提示艰难历程和困难，帮助人们树立战胜艰难曲折的信心和准备采取的应变措施。

通过降低资费门槛，让移动互联时代向更多人敞开大门，是在打造一个人人共享、人人参与的通信普惠时代。2018 年 7 月，国家三大电信运营商全面取消手机流量漫游费，这是通信领域提速降费的进一步举措。提速降费开展 3 年多来，通过提速不提费、流量不清零、取消语音通话长途和漫游费等多项措施，费用一路降低、网速不断加快，释放出实实在在的民生红利，引来网民纷纷点赞。

如何阐释国家这一利民好事，2018 年 7 月 3 日《人民日报》及时刊发黄策舆撰写的评论《提速降费，打造通信普惠时代》，对此进行解读：

这次在取消手机漫游费的基础上取消流量漫游费，满足的正是人们消费升级的诉求。如今，无论是扫码支付、网上刷剧，还是在线教育、电商扶贫，网络已经和日常工作生活不可分离，流量消费成为国计民生的刚需。取消异地流量漫游费，可以有针对性地缓解人们在移动互联时代的“流量焦虑”，增强人们移动网上生活的获得感。让利于民，就是为民谋利。网络是虚拟的，但民生红利是实打实的，可以说，提速降费是以人民为中心的发展思想在通信领域的体现。

国际媒体认为，“中国的数字化经济是全球拓荒者”，而数字经济和移动互联网的每一个进步，背后都是通信基础设施在提供支撑。随着提速降费的深入推进，通信基础设施将更加便捷、更加高效，将为新的应用场景、技术变革和商业模式创新提供鲜活土壤。

作者从国家网络通信事业发展的趋势和国际社会的认知，站在以人民为中心的角度予以解读国家出台的新政策，具有权威性和说服力。

所谓建设意识，不仅表现在国家方针上，有时也可表现为社会上对某种群体的称呼上。比如，报刊上大都把离退休老同志为社会做贡献称为献“余热”，此说就欠妥，因为这种称谓不符合联合国的规定。年满六十岁称老年，而老年期又可分为几个阶段：老年期（六十至七十岁），中老年期（七十至八十岁），老老年期（八十岁至衰亡）。从六十岁退休到七十岁左右，是人生成熟期，也是知识经验最丰富期，称为老年“最佳期”。虽然根据国家工作制度规定，他们退休了，从工作岗位上下来了，但他们的体力、精力、智力却无明显的衰退现象，他们可以在需要他们工作的地方大干一番事业。近年我们宣传的大量事迹的老同志就属于这一类。老同志在“最佳期”处于“高能”“高效”阶段，把这一时期老同志的贡献都称之为献“余热”是不妥当的。只有到了中老年或老老年期(根据老人的不同身体状况)，他们为社会所做的工作才能称为献“余热”。[①] 一个称呼虽然简单，但它却不利于调动老同志的积极性，不利于他们的健康长寿。现在，我们已经步入老龄化的社会阶段，老有所养，老有所乐，老有所学，老有所用，已经成为社会共识。而提“余热”却有消极之意。“余热”，剩下、零头、快要熄灭之谓也，给人以苟延残喘之感。从六十岁到衰亡，少的有一二十年，多的三四十年，占人生的三分之一，如此宝贵岁月的都用“余热”一概称之，无疑会给老同志，特别是刚退休的老同志以压抑之感，于老同志身心健康不利，于调动其积极性不利。

最后，个性意识。个性意识指的是人们能够确知自己作为个体与其他个体在诸多方面存在不同之处，并力求实现和发展自己的独特、超群出众之处的意识。个性意识是一种成熟的主体意识，它表现为两个方面：一方面，主体自觉地把自己的个性倾注于认识和研究活动之中，并且在研究对象、研究思路、研究方式、方法以及研究成果等诸多方面都力求表现出极强的个体性和与众不同。不同的个体，对人生、苦难、变化的体验不同，主体只有把这些体验与自己的认识和研究活动切实结合起来，才能取得富有个性的原创性研究成果；另一方面，具有强烈的个性意识的主体，往往能够提出和解答新问题，发现和开拓新领域，创造和运用新方法，进而形成独树一帜的学术风格，这样的认识和研究活动及其成果就会富有极强的生命力，并且能被社会所承认和接受。相反，丧失个性意识的主体，在认识和研究活动及其成果上缺乏新意，表现为人云亦云和对他人观点的盲从，这样的认识和研究活动是没有生命力的。许多新闻评论者的作品体现出鲜明个性，也体现了作者的认识问题、表达观点的个性意识。

个性意识是个大概念，不仅表现在意见者对问题的选择和思考的视角上，有时也表现在论证方式和评论标题的运用上。

肖凌之是一位多产的评论家，他的很多文章都是结合自己的工作、学习有感而发，特别是在论证的方式和标题的制作上形成了自己鲜明的个性。他在《光明日报》上发表了大量这样的好评论，下面仅选择几例予以介绍。

俗话说：“人往高处走，水往低处流。”“事业发达，步步高升”也是人们之间喜用的相互祝福语。正常的人在人生的目标追求中都是希望“升”的，希望升职务、升地位、升薪水、升能力、升品质、升影响，一句话，希望与“升”有缘。同“升”结伴，不断地超越过去，最好是“升”得超越他人，“升”得出类拔萃，备受社会的尊重和赞赏。

针对这种情形肖凌之写了一篇《“深”得下去才能“升”得上去》的评论：

---

① 赵振宇：《不可一概称“余热”》，1988 年 2 月 1 日《长江日报》。

“升”是朝上走、向上伸，“深”却是向下沉、往下扎。“深”与“升”，朝向截然相反，但却是相得益彰、相反相成：只有“深”得越下，方可“升”得越上；只有“深”得越厚实，才能“升”得越茂盛。“升”是“深”的结果与景象，“深”是“升”的前提与基础。根深才能叶茂，基实才能托起高楼，只有“深”得扎实，才有高高“升”起的可喜局面。这就是“升”与“深”的辩证法。（2016 年 7 月 7 日）

“有”，是拥有、具备、占有的意思，是一种天赐或是后天努力而获得的已有状态；而“忧”，则是忧虑、忧患，是一种不被胜利冲昏头脑的清醒，是一种不测的防备与应对，是一种战战兢兢、如履薄冰的谨慎态度。表面看来，“忧”与“有”似乎并没有什么联系，但作者从“祸兮福之所倚，福兮祸之所伏”中看到规律，“忧”是“有”的保障，“有”则是“忧”的保持与扩充。不管是个人的稳健发展，还是一个企业或组织的成长，抑或是一个国家或政党的建设，都不能忽视“忧”与“有”。于是一篇《“忧”与“有”》的评论产生了：

没有危机是最大的危机，没有忧患是最大的忧患。有忧，方可常拥有；无忧，拥有也会变没有。“有”而不忘“忧”，未雨绸缪，防患未然，实际上是生存和发展的智慧，是推动进步的催化剂和动力源。安而不忘危，存而不忘亡，始终常存危机感，始终保持“今天是起点”和“从零开始”的奋发意识，是我们最终走向成功的关键所在。（2016 年 6 月 21 日）

到了岁末年初，无论个人还是单位，都要总结一下过去一年的成绩。有些人已然成绩满满，有些人成绩已经呼之欲出；有些人无所成绩却充满快乐，有些人业绩卓著却茶饭不思。世间百态，此时尽显。俗话说，“一分耕耘，一分收获”“台上一分钟，台下十年功”。任何成绩的取得不只是仅靠美好的希望就可以达到，而是要靠平时一点一滴的积累，由此，作者道出了《“积”与“绩”》的辩证关系：

“勿以恶小而为之，勿以善小而不为。”“积”应是主动地“积”、不断地“积”、点滴地“积”；“绩”不一定是惊世之“绩”，但至少不要损害他人，起码应是既利己又利人的良“绩”。社会应鼓励追求成绩的人在推动社会发展和文明进步的进程中，放眼杰出、追求卓越，去取得一个又一个优良的“绩”。（2016 年 1 月 8 日）

肖凌之是一位领导干部，同时也是一位学者。他在学习中读到一则资料，说的是一个美国心理学家以大学生为对象做了一个实验，研究了做笔记与不做笔记对听课学习的影响。结果表明：在听课的同时，自己动手写摘要的学习成绩最好；在听课的同时看摘要，但自己不动手的学习成绩次之；单纯听讲而不做笔记也不看摘要的成绩最差。通过这个实验他想起了一句老话“好记性不如烂笔头”，也就此写了一篇评论论证《“拙”与“卓”》的关系，特别是运用中国古往今来的历史资料，让我们看到“事实胜于雄辩”：

纵观那些从古至今的卓越者，无一不拥有“拙”的表现和“拙”的劲头。从汉代司马迁著花了 18 年“拙”劲才写成就的《史记》，到曹雪芹“披阅十载，增删五次”成为中国古典小说高峰的《红楼梦》，从“杂交水稻之父”袁隆平，到摘取诺贝尔医学奖的屠呦呦，这

些事例无不说明，建功需要"拙"功夫，卓越皆从笨拙始。（2016年4月11日）

作者不仅学问渊博，而且时刻关注社会进程中的新变化、新发展，从中找出有规律性的东西来。海尔已是全球大型家电知名品牌，这家企业所秉持的"没有成功的企业，只有时代的企业"理念，也被越来越多的人所熟悉。正是因为用闯劲谋创新，以创新赢发展，成立至今，海尔已实行了五次重大战略调整和管理变革，现在全球拥有数十家工业园、研发中心、贸易公司和6万多名员工，品牌价值位于世界同行前列。海尔的发展之路贯穿"创"与"闯"两个字，海尔的成功也得益于"创"与"闯"。作者在《"创"与"闯"》的评论中写道：

"创"与"闯"，是两个动感极强、活力极足的字，都意味着打破常规、突破现状，于无出路中找出路、于无声处响惊雷。其实，"创"与"闯"的要义，是通过思考、探索、发明、发现或创造，找到新理念、新方法、新途径、新措施、新制度、新技术，化无为有、化坏为好、化劣为优、化小为大、化弱为强。在当今时代，"创"是干部的天职，"闯"是干部的应有担当。一个党员干部或许有这样那样的缺点，但不"创"不"闯"是最大和最不能容忍的缺点。广大党员干部应自觉地秉承创新发展理念，把"创"的智慧和"闯"的胆识融入为人民所做的各项工作中，让"创"与"闯"在全社会蔚然成风。（2016年5月20日）

类似这样标题的评论还有很多，肖凌之作为一位领导干部在繁忙的工作之余从事新闻评论的创作生产，形成了自己个性化的意见表达。这是值得我们大家特别是业余作家学习借鉴的，当然，也可在此基础上有自己的创新。

四、勇敢发出第一声

一个思想者，要在自己思想成熟后敢于及时发出自己的第一声。敢于发出第一声，需要掌握政策，需要谨慎行事。这就要求作者以扎实的理论知识为基础，以新闻的敏锐发现问题，以较好的文学修养驾驭文章，尽量在最短的时间里出手。新闻报道要抢先，新闻评论在论述深刻、独到的前提下，也需要抢先。有勇气突破对于权力阶层、利益团体的畏惧，率先发表成熟的意见，是衡量一个新时代公民独立品格的重要标准。

1956年《人民日报》改版致读者，报纸上的文章，除了党中央少数负责人的文章和少数社论外，可以不代表党中央的意见，也可以不代表编辑部的意见，因此，都有讨论的余地。①

1986年7月21日，《人民日报》一版发表本报评论员文章《鼓励大家讲心里话》。随后，8月10日在一版《每周论坛》又刊发一篇群众来稿《多提供讲心里话的地方》，对评论员所述提出了补充意见。

---

① http://www.wanfangdata.com.cn/details/detail.do?_type=perio&id=xwj201315019。

2012年9月28日，《人民日报》曾发表一篇《“观点多元”也不应“胡言乱语”》的评论文章，称观点多元并不等于胡言乱语，胡言乱语对社会无益反而有害。多家门户网站对此给予了特别关注。第二日（2012年9月29日），《长江日报》以社评的形式（《健康的社会不禁闭“胡言乱语”》）发表不同意见：

不可否认，网络时代尤其是微博的兴起，既扩展了舆论平台，也改变着传统信息传播方式，较之以往，话语场域的状况确实更为复杂。在这种情况下，提醒个人以更理性的态度看待和识别信息，负责任地发表观点，没有问题。但如果将复杂性简单概括为混乱和胡言乱语，由此推出“有违观点多元”的结论，继而反对“胡言乱语”，看上去自成逻辑，其实中间存在多种概念的混淆。

观点多元不等于胡言乱语，胡言乱语有害社会的陈述就有很大问题。这里无形中将观点或者思想依正确与否划出界线，其潜台词是，在错误的思路上保持观点的统一当然不对，但在正确的思路上保持观点的统一则是对的。若多元以此为基础，那么是不是多元就是所有正确观点的汇总？然而，向“正确”的一方倾倒的多元能算作怎样的多元？

给社会一个多元的空间，相信社会可以自我提炼、产生一股向善的力量，有着凝聚正面共识的可能。

《新京报》创办之初就推出了“社论批评”栏目，专门刊发读者对该报评论员文章的批评、商榷意见，受到社会的广泛好评。

人们的生活涉及社会的方方面面，政府及相关行业、部门尽管也在努力工作，但会因主观或客观原因出现这样那样的矛盾或问题，需要公民予以客观公正的批评和建议，这里离不开独立品格。

比如说，一直以来，影视评论都是影视产业链条上不可或缺的组成部分。管理部门能够从影视评论当中了解业界、学界及受众对影视作品过往的回顾、现状的思考以及未来的期盼，以便制定更有利于产业发展的宏观调控政策。行业内部能够从学者和受众那里获得兼具理性与感性的文化视角，从而审视和调整创作方向。影视研究者能够从同行和观众的评论当中窥见社会潮流、文化走向和审美趋势，从而为影视行业做出历史的、审美的总结归纳和学理分析，进而为管理部门和业界提供可以借鉴和应用的理论依据。观众则可以从评论里面获得观看经验和情感共鸣，有选择地观看作品，并且利用社交媒体发出自己的声音。可以说，管理者、业界、学界和观众只有实现良性互动、有效发声，才能够给整个影视文化产业带来生机和活力。

但是，影视评论的现状却是乱象丛生，令人担忧。有的影评人完全不看剧，闭着眼睛瞎写评论。现在有一些自媒体影评号，为了蹭热度，打着影评人的幌子，就开始生产评论，导致网络影评质量参差不齐、好坏难辨，从而误导人们对于一部作品的价值判断。有的影评以精神贵族自居，陶醉在自怨自艾、顾影自怜的“小时代”里，正如鲁迅先生所言“把小悲欢当作全世界”。有的影评针对作品所传递的世界观和价值观，采取怀疑一切的态度，为了反对而反对。有的评论者讥谗社会、戏弄历史、亵渎英雄、消解崇高，只挖坑拆墙，不提供任何有建设性的观点。有的影评以资本逻辑为主宰，开启互黑模式。雇佣水军或者利用粉丝对本公司作品大肆吹捧、无底线献媚，或者花钱在知名影评网站上抬高评分、购买评论，对竞争对手则口诛笔伐、揭短谩骂、进行人身攻击，等等。

对此种现象，很多圈内人则是明哲保身、视而不见，致使这股歪风漫延而影响到人们的生活。

《光明日报》(2018 年 4 月 26 日)刊发中国传媒大学学者杨洪涛的评论《影视评论要有风骨》。他在评论中说，影视评论者如果高高在上的发号施令，罔顾事实地自我陶醉，毫无底线地胡说八道，那么影视评论就会被整个行业看不起。曾几何时，整个文化领域对影视评论都极为重视，因为那代表了一种灵魂追求和价值守望。影视评论要辩证看待主导意识形态与艺术创建的关系，要善于利用全媒体平台，既注重评论的气度和胸怀，又注重艺术视野和美学思维。影视评论要辩证看待时代与个体的关系，不能茕茕孑立、喃喃自语，要书写时代风貌，在大时代中观照自我，有批判更要有建构，自觉抵制话语暴力。影视评论不仅要辩证看待市场与娱乐的关系，同样也不能沦为市场的奴隶。总之，影视评论要以有风骨、不媚俗、接地气、说实话、建议性的语态重塑自我。

我们已经进入了高铁时代，人们在感受到它的快速便捷的同时，也看到不少的新闻报道和新闻评论。但是，《人民日报》(2018 年 5 月 22 日)却在一版“今日谈”专栏写了一篇《点赞高铁时代“慢火车”》。作者张凡以一篇新闻报道为由头：途经 17 个站点，每站必停；20 多年票价未变，单程最低仅需两元；乘客多是车站周边村民，带着农产品出山交易……翻开 5 月 20 日的《人民日报》，一列穿行在黔东南崇山峻岭间的“慢火车”进入大众视线，也驶进人们的心坎。

接着他发表了评论：“在高铁迅猛发展的今天，‘慢火车’的开行似乎并不符合市场规律。但为了满足偏远地区人们生产生活之需，‘慢火车’满载着想群众所想、解群众所盼的为民情怀，坚持运行了几十年。目前我国共有 81 对公益扶贫性质的绿皮‘慢火车’行驶在路上，它们已经成为偏远地区与外界沟通的主要桥梁，也承载着沿线百姓对美好生活的殷切希望。”

为了写好这篇短文，他多方查阅资料，知道“目前我国共有 81 对公益扶贫性质的绿皮‘慢火车’行驶在路上”。

一列列穿行的“慢火车”，犹如舞动的针线，将偏远贫困地区编织进一起奋斗、共同圆梦的画卷。如果说，一日千里的高铁体现着中国发展的速度，那么站站停靠的“慢火车”传递的则是小康路上“不让一个人掉队”的温度。愿更多疾步前行的人们，也能把目光投向还在艰难迈步的同路人，携手他们共同奔向富裕幸福的下一站。

第二节　独立品格在公民表达中的作用

一、评论本体属性对独立品格的要求

新闻评论的本体属性也对新闻评论者的独立品格提出了要求。要厘清这一问题，有必要掌握新闻评论的根本特性。

1. 新闻评论依赖事实的新闻性

新闻评论，顾名思义就是评论文章中涉及的事实具有新闻性，这也是新闻评论区别于文学创作和理论研究的根本属性。新闻评论所选用的事实需要有典型性和代表性，只有这样针对事实所发的评论才有针对性，才有说服力。选择有典型意义的新闻事实做评论，是写好一篇评论文章不可少的基本前提。新闻评论依赖的事实主要有以下几类:新近产生的事物、新近消亡的事物、新近发现的事物、新近变动的事物、新的经验和新的问题等。

所谓“新”就是以前未曾发生或未曾见过的事实、现象、问题等。意见表达作为一种思想的反映，一定是及时抓住这些事实或问题阐明自己的观点和立场，帮助人们明辨是非、针砭时弊、启发心智，促进共融。

综上所述，从新闻评论涉及的政治、经济、社会、文化、教育、生活等广泛内容上看，从新闻评论传播的报纸、广播、电视和网络等媒体的多种形式上看，我以为，新闻评论的属性大致有以下几点，即新闻评论依赖事实的新闻性，新闻评论传播的时效性，新闻评论论说的理论性，新闻评论内涵的思想性和新闻评论传播知识的有益性。

2014 年，中国保监会正式下发通知，对住房反向抵押养老保险进行试点。这是继 2013 年国务院在《关于加快发展养老服务业的若干意见》中，明确提出“开展老年人住房反向抵押养老保险试点”之后，政策层面的进一步具体执行和落地。2015 年 3 月，经过中国保监会批准，首款保险版“以房养老”产品由幸福人寿正式推出，这也是目前仅有的一家保险公司推出的以房养老保险产品。四大试点城市为北京、武汉、上海和广州。争论已久的“以房养老”问题再次被推到风口浪尖。

有评论文章表示:在传统观念中，子承父业、父业子传已经渗透到国人的血脉中，而所谓的“父业”主要就是指房产和田地。历朝历代的民间，“卖房卖地”即是家境没落的体现。在这种固有的传统观念支配下，老人往往宁愿自己晚年凄惨，也要将自己一生打拼的房产，拱手送给哪怕是对自己没尽任何孝道的子女，而不会轻易将房子抵押来换取晚年的享受。而作为老人的子女，同样宁愿自己多尽义务、多赡养，也不会同意父母去“以房养老”。有儿有女的老人如此，无儿无女的孤寡、失独老人也并非都是“以房养老”的支持者。出于传统观念和现实的某种考虑，他们也不愿看到自己尚活在人世，房子就已经属于“他人”，这与“生前遗嘱”难以被社会普遍接受甚至让人“忌讳”，其实是一个道理。[①]

还有人说：在应对老龄化的问题上，我们应该鼓励包括“以房养老”在内的所有改革探索。因为只有积极探索，才能找到应对之策，才能惠及更多老人。当前，我国60岁以上老年人口超过2亿，平均50个老人“摊”1张养老床位，城乡居民基本养老金月人均81元……不知不觉中，老龄化的“银色浪潮”已经袭来，养老保障面临的压力也越来越大。老何所依？这个问题不仅牵动着每个家庭，更考验着政府的智慧和决心。“以房养老”就是一种创新型养老保障制度设计——拥有房屋完全产权的老人，将其房产抵押给保险公司，继续拥有房屋占有、使用、收益和经抵押权人统一的处置权，并按照约定条件领取养老金直至身故；老年人身故后，保险公司获得抵押房产处置权，处置所得将优先用于偿付养老保险相关费用。这样一种养老方式，可以为老年人养老提供更多的资金保障，也有助于缓解持续上升的社会养老压力，在制度设计上首先应该予以肯定。[②]

关于以房养老的评论还有很多。不管是认为以房养老不能从根本上解决问题，或是认为以房养老实施要有观念改变和资金支持，这一新闻事件都在社会上引起了轩然大波，促成一场有关社会各方的大讨论。评论的参与所依赖的事实是中国保监会对住房反向抵押养老保险进行试点，没有这样有代表性的事实发生，就不可能有这各种各样的评论文章。先有事实，后有评论，这是新闻评论的根本属性所决定的。

新闻评论所选用的事实除了要有新闻性，还需要有典型性和代表性，只有这样才有针对性，才有说服力。选择有典型意义的新闻事实做评论，是写好一篇评论文章不可少的基本前提。

不论是正在、新近发生的事实还是新近发现的事实，我们在确定选题时都要从读者的需求来判断。一般来说，有以下几个方面的因素可予考虑：

①受到这一事件影响的人数。不论是自然事件还是社会事件，都会或多或少地影响一部分人或大多数人。那么，我们在选择评论的事件时，涉及的人越多，越是评论者首先考虑的选题。如火灾、水灾对一个城市来说，都会涉及不少人，选择这样的话题做文章，就会受到读者的欢迎。

②关心这一事件的人数。有些事件影响的人数可能并不多，但由于事件的恶劣或特殊，人们很关心，这样的事件也应予以考虑。如恶性车祸事故，如多胞胎平安降临人间等。

③和大众利害关系的密切程度。生死存亡是这种关系的最高表现，其他涉及人们生活、享受和发展的事件也是人们普遍关心的。如环境污染问题，售假打假问题，吸毒

---

① 韩云：《“以房养老”何以水土不服》，2015年8月5日光明网。

② 丁建庭：《鼓励“以房养老”的改革探索》，2014年6月25日《南方日报》。

贩毒问题，社会治安问题等。这些问题与人民群众的生活、利益关系密切，是评论的好选题。

④促进社会进步的作用。新闻评论作为一种社会舆论它总要对社会的发展和进步起到一定的积极作用。这种作用越大，它价值就越大，这种评论就越有意义。对于那些预示着一种社会方向，代表着一种时代进步趋势的事物，新闻评论应予关注。

⑤最后，在决定某一事实是否予以评论时，还必须考虑它的宣传效果。这是我们的新闻传媒性质所决定的。

这里讲的大都是专业新闻工作的一般规律，对于参与社会管理予以意见表达的公民来说，也是适用的。

2. 新闻评论传播的时效性

所谓新闻评论传播的时效性，包含以下两方面意思：

一是新闻事实与新闻评论生产（写作或制作）之间的时间最短，也就是说，当新闻事实出现后，评论者要在最短的时间里完成评论生产。大千世界，社会现象纷纭复杂，变幻多端，其中有很多事件、现象和问题是可以和需要评论的。但是，只有那些最近发生或发现的事实才是新闻评论需要写作的对象。只要是条件允许，新闻评论都要追求这种最快的新闻事实。

二是新闻评论生产与传播之间的时间最短，也就是说，评论者写出（或制作）的作品能够在最快的时间里传播出去。随着信息传播速度的加快，现在不少著作需要抢印出来。新闻传媒更需要在时效性上大做文章，如不少的报纸都开辟了“新闻热线”等直接与读者联系的栏目，希望尽快将新闻发布出去；广播、电视更是开辟了现场直播等节目，将正在发生的事实告知大众。

2014 年 8 月 15 日，西安凤城医院的几名医务人员在完成手术后，拍摄了自拍照并上传到网络上，此事在网络上引发网友热议。随后的几周内，针对手术室自拍事件，网上展开了一场持久的大讨论，随着事件真相、当事人各方采访的不断曝出，评论者也在每天的第一时间根据已知事实发表自己的观点，以便让读者及时了解事情的真相和把握事情的发展趋势。

几张手术室自拍的不妥照片曝光，为何会迅速扩散，并招致对医务人员和整个医疗卫生行业的强烈质疑，把整个医疗卫生系统再次推到风口浪尖，值得深思。这可能是当前医患关系困境的真实写照。在体制、机制、社会等多重复杂因素交织下，目前的医患关系被严重扭曲，医患之间被一道看不见的“玻璃墙”阻隔。医患一旦有问题发生，医务人员往往会被首先贴上“恶”的标签，进行舆论“拷问”，舆论在过度解读中脱离事实真相，医生和医疗卫生机构成了社会负面情绪的宣泄口。①

真正值得我们反思的恐怕还在于：互联网信息传播和接受的特点是快，但“快”的背后，也意味着被传递的信息往往是碎片化、单维度的。如此一来，就很容易形成这样一个局面——公众将对某个个案甚至是极端案例的情绪，扩展为对某个群体、某个行业的情绪；而这种情绪被累积之后，又成为一种预设立场，投射到下一个事情上。一旦大家都失去了等待真相的耐心，原本存在的割裂感只会被不断拉大，难以弥合。②

这几天，“手术室自拍”一直是舆论场的热闹话题。在“手术室自拍”的舆情上，出现了很反常的转折。照片刚一亮相，几乎是一边倒的指责；尔后随着真相的公布，剧情开始了转折；最后当事患者出来表示知情，并且疑惑“医生辛苦那么久保住了我的腿，想不通为啥大家要批评他们”，整个剧情完成了大逆转，开始转向对报道伦理的关注，并且反思要“警惕不信任情绪泛滥”。③

从各大媒体的报道中可以看出，每当事件发展到一定阶段，评论工作者都会在第一时间发表言论。正是这些即时发表的评论，为很多事件增添了更多的充实性，引发对热点事件背后的思考。

尽快在第一时间发表评论和意见，这是评论者和公民表达应该追求的。凡事都不是一律的，对新闻评论的时效性来说也是如此。有的新闻事实反映的问题比较明确，而且写作者又能很好地把握问题的实质，这样的评论当然宜快；但是，有的新闻事实报道后还不是很明了，或该事件还涉及许多我们一时还无法弄清的问题，或写作者还不能准确地把握事物的本质，此刻就不宜迅速配发评论；有的是新闻报道后还需要观察各方面的动态、听取各方面的意见，这样的报道也不宜过早配发评论。

2013 年 10 月 23 日，《新快报》“请放人”三个特大字号黑体字赫然显现于该报头版，并随附一篇评论员文章《鄙报虽小，穷骨头，还是有两根的》。10 月 24 日，《新快报》头版出现“再请放人”。

《新快报》记者陈永洲因报道“中联重科”的财务问题，而遭到长沙警方“跨省抓捕”，涉嫌罪名是涉嫌损害商业信誉。

罕见的大字标题，悲情溢满字里行间的本报评论，一发布，便让《新快报》一报风行，人人争睹。媒体同行、社会大众，竞相发言，一时间众声喧哗，舆情浩荡。随着国家新闻出版广电总局、中国记协，甚至是中宣部、中纪委的介入，舆论热潮一浪高过一浪。新华社亦适时发布了长篇电稿《〈新快报〉记者被刑拘事件追踪》，援引专家的话表明“对记者不能先抓后审”。彼时，同情《新快报》的舆论占了压倒性上风。

新闻评论也不甘落后，随即跟上，这是部分媒体刊发评论标题：《跨省刑拘记者，警

① 青云：《手术室自拍事件，热新闻还需冷思考》，2014 年 12 月 23 日人民网。

② 肖金：《“手术室自拍”事件问题出在哪儿?》，2014 年 12 月 23 日《新文化报》。

③ 毛建国：《“手术室自拍”的舆情逆转值得反思》，2014 年 12 月 25 日《北京青年报》。

察执法意图引关注》《以“损害商业信誉罪”抓记者滥用警权》《媒体监督权涉及全体社会成员福祉》《“损害商业信誉罪”边界之辩》《跨省抓记者,别跨出法律框框》《区分记者的职务行为和个人行为》《备齐手铐,更需备齐真相》《此门一开,有多少恶涌来》《动辄拘留记者,你的理由充分吗?》《依法保护记者,依法维护企业》等。看看这些标题就能知道作者要表达的意见了。

2013 年 10 月 26 日,央视在早间新闻中播出了长达 9 分钟的《〈新快报〉记者陈永洲受人指使收人钱财发表失实报道》的节目,陈永洲承认收受他人 50 余万元“好处费”发表针对中联重科的失实报道。11 月 1 日,《羊城晚报》报业集团宣布了对此次事件的处理结果:免去《新快报》社长、总编辑李宜航以及副总编辑马东瑾的职务。

根据现实生活中我们常遇到的情况,一般来说,新闻评论讲究及时性是不错的,凡是能做到的尽量争取做到;同时,新闻评论还需要讲究时宜性,即把握新闻评论发表时间上的度,这是一个“该不该发,该何时发”的问题,写作者和组织者都要因时因地因具体问题而异。陈永洲事件不仅对专业新闻人是一次检验,对普通公民来说,也是一次深刻的警示。

3. 新闻评论论说的理论性

新闻评论常被人们称为新闻传媒的灵魂和旗帜,足以说明它的重要地位和作用。特别是在目前改革开放的形势下,媒体特别是党委机关报、电台、电视台通过有效的新闻评论,阐述党的方针、政策,帮助人们把分散的、个别人的议论,化为系统的、集中的、科学的意见;把人们创造的改革形式上升到理性的高度去认识、执行和推广,从而形成一种能联系和调动全体人民奋发向上的社会舆论,为人们的改革实践提供科学的理论指导,创造良好的社会环境。只有这样才能真正地动员群众,团结群众,扫清一切阻碍人们前进的思路障碍,提高人们对改革的心理承受力和投向改革的自觉性、积极性,将改革顺利地推向前进。

我们说新闻评论重要,并不完全是因为它代表传媒的立场和态度。不可否认,这些评论中一部分代表传媒,甚至是部门、地区、国家的立场和态度,但是,也不可否论有不少评论只是作者个人的意见(当然是得到传媒认可的)。新闻评论的重要,其根本原因在于它是根据现实中反映的问题,能运用一定的理论知识,采取论理、分析的方法来反映作者的有形意见(即通过对事实的分析、说明、论证,揭示事物的本质,解决现实所提出的问题,直接表达作者的思想观点,提出希望、意见和要求),达到明辨是非、释疑解惑、相互交流、为受众服务之目的。而消息报道,则是依靠事实,运用感性、叙述的方法,来反映作者的意见(即思想观点包含在事实的叙述之中)。相比之下,新闻评论的理论性和深刻性要强于一般的消息报道。

新闻评论告知大众的有的是改造社会的具体方法,但更多的是一种理念,一种思维，一种思想，一种观念。比如，发展社会主义市场经济，我们还在探索之中；面对的世界金融危机，以前没有碰到过；如何有效地扩大内需，也是一个全新的课题。怎样解决这些问题，教科书上找不到答案，其他国家也无现成的经验可资借鉴。要解决这些问题，只能在科学理论的指导下，发扬创新精神，结合中国的实际，结合本地的实际努力探索。在探索中创新，在创新中探索，在这个不断努力的过程之中成熟起来、成长起来。

新闻评论为人们提供鉴别是非、善恶、美丑的思想准则，激发人们追求高尚的理想和情操，既影响现实生活中人们的行为和整个社会的风尚，又会以潜移默化的方式提高整个民族的思想道德素质。它可以使人的精神充实，视野开阔，情操净化，进入新的境界。新闻评论主要靠理性的力量、真理的力量。一种理论要能说服人，必须讲出道理，使人信服，它不像法治和行政命令，强迫人们接受。为了说服人，就要使理论符合实际，使理论自身更加科学、更加完善。

2014 年 10 月 24 日，新华社发布中国共产党十八届四中全会《中共中央关于全面推进依法治国若干重大问题的决定》强调："制度化、规范化、程序化是社会主义民主政治的根本保障。"在"健全依法决策机制"时提出："把公众参与、专家论证、风险评估、合法性审查、集体讨论决定确定为重大行政决策法定程序，确保决策制度科学、程序正当、过程公开、责任明确。"这些程序的设置，保障了行政决策文件出台的科学性和法规性，但是，要真正让每一个环节落到实处，还需要对这些上位法定程序做出更加具体可行的下位操作程序(也称保障程序)。笔者根据多年研究的程序理论撰写评论指出，要为"集体讨论决定"这个法定程序设置科学有效的保障程序。

为"集体讨论决定"设置保障程序，大体包括以下几个内容：

其一，将决策讨论件提前送达讨论者手中。这里强调的是时间程序：大家临时发挥，很难保证对所需讨论问题有科学全面的认识，这样的决策虽经"讨论"，但它的科学性是会受到影响的。其二，应有两个以上可供讨论或有不同意见的决策方案。这里说的是空间上的程序：在提供多个或不同意见方案时，可发表主持方的意见，这样既保证了方案的多样性和可选择性，也体现了主持方的意见，使讨论更加集中、更有成效。其三，对特殊领域或专业的问题，拟请相关专家到会解读。这里讲的是人员选择的程序问题。如果主持人请的不是这方面的专家开会讨论，他们又很踊跃地"畅所欲言"，那样是得不到真正好效果的，有时还可能把事情办砸。研究什么样的问题、请什么样的专家(可根据情况适当放宽选人条件)，这是保证讨论会科学高效的又一个程序。其四，记载参与讨论者的不同意见，以便根据档案资料追究责任或奖励功勋。其五，设立监督反馈机制，随时调整和修改决策。

"集体讨论决定"是个重要法定程序，让我们为它设置更加科学有效的保障程序，使其发挥更好的作用。[①]

新闻评论论说的理论性包括两方面内容：一是它的论说要有科学性，即符合历史唯物主义和辩证唯物主义的观点，在论述时遵循论说的一般规律；二是它的论说要有理论依据，而这种理论也能经过历史的检验，是科学的。对此，范荣康先生深有体会："努力用历史唯物主义的观点来分析各种纷繁复杂的社会现象，从中得出必要的结论，而决不允许对所要评论的问题作主观、唯心、随心所欲的分析。这也是中国共产党党报的性质决定的。我们党以马克思列宁主义、毛泽东思想作为自己的行动指南。马克思列宁主义、毛泽东思想要求我们用历史唯物主义的观点来分析问题、解答问题。这样的分析，才是科学的分析。这样的解答，才是有力的解答。"[②]新闻评论说的理论，不仅包括革命导师、经典著作里的科学理论，同时也包括经过人类社会的实践检验被认为是正确的自然科学理论、社会科学理论和人类思维科学理论。新闻评论论说的理论性，不仅是对党报新闻评论的要求，对其他的新闻评论也该有这样的要求。

4. 新闻评论内涵的思想性

我们常说新闻评论是媒介的灵魂。所谓灵魂就是思想，在一篇文章、一块版面、一个媒体中起主导地位、起决定作用的因素。一篇新闻评论哪怕它的新闻性再强，它的时效性很快，也很有文采，但是，空洞无物，没有思想或思想观念错误，干瘪无味，也是没有益处甚至是有害的。干新闻工作的，时常想抓一些有深度的报道，什么叫有深度，说白了就是有思想，有见地，能够一语中的，能够技高一筹。在新闻评论中就是要敢说别人不敢说的话，会说别人不会说的话，善于说别人说不好的话。评论的力量不在于它在版面上的位置高低和篇幅大小，而在于它字里行间所渗透出的思想性和这种思想的深刻性。

坚持正确导向，提高新闻传播力，是当下媒体关注和研究的重要课题。《人民日报》发表一篇评论较好地阐明了这一内容：

评论引用了马克思的一段名言："人们要求新东西——形式和内容都新。"从而说明，在舆论生态、媒体格局深刻变化的形势下，要从媒体竞争中突围，在舆论引导中制胜，空洞说教、生硬灌输不行，追求猎奇、编造故事不行，刻意迎合、取悦受众不行，庸俗媚俗、极端表达也不行。创新理念、内容、体裁、形式、方法、手段、业态、体制和机制，才能提高媒体对受众的"黏度"。

接着讲了一个故事：一位盲人站在路边，身前放块牌子，写着，"自幼失明，沿街乞讨"。过往行人很多，却没人在他面前驻足。一位诗人路过此地，在牌子上加了一句话：

---

① 赵振宇：《为"集体讨论决定"设置保障程序》，2015 年 6 月 8 日《学习时报》。

② 范荣康：《新闻评论学》，人民日报出版社 1988 年版，第 96 页。

“春天来了，可我却看不见。”结果，过路之人纷纷解囊。是打动人心的文字，触动了人们心里最柔软的地方，让人们不由自主地伸出援手。

借助导师的名言和通俗故事，表达作者的思想，这就是自说自话、不讲方式，传播效果就会大打折扣。作为新闻舆论工作者，不赢得认同不足以引领方向、成风化人，非表达创新不足以争取认同、凝聚共识。只有不断增强受众意识，春风化雨、引人入胜，才能让我们的文字打动人心、深入人心。①

这篇评论是在聆听习近平总书记于 2016 年 2 月 19 日，调研中央三大媒体后主持新闻舆论工作座谈会上发表重要讲话后撰写的。习近平讲话的内容很多，涉及的问题也不少，用一篇千字评论是无法完成的。作者选择了一个小切口，运用大家都能感知和接受的名言和故事，在此基础上再论述提高传播力的重要性和如何有效提高传播力，从而达到学习和贯彻中央新闻舆论工作会议精神之目的。

2016 年 3 月 3 日，全国政协新闻发言人王国庆在接受媒体专访时表示：“越是敏感问题，越要想办法说清楚。”面对敏感问题，为什么会躲躲闪闪，遮遮掩掩，或者干脆就不让说，谁说跟谁急，关键在于说话者不自信。3 月 4 日，《长江日报》发表本报评论员文章《直面敏感问题需要内在自信》。

把敏感问题说清楚，需要内在自信。改革开放以来，我国经过了一个观念更新、体制变革、对外开放的长期过程，国家步入法治轨道。政务公开、信息透明，成为我国基本的政治原则。除法律规定外，党和政府不想对外隐瞒什么，有了这样的底气，我们可以理直气壮。

不回避敏感问题的最高境界，是心中没有敏感问题。只要我们心中还有某种敏感问题意识，就会有问题来困扰我们，我们就会在潜意识里担心可能的负面影响，担心谈论它对我们切身利益的影响。敏感问题是一种心理包袱，现在是我们彻底脱敏的时候了。

把所谓敏感问题说清楚还有一个前提，就是熟悉情况。有了调查，就有了发言权，也有了说的分寸感。

把敏感问题说清楚，其中自然就有是非对错判断，有明确的主张，而且可以以理服人。对于对的东西，当然要理直气壮地坚持；对于负面消极的东西，也要理直气壮地批评。

敏感问题在我们国家是一个客观现实。正因为如此，在全国两会期间时常被记者们提起，有时也受到一些人的质疑甚至非议。这篇评论敢于就此发表意见，说明作者对于敏感问题想明白了、想清楚了，写作者本身就有了一种内在的自信！评论针对敏感问题的产生以及对待敏感问题的特殊处理，指出了问题的实质在于人的不自信。而要解

---

① 李斌：《创新表达也是传播力》，2016 年 2 月 24 日《人民日报》。

决这一问题，当然只有从树立自信开始。接着，评论从为什么要自信，能否自信，如何自信，怎样调查研究回答民众和记者提出的敏感问题等入手，层层递进，逐步深入，表现出评论者的思想智慧！这就是评论的力量，这就是评论中蕴涵的思想力量。

5. 新闻评论传播知识的有益性

新闻评论以理论和思想凸显它的属性，这是它有别于消息和通讯报道的根本所在。与此同时，在当今信息传播迅猛发展的时代，新闻传播还有责任和义务在自己的工作中传播有益的知识。这是时代对新闻评论提出的新要求。

2014 年 12 月 17 日，教育部、国家民委、公安部、国家体育总局、中国科学技术协会等五部门联合公布《关于进一步减少和规范高考（课程）加分项目和分值的意见》，意见指出，高考将取消体育特长生、中学生学科奥林匹克竞赛、省级优秀学生、思想政治品德有突出事迹等加分项目。

12 月 18 日，多家报纸对此刊登相关评论。其中，《新京报》发表社论《剩余高考加分项也应改革监督机制》。对于五部门发表的意见，评论作者更多的是对于新变化的解读，而这可以使民众对于这一意见文本更加了解。这时的新闻评论就应该侧重于在民众还未了解得足够深入的情况下进行解读和分析，以达到一种传播有益知识的目的。

这次规范高考加分，是在 2014 年高考加分项目“瘦身”基础上，进一步“瘦身”——2015 年 1 月 1 日后获得的学科特长、体育特长、荣誉奖励和思想品德奖励几乎均不再具备高考加分资格。这回应了社会舆论对高考加分泛滥、加分造假的关切。不过，要让加分项目“瘦身”之后的高考更加健康，还取决于各地对国家加分政策的执行，以及在高校招生中，能否切实建立多元评价体系。

高考奖励性质加分会在今后几年逐步取消，但需注意的是，2015 年 1 月前，考生获得的高考奖励性质加分还会保留，只不过分值要控制在 5 分以内。因此对于这部分短期保留的加分，应该坚持透明、公开操作，避免在过渡阶段，再出现加分造假。另外，在实行加分新政后，照顾、扶持性质的加分会长期保留，这部分加分也必须防止弄虚作假，以往在高考加分造假中，就有变更民族身份骗取加分的丑闻。

在对取消高考加分政策进行解读之后，评论作者还针对这一新变化提出了问题以及改进方法。

避免加分政策走样，最合适的办法是，在加分具体操作中，引入民主管理和专业监督机制，不能只由各地政府部门说了算。对保留哪些加分项目，应该进行公开讨论、审议，同时在加分认定过程中，引入社会专业监督，做到所有加分信息全部公开。一旦出现加分造假，应该由司法机关介入调查，而不是就由教育行政部门主导调查。

另外，在取消奖励性质加分之后，要引导学生个性和特长发展，必须深入推进高校自主招生改革。从教育部公布的规范自主招生的意见看，调整到高考之后的自主招生，只有13天时间对学生进行笔试、面试考察，同时还要给学生高考录取优惠，这意味着，一定程度上高校的自主招生空间被压缩。另一方面，构建高校结合统一高考成绩、中学学业水平测试成绩、大学考试成绩、中学特长表现综合评价、录取的方式，也要进一步扩大学生的选择权。

本篇评论文章在向读者阐述自己论点的同时，对取消高考加分政策的意见进行了详细的解读和分析，为民众提供了需要的知识和信息。

当今时代是一个信息骤增的时代，各种信息、知识扑面而来，这是一种机遇同时也是一种挑战。新闻传媒有责任有义务将一些现代的或过去的、自然的或社会的、人类的或思维的知识信息有选择地传播给大众。

人们在超市购物排队付款，为什么老是感觉自己所选的队伍是最慢的？《人民日报》曾摘发了这样一篇评论，对此做了说明：

心理学家会搬出"普遍受害者理论"来解释这种现象。当你所在的队伍走得很快时，你的注意力多半集中在前方的目标上，自然也不会对排队留下太多印象。如果你不巧排在了一支慢队伍中，你就没法抑制"怎么这么慢"这个念头了。若心急又找不到什么事情来打发时间，这个念头就不断被强化。结果就是，你觉得自己总是最倒霉的那个。

那么，怎样解决这个难题呢？

数学家厄朗有一个"排队理论"。按照排队理论，最公平的做法就是把所有人排成一条蛇形队列，每位顾客依次去下一个有空的结账口。许多银行、机场安检和政府机构，以及一些商场和快餐店就是这样做的，但对超市来说，这种做法反而在整体上更没有效率。

试想一下，如果你是超市经理，你会如何设计排队策略？蛇形队列意味着超市需要提供更大的排队空间，以及维持秩序的人力。而且，一些购物意愿不太强烈的顾客说不定直接就被这条长龙吓退了。对于正在排队的人来说，也不好说到底哪种情况会让他们更加焦虑，是一眼望不到头但是前进速度恒定，还是前面人不多但旁边的队伍移动更快？

超市排队，是大家经常会遇到的生活琐事，但里面却着深奥的理论。一篇小评论引用了心理学和数学知识予以普及，告诉大家最好的选择也许就是随机分成6列，然后听天由命。[①]

在目前知识骤增的时代，新闻评论在运用知识时，一定要慎重，不可将那些已被实践检验是错误的东西误传给大家，也不要将道听途说未经认可的东西论说给大家。知识的力量是巨大的，巨大的力量是有方向的。新闻评论一定要选择那些有益于大众、有

① 猫乱：《为何总感觉排在最慢的队》，2016年2月27日《人民日报》。

益于社会、有益于长远的知识作为自己的论据，精心选择，有效使用，同时加强自身的知识修养。这是时代对新闻评论的新要求。

二、独立品格在公民表达中展现魄力

从公共领域的历史和现状看，它的发展都没有离开过论辩，而独立品格对论辩的主体、环境、话题等对公共领域的建构具有至关重要的意义。通过近些年新闻评论的繁荣和公民参与意见表达的广泛，我们看到一个规范的、理想的论辩体系正在生成，而这个体系对于建构中国自己的公共领域将产生积极而深远的影响。

1. 新闻评论为公共领域的建构创造基础与条件

新闻评论可以提高社会的宽松度。改革开放40年来，中国以海纳百川的气魄吸收所有来自四面八方的优秀文化，舆论一律的狭隘被百家争鸣的宽容取代。这是一个民族成熟的标志，也是一个国家、政府自信的标志。新闻评论着眼社会和谐发展，不尚一尊。只要言之成理，都可以通过新闻媒体得到传播。新闻评论可以扩大公民的自主活动空间并展示其独特风采。新闻评论顺应时代潮流，为保障公民权利、推进民主政治建设而言说，使公民的活动空间从一般的民间场所拓宽到媒体内外，使意见传播的途径极大丰富，范围极大扩展。新闻评论提供了理想的交流方式与沟通渠道。接触、使用媒介的便利性在当代越来越大，这使得社会上观点、意见的交流越来越便捷。媒介的开放性使得观点、意见的交流始终在一种地位平等的状态下进行，此外，接触媒介的成本越来越低，容易激发人们交流的热情。

2. 新闻评论成为构建公共领域的理想工具

首先，具有独立品格的公民写作、公民表达拓宽了公共领域的广度。今天有更多的人在参与评论写作，具有更高的知识水平和更广泛的参与度，使得新闻评论在今天成为一种普遍表达的方式。如教师、基层公务员、学生，还有工人、农民等，一批敏于判断、善于表达的人正在浮现出来，他们正是一个公民时代所需要的宝贵资源。

其次，新闻评论与新闻报道一同推出的普遍形式形成了一种建构公共领域的速度。新闻评论力量的发挥正在于其时效性，一篇过时的新闻评论，在思想上也许是深刻的，在内涵上也许是丰富的，在论证上也许是严密的，纵然它十全十美，但它因为没有赶上新闻事实、社会倾向、现实问题被热议的大好时机，将会大大失去魅力。一篇迟到的新闻评论因为评论由头在受众心目中的印象已然模糊，很难引起受众的兴趣。在当今中国，从来就不缺乏掌握一方面或几个方面专业知识、热心于谈经论政、批评时事的新闻评论者。他们的“快手”，使得新闻事件、社会倾向、现实问题的意义、影响在第一时间被受众知晓，在最短的时间内影响、改变或强化着受众对思想问题、实际问题的看法、态度，形成一个在国家行政与市场经济之间、在官方权力之外的公共领域。

再次，理论和思想提高了建构公共领域真理表达的深度。一个成熟的、理想的公共领域，当然不能充斥着满腹牢骚，不能只是一个宣泄情感的场所，它应该充满理性色彩，闪现睿智光芒。相对来说，新闻评论者比一般人更善于发现问题、观察问题、分析问题并提出对策。这不仅是因为相对而言他们具有一方面或多方面的专业知识，而且是因为他们经过长期的思维训练，更擅长于分析，更擅长于表达。他们的出现，代表着一个民族较高的思辨水平，引领着一个国度思想跳动的方向。因此，一篇篇思路各异、文采斐然的好评论，对于构建一个民族的思想深度，是大有裨益的。

最后，新闻评论者反应敏锐，突破禁区，建构起了公共领域的力度。在新闻评论作品的天地中，不仅可以讨论涉及个体的事，而且可以讨论涉及公众的事；不仅可以讨论涉及民间关系的事，而且可以讨论涉及官方的事；不仅可以歌颂，而且可以批评。新闻评论者纵笔所至，在当今时代可谓海阔天空。有的时候，新闻评论者在用笔试探着可以前进的空间。正是在这个群体一步步地摸索前进中，新闻评论可以涉足的领域被一步步拓宽。在评论的对象上，由群众到国家工作人员，从基层国家工作人员到中央国家工作人员，由社会团体、民间机构到党政机关、国家机构。在评论的语气上，越来越尖锐，越来越直白，越来越切中要害。在评论发表的时机上，越来越快速，越来越靠前，而不再是等着有关机构对当事者的处理已经公之于众之后才跟进。形象地说，从批评的层次来看，不再是“打苍蝇”而是“打老虎”“苍蝇老虎一起打”；从批评的时机来看，不再是“打死老虎”而是“打活老虎”。当然，公民表达始终是将热情的讴歌、犀利的批评、积极的建议、富有成效的研究融为一体，促进社会的发展和进步。

3. 充分发挥独立品格在意见表达中的作用

第一，公民表达要成为构建公共领域的基础与条件。要做到这一点，其前提是发表的意见是真知灼见，而不是平庸之论、老生常谈、空话连篇。评论者批评社会丑恶现象，反对扭曲价值观念，当然不等同于他们反对现行的政党设置、国家机构、政府组织，而在很多情况下只是表现为他们对制度、体制范围内的弊端的不满。从哲学上说，现存的总有其合理性，但同时，现存的都不是永恒的，它必将作古，必将为新生的更有生命力的事物所取代。因此，批评、反对现实对于评论者而言，就近乎一种天职了。要批评、要反对，不是谁都可以胜任的。有些人只习惯接受或反驳他人观点，而不善于先提出观点。要想形成自己的独立观点，就必须有独立的思考与判断，因此，对于意见表达者而言，独立品格就必须保持在场。一次缺位，将失去一次实践的机会；多次缺位，将使评论者的声望受损；长期缺位，将导致表达者的功能丧失殆尽（对于专业评论者来说便失去从事评论工作的机会）；普遍缺位，将导致一个民族的思维水平下降，民众的思想长期陷于混沌之中。

第二，要使公民意见表达成为构建公共领域的理想工具，在此独立品格显然必不可少。在多元、自由、民主、物质、个性化的社会里，作为社会风向标的传媒理所当然地反映受众因社会转型而带来的物质需求、心理需求、情感需求的变化，担当起表达民情，反映、形成舆论的职责，为公民提供构建公共话语空间的平台。而意见表达作为直接的观点表达形式，更是重要的社会风向标。当前，我国新闻评论总体繁荣，言论开始成为各家媒体的主打内容产品。新闻评论作为新闻媒介的灵魂与旗帜，如何才能在服从党性要求的同时，发出最理性的声音，是一件值得探究的事。

公民在意见表达中是否坚持了独立品格，是有标准可循的。具体说来，以下三条是一个具有独立品格的公民表达者应该做到的。

其一，发表或撰写出公正客观之评论。所谓新闻评论是作者借用大众传播工具或载体，对正在、新近发生或发现的新闻事实、问题、现象直接表达自己意愿的一种有理性、有思想、有知识的论说形式。新闻评论在报纸、广播、电视和网络上有不同的表现方式，或文字，或声音，或音像结合，或图文并茂，在新闻传播中发挥着重要作用。[①]

如果一名评论者是具有独立品格的，那么他的作品至少应该是公正客观的。我们不能说，一名评论者因为迫于形势，在自己公之于众的评论作品中表达了不符合自己真实想法的观点，正因为他不是主动的，所以其本质上、其内心深处仍然是独立的。如果有人这样为自己或他人辩护，那就是用外因取代内因，以致独立品格失去了考量的标准。因为自己内心深处的想法，别人无从知晓；而外显于人的事实，却无可争辩。考察一个人，自然主要是依据其行为而不是其言语表达的内心状态。如果一个评论者连评论的公正性与客观性都不能保证，自然也不配说具有独立品格。无论是应上级的指示要求而写，还是自觉自愿撰写的“讨好”文章，都暴露出评论者在独立品格方面的缺失。对于社会公民而言，独立品格就像是他的脊梁一样，无脊梁人不能立，欲立必先有脊梁。不能做到这一点，当然也许有客观的原因，但首先应从主观上反省。

评论作品做到公正客观，这是公民表达独立品格的起码要求。如果连这一点都做不到，就是妄谈独立品格。具有独立价值的时评，不应游离于新闻表层，失于肤浅，浅尝辄止，浮光掠影；不能为现象所蔽，对是非不加澄清，被势头最强的声音牵着走，出现失实；不能人云亦云，没有自身的思考，缺乏独到的见解或独创的观点；不能偏离问题症结，以猜想代替推理，写出“揣测时评”。有独立品格的评论者写出的评论，不仅能说出新闻、问题、现象背后的真相，而且能对其做出准确的事实判断或者价值判断；它更应追求能观察整个时代，以独到的见解和独特的洞察力对事物进行深刻分析从而开阔人们的思想境界。具体说来，新闻评论要正确地解读新闻、问题或现象，抓住问题的实质与

① 赵振宇：《现代新闻评论(第三版)》，武汉大学出版社 2017 年版，第 60 页。

要害，深层解析；在论据上，要依据真理与事实，而非歪理邪说和臆造事实；在论证上，要符合逻辑，而不是有意无意违背逻辑，以诡辩服人或以自圆其说为满足。

其二，敢于迎难而上发表正确意见。是不是评论者撰写的评论做到了公正客观，他或她就可以算得上一个具有独立品格的新闻评论人了呢？答案是：可能是，也可能不是。因为撰写出公正客观的评论不代表新闻评论者在所有的问题上都说了真心话，他还可以有选择、有保留地发表评论。在这种情况下，不能认为新闻评论者真正具备了独立品格，易言之，独立品格在其身上体现得还不彻底、不纯粹。考察一名评论者的评论作品，我们也许会发现他在全部的作品中都说出了真心话。这样，似乎这名新闻评论者就可以被认为坚持了独立品格。且慢！你有没有考察一下，在一些老大难问题上、在一些敏感问题上、在一些集体失语的问题上，这名评论者是否发过言？面对一些最关键、最核心、最紧要的问题，作为隐藏在新闻评论作品背后的评论者，他的真实想法是什么？

如果一名新闻评论者在重大问题出现时，因为自身利益的考虑，有意回避发言，我们能说他坚持了独立品格吗？乍一看，新闻评论者有面对重大问题回避发言的自由，至少他没有选择说假话、作帮凶。但这样就够了吗？从某种程度上说，新闻评论者是社会正义的守护神，是世道人心的风向标。人民总是对新闻评论者寄予厚望，希望他们引领社会舆论、守护正义、涤荡邪恶。如果一位新闻评论者由于职业的原因，或在长期的写作中已经占据了媒体的一席之地，那么他就负起了为群众代言、为生民立命的义务。对于职业的新闻评论者来说，尤其应该把这种义务内化为一种职业道德。如果一名新闻评论者遇到大问题就绕道而走，充耳不闻、视而不见，那么他就是失职了。独立品格，不是那么容易彻底地做到的。一名新闻评论者，只有在面对重大问题、重要人物、敏感事项时，敢于迎难而上，敢啃“硬骨头”，才可以称得上真正彻底地坚持了新闻评论者的独立品格。

这是从专业的角度、从纯粹的角度来讨论评论者独立品格的。对于普通的公民意见表达者来说，独立品格是一种精神支配，又能在实践中逐渐形成，这是一个循序渐进的相互依赖、相互促进的实践过程。

其三，勇于突破阻力探求事实真相。追踪事实、探求真相，似乎只是新闻记者的分内事，与新闻评论者无关，其实不然。在谈到如何为有评论价值的新闻配上一篇好评论时，李德民先生有一个观点：“一是多给一点，二是挖深一点，三是扯远一点。”“所谓多给一点，就是除了新闻本身给读者的材料，评论额外再给一点，比如提供背景材料、相关材料等。”①可见，新闻评论不能仅仅满足于新闻本身的素材，还要有附加信息。美国《夏洛特〈北卡罗来纳州〉观察家报》副主编与社论撰稿人汉森说：

首先，通过自己的调查研究，社论撰稿人必须对报纸的议题处理有所增益。不要仅

① 李德民：《新闻评论探索》，人民日报出版社1991年版，第64页。

止于对消息版的内容加以评论，应该进行能给读者以“附加值”的报道。①

可见，新闻评论者也不能满足于坐在书斋之中，看完新闻写评论，而要自觉地深入探求事实真相。事实上，新闻给出的事实往往是浮光掠影、走马观花的，而评论者往往是抓住新闻中值得评说的一点或一个侧面来进行评论。因此，在这一点上或这一个侧面上，新闻评论者需要深入进去，抱着“打破砂锅问到底”的探究精神，去接近事实的真相。而真相的获得往往会遇到重重阻力。对于一名新闻评论者来说，大部分时候都是在针对社会中的不良现象、体制上的弊端发表自己的见解，这就注定探求事实真相的过程不会一帆风顺。纵使是通过旁敲侧击的方式来寻求事实真相，也并不容易。因为当事者总是竭力封锁事实真相，放出“烟幕弹”，让人真假难辨。暴露对当事人名誉、职位不利的事实总是令其不快，因此被其极力掩盖，而新闻评论者又需要掌握事实，一掩一挖，两者之间的矛盾决定了寻求事实的过程必然充满艰辛。但对于一名具有独立品格的新闻评论者来说，他的可贵也正在于此，即在于突破阻力、探求真相。一篇能以新锐信息迅速发挥社会作用的新闻评论作品，需要有过硬的、反映事物本质的事实作为支撑，为此就需要新闻评论者坚持独立品格，揣一颗真心，怀一腔道义，想方设法朝着事实的核心地带无畏逼近。

2017 年春，H7N9 禽流感在我国进入高发期。2 月底，各种版本的“吃大盘鸡感染禽流感”传言就在网上闹得沸沸扬扬。其中一个版本说的是“深圳事”——传言称有人在深圳市南岭村商业街饭店因吃大盘鸡感染 H7N9，后来死亡，连此人姓名、年龄、孩子年龄、参与抢救的医生姓名、深圳感染 H7N9 的家禽数量都说得有鼻子有眼。深圳市公安局龙岗分局核实发现这是彻头彻尾的谣言，随后介入了调查。

就在此刻，深圳特区报评论员邓辉林发表《“真相”不明时，请克制转发的冲动》(2017 年 2 月 21 日)指出，不能否认，其中一些转发者应该并无恶意，有的还是出于爱心，但客观上却可以造成加剧心理恐慌、误导消费者、干扰餐饮行业等多种不良后果。在真相不明的时候，如果个人不能克制自己转发传言的冲动，就很容易“好心办坏事”“被人当枪使”。而且，转发谣言已经违反《治安管理处罚法》，如果再加上一旦造成严重后果，纵然是“爱心转发”，转发者也可能“吃不了兜着走”。

无论是出于对己负责还是对他人负责，在相关信息扑朔迷离的时候，个人都应克制自己转发的冲动。其实，正如俗语“一句谎话，要用十句谎话来掩盖”所说，谣言就是一个填不满的黑洞，总是会有破绽。谣言本来是站不住脚、不攻自破的，但真要破除谣言还需要我们多戳它几下。留个心，动动脑，即能发现破绽。此外，还可借助外力识别。我们现在看到的许多谣言都是以往谣言的“沉渣泛起”，在网上一搜就能搜出一大把，除了时空挪移，其他惊人一致。

---

① [美]康拉德·芬克:《冲击力》，柳珊、顾振凯、郝瑞译，新华出版社 2002 年版，第 47 页。

评论还特别强调，尤其是在微信时代，谣言更容易因为朋友圈的熟人社会特征而俘获人心、飞速扩散。与此相应，人们在自己手上卡住谣言的责任更大。但好在我们识别谣言的技术手段也越来越多。关键是，我们是在不加思考的转发中找到参与感，还是在擦亮双眼中找到存在感。让谣言“方生方死”并不是难事，前提是我们都来当个有心人。

新时代网络发展的优势是传播速度快、容量大、互动强、链接广。传播快使得真假混杂，泥沙俱下；容量大使得人们没有足够的能力和精力去寻找自己真正需要的信息；强大的互动性则使信息的确定性难以存在。“虽然每个网民只是提供的一些零散‘碎片’，但是，当关键的碎片拼贴在一起时，当它们与专业媒体所描绘的景象组合在一起时，最终呈现出来的景象，会比仅仅由专业媒体所提供的景象，要更为丰富、立体、真实。”①

在这种情况下，不仅是职业新闻人、普通公民为了探求事实真相也该对信息进行选择、核实和解读（评论）。要选择社会广泛关注或者应该关注而尚未关注的信息；核实信息的真假，以建立网络时代极其稀缺的公信力；解读信息内在的、背后的、隐含的意味。

① 彭兰：《碎片化社会背景下的碎片化传播及其价值实现》，《今传媒》2011 年第 10 期。

第三节 公民表达独立品格之塑造

一、在众说纷纭中培养独立品格

新闻评论作为一种有形意见的表达，它要对评论的事件发表属于自己的、与众不同的、能够引人思考、研究、共鸣或争鸣的意见。这些意见不受外界和其他舆论的影响，具有作者本人和媒体自身的独立性——当媒介市场激烈竞争，当媒体为新闻报道同质化而苦苦探寻解决之道时，评论的独立精神显得尤为重要。人云亦云、亦步亦趋、见风使舵、阿谀奉承不是新闻评论的风格，自然，它也不是评论作者应有的品格。

独立精神首先要求有自己的思想。黑格尔说过："人是靠思想站立的。"一篇评论、一个意见也需要有自己的思想。一个媒体，一篇评论，没有足够思想支撑，是难以立起来的。一个人在意见表达中没有属于自己独特的观点、视角、方法、知识和表述，就很难在众说纷纭中凸显自己。

当今时代，在知识经济的大背景下，在传媒速度越来越快捷的形势下，读者已更加理智，深入了解事实成因及后果的欲求，正在逐渐取代对情绪宣泄和消遣的欲望。简单化报道和发表意见已难以激发人们的阅读欲，而视角独特、见解独到、说理透彻、思维方式新颖、富有知识张力的言论，才会受到受众的青睐。

随着互联网的迅猛发展，在今天的中国，能听到各种声音。"两会"代表、委员纵论国是，报纸、杂志上不同思想交流探讨，评论跟帖动辄上千条，几亿网民随时写下 140 字微博……条条声轨，汇成合奏，呈现这个时代多元多样的复杂图景和蓬勃活力。我们迎来了表达的"黄金时代"，但仍有许多声音未被倾听。一方面，有些声音被淹没在强大的声场之中，难以浮出水面；另一方面，也有些声音只是"说也白说"，意愿虽表达，问题未解决。这些，都可谓无效表达，有人称之为"沉没的声音"。这就是当下中国舆论界的现状。如何认识和如何解围这一难题？2011 年 5 月 26 日，《人民日报》发表评论员文章《倾听"沉没的声音"》。评论指出："有利益的表达才有相对的利益均衡，有相对的利益均衡才有长久的社会稳定，尽可能多地倾听社会各方面的声音，对于维稳大有好处。"该文获得 2012 年中国新闻奖评论一等奖。这篇文章能够在全国众多媒体申报的评论中获得大奖，好就好在三个方面。其一，它承认当下"议论纷纷、畅所欲言"中还存在着"沉没的声音"，即存在着"无效表达"。其二，它指出，无效的表达，不是没有表达，更不是不愿表达。有报道称，广州市领导公开接访，市民带上铺盖卷排队 3 天，就是为了能跟领导"说上话"。表达上的弱势群体，也是现实中的弱势群体。在社会层面，他们既缺乏影响公共舆论的资源，又鲜有参与政府决策的渠道，甚至无法得到与自身密切相关的信息，表达和追求自己利益的能力同样薄弱。因此，尽管可能人数不少，他们的声音却很难被听到。其三，评论指出打捞那些沉没的声音，是社会管理者应尽之责。大部分沉没的声音背后，都有未被满足的诉求，都有被压抑、待疏解的情绪。不可倾诉、不被倾听、不能解决，如果不主动“打捞”，太多声音沉没，难免会淤塞社会心态，导致矛盾激化。

评论提醒政府机关、办事部门：“以政府之力，维护弱势人群的表达权，使他们的利益能够通过制度化规范化渠道正常表达，这是共建共享的应有之义，是构建和谐社会的关键所在。只有这样，才能让‘说话’、‘发声’不仅是表达诉求的基本手段，更成为培育健康社会心态的重要环节，成为社会长治久安的坚实基础。”评论全文约 1200 字，却在众声喧哗中发现了“沉没的声音”，并提出要“打捞沉没的声音”。

一段时间以来，社会上有个别知识分子利欲膨胀，把“先天下之忧而忧，后天下之乐而乐”的志向与追求抛诸脑后，一心只想当富豪，甚至梦想一夜暴富当“土豪”。他们有的在论文写作中抄袭剽窃、侵占他人成果，有的在科研项目中上下其手、浑水摸鱼，有的在教学过程中当“老板”、搞钻营。这些行为，极大地破坏了学术生态、科研教学环境，对社会风气也造成了非常坏的影响。

知识分子常以心怀天下、针砭时弊为己任，而此刻知识分子内部却出现了此等现象，应当有人挺身而出旗帜鲜明地予以反对。为此，山东省社会科学院一位学者发表了自己的独立意见。

作者指出，进入 21 世纪以来，全球科技创新进入空前活跃期，新一轮科技革命和产业变革正在重构全球创新版图、重塑全球经济结构。对当代中国知识分子来说，责任担当空前，机会机遇空前。其中，知识创造价值、科技改变命运的机会更多了。但个人的命运改变终究不能离开民族复兴的宏大背景，国家前途、人民福祉始终应该成为广大知识分子心目中的首要责任。只有把个人理想自觉融入国家发展伟业，当代知识分子才能真正有所作为。

作者在评论中从传统社会文人最崇高的理想“修身、齐家、治国、平天下”谈起。说到中国历史上，文人墨客，浮白载笔；君子贤士，抱瑜握瑾。他们不仅实践了自己通达、豁然的人生理想，更成了众望所归、万古垂青的鸿儒与巨匠。今天，更多的知识分子献身为人民谋幸福、为民族谋复兴的伟大事业，功在当代，堪称楷模。

作者在评论中写道，无论从本源上还是在发展过程中，“富豪”或“土豪”所包含的内在指向性基本上是以金钱为核心，通过有形的消费行为来标识自身身份，并在一定程度上带有为人所调侃甚至鄙夷的审美品位。而文人恰恰是与之相对的，视清贫与苦难为磨炼，将精神充盈置于物质富有之上，以追求无形的道德境界作为人生的价值目标，并始终充满人文情怀，秉持“天下兴亡，匹夫有责”的信念。知识分子一旦转而如法炮制富豪、土豪的种种形态，必然失却文化的本心，为名利所累，为名利所驱，进退失据，言行无状。

评论最后写道：“知识分子可以也应该通过劳动获得财富，但绝不能利字当头而失却风骨与气节，忘记了自己的责任与担当。知识分子当牢记习近平嘱托，自爱自敬，言为士则，行为世范，在中华民族伟大复兴的广阔舞台上擂定音鼓、唱响主旋律，勇作新时代建设的排头兵。”①

近些年来，随着网络媒体的迅猛发展，公共话语空间的勃兴，折射出时代的进步。但与此同时，一些公共辩论的走偏，同一话题的分歧，成了互揭隐私的竞赛；网络争吵的激化，导致赤膊上阵的“约架”。类似现象，不仅拉低了公共辩论的价值，许多时候也冲破了法律道德的底线。2014 年以来，从马航客机失事，到海南棉被捐赠，再到转基因论争，公共辩论往往剑走偏锋：预设立场左右事实选择，站队逻辑取代是非判断，意气之争消解话题本身。此刻，《人民日报》(2014 年 7 月 28 日)发表了该报评论员范正伟撰写的评论《公共辩论，求真比求胜更重要》。方舟子和崔永元因“转基因食品该不该吃”产生骂战，从微博转战至法庭，互指对方侮辱诽谤、侵害名誉的事件说起。评论指出：

一场原本围绕科学命题的公共辩论，最终在互斥“流氓”“骗子”的骂声中收尾，还是令人心生感慨。当严肃的科学探讨，变成关乎名誉尊严的捍卫之战；当对转基因的关注，成为“挺方还是挺崔”站队表态；当摊开手掌的公共辩论，成为攥紧拳头的相互攻击，这种戏剧性的结局，恐怕不是各方都愿意看到的。

捷克教育家夸美纽斯有句名言：“对于事实问题的健全的判断是一切德行的真正基础。”遗憾的是，在当下的现实中，许多时候事实还没搞清楚，就有了倾向性答案。

事实上，即便是错误的意见，其内容往往也包括部分合理性。罗曼·罗兰说得好：“如果你想独占真理，真理就要嘲笑你了。”辩论的本质，不在于辩倒对方，而在于对真理的不懈探求；辩论的目的，不是让对方哑口无言，而是为了弄明白问题。想赢怕输是人之常情，但在公共辩论中，比输赢更重要的是，我们由此展现了什么，从中学到了什么；通过辩论，我们是否拓展了视野、开阔了思路、激发了思考。因此，我们期待，在公共辩论中，胜利的一方能够说，“我从对方身上学到了新的东西”；失败的一方能够说，“我错了，但却得到了真理”；围观的人们能够说，“我们又向真理迈进了一步”。

有人说，21 世纪世界历史的最重要事件，可能是中国作为一个文明大国的重新崛起。从经济强国走向文明大国，呼唤着精神的勃发，观念的更新，理性的构筑。从社会来讲，这不仅需要探求真理的勇气，更需要探求真理的氛围；就个人而言，这不仅需要表达观点的技巧，更要和而不同的理念。唯其如此，我们方能搭建理性、建设性的讨论平台，提升中国社会的民主素养和公共精神，不辜负这个伟大的时代。

这篇评论，从关注方舟子和崔永元互诉名誉侵权的新闻出发，探讨公共辩论的规则和价值，剖析“雄辩”与“事实”的关系，并由此呼吁：在公共辩论中，放下偏见，先从事实出发；避免站队，共同探寻真知。文章的题材选择、文本表达、观点深度以及传播广度，

---

① 郑艳：《知识分子不能只想着当富豪更不能当“土豪”》，2018 年 7 月 12 日《光明日报》。

体现了党报评论在传统政论之外新的生长点和竞争力，其观点同时在两个舆论场被广为接受。如何在众声喧哗中既旗帜鲜明、敢于亮剑，又努力弥合分歧、凝聚共识，传递正能量，这篇评论进行了有益的探索。

评论发表后，不仅得到了近百家报纸和网站的转载引用，得到了热烈响应，还引发了许多媒体和论坛就此跟进评论。此文也入选了由凤凰网资讯中心评论频道组织发起，清华大学、中国人民大学、复旦大学等八大名校新闻学院院长评选的“2014 年影响中国的十大评论”，同时也获得了中国新闻奖一等奖。一篇评论为什么能在民间和政府两个不同的评奖项目中同时获奖，选题、立意和论述的独特以及文字的讲究，不能不是其重要的因素。同时也告诉我们，党报特别是主流媒体，只要我们的评论关注社会，关注大众，我们的论述又符合评论的自身规律特别是具有自己的独特之处，这样文章是会受到社会广泛好评的。笔者在“新闻评论”的课堂上，经常举《人民日报》等党报评论为例说明这一点，引导学生们认真学习研究。

二、提高思维水平培养独立品格

独立品格并不仅仅是一个道德层面的要求，也是一个真理层面的要求。一个思维水平低下的人，因为不具备独立发现、思考、分析、解决问题的能力，常常在无意中盲从他人的意见，不能做到人格独立、思想独立，这是一种无形的悲哀。对于一个新闻评论者来说，要想避免受到这种悲哀的困扰，就非下苦功不可。

理论思维是洞察事物实质，揭示事物本质或过程的内在规律的抽象思维，即根据事物固有的内在规律进行创造性的思考或遵循辩证思维和逻辑思维的统一。一般认为，理论思维就是辩证思维。其中，对马克思主义哲学原理的学习是相当重要的。哲学是一种高度抽象的科学理论体系，它指导着一切其他具体科学。理论思维水平高，很重要的一个方面就是抽象思维能力强，善于宏观把握，全局思考，高瞻远瞩，为此，没有哲学知识作为支撑，就难免顾此失彼、僵化保守。哲学思辨能力是理论思维水平的生动体现。公民参与社会管理发表意见，一要坚持全面地看问题。既要看到问题的这一点，又要看到另一点或另几点，坚持“两点论”，防止顾此失彼。抓问题要抓关键，但又不能轻视次要因素，防止次要矛盾上升为主要矛盾，小问题变成大问题。同时，又要防止把事物的每一面等量齐观的“平衡论”。二要坚持发展地看问题。要有一种预见能力，看到事物的发展趋势。在党的理论、路线、纲领、方针、政策出台后，要能够看到学习、宣传、贯彻、执行中的难点。三要坚持联系地看问题。按照马克思主义的经典表述，世间万事万物皆有联系，每一事物都是普遍联系链条上的一个重要节点。联系地看问题，就能防止把事物的各个部分、一事物与他事物割裂开来。

恩格斯曾经指出：“一个民族要想站在科学的最高峰，就一刻也不能没有理论思维。”习近平总书记在纪念马克思诞辰200周年大会上的讲话中引用了恩格斯这一论述，并进而明确地提出：“中华民族要实现伟大复兴，也同样一刻不能没有理论思维。”这是一个极为重要的论断。这一论断揭示了民族复兴与理论思维的深层关联，将理论思维空前地提升到了民族复兴的层面和高度；同时，也将全民族理论思维素质和能力的提升作为一项重大的、亟待解决的任务鲜明地提到了全党和全社会的面前。作为具有独立品格的公民表达，以讲好中国故事，传递新时代思想和观点取胜，自然应将理论思维作为自己的一项基本素质予以提高。

理论思维特别是哲学思维同民族精神和时代精神都密不可分。这主要表现在四个方面：

第一，一定的理论思维特别是哲学思维总是产生于一定的民族共同体之中和一定的历史条件之下，从而受到民族精神和时代精神的影响，在此意义上，可以说民族精神和时代精神是理论思维特别是哲学思维的思想根基和客观内容。

第二，理论思维特别是哲学思维又是民族精神和时代精神的载体、结晶和集中表现，体现民族精神和时代精神的整体形态和样式。

第三，理论思维特别是哲学思维作为人类理性能力的最高表现，以及人类智慧的体现和象征，直接影响和决定着人们对自身、对象世界以及两者关系的认识深度和广度，从而影响和决定人们的世界观、人生观和价值观，影响和决定人们的人格素养、精神境界和理想追求，自然也有助于公民独立品格的形成和提升，促进公民参与社会管理表达意见的数量和质量。

第四，理论思维特别是哲学思维是自然科学、社会科学等各门具体科学赖以发展的基础。近代以来，在生产力和科学技术获得空前发展的基础上，伴随经验自然科学向理论自然科学的转化，包括社会科学在内的各门具体科学愈加彻底地建立在理论思维的基础之上。理论思维由此成为各门具体科学不可离开的手段，从而也成为其不断创新的强大引领和推动力。①

那么，我们如何在意见表达的过程中不断提高自身的理论思维呢？

首先，主观上的严格要求是必要的。思维本属主观范畴，如果把提高思维水平作为一场战役，那么首先就要从主观要求上来发动这场战役。克服思维的惰性，常常就能朝着高水准的思维水平前进一小步。面对评论对象，要注意运用马克思主义的哲学原理来要求自己的思维，经过长期、艰苦、大量的思维训练就会引领思维水平的提高。除此之外，客观实践也是不可或缺的。为了弄清新闻事实或一种现象、倾向的来龙去脉，评论者有时需要查找资料、现场调查、四处采访，这些工作是不能单纯在思维领域完成的。

近年来，有新闻媒体实施运行的评论记者工作机制，以“第一时间发布新闻，第一时

---

① 侯才：《一刻也不能没有理论思维》，2018年7月13日《光明日报》。

间发表评论”为宗旨，尝试让评论记者在采访中发现评论事实及其价值。此举使评论更贴近事实本体，更深层解剖事实，摆脱了那种仅仅把事实当由头，接着荡开笔墨，将事实无限夸大，结果导致评论与作为由头的事实相隔甚远的现象。在新的评论生产机制下，更多更好的独家评论与独家新闻一起引导着社会舆论。[①] “事实上，新闻评论经过采访，更能写出新意，更能贴近生活、贴近读者。在欧美和日本等国，媒体不仅在世界重要地区派有记者或特派员，同时也派评论写作人员，时常出国考察，借以增进作者对实况的了解。如果国际间发生重大事件，还随时派遣写作有关评论的人员前往。”[②]

二是着力提高形式逻辑水平。形式逻辑是研究正确思维的形式和规律的科学。“形式逻辑有传统与现代(即数理逻辑)之分。我们这里所说的形式逻辑主要指前者，即指一门以系统介绍传统逻辑的基本知识为主的逻辑科学，也就是现在人们常说的普通逻辑。”[③]公民表达的逻辑严密，对于表达者的论点站得住脚是十分重要的。我们固然承认选题、立意对于成就一篇评论的重要地位与重大作用，但绝不因此而认为可以放松表达的逻辑性。公民表达属于议论这个大范畴，应该讲究论证的严密。如果评论失去了逻辑性，那就会变成一堆思想的碎片，尽管字字珠玑，却没有用逻辑的红线来把字句串在一起，没有用逻辑的黏合剂将碎片化的字句聚拢成一个完整的评论体系。

提高形式逻辑水平，首先需要学习形式逻辑知识。形式逻辑的思维形式是概念、判断、推理，在这些逻辑形式中起作用的有同一律、矛盾律和排中律这三条基本逻辑规律。要掌握逻辑规律，需要进行大量的专门训练。此外还需要自觉运用这些形式逻辑知识。专门知识的学习与运用，容易成为两张皮。这样导致新闻评论写作中存在两个弱项：一是文理不通，缺乏逻辑；二是没有精彩的逻辑思辨，文章平淡无奇。评论中的论证方法很多，据周永固教授总结，“常用的论证方法”有例证法、归纳法、引证法、演绎法、分析法、对比法、反证法、比喻法、类比法、淘汰法、归谬法等 11 种。[④]

掌握这些论证方法，并将其自觉地运用到新闻评论写作的具体过程中去，长此以往，才能运用自如、熟能生巧。

在公民表达的思维中，经常会出现一些错误应该引起我们的注意。①片面性。即人们在认识事物时，不能全面地去分析具体事物的矛盾性，抹杀了事物所固有的共性与个性、绝对与相对的辩证关系。这种认识常常使我们陷于一种只见树木、不见森林，只见局部、不见整体，只见个别、不见一般的认识误区。②自我中心。认识是人们的主观世界作用于客观世界的产物，没有了“我”，也就无所谓认识，一切认识都是离不开“我”

---

① 赵振宇：《积极探索建立“评论记者”工作机制》，《新闻战线》2006 年第 10 期；《关于建立“评论记者”工作机制的再思考》，《国际新闻界》2007 年第 7 期。

② 李法宝：《新闻评论：发现与表现》，中山大学出版社 2005 年版，第 75 页。

③ 华东师范大学哲学系逻辑学教研室：《形式逻辑》，华东师范大学出版社 1996 年版，第 2 页。

④ 周永固：《新闻评论学原理》，武汉大学出版社 1997 年版，第 196 页。

的。但是，“我”只是人们认识世界中的一分子，他必须将自己融于人群之中，不断地学习和交流，取人之长，补己之短，才有可能比较正确地把握和认识世界。但是，在认识的实践中常常会发生这样的情形，人们在认识事物时，偏以自己的经验和爱好来对客观事物做出判断，往往会出现错误。自我中心也有两种情况：一是以自我经验为标准，由此来裁剪客观实际；二是人们的自我满足。人们不断地认识世界改造世界，取得了一个又一个的胜利和成绩，由此而成长和成熟起来。这是我们更好地认识世界、改造世界的基础和条件。但是，若因此就满足了、自满了，就可能影响我们对新的更多事物的正确认识。③初始判断。所谓初始判断，是指人们在最初接触到某一事物或问题时所形成的判断，围绕这一判断人们去寻找理由和证据，进行推理，由此而做出对这一事物或问题的结论。人们认识事物或分析问题都是从第一次接触或第一印象开始的，这是我们认识世界的起点。任何正确的、深刻的、全面的认识都离不开人们的初始判断。问题在于，人们的初始判断是人们接触客观世界的第一步，还需要经过尔后长期的反复的实践才能得出较为正确的结论。如果以初始判断作为自己看待事物或问题的一贯标准，就有可能把我们引向错误的轨道而不能自拔。我们要鼓励大家面对新事物或新问题大胆发表自己的意见，同时又要鼓励人们敢于怀疑、否定自己和他人的意见。真理越辩越明，人们的认识能力也是在不断的探讨和争鸣中提高的。④非此即彼。在人们的思维中常常有这种情况出现，当一种意见出现后就可能会出现另外一种与之截然相反的意见，以为这样才是争鸣，才是研究，有时认为这才是自己有本事的表现。这又是一种思维错误。世界上的事物是复杂的，复杂的事物并非都是非此即彼的表现状态：不是好就是坏，不是高就是低，不是长就是短，不是美就是丑，等等。这种思维的二元论，往往把我们引入一种简单机械的认识误区。实际上，客观世界是十分复杂的，不是好的，未必就一定是坏的。它可能有几分好，也有几分坏；或好的多一点，坏的少一点；或坏的多一点，好的少一点，等等。不是高的，未必就是低的，可能在高与低的比较中偏向于高的一边，也可能在高与低的比较中，偏向于低的一边；不是长的，未必就是短的，不长不短的情形是经常见的；不是美的，也未必一定是丑的，这种情形也是常有的。大千世界，变化多端，事物并不都是相向而成的。简单化、两分法的思维是不利于我们认识世界的，一分为二，一分为三，一分为多，才是我们正确把握世界的思维方法。⑤量的错误。事物的发展都是由量变到质变，有一个循序渐进的过程。但是，在我们的思维中，常常会发现以量的表现代替对质的认识。心理学家德波诺在他的书里举了这样一个广告例子：“抗菌剂能灭菌。细菌滋生于口腔中的食物残垢，造成口臭。请用抗菌漱口剂，它能使你的呼吸更清新。”他说，看起来这一切很合逻辑，但它却回避了量的问题。抗菌剂一进入口腔就会迅速稀释，实际上至多只能有一分钟左右的杀菌作用。而细菌的繁殖却非常快，不一会儿就又充满整个口腔了。不管怎么说，实验室试管中抗菌剂的浓度与漱口剂在口腔中可达到的浓度是不相同的。他指出，和我们已经说到的其他错误一样，量的错误也不一定能靠检验论点本身来发觉。只有依据更全面的感知来判断论点，才能发现这种错误。⑥极端假设。在人们的论辩和思维中常有一种假设性的论证，如果这种论证是合乎逻辑的有事实根据的，我们说，这样的论证是有益的。但是，在日常生活中常会遇到这样的情况，这种假设常常以极端的方式出现，而且前提是不存在的。如关于私人汽车发展问题，有人说："如果让汽车无限制地发展，全城人每人都购置一部或几部小汽车，那样，我们的城市还能走得动吗?"这种假设都是以"如果"出现的，而这种"如果"又是不可能产生的。以汽车发展为例，任何一个国家都不可能"无限制"地发展任何一种交通工具，任何一个国家的居民也不会同时去选择一种交通工具。这种"如果"是不存在的，所以，这种结果自然也就不存在了。这种错误在评论中有时也会出现。评论者首先把别人放到了假设的位置上，而且还将其推到极端的位置，然后将其作为靶子进行批判。这种批判看起来很有力量，似乎也把别人批倒了，实际上，这种批判本身就是错误的。因为它的前提就是不存在的。⑦定势心理。定势是意识对一定的情势做出的某种准备状态。它是理性的和精神上的准备状态，它是在经验的基础上产生的，它影响着人的行为的方向和进程。人们在研究定势时发现它有以下的特点：定势总是有一定的对象；定势同某些认识过程相联系，比如同观察和想象这样一些过程相联系；定势还同一定的情感状态相联系，这些状态表现对某些人、物或现象的特殊态度；在定势中表现出各种动机，有时定势本身就是行为动机；定势最大的特点就是与引起一定反应的事物相联系。定势心理无所谓积极或消极，这要看这种心理定势表现在什么地方，表现在什么问题上。我们所讲的思维中的错误，是指在某些情况下，由于人们的定势心理而形成对某些事物或现象的不正确认识或行动。比如，对权威人士的相信，对"自己人"的依赖，对过去经验的熟悉，对肯定事物的情感依恋，等等，而影响到自己对事物或问题的正确判断。我们在研究和分析问题时，要时时刻刻防止因这种定势而产生的消极影响，要突破这种消极定势对自己思维的束缚。只有这样，我们的才能纵横驰骋、思绪千里，产生异乎寻常、高人一筹的新思想、新观念、新方法来。[①]

青年学者杜涛博士在他出版的《新闻评论：思维与表达》中又在此基础上增加了两种错误方式：①定式思维。人们倾向于记住符合自己价值观的事实，就会只关心自己感兴趣的事物，而对反面的事物和经历视而不见。人一旦形成了习惯的思维定式，就会习惯地顺着定式的思维思考问题，不会转个方向、换个角度想问题。这种定式思维造成人们视野狭窄、思维僵化，对许多问题会得出唯一的结果，对自己的结果深信不疑，表现出近乎固执的自信，难以接受他人的不同意见。②笼统思维。笼统思维是一种没有层次、深度，认识事物朦朦胧胧、似懂非懂的思维方式，以模糊性和混乱性为特点。思考一个问题，往往需要考虑情感、信息、逻辑、期望等许多错综复杂的因素，此时笼统思维者往

---

① 赵振宇：《新闻评论研究引论》，中国人民大学出版社 2011 年版，第 232-239 页。

往会乱了阵脚而陷入混乱。因此，当人们犹像不决时，不要轻易妥协得出一个并不能令人满意的结论。[①]

三是注重学科知识的摄取。公民表达特别是新闻评论涉及面广、问题多，没有广博的知识是不行的。新的时代对人们提出了许多新的要求。公民表达需要不断吸取人类文化宝库中的最新成果，以新知识新技术武装自己，这样才能不落队。他们不会因知之甚少而以讹传讹、误导受众；不会因语言和文化的阻碍无法参与国际间的新闻竞争；不会因现代化操作技能的缺乏而影响新闻传播的时效……现代经济与社会发展的多元化急切需要专家型的记者和评论员，同时也需要不断提高全体公民的文化素质和知识涵养。

其一，学习和掌握丰富的知识是进一步培养思维能力和想象能力的基础，是开发智能的前提条件。没有丰富的知识，开发智能也就成了一句空话。人们的知识结构需要有整体性、变异性和自动调节性。整体性指的是知识结合和组成的过程及知识的总量。人的知识总是不断丰富的，绝不会停止在一个水平线上。据英国技术监测专家詹姆斯·马丁推测，目前，人类知识每三年增加一倍。作为每天都处在学习环境之中的评论作者，其知识的总量增长得会更快。从这个意义上说，评论作者的知识结构是处于发展和变动之中的。这种变异性不仅是知识总量的增减，而且表现为结构本身的变化。各个层次的知识圈在知识总量中所占的比重会不断得到调整，这就体现了自动调节性。现代科学技术的迅猛发展，使人类积累的知识量以几何级数剧增，被称为“知识爆炸”。电脑功能的增强和日益普及，促使了电脑硬件研究和软件开发相关的新知识成果的迅速增加，并且带动形成一个崭新的产业——信息产业，以信息产业为标志的新的人类社会形态，被称为信息社会。在信息社会，不断学习和掌握各种历史及现代科学知识是市场竞争中的一项重要内容。“柏林墙的倒塌”和“Windows 操作系统的建立”被美国学者、普利策奖得主托马斯·弗里德曼称为碾平世界的十大动力之一。[②]

随着移动互联网、云计算、物联网、传感器等领域的蓬勃发展，智能移动终端的普及，数据呈现爆炸式增长。有一种说法，人类社会产生的数据 90％是近两年生成的。在这种情况下，媒体人如何培养自己的数据素养就显得格外重要了。[③]

2016 年 3 月 15 日，韩国九段棋手李世石与谷歌阿尔法围棋的人机大战，以 1∶4 失败。由此产生了大量的报道和评论，对我们初学者来说，这也是一次学习现代科学知识和思考如何面对新科学发表评论的好时机。

新时代的变革发展现实告诉我们：其一，新闻工作者和广大公民应该也可以学习和具备学者的品格。新闻工作者的“学养”要像学者那样深厚。谈到新闻工作者要提高

---

① 杜涛：《新闻评论：思维与表述》，知识产权出版社 2013 年版，第 117-119 页。

② ［美］托马斯·弗里德曼：《世界是平的》，湖南科学技术出版社 2009 年版，第 42 页。

③ 沈浩、谈和：《媒体人该怎样理解“大数据”》，《新闻与写作》2015 年第 11 期。

"学养"时，范敬宜同志特别强调记者要学点历史知识，"博古方能通今，博古为了通今"。《人民日报》原总编辑邓拓写的152篇杂文集《燕山夜话》，从社会科学到自然科学，从天文到地理，古今中外，无所不包，如果没有渊博的知识和学养，是写不出来的。新闻工作者除了具有丰富的历史知识外，还应对政治、经济、文化、科技等方面的知识都有一定的了解。评论作者应当具有强烈的求知欲望，对于新知识的出现极为敏感；通过从新知识中吸取营养使自己更加完善，并且通过知识更新来适应不断变化的环境，使自己的思维方式和掌握现代高新技术的知识，始终处于有关学科领域的最前沿。

其二，努力学习某一方面专业知识。评论的工作性质决定了表达者的工作接触面是十分广泛复杂的。其职业特性，要求他们的知识面要广、要杂，但是，这丝毫不意味着他们不能成为某一方面的专门家。随着科学技术的进步和发展，各种学科和技术分工越来越细，评论作者如果对自己评论的对象或编辑的稿件不甚了了，就很难担当起评论作者和编辑的重任。文化界有人提出"做学者型的作家"，新闻界提出"做学者型的记者"，笔者以为是完全可以也是必需的。近年来全国涌现的许多获得"邹韬奋奖""范长江奖""百佳新闻记者奖"的同行们，他们中的不少人已是经济学、哲学、社会学、心理学、教育学、编辑学等领域的专家了，有的已成为知名的作家、诗人、评论家、杂文家、摄影家、画家、收藏家，等等。当然，要达此目的，也不是一日之功。它需要时时的观察，日日的研究，不间断地学习，不松懈地努力，有时还要经受时势风云的考验，有的可能坐上冷板凳。但是，"世上无难事，只要肯登攀"，成果总会有的。进入新时代的公民表达也需要向着一个又一现代高峰而登攀。

其三，需要培养广泛的兴趣爱好。马克思作为一个职业革命家，他不仅有丰富的哲学、经济学、历史、法律等科学知识，他还有很深的文学素养，对于海涅、歌德、莎士比亚、但丁、巴尔扎克、塞万提斯等著名作家和诗人的作品都很熟悉，很多名句，都能背诵，可以随时引用。在科学上，马克思有很高的造诣，他研究过物理学、化学、地质学、天文学、生理学、解剖学。马克思还特别精通数学，他写的《数学手稿》，使读过此书的数学家都感到很有科学价值。不仅如此，马克思还是一个杰出的语言学家，他不仅会德语、法语、英语、俄语，而且几乎能阅读欧洲一切国家的文学作品。这样广泛的兴趣，使马克思掌握了渊博的科学知识，使他的头脑武装得像一个智慧的宝库，"无论何时，无论任何问题，都可以向马克思提出来，都能得到你所期望的最详尽的回答"。①

评论写作、公民表达是一项创造性很强的工作，它要求人们在不同的领域里有着尽可能多的知识。广泛的兴趣对于人们达到此目的是大有好处的。

---

① 张召南、卢翰章:《伟大的精神 光辉的榜样》,《政法论坛:中国政法大学学报》1981年第2期。

三、在透视社会中培养独立品格

新闻评论或者公民表达都必须依赖于事实，不论这个事实是现在、新近或将要发生的事实。事实是第一性的，评论或意见是第二性的，后者是对前者的一种思想反映。缤纷多彩、变化万端的社会反映和新闻事实构成了我们生活的丰富世界。注意发现、观察、收集人们司空见惯但却有评论价值的新闻事实，是做好新闻评论的第一步。

2014 年 5 月 8 日，新华社发出通稿：武汉市政府发文倡导“时间文明”。报道中说，开展以“时间文明”为主题的相关活动，有助于城市的发展以及提升城市形象，也体现了武汉市“敢为人先，追求卓越”的城市精神。

“记者了解到，倡导‘时间文明’活动源于赵振宇教授在 2014 年武汉市两会中的提议。当时，他通过多张照片，提出武汉市公共场合存在时钟不准，以及部分单位存在不能守时、惜时等问题。”(新华社报道)其实，对时钟的关注，提出“时间文明”理念，更早是因为在 2011 年笔者出访美国时的一些感受。

到美国参加一个学术会议，有机会在美国东部地区的纽约、费城、华盛顿、波士顿和阿默斯特等地行走。在我们经过的繁华都市、幽静小镇，不论是道路还是景点，都会在醒目处悬挂着不同时代、风格各异的时钟或电子计时器，而且每座时钟都与当地的标准时保持一致。时钟的悬挂，不仅给人美的享受，还时时在给人们提醒，到达此处的时间是多少，两地间的时差是多少，还剩多少时间到达下一个目的地。总之，当人们在广袤的美国大地运动时，时间在处处与我们结伴而行。美国之行虽是走马观花，但对各处悬挂准时的时钟却是记忆深刻。

美国之行，时钟的悬挂和准确给我留下深刻的印象。但也有偶尔例外的情况发生。在一所大学的孔子学院会议室听取介绍时，我惊奇地发现上午 11 时，墙上的时钟却停摆在 8 点 10 分！会后我与中方副院长交谈，她说“没电池了”，我说“所有停摆都是这个理由”，“马上更换新电池”。

回国后，我将上述感受写了一篇评论《请挂好校准城市时钟》(2011 年 9 月 11 日《长江日报》)。评论中写道：“物质都是在一定的时空中运行的。社会的进步和发展，让人们越来越认识到时间的重要并发明生产了各式各样与时俱进的计时器具。尽管有了手机等计时工具，但城市悬挂摆放的时钟仍体现着时代的精神，记录着城市的发展。时钟，是一座城市的名片，是一座城市的标志。

但是，稍加留心，就会发现我们城市许多以前悬挂的时钟有些因历史的久远或破损或摘掉或停摆。城市在一日千里地迅猛发展，却没了时钟的位置或是错误的记录，总给奋进的人们以某种缺失感。”

当下，我们的城市都在设计、规划、建设、装扮自己，正在进行一场“城市革命”，其目的就是要让居住的市民和来往的游客更舒适、更惬意。为此，笔者在评论中建议：其一，检查城市历史上已有的各种时钟，该修的修，该拆的拆，使其装修如旧，恢复其历史原貌。其二，在城市的重要场所和人群聚集的地方，如机关、学校、医院、商场、公园、车站、码头、机场和交通要道，增设各具风格、与所在地特色相符的时钟或电子计时器，让生活和穿行于这座城市的人们处处都感知时间的力量！其三，特别需要指出的是，对所有悬挂的时钟，一定要求与北京时间保持一致，不得有误，更不得停摆。这里主要说的是城市户外的时钟问题，对于那些需要悬挂时钟的诸多室内空间，也需要一并统筹考虑，办妥办好才是。

时钟问题，是大家都能感受到的普遍现象。但是，走出国门进行深刻对比，却发现了问题，而且连在美国土地上的“孔子学院”也具有了时钟不准的“中国特色”！评论依赖于事实，而时钟不准的事实是大家都能感知和认同的，但是，作者通过深入而细致的观察发现它使其不仅具有选题的广泛性，而且具有独特性和代表性。公民意见作为一种社会舆论力求对社会的发展和进步起到一定的积极作用。这种作用越大，价值就越大。评论虽然发表了，也引起城市管理部门的注意，但是，仅此还是不够的。作为一个城市市民和社会公民，对此既要有一种心理承受力也要持续不断地跟进关注。

发现新闻的敏锐性，是新闻评论者应该培养和不断提升的基本素质。2014 年元月，笔者列席了武汉市政协会议。1 月 5 日，参加小组会议，发现会议驻地酒店的钟快了 10 分钟；6 日，乘坐会务组车辆时又发现，车上的钟慢了 10 分钟；到了主会场武汉剧院，发现当时时间已经 10 时多了，但剧院三楼的钟仍然停留在 8 时 14 分；7 日早上，再去武汉剧院开会，又特意去看了三楼的钟，发现钟仍然停在 8 时 14 分，我请人对照自己的手表拍下了照片。当天下午笔者参加了与市长的对话，将上午拍摄的照片和以前在美国拍摄的图片在会场上展示，提出了城市时钟不准和问题。

前一天就发现时钟慢了，为何要等到第二天才去拍照呢？这里有一个选择事实的时机问题。新闻人常爱说“抢新闻”，这是很对的。所谓抢新闻，一是抢对事实的传播，二是抢对事实背后观点的发表，“抢”是新闻人的常态。但是，有的新闻除了抢，有时还需要“养”，即选择传播的合适时机和发表的最佳选题。因为大会安排 7 日下午要与市长唐良智对话，为了增强新闻的接近性，所以笔者选择了对话会的上午去拍照。“不避问题，唐良智现场回应，钟不准的问题确实存在，平时谁也没太在意，但城市管理要注重每一处细节。他说，不管在什么场合、做什么样的工作，守时是一个基本准则，在充分尊重自己的时间的同时，更应尊重别人的时间。唐良智要求，市政府办公厅抓紧发文，号召政府机关必须带头把钟调准，公共场所也必须做到时钟准确。”①

会后，市政府积极组织调研，听取各方面意见，也与笔者作过交流，于 4 月 29 日发

① 2014 年 1 月 8 日《长江日报》。

出《关于开展倡导"时间文明"活动的通知》。通知要求,全市各区、各部门要高度重视开展倡导"时间文明"活动,营造全市上下倡导"时间文明"的良好氛围,引导群众广泛参与,自觉养成"时间文明"的良好习惯,树立识时、守时、准时、惜时的新风尚。

通知强调,各区、各部门要带头倡导"时间文明",上下班、开会及参加社会活动要做到不迟到、不早退;领导干部要带头珍惜时间,提高工作效率,开短会、讲短话、讲管用的话。为群众服务的行政机关窗口、企事业单位要严格遵守服务作息时间,必要时要根据群众办事需求增设服务窗口,延长下班时间,减少群众排长队等候现象和往返多次情况。

通知还明确提出并规定完成时间,即日起对公共场所的时钟、计时器开展一次全面检查。对具有历史意义、独特风格的时钟、计时器要尽可能地恢复原貌,保持其原有风格。

社会的进步,时代的发展,远不是一篇报道和评论就能奏效的,它需要全社会人群的共同努力,相互配合,特别是管理部门的科学管理、工作部门的有效工作,而且是持续不断地坚持下去,方能达到目的。

新华社通稿发表后,中央人民广播电台立即组织策划在"全球华语广播网"播出了该电台记者在英国、日本和非洲等地采访与时间文明的相关报道。《北京日报》《沈阳日报》《杭州日报》《新民晚报》《今晚报》《长沙晚报》,以及人民网、新华网、新浪网等全国几十家媒体予以报道和评论。

新闻评论传递给大众的可能不是改造社会的具体方法,而是一种理念、一种思维、一种思想、一种观念。评论的力量靠的是理性的力量、真理的力量。一种理论要能说服人,必须讲出道理,不能简单地就事论事,而要"就势论事",探究"事"后面的"势",即寻找事实背后的真理和规律。

笔者于 2014 年 3 月 13 日在《光明日报》发表了《倡导"时间文明"新理念》,于 5 月 8 日在《人民日报》发表《追逐梦想,需要时间文明》,于 2 月 10 日在《文汇报》发表《倡导时间文明　可以"马上有"》等评论。对时间文明的理解,如果仅仅停留在对城市时钟的管理和遵守时间上还是不够的,还必须同中央提出的"中国梦"和全国人民为达此目标而作的努力奋斗结合起来。于是,笔者于 2016 年 1 月 17 日在《光明日报》"理论·实践"版上发表了《倡导"时间文明"》的理论文章。文章特别强调,恪守"中国时间",展现"中国效率",必须要坚决反对形式主义。实践是检验真理的唯一标准,而时间则是检验中国道路成败的重要标准。

上面介绍的是笔者关于"时间文明"理念的形成、提出及报道、评论的过程及引起的社会反响。"时间文明"的概念是笔者首先独立提出的,但是,它的最初起因却是笔者在国外的一次学术访问——如果没有当时笔者对美国孔子学院时钟不准问题的关注,就可能没有后来对城市时钟的关注;如果没有笔者在参加政协会议上把握时机与市长的对话进言，也就可能没有市政府发出通知在全市开展“时间文明”活动，自然也就没有后来新华社的报道及全国众多媒体的跟踪报道和评论，自然也不会有笔者对“倡导时间文明，保障实现中国梦”的深层思考。新闻评论是对新闻事实的反映，先有显露的事实，后有跟进的评论，这是不错的。除此，我们更应关注那些不曾被人们注意，但确实蕴含着可评可点的事实由头。只要我们认真关注并把握它，它就有可能成为我们评论的一个独特亮点，以此体现发言者的独立品格。法国著名雕塑家罗丹说过这样的话：生活中不是缺少美，而是缺少发现美的眼睛。借用这句话，我们可以说，评论中不缺少由头，而是缺少发现不一般由头的创新思想，而独立品格则正是产生这种创新思想的素质源泉。

参与实践、透视社会，展现人的独立品格可以通过以下几个方面实现：其一，要有敏锐的新闻观察力，只有发现问题，才可能提出问题，这是人们思想观念形成的首要前提。一般说来，人们对社会热点问题发表意见，是通过抓热点新闻来完成的。在当今这个网络时代，哪些新闻成了热点，在网络上都会得到体现，首先是通过新闻排列的位置，其次是通过新闻受众发表留言（此处“留言”指另一种随意的、简短的评论）数量的多少。但这里总还存在着孰轻孰重的取舍问题，仅仅在办公室上网是不能了解得十分清楚的。而通过长期的深入实际，与实际生活的密切接触，就能了解群众心目中的想法，找到最热的热点、最迫切需要评论的问题。《羊城晚报》原总编辑、已故著名新闻工作者许实在报社工作期间，坚持每天在街头巷尾与人们聊天，听听人们都关心什么，从而为他的评论创作找到了不尽的素材源泉，同时也使他写的评论具有自己的独特个性。其二，要有深刻的理论洞察力，这是以自己长期的理论知识修养为基础的。只有理论知识丰富，才能在纷纭复杂中识辨真伪。其三，就是在正确的道路上要锲而不舍，始终如一地将自己的理念、信仰坚持到底。

作品选编

解放思想须继续反“左”

“左”的问题一直是困扰党的建设的一个严重问题。中国共产党成立已经80多年了，但是，根深蒂固的“左”的思想路线每每在革命战争时期危害党——每当我们在井冈山、洪湖、红安等一批革命根据地参观时，都会为一大批优秀的共产党员的牺牲而惋惜。他们没有倒在敌人的枪炮下，而是冤死于打着“左”的旗号的同志们的手中。有人或许会说，那是战争年代，但即使是在新中国成立以后的和平建设和改革开放时期，“左”的错误仍然在不断地危害人民的事业，影响党的形象，以至于中国共产党在多次代表大会上都反复强调主要是反“左”。回顾这段历史是痛心的，但是，只有全党都自觉地、深刻地认识了，制定并执行相关的制度和措施，才会有可能保证党不再犯思想政治路线的错误，更好地带领全国人民努力地建设科学、民主、富强的国家。

党的十一届三中全会高度评价了关于真理标准问题的大讨论，果断地停止使用“以阶级斗争为纲”的提法，鲜明地提出以经济建设为中心，开始全面认真地纠正“文化大革命”中及其以前“左”倾的错误，使中国走上了改革开放之路。

当中国共产党完成工作重心的转移之后，“左”倾错误仍是阻碍事业发展的主要倾向。为此，1982 年中共十二大报告在注意反右倾向的同时，10 余次提到反“左”倾错误。

1987 年，中共十三大召开。大会报告中对中国近代的具体历史条件下的“左”和右倾错误的认识根源进行了阐述，指出，安定团结局面得到巩固和发展的原因在于及时排除各种“左”和右的干扰。报告中指出：“排除僵化和自由化这两种错误思想的干扰和影响，将贯穿社会主义初级阶段的全过程。由于‘左’的积习很深，由于改革开放的阻力主要来自这种积习，所以从总体上说，克服僵化思想是相当长时期的主要任务。”

在国际国内政治风波严峻考验的重大历史关头，邓小平同志于 1992 年春发表南方谈话，提出解放思想、实事求是和“三个有利于”的判断标准。在邓小平讲话精神指导下于当年召开的中共十四大会议明确提出：“要警惕右，但主要是防止‘左’。”

从 1957 年起的 20 年间出现的错误，主要都是“左”，在全国范围内，反右的行动，反右的意识比什么都强，在改革开放需要继续深化的时候，在“左”派们噪音日益渐长的时候，中共中央果断提出“主要是防止‘左’”无疑是十分必要、十分正确、十分适时的。没有宏大的气魄是不可能提出来的。

1997 年中共十五大报告中，仍然提出“要警惕右，但主要是防止‘左’”。要求全党保持清醒头脑，在这个原则指导下克服各种干扰，坚持邓小平理论的基本路线不动摇。

2002 年，中国共产党第十六次代表大会召开，在党的报告中已经没有关于反对“左”和右的文字。但是，在大会通过的经过修改的《中国共产党章程》总纲中关于党的建设必须坚决实现的四条基本要求中的第一条，坚持党的基本路线中就明确地写着：“必须把改革开放同四项基本原则统一起来，全面落实党的基本路线，全面执行党在社会主义初级阶段的基本纲领，反对一切‘左’和右的错误观点倾向，要警惕右，但主要是防止‘左’。”

2007 年，中共十七大修改通过的《中国共产党章程》总纲部分仍然清楚地写着“反对一切‘左’和右的错误观点倾向，要警惕右，但主要是防止‘左’”的字样。

回顾改革开放 30 年的历史，我们可以发现，中国共产党在自己的报告和章程中对反右和反“左”提法的侧重点是不同的，当然都是针对当时的历史情况作出的正确判断。问题在于，改革开放 30 年了，关于真理标准的讨论也 30 年了，为什么“左”一直是影响我们事业发展的主要障碍，以至于中国共产党不得不多次在党的文件中重复提出“主要是防止‘左’的问题呢?”

“左”带有革命色彩，拿大帽子吓人，好像越“左”越革命。中国共产党历史上的这种“传统”根深蒂固，不仅影响老一辈中的不少人，新一代中也不断生出接班人。

人们不会忘记，“文化大革命”中的“左”已到了登峰造极的地步。狂热的红卫兵们曾一次又一次地高喊：“红太阳从天安门升起”，“毛泽东思想的光辉照遍全球”。结果呢，别人还是在别的太阳下生活，非但不要我们去拯救他们于“水深火热”之中，有的还比我们过得好。

经历了新中国成立后20多年的“左”的苦难的国家，为何在经过拨乱反正以后的日子里还要多次反复重提“主要是防止‘左’”？以革命派自居的“左”家军们为何敢于一次又一次地抛出万言书大谈其“革命”经？原因当然是多方面的，但我以为，我们的有关制度和扭曲的赏罚机制无疑是其中一个重要因素。

在我们的政治生活中，曾由于扭曲的评价机制、任用机制和利益机制，使坚持“左”的错误的人不仅没有受到惩罚，而且还受到领导人的赏识、信任、重用，得到精神和物质上的甜头，如此这般，你叫他如何愿意放弃和改正“左”的错误呢？在现实生活中，可以看到往往一说反右，很快就行动起来了，内查外调，挑灯夜战，落实处理，在所不惜；但是，中共中央多次提出“主要是防止‘左’”，却往往没有看见有些人那种反右的劲头，在许多领域未引起足够的警惕。诚然，我们不能用“左”的那一套整人的方法来治“左”，但是，对于“左”绝不能放任自流，特别是对于坚持和散布“走回文革”的人绝不能听之任之。我们必须研究如何透彻批评“左”的错误和危害的问题，更要研究从文化、教育、宣传等更广的范围内消除“左”在中国生长的土壤的问题，特别是对下一代的影响问题，如果不在包括思想路线，组织建设和作风建设上采取一些使“左”的错误无法生长、难以传播的具体措施，我们可能在很长的一个历史时期里仍要重提“主要是防止‘左’”的问题，谨防出现“左”流掀浪，那将是中国共产党和全国人民的悲剧，我们必须保持应有的警惕。

中国28年的革命和近60年的建设中出现的“左”的错误给中国人民带来的灾难太大了，损失太惨重了。中国共产党敢于从失败中吸取教训，敢于面对挑战反复提出“主要是防止‘左’”，这是党的伟大和力量所在。我们现在的任务是要把党的会议精神落实到行动中去，从干部制度、组织建设、奖惩机制和舆论宣传等方面研究和切实解决这一问题，这也是促进我们更好更全面地贯彻落实中共十七大文件精神，不断地排除各种错误思想的干扰，保持先进性，夺取全面建设小康社会新胜利的重要保证。

（原载2008年5期《民主与科学》）

反思：一种需要提及的纪念方式

改革开放30年，是个值得纪念的日子。时下，全国各地都在以各种规格、各种形式纪念它，讴歌它。这些都是十分重要的。但是，我以为更要利用这个时机，好好反思一下30年来还有哪些失败的教训没有总结，还有哪些理论问题仍在束缚我们的思想，还有哪些禁区我们没有突破——目的与讴歌一样，都是为了我们的国家进步得更快，走得更好，我们的人民生活得更加民主自由，更加健康幸福。

总结教训比讴歌成绩更重要。我们经过了30年的风风雨雨，我们积累了许多丰富的成功经验，中央和各地方正在总结。我们要用实践得出的正确经验，指导以后很长时间的社会发展，这是十分必需的。但是，我以为还有很多的问题或不成功或失败的教训需要认真探讨，从某种意义上来讲，它对我们以后的30年和更长时间的发展或许更有益处。

邓小平在1989年说过："十年来我们的最大失误是在教育方面，对青年的政治思想教育抓得不够，教育发展不够。知识分子的待遇太低，这个问题无论如何要解决。"①邓小平的讲话至今快20年了，那么，现在教育发展得如何呢，知识分子的待遇问题特别是社会科学工作者与自然科学工作者待遇差距问题解决了没有呢？

邓小平在1992年还说过："回过头看，我的一个大失误就是搞四个经济特区时没有加上上海。要不然，现在长江三角洲，整个长江流域，乃至全国改革开放的局面，都会不一样。"②邓小平的这个讲话也有16年了，那么，在这个时间里我们的改革开放是否还存在不到位、不配套、落实不够等问题呢？

邓小平同志以他政治家的宏大气魄承认了他和他的同事们的两个"最大"和"大"的失误，邓小平主动检讨并负起了他应负的责任，这种精神值得钦佩和学习。一个成熟的党，不怕在检讨批评中成长。"错误和挫折教训了我们，使我们比较的聪明起来了，我们的事情就办得好一些。任何政党，任何个人，错误总是难免的，我们要求犯得少一点。犯了错误则要求改正，改正得越迅速，越彻底，越好。"③毛泽东在新中国成立前夕的讲话，在今天看来仍然是适用的。人总是喜欢听好话，一个政党也需要得到人民的支持。对于个人来说，它是因为在人们的大脑神经中枢里有一个"奖励中枢"使然，所以从小到老，从平民到领导，没有一个不喜欢听好话的。因此，研究一下奖励学，学一点爱抚管理学，实施微笑服务十分盛行、也十分重要。对于一个政党来说，从失败中总结教训，从体制和机制上研究解决的思路和方法，特别是创造一个有利于鼓励大家畅所欲言的舆论环境和研究氛围，对我们这个有着长久封建专制历史的国度来说尤为重要。现在不是强调实事求是、解放思想么，我想，认真地不讲情面地实事求是地总结过去30年的教训和失误，这也应该是纪念活动的重要内容吧。

30年来，通过上下的努力，我们已经创造了一个相对过去比较宽松的舆论环境。"不说白不说，说了也白说"的状况正在向着"说了不白说"的进步发展。但是，还不够。

---

① 《邓小平文选(第3卷)》，第287页，《中国不允许乱》。

② 《邓小平文选(第3卷)》，第375-376页，《在武昌、深圳、珠海、上海等地的谈话要点》。

③ 《毛泽东选集(第4卷)》，第1485页。

在这个舆论不一律的时代，总有那么一些人或领导人喜欢用“一律”“一言堂”和所谓的“主流声音”来代替议论纷纷的正常秩序。媒体上经常可以看到一些人发表文章批评了别人的观点或意见，却又不许别人回应和辩解。这种论辩中的不对等状况，与民主法制相悖，于思想繁荣不利，是需要认真对待和改善的。

30 年太长，只争朝夕。30 年的时间在历史的长河里或许只有一瞬间，但在新中国成立的历史上却占了一半的时间，再与打败日本侵略者的 14 年抗战相比，与共产党领导人民闹革命夺取政权的 28 年时间相比，还是太长了一些。即便是在个人的自然生命时间里，30 年也是一个很大很大的数字！

1949 年中华人民共和国成立了。1971 年中国恢复了联合国的合法席位。在改革开放的 30 年里，我们于 2001 年加入了世界贸易组织，特别是 2008 年成功地举办了“无与伦比”的北京奥运会。为此，我们可以欣慰地告诉先人，我们尽到了自己的责任，中华儿女成功了；对此，我们可以自豪地告诉世界，我们承担了国际义务，中国是值得信赖的。

中华民族是一个有着很强韧性的民族，只要有足够的时间，那么，我们希望看到的好事将会越来越多，不希望看到的坏事将会越来越少。真理终究要战胜谬误，正义必定要战胜邪恶，英雄终究会打败小人，冤案必定会昭雪天下！但是，人的生命又是有限的。事在人为，世上好多事情都是在人们的主观努力下能够实现的，所谓“时机不成熟”，非不能，是不为也。一代人做一代人的事。做一点自己能够做做得好的事，既是行为人的义务所在，也是这个时代赋予我们的责任。我们没有什么理由搪塞和推诿，我们不能不做那些子孙后代期盼赞誉的好事，也不能去做子孙后代会惋惜斥责的坏事。我们不能老是活在自己的后悔和后人的指责中，我们要对得起自己和自己的后人。经济全球化、信息网络化和政治民主的大潮，是任何人都无法抗拒和违背的。顺应时代潮流，也就是符合人民的根本利益，这正是中国共产党人打天下创伟业的宗旨所在，舍此，还有什么呢？30 年太久，只争朝夕！只有这样，才能将中国与世界发达国家的差距快一点缩短；只有这样，才能将中国国民的物质、精神生活质量快一些提高。

30 年来，我们说了许多许多的话。30 年后，我们还有许多许多的话要说。自然，更为重要的是，如何将我们已经和正在说的变为现实。纪念改革开放 30 年是一个契机，但愿我们以后日子能说好一些话，更能做好一些事。

（原载 2008 年 6 期《民主与科学》）

本山其实很危险

前几日，笔者写了篇《请本山拒上春晚》的文章，说的是：一、让“小品王”登台，别人还有戏么？二、本山不上春晚，游戏规则得保证；三、少了本山上春晚，有助于塑造中央电视台的良好形象；四、春晚不见本山影，有助于他的身心健康。（见 2010 年 12 月 19 日《羊城晚报》）文章发表了，网站也转载了，不知本山看到没有(或看到了不予理会)，只知道本山不仅铁定要上春晚，还要上他的根据地辽宁卫视、黑龙江卫视，还有新加盟的湖南卫视和几个部委的春节晚会，于是又引起了一片议论。今天我要说的是：本山其实很危险。

赵本山作为一个知名的小品演员，不仅在大陆，就是在世界有华人的地方都是很有名气的。说到演二人转，更是赵本山的一大功劳。中国的国粹京剧，由中央政治局常委们出席，还没有将其推向全国，而赵本山却在短短的二十多年的时间里将“二人转”转出了铁岭，走出了辽宁，占据了东北，还开花到了北京、全国以至推向世界，赵本山功不可没。今天我要说的是，本山其实很危险——

说到演小品，没有人不知晓，从1999年主演小品《昨天、今天、明天》到2010年表演《捐助》，已经连续12年荣获中央电视台春节晚会“你最喜欢的春晚节目”一等奖的桂冠。赵本山一人独揽金奖12年，这种现象正常吗？如果本山今年上春晚，评选最佳节目会是谁，这样的结果有意义吗？

这多年来，赵本山先后荣获“金三角奖”“金虎奖”“双星杯”“飞天奖”“中国电影华表奖”“优秀男演员奖”“优秀故事片奖”“中国电影百花奖”“最佳男主角奖”，被辽宁省委宣传部命名为“德艺双馨”艺术家。2010年5月29日，他获得第三届华鼎之夜最具分量的“中国年度最杰出艺术家成就大奖”。与此同时，赵本山还是中国曲艺家协会理事、辽宁省曲艺家协会副主席、全国青联委员、辽宁省政协委员、铁岭市形象大使，曾任全国第十届人大代表，被观众誉为“小品王”“土神”“东方卓别林”“中国笑星”等。盛名之下，其实难副。在如此众多的桂冠和褒奖中，本山能够保持清醒的头脑吗？

近年来，赵本山的事业又有迅猛发展，不仅在铁岭、沈阳创建了“刘老根大舞台”，而且还将“二人转”推向了首都北京。仅北京大舞台的开业典礼就有张艺谋、成龙、冯小刚、曾志伟、宋祖英、郭德纲、宁静、那英、姜文、葛优、赵忠祥、白岩松、朱军、倪萍、水均益等名人悉数捧场。他成立了辽宁省民间艺术团、本山艺术学院，2009年12月本山传媒与台湾东风传媒、华纳音乐、环球热力兄弟影音在北京刘老根大舞台正式签署合作协议，宣告三家娱乐集团强强联手，打造华人TOP YOUNG偶像组合。本山不仅拉二胡、吹唢呐、抛手绢、打手玉子、唱小曲、二人转小帽等样样精通，尤其是三弦功底尤为突出。近年，他还花55万元赴香港参加长江商学院中国企业CEO课程的学习，欲组建起自己二人转、小品、影视剧等各项产业的娱乐王国。他乘坐2亿元打造的“本山号”私人飞机参加各地的紧急邀请，空余时，他还与易中天等学术明星畅聊高深的人文方面的话题。除此，媒体上还经常报道他的书法艺术精湛，赠送与人……

本山的作为不是他一个人的事情，多年来，在他的言传身教下，通过师徒培训的方式，已有多批众多的徒子徒孙成为“本山大叔”的弟子。而且，借着赵本山的名气和荐举，他的许多徒弟都成为全国曲艺界的名角大腕，身价飙升！

本山确实是一个少有的天才，他对二人转、曲艺、文化事业和产业的贡献都是不可估量的。中国的小品、戏剧舞台历史上不能没有赵本山的名字!

今天我要说是的,本山其实很危险。

20世纪80年代,在河北石家庄有个叫马胜利的造纸厂厂长。马胜利被公认为是中国第一个提出“打破铁饭碗、打破铁工资”的人。当年,他是当之无愧的兼并大王,谈一个小时就可以签下一个工厂的承包合同。他也是拥有10多个省市100多家企业的“一包就灵”神话的创造者,但是,他的承包速度过快数量过多,超越了他管理的能力。当年就有《人民日报》的吴昊写文章批评他的“冒进”,但是,他根本听不进去。因此,辉煌之后不久,“马承包”就不得不面对造纸集团的解体乃至接受被强行免职的下场。

马胜利是一个强者,是一个能人,但是,并不是每一个强者和能人都能走到最后。

今天我们该认真地讨论一下“赵本山现象”了。

时代发生了翻天覆地的变化,特别是网络媒体的出现,关于本山的议论在网络上铺天盖地。当本山获得2010年春晚小品一等奖的时候,凤凰网娱乐发起央视春晚“最烂节目”评选结果却显示,赵本山小品《捐助》,获得投票人数的47%,成“春晚最烂节目”第一名。与此同时,不少专家、媒体人士发表文章指出《捐助》存在的问题,可谓“倒赵”声一片。当中央电视台如期公布赵本山获一等奖的消息后,更是激起了“公愤”。但是,对此,本山却充耳不闻、视而不见或根本就不予理会。据说,本山还是一个喜欢听意见特别是批评意见的人:“在公司,周围的人天天都说好话,我今天就想听‘坏话’和真话。我永远感谢让我经受磨难的人和给我批评的人。”——在《乡村爱情故事》电视连续剧研讨会上如是言。但是,当中国传媒大学曾庆瑞教授开始释放苦口良药:“本山先生不缺乏技巧,但更重要的是要追求更高尚的境界和更博大的情怀。艺术家应当以追求高雅、崇高为目标和境界。”没想到,最初表示虚怀若谷的本山大叔立即出奇愤怒并声称:我想找一个好医生,不是假医生。我想吃良药,不希望吃毒药。

人都是有个性有弱点的,本山也不例外,我们大可不必为此对他太严格太苛求。问题在于,今天的这个本山不同于其他普通人,他的贡献太大,势力太大,影响太大,以致他的生死荣辱都牵扯方方面面、盘根错节的地方、部门、行业和人事。一荣俱荣,一损俱损,这句话用在今日之本山身上特别的适当——当运动的惯性迫使运动主体无法决定自己的行动和速度时,这将意味着什么?当一切利益的共同体都希望本山在春节晚会上,在电视剧目中,在电影大片里,在各种媒体上,在各种各样的俱乐部和联合体内的时候,这又意味着什么?本山的存在从某种意义上说,不仅仅是为了他更可能是为了他们而活着而坚守时,喜哉,悲哉?乐哉,祸哉?

呜呼,本山实在太危险!一切与本山利益攸关的人都很危险啊!

(原载2011年1月30日《羊城晚报》)

为什么要反对形式主义

这个话题并不是新话题,为何屡禁不止,《人民日报》也发过很多评论,让群众满意还是让领导注意，这里面有一个问题，为什么要让领导注意而不怕群众不满意。

二十年前我写过一篇文章《形式主义为何屡禁不止》，现在仍然讨论这样的话题，什么原因呢？我从20世纪80年代研究奖励学，在那篇文章里面我运用奖励学的观点说，要建立有效的社会激励机制，对搞形式主义的人予以惩戒可能是重要的一环。当然，不是说反形式主义仅靠这个就行了。

改革开放40年来为何一直提主要是反“左”？我在2008年《民主与科学》杂志上曾写过一篇《解放思想须继续反“左”》的文章。今年是改革开放四十年了，形式主义和“左”有没有关系？从十一届三中全会党的决定和报告都明确写着：“反对一切‘左’的和右的错误倾向，要警惕右，但主防止反‘左’”。反“左”从党的十六大开始写进党章，2017年又写进党的十九大的新党章。我想这句话是否是还要长期写下去呢，就像我们反腐败永远在路上？

新闻媒体如何担当反形式主义重任？既然形式主义全国都该反，那新闻界该不该反，结论是肯定的。那么反什么，表现在哪里？在党的十八大以后，《人民日报》通过“老百姓最反感的官话”调查，其中列出的问题，今天仍然存在。前两年《河南工人报》的一篇文章标题，第一行“河南省总工会关于学习的表彰”，不通，一定要接着念第二行，“在河南省学习贯彻”又不通，一定要念第三行。一个学习贯彻的报道，标题用了125个字。

最近新华社报道新的形式主义表现就有这样层层传达而不抓落实的情况。为什么这样做，就是要让领导注意。

《人民日报》曾在党的建设版上有一篇小评论《宣讲应当入脑入心》，作者是北京朝阳李宁一，文章讲的是我们现在党的十九大的宣传出现的问题。像这样三百字的评论，在全国地方报里面是根本找不到的。所以我经常跟学生说，你们一定要认真看《人民日报》，很多地方媒体不敢发的《人民日报》都有。

今天我们怎么讲好真话？新闻评论要坚持民主、科学、独立、宽容，它是一个综合体。我们现在的民主生活会没有群众参加，我写了稿子以后，很多地方不敢发，结果《人民日报》发了，好像没有什么大问题。

我们现在最重要的问题就是：为什么要领导注意呢？就是要官和给官的问题。“谁伸手要官我就不给”，背后这个官好像是我兜里的东西，你要，我不给你；他不要，我可以给他。就是因为有这么一个逻辑，所以干部一定要让领导注意，他才能把官给我。前几天我给《北京日报》写了《用制度体系保证人民当家作主》谈到这个问题。

我从20世纪90年代开始研究程序理论，现实当中非程序化的问题很多。这么明显的事情，为什么就在我们媒体上一次又一次的产生，所以我写了一篇《问政于民要按程序进行》，党的十九大报告里面写了，要形成完整的制度程序和参与实践。

最后一点，如何实现根本性的改变。第一，我们真正要想解决这个问题，一定要像真理标准讨论一样来一个全党的反形式主义大学习大讨论；第二，要像反腐败一样，我们现在已经取得了成功，腐败能够反下去，形式主义就反不了吗；第三，新闻媒体要从自己做起；第四要切实保障公民的参与权、决定权，保证人民的意愿，能够决定干部的选拔任用、去留升迁。

（作者于2017年1月19日应邀参加“有声之年——2017年度凤凰网评论之夜暨年度致敬盛典”，此文系会议演讲整理稿，载于2018年3月《青年记者》）

面对“不确定信息”领导要敢于担责

在多次新闻发布会上，我们常常能听到领导人用一种“如果……”的句式表达自己的无奈：“疫情的出现是我们始料不及，如果我们早一点决定，采取严管措施，结果会比今天好……。”事物的真实是信息发布的前提，但是，这种真实性在很多情况特别是危急状况下不是一次就能全面准确无误显现的。人们对它的认识也有一个渐次明晰的过程。正因为此，才有了“失联”“疑似”等用语。这次疫情定名为“新冠肺炎”，被世界卫生组织认定为“国际关注的突发公共卫生事件”，也是根据事态的发展，经过科学程序，花费了一段时间的。所以，在突发事件的初期和进程中，“不确定信息”是可能存在的。那么，社会舆论和社会管理，对此“保持宽容态度”是可能也是应该的，这也应该成为一种常态。

这里我要说的是，各级政府和领导干部面对突发事件的“不确定信息”，该如何作出自己的判断，承担自己的职责，钟南山院士是我们的楷模。他来武汉后提出病毒可以“人传人”，为这次阻击疫情作出了重要贡献，其实，这是他在2003年“非典”中所为的继续——当新华社播发了中国疾病预防控制中心推断“非典型肺炎病原是衣原体”的“权威消息”后，钟南山却大胆地展示了与他们完全对立的观点——“非典型肺炎是病毒性肺炎的可能性极大”。

其实，面对这次疫情“不确定信息”，也有地方领导敢于担责，作出了果断决策卓有成效。湖北省潜江市委书记吴祖云2月6日接受白岩松电视连线时说，在钟南山还没有到武汉时，他们“从武汉得到消息后，觉得这个事情太大了，所以先下手。哪怕冒一点点不是太合规的风险。”1月17日他们就集中收治32位他们确诊的肺炎发热病人，在湖北省第一时间作出封城、终止所有娱乐活动和出台很严格的禁足命令1月23日武汉封城。“把病毒围困在最小的单元范围内”，给科研人员以研究药物的时间，再去迎接硬仗、苦仗，“一定能挺过这一关。”正是因为他们在“不确定信息”面前不是等、靠、要，而是从本地实际情况出发，审时度势，顺势而为，作出符合本地实际的正确决策，使潜江市在全省疫情统计中排名倒数第二(神农架林区倒数第一)。他说，只要是真正为老百姓着想，他们是能够理解和配合的。前几年我在武汉“电视问政”节目现场与他接触过，感受到他的不俗表现。

领导者的一个重要职责就是在重大问题面前要果断决策，决策的前提是要对意见作出正确判断。我们常说要“集思广益”，为什么，就是在纷纷议论中有多种意见，有好的、差的、不同意见、反对意见，有多数人赞同而真理又可能在少数人一边的意见，有当时看似正确或错误后来又被证明是错误或正确的意见……如何面对和判断这些意见，需要有完善的表达机制和接受程序。

“择善而从”更是对领导干部的考验和检验。邓小平同志说：“我们领导同志的责任，就是要把中央的指示、上级的指示同本单位的实际情况结合起来，分析问题，解决问题，不能当传达室，照抄照搬！”大自然和人类社会的发展变化多端，好多事情是我们事先无法全面准确预料的，举措自然会相对滞后和软弱。面对“不确定信息”，对领导干部来说仍是一个考验。潜江市“冒了一点点不是太合规的风险”，意味着可能判断失误造成一定程度的损失，可能违反有关规定犯错误甚至更严重，但是，在人命关天的突发事件面前，领导干部应该承担这样的责任，作出相应的决策。

习近平总书记主持中央政治局常委会第二次研究加强疫情防控工作会议指出：“这次疫情是对我国治理体系和能力的一次大考，我们一定要总结经验，吸取教训。要针对这次应对中暴露出来的短板和不足，健全国家应急管理体系，提高处理急难险重任务的能力。”如果各级政府和社会各个管理部门都能按照会议要求，以此次“疫情”作为学习落实中央十九届四中全会《决定》的练场，就会吃一堑长一智，在实践中变得更聪明一些。

不久前中央印发《关于进一步激励广大干部新时代新担当新作为的意见》，其中就有“建立健全容错纠错机制，宽容干部在改革创新中的失误错误。”我以为，按照习近平讲话精神，在这疫情“大考”中，应提倡和激励更多的领导干部和办事人员，面对“不确定信息”敢于担责，提高自己管理决断能力，为抗击疫情夺取最后胜利再建新功！

（原载 2020 年 2 月 13 日《半月谈评论》，2020 年 2 月（中）《人民论坛》转发）

第四章

公民表达的宽容胸怀

我们前面论述了公民意见表达需要坚持民主意识、科学精神、独立品格，接着就要讲到宽容胸怀。在人们的印象中，只要提到评论，只要说到意见表达，就会使用“犀利”“尖锐”等字眼，为什么呢？因为“投刀”“匕首”是评论的重要功能，在社会发展的进程中它发挥着针砭时弊、鞭策后进的作用。这是完全正确的。但是，这些作用只是评论和意见表达的重要部分，而不是它的全部。评论和意见表达的整体功能和作用应该是民主意识、科学精神、独立品格和宽容胸怀的完整统一。公民参与社会管理的意见表达，最终目的是促进整个社会各地区、各民族、各部门、各群体之间的相互交流与交融，达到“各美其美、美人之美、美美与共，天下大同”那种和谐共融的社会状态。所以，说到评论和意见表达，就一定少不了宽容。

第一节 公民表达崇尚宽容胸怀

一、宽容内涵解读

什么是宽容?《现代汉语词典》解释为"宽大有气量,不计较或不追究"。房龙在其著作《宽容》中参考了《大英百科全书》:"该书第26卷1052页这样写道:'宽容'(源自拉丁语 tolerare,忍受),容许别人有行动和判断的自由,对不同于自己或传统观点的见解的耐心公正的容忍。"[①]宽容意味着共存,意味着各种相异的事物之间的多样化共存。此外,宽容承载着平等与公正的理念。它既存在于道德层面,也存在于哲学和政治层面。从微观上看,宽容是一个人行走于世的态度,是一种度量、一种胸怀,它教导我们以平等、互敬之心看待世间的人与事,它表现在我们生活中为人处事、待人接物的方方面面;从宏观上看,宽容是一个社会的价值理念,历史告诉我们宽容是和谐、发展的必要条件,是人类世界前行之翼。

从知识论的角度看,人类对世间万物的认识永远都无法摆脱历史局限性带来的影响。约翰·密尔曾在其著作《论自由》中写道,所有对言论的压制都假设自己本身不可能是错误的。但实际上并没有人可以永远正确,即使在一个时代被认为是普遍正确的思想,也可能是有偏差的。"每个时代都曾抱有许多随后的时代视为不仅错误并且荒谬的意见;这就可知,现在流行着的许多意见必将为未来时代所排斥,其确定性正像一度流行过的许多意见已经为现代所排斥一样。"[②]

在西方,宽容精神是自由主义孜孜不倦的追求之一。宽容是一种开放的观念、一种大气的思想,还是一种敢于正视真理的勇气。最初西方提倡宽容源自对宗教信仰自由的向往,在对待异教徒的问题上需要宽容的精神。早在13世纪意大利神学家托马斯·阿奎那(T. Aquinas)的《神学概论》中就出现了对宽容问题的讨论。房龙的著作《宽容》也生动地向世人描绘了"宽容"的概念。

1945年诞生的《联合国宪章》序言中说:"力行容恕,彼此以善邻之道,和睦相处。"

1995年,联合国成立50周年时,联合国教科文组织总干事以"宽容——全球安全不可或缺的要求"为题撰文,指出宽容是一种道德情操、政治义务,是维护人权和民主的责任所在。当年,联合国教科文组织在通过的《宽容原则宣言》第1条中对宽容做了如下声明:

宽容是对我们这一世界丰富多彩的不同文化、不同的思想表达形式和不同的行为方式的尊重、接纳和欣赏。宽容通过了解、坦诚、交流和思想、良心及信仰自由而得到促进。宽容是求同存异。宽容不仅是一种道德上的责任,也是一种政治和法律上的需要。

---

① [美]房龙:《宽容》,郭兵、曹秀梅、季广志译,北京出版社1999年版,第11页。

② [英]约翰·密尔:《论自由》,程崇华译,商务印书馆1959年版,第21页。

宽容,这一可以促成和平的美德,有助于以和平文化取代战争文化。

宽容不是让步、俯就或迁就。宽容首先是以积极的态度承认普遍的人权和他人的基本自由。在任何情况下都不可以宽容来证明侵犯这些基本价值是有道理的。宽容是个人、群体和国家所应采取的态度。

宽容是一种确认人权、多元化包括多元文化、民主和法制的责任。它摈弃教条主义和专制主义并确认国际人权文件所提出的标准。

宽容与尊重人权是一致的,它既不意味着宽容社会不公正行为也不意味着放弃或动摇人们各自持有的信仰。宽容是指人们可自由坚持自己的信仰,并宽容他人坚持自己的信仰。宽容是指接受事实,即人在相貌、处境、讲话、举止和价值观念上天生不同,但均有权利按其本来之方式和平生活。它也意味着人之观点不应强加于他人。

《宽容原则宣言》第5条承诺:我们保证通过教育、科学、文化和传播领域的计划与研究机构努力促进宽容和非暴力。

第6条指出:为了发动民众、强调不宽容的威胁,并以更有力的保证与行动支持促进宽容的宣传与教育,联合国教科文组织于一九九五年十一月十六日第二十八届大会规定每年的11月16日为"世界宽容日"。①

联合国教科文组织曾在对宽容日的介绍中提到,构建宽容、诚信社会不是一朝一夕能完成的,它需要时间,需要社会各方的共同努力。因此,联合国教科文组织呼吁整个社会普及宽容教育,呼吁不同民族了解彼此的文化,相互尊重,和谐相处;同时强调,宽容教育要从孩子抓起,父母尤其要特别注意自己的言行举止可能对孩子产生的影响。

2000年,世界领导人在通过《千年宣言》时就认识到了这一点,因此,他们将宽容作为21世纪国际关系必须建立其上的根本价值之一。

2005年5月3日,联合国新闻部在纽约总部举办了研讨会,主题是"宣扬宽容:媒体的作用"。

2005年9月14日至16日,各国国家元首和政府首脑在纽约联合国总部聚集一堂,他们重申宽容是一项共同基本价值,对国际关系极为重要,认识到世界的多样性,并承认各种文化和文明都为人类的丰富多彩做出贡献。世界领导人还强调体育可以促进和平与发展,有利于创造宽容和谅解的气氛。

2011年,联合国秘书长潘基文在"国际宽容日"致辞,呼吁每人每天奉行宽容,消除偏见和仇恨。

中国数千年的农耕经济造就了中国文化兼容并蓄的包容性格。春秋战国时期诸子百家争鸣,儒家、道家、法家、墨家在争鸣中共进。中华文化的显学"中庸之道"包含了宽容的意境。人们常将中庸之道的精神归纳为三个原则:慎独自修、忠恕宽容、至诚尽性。

---

① 宽容原则宣言,http://www.un.org/zh/events/toleranceday/declaration.shtml。

《中庸》中写道:“君子素其位而行,不愿乎其外。素富贵,行乎富贵。素贫贱,行乎贫贱。素夷锹,行乎夷锹。素患难,行乎患难。君子无入而不自得焉。在上位不陵下,在下位不援上,正己而不求于人,则无怨。上不怨天,下不尤人。故君子居易以俟命,小人行险以徼幸。子曰‘射有似乎君子,失诸正鹄,反求诸其身’。”它倡导人们将心比心、互相谅解、互相关心、互不损害、忠恕宽容、体仁而行、并行而不相悖。

二、宽容意味着关爱与尊重

宽容是一种智慧和勇气。宽容他人,需要宽广胸怀。容人之时也要勇于自我审视,“三省吾身”,学习借鉴他人身上的优点和长处,完善和强化自身,以开放的求知心理形成良性循环,不断进步。生活中细节中常常折射出人们的品格,互敬互重、平等待人、关爱他人都是宽容胸怀的表现。

在社会生活中,人们常常会因为各自的利益和诉求不同,对相同事件有不同的认识和意见表达。据报道,在贵州省贵阳市 5 处匝道监控点中,花溪大道上都司高架桥匝道处车辆违法最多,很多车辆不按序排队、压实线插队。4 个多月中,贵阳交警电子警察共在此抓拍了近 10 万起压实线行为,平均每天 700 辆车违法。这则新闻一出,批评的声音不绝于耳:“本来就很堵了,还添乱”,“又是为了创收”,“抓拍这么多,依然挡不住,有什么用”……但在谈论处罚是否过严时,我们忘记了另外一些人如出租车司机的命运。因为在此前,在 103 国道北京通州段,为躲避一辆突然压实线变道的小轿车,一辆大货车猛然转向,结果侧翻压扁一辆正在等红灯的出租车,造成出租车司机当场死亡。在这起事故中,出租车司机这个遵守交通规则的人,却付出了生命的代价。

对此,有人发表评论说:对身处贵阳的司机来说,这 10 万起压实线的处罚,确实是突然多出来的压力。很多人已经习惯了,他们可能都不知道自己违了规,或者会觉得处罚太严厉。但对于北京那位出租车司机,如果他还能表达意愿,他肯定会呼吁对交通规则执行应更加严厉。因为这样,他也许就不会遭受无妄之灾。

当规则管到自己时,哪怕只是多一点点束缚,不少人仍会感到不自在。当破坏规则的危险发生在别人身上时,哪怕千里之遥,都能产生“人同此心”之感。那些抱怨电子警察处罚太严的人,前几天可能也都在对那位北京司机抱以同情,并大声谴责违规变道。这样一种普遍的社会心理,反映在舆论上,就是太关注“应然”而很少关注“实然”。

所谓“应然”,是指应该呈现的状态。老人倒了有人扶,旅游景区不乱刻,路上开车守规矩……这些社会的细节问题,如果从“应然”角度来看,都是现代社会必备的条件,实现起来并不困难。从这个角度看,我们的确很难理解,为什么还会有那么多令人匪夷所思的新闻出现,前几年曾经发生过四川成都两个司机竟然因为开车变道而大打出手,甚至引发全国性大讨论。其实,这些匪夷所思的事件,哪一件不是当下社会的现实存在？只不过我们常常越过当前的问题，过多地关注它们本应呈现的样子，而忽视了其演变的路径。

社会问题的解决需要一个过程，需要从每个人认清“实然”的态度开始。批评抱怨指责易，看清问题的症结进而解决问题难。从现实做起，每个人真正做到约束自己、宽容他人，才会少一些“一言不合就动手”的磕碰，多一些遵守规则、倡导文明的和谐。①

培养民众的宽容胸怀不是一件容易的事。孔子说道，“己所不欲，勿施于人”。《马太福音》中也认为，“你们愿意别人怎样待你，你们也要怎样待人”。心理学上将这种理论为“心理位置互换”，即设身处地站在对方的位置上，想想对方此时此刻的外部环境影响和内部生理、心理感受。心理位置发生了变化，特别是站在对方的位置上，看问题的角度不同了，心理感受不同了，利益关系也不同了，自然也就比较容易做到与人为善了。

当然，心理位置互换，只是寻求联系双方感情相融的一个基本前提，并不是要求完全站到对方的立场上特别是对方错误的立场上去迁就对方、包庇对方，那样，不仅帮助不了朋友，有时反而害了朋友，这是我们应该把握的。

在思想领域中，要承认多种思想、思潮并存的客观事实，在人际关系领域中，要承认个人、群体、派别并存的客观事实。在此基础上，李大钊曾指出，落后和进步，保守和创新之间，差别并不是绝对的，双方都有合理的和不足之处。所以，进步者应注意吸取一切合理的因素，以“求达于真理”。

于丹凭着《百家讲坛》的《〈论语〉心得》《〈庄子〉心得》的讲演和两书的出版，一炮打响。读者对她的批评，有的是学术的，也有非学术的。对于学术的不同见解，未见她有所争辩；对于非学术的批评，她也表现平静和淡然。有的说她“不学无术”，有的说她“文史功底等于零”，“不如一个初中生”，甚至说她是“文盲”等。面对这类批评，于丹的反应却超乎寻常，她没有“一触即跳”，也没有进行以牙还牙的反击。她说她也是博士出身，对此批评表示“很理解”，甚至认为，“也许这是好事”，“愿意跟所有对我提出探讨的人一一握手，携手把文化金字塔建设起来”。②

面对近似苛刻的评价，于丹的自信和谦逊为她带来宽容，这的确值得称赞。实际上，很多人的不宽容源于恐惧或绝对的自信。害怕事物的发展、更改、交替会影响既有资源或利益的分布，进而压制不同意见。或固执己见，心胸狭隘，不能明了善待不同意见的好处，更难以虚心学习他者的长处。在判断是非时，不能以平衡的心态来做出评价，从心中所惧或固执己见出发，必然无法做出正确的衡量。这种简单的判断远远不能适应当今社会发展的需求。

随着社会的发展和进步，时常会出现一些新的政策，同时也会产生一些新的问题与

---

① 周龙：《多约束自己，少苛责他人》，2016 年 10 月 31 日《人民日报》。

② 郑荣来：《于丹的宽容值得推崇》，2007-05-09，http://www.hljnews.cn/xw_ljpl/system/2007/05/09/010018962.shtml。

矛盾，自然也会引起人们的议论和讨论。如计划生育在中国实施近40年后，2015年底国家颁布新的政策，开始鼓励生二胎。二胎政策出台后出现很多新问题，“自己生的孩子谁来带”便是其中一个社会问题。

2018年7月24日，《中国青年报》在报道《二孩时代，老人“松绑”的日子遥遥无期》中，讲了三个故事，从不同侧面反映了这个问题。在第一个故事中，似乎奶奶偏爱小宝却苛责大宝，引起儿媳妇不满，奶奶也因带着两个孙子却没落下好而满腹委屈；第二个故事中的爷爷奶奶，抚养头一个孙儿可谓是尽心竭力，但当第二个孙儿尚在母腹中时就表示不愿再帮着带，后来说到做到，儿媳妇觉得又累又委屈；出现在第三个故事中的陈阿姨，原本是个爱漂亮爱打扮的人，但等到退休来北京帮着女儿带孩子后，漂亮的衣服也没机会穿了，每天忙的是跑菜市场、带孩子出去玩这些事，还因为老伴在北京住不惯和对方分居。大致说来，三个故事列举了二孩家庭三种类型的老人，分别是“吃力不讨好”型、“吃苦吃怕了”型、“有苦自己咽”型。看来，许多二孩家庭都有一本难念的经，各有各的困难，但这些故事有一个共同点：老人受累了。

第二天，深圳特区报评论员邓辉林以“二孩时代，不能苦了老人”为题对这个问题进行了讨论。

据国家卫生健康委员会曾发布的数据显示，中国现有随迁老人近1800万人，占全国2.47亿流动人口的7.2%，其中专程来照顾晚辈的比例高达43%。如果要看有多少老人帮着带“二孩”，这个统计是远远不够的，因为在农村同样有许多老人在帮着下一代抚养下下一代。对城市的统计也是不全面的，因为还有许多和子女在同一个城市的老人，他们不需要随迁，就地帮孩子带孩子。

不得不承认，二孩时代，老人带孩子的劳累程度增加了。他们年岁又增，体力和精力在走下坡路，但现代育儿理念和子女提出的带孩子的精细化要求却与时俱进。谁来为这些老人“减负”怎样提升他们的晚年幸福指数呢?

评论指出，为老人“减负”，首先得尊重其意愿。如果老人不愿意帮着带孩子，子女也没有必要埋怨。老人没有帮着带孙辈的义务。一些年轻人自己的孩子都不愿带，又凭什么缠着父母让本来已经抚养了一代人的他们再来隔代带孩子呢? 特别是在可能造成父母分居、需要老人背井离乡、老人身体本身不济等对老人明显不利的情况下，子女更应尊重父母的想法。

同时评论也指出，为老人“减负”，子女自身也应充分做好“两手准备”。要二孩，不能以成功“绑架”老人为前提。如果老人不愿带，要做好自己带或请保姆的准备；即便老人帮着带，但老人的身体未必吃得消，也要做好万一老人中途退出“带娃老年军”的准备。做好了“两手准备”，也就没有必要对父母软磨硬泡，能让老人能轻轻松松地享受晚年。

最后评论提出更为重要的话题：为老人“减负”，社会还得多分担。培育出讲职业操守、有优良技能的保姆大军，才能让人们放心地选择保姆服务；建立相当数量的靠谱的幼托、早教机构，也能让老人早日松口气。做好这些工作，远比给家庭提供区区二孩奖励更重要。

带二孩的问题是一个复杂的社会问题，它需要协调社会各方面的关系，除了政府出台相应政策外，主要还是要求年轻父母以宽容之心体贴老人，不能为难老人。如果老人主动帮着带孩子，子女也得多关心、体谅老人，少责备，给老人多帮忙，不能假装自己忙得不行从而逃避带娃的琐碎事。如果因为带二孩而苛求于父母，这样的二孩不生也罢。

1. 宽容意味着容错创新

宽容伴随着人类社会的发展进程。科学的发展开启了一扇又一扇未知之门，传统的认识也常常被新的发现所修正。人类的历史已经有力地证明了唯有宽容才有进步，哥白尼与布鲁诺的悲剧才能不再重演。唯有秉持谦逊的态度，逐渐了解错综复杂的自然世界与人类社会，我们的认识才能无限趋近完备。科学探索存在很多不确定的风险，自然科学探索方式的演变也体现了宽容的必要。现代著名科学哲学家波普尔在探索性演绎法基础上提出的“试错法”，揭示了科学知识发展的过程，就是不断试错、排错的过程，即不断为解决遭遇的问题而提出各种大胆的尝试性猜想、试探性理论，通过演绎推理和实验检验，排除错误理论，选择出其中逼真度高的理论的过程。允许出错、容忍失败才能真正激发人们的创新意识。

2016 年 10 月，党的十八届六中全会提出，“建立容错纠错机制，宽容干部在工作中特别是改革创新中的失误”。2018 年 5 月，中共中央办公厅印发了《关于进一步激励广大干部新时代新担当新作为的意见》(简称《意见》)。《意见》再次强调，要“建立健全容错纠错机制，宽容干部在改革创新中的失误错误”，“切实为敢于担当的干部撑腰鼓劲”。来自中央的理解与支持，无疑给广大真正想干事的干部吃了一颗“定心丸”。但在实践中，还存在一些问题：有的机制十分抽象，政治宣誓意味强、可操作性却很差；有的只将基层干部列为容错纠错对象，上级部门或相关纪检部门却“正襟危坐”，做置身事外的“裁判员”；有的只讲“容错”，不讲“纠错”，以至于“知错不改”，变“容错”为“纵错”等。为了真正让广大干部克服“怕出错”的心理障碍，“卸下包袱”“轻装上阵”，既要建立科学完善、切实可行的容错纠错机制，更要在实际工作中将其落到实处。

为此，有学者发表意见要在实践中将这个好的法规真正落到实处：

其一，划清“可容”与“不容”的界限。要严格界定“敢作为”与“乱作为”的概念，严格划分“主观无意”与“明知故犯”“大胆创新”与“目无规矩”的界限。在不碰纪律红线、不越法律底线的前提下，对“该容的大胆容错，不该容的坚决不容”。严防有人模糊概念、偷换概念，拿容错当“保护伞”。

其二，涵养“敢容”与“真容”的担当。对普通人而言，宽容是一种修养、一种美德；对领导干部而言,“容得下”有失误的下属,则是一种可贵的担当。对待失误的干部,要有“敢容”的担当、“真容”的胸怀,真正做到为干事者撑腰、为担当者担当,才能让干部有持续前进的不懈动力。

其三,统一“容错”与“纠错”的关系。容错与纠错是激励干部干事创业的“一体两翼”,二者相辅相成、并行不悖。要求在建立完善容错机制的同时,还应建立与之配套的纠错机制,促使干部在出现失误后,及时止损,吸取经验教训,避免越做越错、重蹈覆辙,以更好地开展日后的工作。①

上面讲的是干部和人才使用中的宽容与创新问题,在人文社会科学和公民表达中更应秉持宽容的态度以化解冲突、取得共识。宽容胸怀是保证人文社会科学认识和研究活动自由发展、深入展开的重要条件。

人文社会科学认识和研究活动本质上是一种自由创造活动,它没有任何禁区可言,不同学派、不同观点之间可以进行自由竞争和平等争论。任何给其设定框架和限制的行为都是不宽容的表现。人文社会科学的这种本质要求人文社会科学家必须具备一种自由竞争的宽容品格。宽容品格是促进人文社会科学自由、深入和全面发展的必要条件。一方面,通过不同学派或人文社会科学共同体内部不同个体间不同理论、观点的自由竞争和平等争论,可以极大地激发主体探索人文社会世界奥秘的积极性,促使人们对问题进行深入的研究,而且在自由竞争和平等争论的过程中,争论双方还可以相互启发、取长补短,从而加深对问题的全面理解。另一方面,宽容使自由竞争和平等争论得以成为可能。不同的学派之间由于其所持范式的不同,其理论观点必然会存在巨大的差异,甚至对立。即使在一个人文社会科学共同体内部,不同的个体在某些具体的理论观点上也可能存在一定的差异或反差。宽容品格崇尚不同学派、不同观点的自由竞争和平等争论,它不要求他人的理论、观点和做法与自己一致,并认为他们由于这样那样的原因,理所当然有着他所不赞同的思想、见解和标准。但宽容也并不意味着对任何观点、见解、标准、行为方式和做法都不予计较,对任何事情都听之任之。在现实中,自由竞争的宽容甚至要求人文社会科学家坚持“百花齐放、百家争鸣”的方针,反对任何形式的“学阀作风”和以行政手段推行或压制某一理论观点的做法。②

2. 宽容意味着社会进步

社会的发展如同科学的探索,也是一个不断探寻、发现的过程。家庭生活、单位工作和社会改革同样也要求我们以宽容的意识相待,只有这样才能保障和促进家庭、单位和社会的和谐发展。

---

① http://theory.people.com.cn/n1/2018/0523/c40531-30008740.html。

② 欧阳康:《人文社会科学哲学》,武汉大学出版社 2001 年版,第 246 页。

据报道，有家跨国公司，新任经理都会从总裁那里得到木制套娃。其中，小木娃上有张字条：如果每个人都只用比自己小的人，公司就会变成矮人；如果每个人都能用比自己高大的人，我们就会成为巨人。这则故事告诉我们，对管理者而言，善用高大者便是容人之长，本质上即是容人之功。

据古书记载，赤壁之战前夕，张昭主和，周瑜主战，两人在朝堂之上争得面红耳赤。当孙权采纳了周瑜意见后，张昭转而积极配合支持周瑜，共辅孙权守土，留下了一段千古佳话。意见有分歧乃至纷争，并不可怕；凡事谋定之前，尽可各抒己见。但在谋定之后，则不可因观点相异而不作为甚或使绊子。张昭的故事启示人们，容人之功，体现在求同存异、从善如流。心中存有大格局、涵养乐见其成的雅量，处处补台、成人之美，方能凝心聚力，以求大功告成、美美与共。

现代科学记载，普瑞舍在研究中发现水母荧光蛋白后与查菲和钱永健等分享了成果，后者接力探索，完成了荧光蛋白在其他物种上重组研究且获诺贝尔化学奖。普瑞舍说："我真的为他们感到高兴，他们做了我做不到的伟大工作。"

在西班牙自行车赛上，车手埃斯特万临近终点时不幸遭遇爆胎，只好扛起自行车向终点跑去，紧随其后的车手纳瓦罗选择跟在后面慢行，最终与奖牌失之交臂。纳瓦罗说，"超越爆胎对手不大道德"。无论是为他人站在自己肩膀上成功而高兴，还是在竞争中坚守道义与精神，都彰显着容人的高尚境界。容纳他人成就意味着共创共享，往往孕育着伟大的美德。

上面讲的几个故事，引发一个大道理：一个人的成功不是孤立的，与他人的成长紧密相关。社会的发展永远靠合力推动，既以"建功立业舍我其谁"的精神履职尽责，又以"功成不必在我"的气度成他人之功，心田似海、同心同德、勠力实干，我们方能赢得更出彩的人生，成就更绚丽的事业。①

约翰·密尔在《论自由》中阐释了这样的观点：每一个人或组织或政府的意见都不可能绝对无误，但好在人类本身是能够认识错误并且改正的，这正是"作为有智慧的或有道德的存在的人类中一切可贵事物的根源"。② 人类依靠讨论和经验来纠正错误，而经验来源于处理事实和解释事实的过程。因此，讨论也是理解事实、提取经验的手段。经过验证之后的信条即使失败了也可以被看作是向真理迈进了一步。俄国思想家克鲁泡特金根据自己的观察和研究，提出了"互助论"，即除了达尔文的"物竞天择"，相互竞争之外，互助也是生物进化的一个要素。在他看来，从生物学到人类学，生存竞争是种族向外发展的一条规律，但之所以能够在竞争中获得成功，不完全是依靠弱肉强食，而是依靠本种族内部的协调与和谐，才有可能在残酷的竞争中获得成功。可以说，协作与

① 刘根生：《"容人之功"亦为功》，2017 年 2 月 24 日《人民日报》。

② ［英］约翰·密尔：《论自由》，程崇华译，商务印书馆 1959 年版，第 23 页。

宽容是人类在漫长的历史演变中得来的宝贵经验。

蔡元培任北大校长期间，当时各种学派涌现，在北大内部，北大共产主义、无政府主义、庶民主义、国家主义、保守主义等各种学说“五花八门”。“保守派、维新派和激进派都同样有机会争一日之长短。背后拖着长辫，心理眷恋帝制的老先生与思想激进的新人物并坐讨论，同席笑谑。……这情形很像中国先秦时代，或者古希腊苏格拉底和亚里士多德时代的重演。”[①]在这样一个并立竞进、包容并举的环境里，北京大学作为龙头引领了全国舆论和思想。

3. 宽容意味着沟通与交流

在言语表达方面，宽容有着更加重要的作用。思想的交流必需依托各种表达方式来完成，而言语是最便利的工具。多元的诉求、多样的表达使得我们生活的世界缤纷多彩。倘若人们耳边有且仅有一种声音，那么生活会变得单调乏味，而且社会的发展也会因为狭隘的视野无法前进。可以毫不夸张地说，当社会群体表现出宽容的心态时，才有所谓的言论自由，才能实现知识的融合、人类的发展。古往今来，无数哲人讲述了对自由交流意见的渴望，希望在交流中取长补短、吸取更多的知识，完善自身。约翰·密尔认为，真理是在争辩中产生的，如果将真理凝固起来，真理也就变成了教条。真理的强大源于它即使历经波折也会不断地为历史所证明的。胡适说：“言论所以必须有自由，最基本的理由是：可能我们自己的信仰是错误的；我们所认为真理的，可能不完全是真理，可能是错的。”[②]这种知识观念承认自己看法未必完全正确，而有时真理是掌握在少部分人手中。约翰·罗尔斯在《政治自由主义》(1993)一书中指出，自由、平等的公民如果要把社会建设成为一个公正的合作性体制的话，那就必须以政治宽容作为其基础。

从宽容和批判的关系上来看，任何批判的声音只有在自由、宽容的环境中才会有回音。这就是为何微博政治现在成为监督的新锐力量，而“文字狱”却在扼杀耿直或无辜的臣民。此外，在现实批判发展至理想状态的过程之中，宽容提供了冷静和克制的力量。“我不同意你说的每一句话，但我誓死捍卫你说话的权利。”如果批判以及回应批判的质量都需要宽容来成全，那么采取宽容的态度可谓更重要。

宽容和意见的表达与批判本是不可分割、相辅相成的，我们从不以否定一方为目的。我们只是希望通过这样的探讨，使宽容内化为我们的素养，让宽容成为刚硬的武器去破除偏见和单一，让宽容成为柔软的屏障从而保卫批判。

这世界上本来就没有什么东西是完美的，只有宽容的胸怀能够让我们坦然面对。离开了宽容，任何的差异与瑕疵无外乎是眼中钉、肉中刺，任何强加的改造也是野蛮和

---

① 关鸿、魏平：《现代中的中国——蒋梦麟社会文谈》，学林出版社版 1997 年。

② 胡适：《容忍与自由》，《胡适日记全编(卷八)》，第 604 页。

无益的。无论在什么时期，质疑的声音只有在自由的社会才会有回音，而一个社会公民群体的自由，正来自公仆与人民的宽容胸怀，是公民之间对不同声音的宽容，是公民自身对某些事情发声的宽容。否则，批判与嘈杂雷同，社会的智囊与莽撞胶着，效率之低，混乱之极，可想而知。

“两会”是我国人大代表和政协委员聚集在一起共商国是的重要时机，每年的“两会”都会出现一些人们关注的话题，正是这种交流和沟通，追求最大公约数，促进了社会的和谐发展。

公开表达和反映多元化的社会利益，应该是两会代表、委员们平等的、共享的权利，而这也正是每年两会的一大亮点。尽管每一位代表和委员的提案和发言可能还未能得到法律和政策的支持，也并非是全体代表和委员的一致意见，但是如果能够引发不同意见之间的交流与交锋，将对我们学会民主地讨论问题大有裨益。

有评论指出了中国政治的特色之一：大家喜欢戴着“公共利益”的面具说话。这种方式有它的坏处。第一，容易形成官话套话，不能将每个人说的话区分开来。第二，以为有一个超越于所有具体利益之上的“公共利益”，以为只有那些有能力的人才知道“公共利益”是什么。第三，有些人就会发现，可以在“公共利益”里面巧妙地塞进自己的利益，然后打击和压制别人的利益。要消除这三个坏处，唯一的办法是：

“大家都公开申明自己的利益所在，然后一起讨论，怎样的法律、政策、管理等，能够最大限度地符合最大多数人的利益，而相对代价最小，那才是大家都明白、大家都能讨论而且大家都有可能去改变的‘公共利益’。”

“公开表达和反映多元化的社会利益，应该是两会代表、委员们平等的、共享的权利，而这也正是今年两会的一大亮点。”

“如果能够引发不同意见之间的交流与交锋，将对我们学会民主地讨论问题大有裨益。事实上有关的讨论，甚至激烈的辩论已经持续了很久，客观上推动了更多的人关注讨论。这是好事而不是坏事。人们将逐渐认识到，真理也好，公共利益也好，只能在社会讨论中逐渐被发现，而不是自动掌握在领导或专家的手里。如果由此产生出更能辩论、更有理性说服能力的人充当人大、政协的代表委员，我们就能超越富人代表富人、穷人代表穷人这样的幼稚民主。”①

这篇评论得到了不少人的认同，而报纸敢于刊发不同意见，这本身就是社会进步的一个例证。

一段时间以来，关于网络社会与网络生态存在的种种问题，无时不在困扰着人们的生活。有人明明在被执法时不在理，错在自己，却恶意制作一出“警察打人”的短视频，污蔑警方暴力执法，大喊警察打人，操纵舆论，混淆视听。有人利用水军兴风作浪，恶意

---

① 郭巍青：《学习张茵不戴“公共利益”的面具说话》，2008 年 3 月 8 日《南方都市报》。

攻击他人。踩法律红线的违法行为有时得不到真正的追究，突破道德底线的言行有时也得不到应有的谴责，结果网络空间泥沙俱下，乌烟瘴气。

对此，有作者发表评论指出，网络社会“纵容作恶者”，并非是网络社会的本质和必然，而是网络社会成长发育的过程性缺陷。这是因为“沉默的大多数”基于心智与逻辑上的理性，基于人性上的谦让与容忍，总会在行为中“慢上半拍”，与网络传播的节奏造成结构性脱节。

评论认为，网络社会的成长与网络生态的改善，离不开占据社会大部分的“沉默者”的积极行动与理性参与。网络社会成员价值共同体的形成，必然以“沉默的大多数”为主干，他们越能传播正能量，那些少数的作恶者就越不受人待见，网络生态就会越呈现出风清气朗之景象。

我们欣喜地看到，当下的网络社会生态与数年前相比，有了质的提升：一方面是网络空间治理及法律规范的落实，另一方面就是“沉默大多数”的觉醒与发声，二者是相辅相成的。网络空间里理性的声音越多，网络社会这一前所未有的社会群体就越能走完其社会化进程。

“霍布斯式”的无政府状态，仅是网络社会从“生物体”转向“社会人”的过渡性缺陷，那些认为网络是法外之地，认为可以让一些不法之徒横行的想法，早已过时和可笑。[①]

国内事务的沟通需要宽容，国际交流更是如此。不同的文化背景、价值取向、文化修养与知识结构的人相聚在一起，差异越大，冲突愈激烈，愈加需要开放、和谐、宽容的氛围，换句话说，宽容是实现文化融合、进步的必要条件。世界上有许许多多的差异性与冲突性，但世界是一个圆，因此需要我们共同来营造一个开放、和谐、宽容的氛围，宽容是实现世界文化融合和进步的必要条件。正因为这个世界上有许许多多的不同，所以才需要我们去宽容、去接纳，公民表达也是如此，看待每一件事都要具备宽容的胸怀，眼光不能只聚焦在某一点上，不能只咬住一点死死不放。只有更多的包容与宽容，这个社会才会更加文明，更加进步。

---

① 和静钧：《网络舆论生态出现可喜变化》，2018 年 5 月 22 日《环球时报》。

第二节 宽容胸怀在公民表达中的作用

胸怀开阔天地宽

一、宽容有助公民表达把握认识规律

1. 新时代促进评论写作转向

报刊政论时代，文人们常利用评论阐释主张、表明立场、张扬个性，旗帜鲜明地与异见划清界限，慷慨激昂地批驳对方的观点，有时甚至直接质疑、讽刺他人的品行、言辞激烈。当时的报刊上登载的评论更多地带有杂文的表现特征。当然，这种现象源于当时救亡图存的特殊历史背景。虽然报刊登载的评论有新闻评论之“形”，但新闻专业主义所要求的客观、公正的精神在当时并没有得到重视。时至今日，提及新闻评论，不少人都会将语言犀利与辛辣刻薄画上等号，这不能不说是个遗憾。

随着历史的发展，评论的写作也在不断演进。多年来，我们的舆论宣传大都只按照领导机关和宣传者的意旨进行新闻报道和宣传。受众接收的信息大都是一面的意见，而不知道或很少知道另一面的意见和其他看法。历史已经验证，这种做法必然被社会发展所淘汰。

党的十九大报告强调：“发展社会主义民主政治就是要体现人民意志、保障人民权益、激发人民创造活力，用制度体系保证人民当家作主。”

“要长期坚持、不断发展我国社会主义民主政治，积极稳妥推进政治体制改革，推进社会主义民主政治制度化、规范化、程序化，保证人民依法通过各种途径和形式管理国家事务，管理经济文化事业，管理社会事务，巩固和发展生动活泼、安定团结的政治局面。”

“加强协商民主制度建设，形成完整的制度程序和参与实践，保证人民在日常政治生活中有广泛持续深入参与的权利。”

利用新闻媒体发表自己的意见，是加强公民有序的政治参与、保证人民依法实行民主管理和民主监督的重要方式。网络媒体兴起之后，开放、自由的网络传播空间开启了一个民意表达的新时代。对时事热点发表评论作为意见交流的一种重要形式吸引了广大公众的关注。传统的三大媒体也逐步确立了“言论立台”“言论立报”的发展思路。新闻评论的主题逐渐转移到社会主义现代化建设的相关问题之上，思考社会政治生活、经济生活中出现的热点、难点等值得注意的现象。

新闻专业主义意识的提高促使媒体评论朝向更理性、更客观的方向发展。公民的参政意识、议政能力、民主权利意识、程序意识的加强也在不同程度上改变着评论的语言、视角和价值判断。改革开放四十年以来，公民的权利意识迅速提高，利益诉求日益多样化。这样的时代背景下，新闻评论者的宽容胸怀也成为其必备的品格之一。《人民日报》原副总编辑米博华曾经说过：“评论作者必须有足够的宽容和足够的谦逊。宽容是善于听取各种意见特别是不同意见。不同意见不一定是正确的意见，但引为参酌，不无益处。谦逊是抱着向人求教的态度，不可固执己见、刚愎自用自以为是。”①

新闻评论的属性也要求评论作者拥有谦逊、宽容的度量，以平和的心态面对不同意见，重说理、重阐释，才能使评论获得更长久的生命力。

2. 宽容是公民批判意识的体现

事物不断发展变化规律对新闻评论者提出了更高的要求。辩证唯物主义认为，运动和发展是客观事物变动的基本规律，人们对事物的认识存在由表及里、由浅入深的过程。客观事物会不断地发展变化，人们也应该用动态的目光来解析事物，以更加全面地了解事实本身。倘若我们用绝对、单一的眼光看待问题，很容易出现偏差，得出错误的结论。从某种意义上说，人类的认识始终受到客观世界的限制，无法实现全知全能。在这种情况下，要对新闻事件做出客观、公正的评价，全面地了解其他看法，以允许不同意见的存在就显得尤为必要了。真理并不总是掌握在大多数人的手中，以长远的、全面的眼光评价事实，以客观、冷静的心态来评判异见，在观点的交锋中厘清对事实的分析，正是新闻评论作者的职责所在，因此，强化新闻评论者的宽容胸怀是应对事物不断变化发展规律的必然要求。

“今天的新闻就是明天的历史”。媒体上的新闻报道如同历史书一样，记载着每天发生在我们周围的事物。因此，新闻报道必须恪守真实、客观、公正的原则。同样出现在媒体之上的评论，也必须经得起历史的检验。这对新闻评论提出了更高的要求，它要求新闻评论作者深谙历史发展规律，以发展的眼光分析问题。目前，不少时评作者为求发稿，一味地求快、求异，只求一时的轰动效应，以为只有言语犀利、极力批驳讽刺才是评论，把评论等同于批评，把批评等同于批判。不错，评论的写作必须坚持批判的观点，但是思想的批判性是指一个人在进行“思维”这种脑力工作的过程中，能独立依据自己所掌握的信息和以往的经验，对某一问题进行评价的能力。一个有批判思维的人，在处理问题的过程中，不仅能够客观地衡量正反的论据和全面照顾有关条件，而且能够虚心地检验自我意见和及时放弃错误假设，既不人云亦云，也不自以为是。思维的批判性，表现为人们善于提出问题和找到解决问题的办法，善于根据实践情况创造性地思考，不易受别人暗示的影响，不盲从，依赖别人的结论。② 因此，评论的批判性特征并不影响宽容胸怀的存在，更进一步地说，宽容也是批判意识的重要组成部分。这里说的是对专业评论者的要求。其实，对于社会进程中的广大民众来说，当我们针砭时弊、抨击落后时，对于发展中存在不平衡不充分的现状和问题，也需要有足够的宽容等待。这绝不是迂

① 米博华：《怎样避免片面性》，《今传媒》2008 年 5 月。

② 宋书文：《心理学词典》，广西人民出版社 1984 年版，第 185 页。

就纵容，更不是坐视不管，而是以极大的耐心和良好的祝愿帮助和带领大家，并与大家一起摒弃贫穷和落后、愚昧和无知，从而走向共同富裕、全面发展的新时代。

二、宽容有利公民表达发挥社会功能

1. 评论者的宽容可转化为社会的宽容

从单个评论作品看，宽容胸怀更是评论写作的必需。通常引起评论的事件是社会公众关注的热点难点问题，越是有争议的话题，社会的关注度就越高，影响力越大。新闻评论告知大众的可能不是改造社会的具体方法，但它是一种理念、一种思维、一种观念。新闻评论为人们提供鉴别是非、善恶、美丑的思想准则，激发人们追求高尚的理想和情操，既影响现实生活中人们的行为和整个社会的风尚，又以潜移默化的方式提高整个民族的思想道德素质。

从社会的发展来看，评论作者个人的宽容胸怀也可以潜移默化地扩大成社会的宽容心态，促进社会中各阶层的交流，营造和谐的氛围，共同发展。美国价值与哲学研究会会长乔治 F. 麦克林（George F. Mclean），在谈及多元文化下人类的交往问题时，认为：真正的挑战并不只是在国家之内的各种力量，而是非常复杂的国际问题，是整个人类文明体系内部的冲突与协调问题。因为正如我们看到的，整个人类文明体系缺乏一种有效的自我防卫机制，而宽容精神的缺乏常常是导致当代文明体系发生剧烈冲突的直接原因。这要求我们对宽容的理解不能只是停留于将自身与他者区分开来的被动的宽容，而且还要把宽容看成一种不同文化背景的主体间能够相互合作，有益于身心健康和社会化功能的积极的交往智慧。[①] 宽容、沟通、交流构成了现代社会和谐发展的必然路径。评论作品对宽容的肯定可以借助媒体的放大效应感染更多的受众，在社会范围内倡导宽容意识，弘扬善良品质。

前些年曾有过这样一则报道，山东省威海市一位退休女教师遭遇歹徒入室抢劫，她在身中数刀的情况下与歹徒斗智斗勇最终占得上风，面对精神崩溃、瘫倒在地的 19 岁的歹徒，她拨打 120 急救电话，让歹徒得到及时救治。女教师的行为在社会上引发广泛的争论。褒扬者认为，她身上体现出的宽容精神难能可贵，应该得到倡导和弘扬。反对者认为，她善恶不分，她的行为很迂腐。[②] 赞同与反对的声音此起彼伏，网络新闻跟帖评论多达数千条。

事情发生后，《现代快报》综合各方观点，发表了组合评论《遭劫反救歹徒　宽容？

---

① 关鸿、魏平：《现代中的中国——蒋梦麟社会文谈》，1997 年学林出版社。

② 赵仁伟：《退休女教师遭抢劫身中数刀反救助疑犯引争议》，2008 年 4 月 9 日新华网。

善恶不分?》。文章包括《别用现实尺子丈量人性高度》(房媛),《宽容是一种震撼人心的力量》(赵仁伟),《救歹徒恰是善恶分明的表现》(王军荣)三篇评论,逐层深入地剖析了女教师的救人举动。

第一篇评论指出:无疑,这是一个不具复制性的孤例。出色的身体素质使李老师能与持刀歹徒进行殊死搏斗,作为一个母亲,其母性的情怀又促使她在歹徒精神崩溃的时候从容地对之展开说服;作为一名当了很多年的幼儿园老师的人,她毫不犹豫地想到"对于犯错的孩子,最好的方式是用行为去感化他";作为一个有恻隐之心的人,她别无选择地把挽救生命放在了第一位。诸多因素,造就了一段"道德传奇",在李老师看来,这或许只是出于一种人性本能——但恰恰是这一孤例,为我们描绘出道德理想与现实之间的遥远距离。

应该承认,在相同的情况下,绝大多数人可能都做不到这样,这可以理解。但为什么当李老师做到了,为我们展现了人性至真至美的一面时,我们不去尽情享受,反而不认同,质疑,甚至非议呢?原因大概不是在于我们总是常怀警惕之心,而是我们逐渐失去了对人性的美好信仰。

李老师身上体现的宽容精神应该大力弘扬。就当下而言,大力弘扬其实并不现实,也无可能,但至少,我们要懂得去欣赏,明白在我们的固有观念之外,人性可以抵达的方向。

第二篇评论认为:在处理人际关系中,不看对象、不讲条件地滥施善心,显然是迂腐的。对违法犯罪行为来说,尤其不能姑息养奸,但这并不等于说,人们在用法律武器保护自己的同时,应当放弃道德对违法犯罪行为人的教化力量。人犯了错误,应当予以相应惩罚,但这并非目的;让迷途者知返,令邪恶的心灵重归善良,才是真正的目的。没有人天生就是罪犯,一些人走上犯罪道路有着复杂的因素,正如李建华所说,犯罪分子是可恨的,但也是可怜的。因此,不应该一棍子打死,而应该用感化的方式教育他们,帮助他们重返社会。

宽容是人类文明的重要内容,是一种能够震撼人们心灵的神奇力量。在历史的长河中,有过许多对敌视甚至伤害过自己的人不计前嫌,以友善、宽容的态度对待对方的经典故事,古代先贤追求的道德境界,同样是现代社会价值体系中不可缺少的一部分。它体现的是一种宽容、善良、同情的人道主义情怀,这对化解人际纠纷、减少社会矛盾、构建和谐社会有着积极的现实意义。

第三篇评论针对许多人认为李建华善恶不分的批评,发表了自己的意见,认为李建华的行为恰恰是善恶分明的表现。

李建华并不惧怕恶,而且敢于与恶做斗争,最终使歹徒精神崩溃、瘫倒在地。当精神紧张、体力耗尽的歹徒崩溃了,央求李建华杀了他的时候,这个歹徒已经不是歹徒,而是病人了。他已经无力再为恶了。面对病人,面对一个需要受到帮助的人,难道不应该施以援手吗？歹徒的生命同样宝贵，对歹徒的处置只有法律，我们任何人都无权剥夺别人的生命。面对生命即将消逝，依然非常冷漠，这怎么能算是善恶分明呢？

在公众面对多元的价值观出现选择迷惘之时，新闻评论作者有责任有义务传播一种顺应时代需要的新思想、新观念，提供正面的价值观、以善的取向积极引导公众帮助公众在复杂多变的形势下做出正确的选择。

2. 新闻评论是展示社会宽容的平台

新闻评论是一种有形意见的表达，大都由媒体的专业评论员和谙熟评论写作之道的业余写手完成。提高公民的意见表达能力，学习媒体上刊发、传播的新闻评论是一种好方法。

从2018年7月1日起，成都《城市轨道交通运营管理规定》正式实施，新规明确禁止了9类危害或者可能危害城市轨道交通运营安全的行为，包括禁止强行上下车，禁止攀爬或者跨越围栏、护栏、护网、站台门等。新规还将建立从业人员不良记录和乘客违法违规行为信息库，即通常认为的“黑名单”。此外，2017年6月1日起施行的《成都市城市轨道交通管理条例》也有相应的禁止性规定，如地铁上不能吃零食；除导盲犬外，其他动物不能被带上地铁；“主观恶意”逃票行为，除补票款外还将行政处罚等。先有条例，眼下又出台了规定，成都的轨道交通正在走向制度化、规范化。与之相对应的一些问题、困难，也会随着各项制度措施综合发力而得以破解。有问题不要紧，要紧的是想办法解决问题，乃至预先作防范，未雨绸缪，尽量避免问题的发生。

于是，有评论写道：在地铁的管理中任何单纯指责乘客道德的做法，都是不可取的，也不会有很好的效果。很简单，任何人的道德都具有一定的外部性，都与制度环境有着广泛的联系。这也表明，若想提升乘客的道德水平，还是要从构建基础性的制度入手，制度越严密、管理越精细，乘客的行为就会有所依傍，而不至于放任自流。

评论中举当年5月19日事例：成都草莓音乐节散场后，成都地铁4号线非遗博览园站迎来了数千名乘客。其中一部分乘客未购票直接翻闸进站的不文明乘车行为，引起了社会的关注与讨论。乘客直接翻闸进站，固然是一种失德行为，然而，我们在谴责乘客的同时，是不是也应该有所反思，在面对大流量乘客的时候，该如何有效、快速地疏解分流？还有，地铁的支付系统是不是也该有所改进，以方便乘客快速通过？如果能够多一些便利、多一些用户思维，不文明乘车行为就会少一些。

评论认为：事实上，成都在地铁上的相关制度已经十分细密，几乎穷尽了一个乘客在城市里生活的所有可能行为。基于精细化管理的思维，确实能够为乘客的行为设定种种规矩，有了这样的规矩，就能解决相应的问题。当然，从操作层面而言，地铁管理的相关举措还可以规定更精细，更便于乘客的出行。不仅要有“禁止项”，也要有关怀。譬如此次成都地铁为导盲犬开了口子，就体现了城市对边缘群体的善意。只有当制度体系既能严管也能够体现管理者的温度时，才会产生正向激励，进而实现乘客与管理者共同维护地铁秩序的目标。①

地铁管理要有“温度”，这种“温度”就是在保障地铁安全正常运行的同时，也要考虑到乘车者的需求和感受，创造和提供能给予人们温暖的环境与氛围。那么，对于一个城市来说，还需要什么呢？城市是经济发展的产物。生产要素的集聚性、运行的高效性、功能的综合性、文化的多元性，使其成为一定地域内社会生产力最发达、最聚人气的地方。不过，随着规模不断扩大，一些地方的“城市病”也初见端倪。房价高涨、交通拥堵、看病难、上学难……要解决这些问题，一方面要不断做大经济蛋糕，增加公共产品和服务的供给数量；另一方面，更现实的是提高城市治理效率，以精细化管理、人性化服务，改进现有公共产品和服务的质量，让每一个生活在这里的人都有获得感、安全感与归属感，这也是满足人民群众对美好生活追求、提高经济发展质量的题中应有之义。

有人发表评论指出：“城市最好的气质是友善”——用仁爱之心体察居民的难处，尽最大努力满足各群体需求，用有温度的沟通让管理和服务更有人情味，使城市实现包容性增长。

那么，如何让我们的城市更友善？首先，确保基本公共服务供给更加公平、公正。其次，提高各项公共服务供给的精准性、有效性。把百姓反映强烈的热点、难点、堵点，当成相关部门优化管理的起点、重点。幼儿园、托老所、车位、菜市场、公厕够不够？布局是否均衡？为什么有的路口高峰时段始终拥堵？要问需于民、问计于民，精准施策，补齐公共服务短板。最后，需要管理者更“感性”，也需要居民更“理性”。管理者多到基层走走，在不违反刚性规则的前提下，处理问题尽量柔性，让居民感受到温暖；居民面对各种难题烦恼，也要更加理性。只要双方共同努力，国家不断增加民生投入，更充分更平衡地发展，明天就一定更美好。②

我们进入了新时代，我国社会主要矛盾已经转化为人民日益增长的美好生活需要和不平衡不充分的发展之间的矛盾。人民美好生活需要日益广泛，不仅对物质文化生活提出了更高要求，而且在民主、法治、公平、正义、安全、环境等方面的要求日益增长。发展不平衡不充分，已经成为满足人民日益增长的美好生活需要的主要制约因素。

在新形势下，各种社会问题增多，各种发展矛盾加剧，部分人心理容易失衡、评判容易偏颇，一些偏激情绪和极端主张颇有市场，不仅弱势群体有，一些衣食无忧者也有；不仅普通群众有，甚至一些干部也有。这些偏激心态，往往源自片面地从一个角度、一个层次看问题，过于强调主观感受的合理性和正当性，要么无视其他见解和主张，要么将不同意见说得一无是处，在极化的情绪中丧失了对客观世界的正确把握。

---

① 黄羊滩：《地铁管理有硬度更要有温度》，2018 年 7 月 8 日《法制日报》。

② 曲哲涵：《城市最好的气质是友善》，2018 年 5 月 4 日《人民日报》。

当今社会，多元化趋势明显，由于人们的知识背景、生活经历和兴趣爱好不尽相同，认识和分析问题的角度也可能不一样，出现一些不客观的认识、不理性的情绪，并不奇怪，甚至在一定程度上是应该予以包容理解的。但理解包容，绝不是视而不见。从社会管理的角度，尤其应该重视这些情绪产生的根源，采取各种行之有效的措施，宽慰疏导，防止个人的偏激认识和主张，发酵放大成为某一个社会群体的极端共识，以致伤害和割裂社会共识，制造人群的对立和社会的混乱。

对此，《人民日报》曾发表评论指出：偏激情绪及其衍生的极端主义思想，由于逻辑简单、立场偏执、态度纯粹，颇有鼓动性和影响力，经由互联网络和特殊个案的放大，就更容易激发出盲目躁动的"集体无意识"。认识到这一点，社会管理者尤其要树立"功夫在平时"的意识，创造条件让各种利益主体充分辩论博弈，在社会治理的一点一滴中体现辩证观、弘扬辩证观，寻找最大社会公约数。把知与行统一起来，用情与理唤醒共识，我们才能最大限度地凝聚起破解发展难题、推动社会进步的积极力量。①

① 荔红：《以辩证思维化解偏激情绪》，2013 年 6 月 3 日《人民日报》。

第三节　公民表达宽容胸怀的培养

兼容并包，美美与共

一、尊重他人是培养宽容胸怀的前提

1. 自觉培养尊重他人的意识

宽容首先表现为对他者的尊重，这是一切行为举止的起点。尽管看法可能存在着差异，但人与人之间应该是平等的关系。人们都有表达自己意愿的权利，有选择生活方式的权利。

公民表达是一种意愿表达，它会因表达者的职业、学识和阅历的不同而千差万别。有的人身居高位，有的人则是平民百姓；有的人思想深邃，有的人则知识贫乏；有的人能侃侃而谈，有的人则嗫嚅不言。这种差别是存在的，但这并不意味着谁就高人一等，可以站在某个高处指手画脚，评判他人。承认差距并宽容对待每一位参与意见表达者，这才是我们创造和谐共融人际关系的基本前提。社会现实颇为复杂，公民表达的依据往往是媒体的报道和自己的某些接触，对事件全局的了解十分有限，简单地把人或事评价为好或者坏未免有些武断。在尽量全面了解掌握事实的基础上，在评价问题时要将重点放在说理、阐释之上，有理、有力地论证自己的观点，尊重他人，以理服人，要尽量避免对其他参与者进行人身攻击和人格侮辱。

李大钊是一位出色的政论家，在评论新旧文化之争时，他曾在文中讲到："我又确信这两种思潮，一面要有容人并存的雅量，一面更要有自信独守的坚操。"①

在尊重他人的基础上，聆听他人的倾诉、了解他人的主张，以平等的姿态进行思考、对比，这样所得出的评价经过了审慎的思考和理性的升华，自然能找到公正评价的路径，有力地切入问题的要害，寻找到症结所在。不要忘了叔本华曾经说过："要尊重每一个人，不论他是何等的卑微与可笑。要记住活在每个人身上的是和你我相同的性灵。人虽千差万别，但都有自尊，谁都反感别人的白眼和嘲笑。做人要厚道，每个人都有优点，不要只看别人的不足。"②

《人民日报》官方微博曾发布了一组主题为"感谢你，陌生人"的照片，引发了网友的共鸣：用车灯照亮孩子回家路的司机，脱下雨衣为婴儿遮雨的送餐哥，脱去冬衣趴在冰面上救孩子的好心人……面对这些尊重他人、善待他人的画面，不少网友也纷纷晒出自己亲历的温暖故事，大家留言感叹："好人一生平安"，"希望善良的陌生人都被这个世界温柔以待"。尊重和善待陌生人，这不是简单的鸡汤式号召，背后有着现代社会良性运转不可或缺的逻辑。

---

① 《李大钊全集(第2卷)》，人民出版社2006年版，第312页。

② https://www.juzimi.com/ju/2784059。

现代社会的发展，人们选择了大规模聚居的城市生活，一个城市聚集上千万人口，提高了效率，带来了繁荣。可是，也带来了新的社会问题，门对门谁也不认识谁，冷漠、疏离，人与人之间隔上无形的墙，“人越多的地方越寂寞”，成了一种现代病。甚至，一旦发生冲突，马上戾气爆棚。

怎么在社会中重建相望相守的温情，消弭撕裂社会、以邻为敌的戾气呢？有评论写道，除了用法律规范边界、守牢底线之外，还必须增添热情、善意的社会黏合剂。这个黏合剂，在思想意识上，首先就是打破个人的“蚕茧”，建立宽容的共同体意识。不去追求个人意志的绝对伸展，去寻找人世间最大的公约数。一条道，自己要走，也给别人留下空间。进而，从利他中发现快乐。快乐很多时候在于周遭的良性反馈。打墙壁一拳，自己的手会疼；赠别人玫瑰，手留余香。想明白了道理，还要马上去做。今天的受助者，也许就是明天的助人者。这样交互起来，社会风气就会淳厚、和谐，就能把那些刻薄和乖戾冲掉。①

2. 行文表达以尊重他人为底线

早期的评论受到杂文的影响颇深，言辞激烈，这种现象虽然有所好转但在文字论战中也时常出现，在讲述观点的分歧中夹杂着对他人的讽刺和贬损，粗口和脏话也出现在其中。试想评论若连他人的意愿都无法倾听，又何谈了解，何来评判呢？这样的评论难显公允，评论的说服力大打折扣。尊重他人是进行理性评论的基础，这不仅是对专业评论员的要求，也是广大公民在进行意见表达时需要提醒引起注意的。

宽容意识要求我们尊重他人的人格、尊重他人表达的权利。新闻评论评价的大多是社会中发生的负面现象或者权力运用中的偏差行为，抨击社会中的丑恶现象，弘扬正气。在日常生活中，常有人以为，评论似乎总应该戴着“横眉冷对”的面具出现在媒体之上。的确，指出社会运行中出现的杂音与偏差是新闻评论作者的职责，很多作者在撰写评论时常被“正义的火气”激得口不择言、欲除之而后快。殊不知，写作的激情固然可以使文章酣畅淋漓，但有时也会遮住双眼，使人无法做出正确的判断。《人民日报》评论员李德民曾说过：“冲动可以说是评论的一种‘暗伤’……冲动的评论会有许多读者叫好……使人在感情上得到一时的满足，觉得痛快有劲……冷静下来以后会发现它的偏颇，很可惜，此时，它已经引起一些不良的影响。”②目前出现在我国报纸上的评论大多能够遵守着“评事不评人”的做法，在写作中尽量避免人格侮辱性的词眼，但在网络评论中，这种只顾泄愤而不顾他人尊严的现象仍然十分常见。可以预见，网络新闻评论的写作还将经历回归与修正的漫长过程，其中，如何在生活中、在传播中保护公民的隐私就日

① 孙志男：《善念就像拿蜡烛点蜡烛》，2018 年 5 月 22 日《人民日报》。

② 李德民：《新闻评论探索》，人民日报出版社 1991 年版，第 102 页。

益显得突出了。

互联网对社会生活的不断深入，大数据和人工智能时代的全面到来，既为我们创造了极大的便利，又使得潜在的危险性和破坏性与日俱增。过去20年，中国互联网的快速发展一定程度上是以牺牲隐私为代价的。但是，这绝不是网民真正乐意的，而是因为制度不完善、规则不明确、维权成本高造成了普通用户的无力和无奈，导致了整个社会长期的麻木和漠视。在巨大的利益驱动下，极低的违法成本纵容了中国互联网企业在隐私问题上长期放任和滥用的事实。可以说，这是中国互联网最大的原罪之一，也几乎是每一个互联网巨头的原罪所在。如今，这个局面必须终结。2018年5月19日，为了更好地保护乘车人的个人隐私，停业整顿一周的滴滴顺风车悄然恢复业务。无论司机还是乘客，必须完成多个步骤后，才可使用顺风车业务。这让大家一时间难以习惯，业务冷清很多。为了保护人们的隐私和安全，的确需要付出代价，有所取舍。

这次整顿由此事而引起：在2018年5月5日晚上，空姐李明珠在执行完航班任务后，在郑州航空港区通过滴滴叫了一辆车赶往市里，结果惨遭司机杀害。5月10日，滴滴公司向全社会公开征集线索，寻找一位名为刘振华的顺风车司机。5月12日凌晨，经多方努力、全力搜寻，警方在郑州市西三环附近一河渠内打捞出一具尸体。警方已对打捞出的尸体DNA样本完成鉴定，可以确认，此次打捞出的尸体确系杀害空姐李明珠的犯罪嫌疑人刘振华。[①] 对此，网友发表评论：

艾米Amy1203：好多次都是号码不对，车牌不对，不敢约车。求规范。

古风秋木：滴滴打车，认证门槛太低，安全隐患重重！

-Y-葉楓-F-：滴滴打车，经常打到号牌对不上的车辆，但司机电话是一样的，顺风车就更乱，滴滴公司现在的管理非常差。

打眼的豆角：看得我眼泪都掉下来了，太坑人了！一个孩子培养这么大了，如今没了，这哪是要她一条命啊？这是要全家人的命啊！

Rene俞皮蛋：看到一个中年男人坐着擦眼泪，只能说看得心里难受。愿早日抓到凶手，严惩不贷。[②]

《环球时报》发表了浙江传媒学院互联网与社会研究院院长的一篇评论，该评论指出：郑州空姐遇害事件告诉我们，忽视个人信息和隐私保护，不仅会影响我们生活的质量，也会损害个人利益和财产，甚至危及生命。而其中最大的挑战就是超级平台权力和责任的严重失衡。隐私问题依靠互联网企业自觉、自律是极不可靠的。真正符合网络时代的新体系化社会保障制度，需要政府和社会力量群策群力。

“空姐案”是中国人最新一次重要的隐私启蒙。一次次案例甚至血的代价让中国人

---

① https://baike.baidu.com/item/5·6郑州空姐打车遇害案/22572396? fr=aladdin。

② http://www.sohu.com/a/231159497_349333。

逐渐明白了隐私的重要性，知道了法律制度改进与完善的迫切性。接下来，中国互联网企业必须将隐私问题纳入企业价值观最重要的内核之中，落实到每一个产品和服务之中，建立起真正可持续的健康商业模式。这是我们的必由之路，也是走向全球化的基本要求。①

郑州空姐事件只是现代化进程中的一例，但悲惨的教训却是深刻的。这种教训，不只是发生在与网络相关的行业里，不仅表现在人们的行为方式上，更应该引起全社会各行各业的注意，同时也应倡导公民在表达时保护他人的隐私，在要求自己自由表达的同时，尊重他人的存在和自由表达的权利。

二、客观理性是公民表达的生命力

1. 坚持公正评论，不做“道德审判官”

法律意识、人权意识淡薄曾经在我国出现过一段时间。“文化大革命”十年动乱时期，贬低人格、人身攻击的积习是我国新闻评论写作无法回避的历史背景。在新闻评论中直接贬损批评对象的现象也时有发生。比如，“江湖骗子”“假洋鬼子”“死灰复燃”“死有余辜”“两面三刀”“历史的罪人”“钉在历史的耻辱柱上”等言辞，针对的是辩论一方的人格，具有较强的侮辱性。

虽然对于评论文章中的何谓合理的情绪表达，目前法律中仍无明确的限定，事实上也很难找到合理的情绪表达与侮辱之间的界线。但是评论仍然需要遵守着“公正评论”的原则确实不容置疑的。有不少评论作者在分析问题时喜欢站在“道德的制高点”上，在事实仍未调查清楚前，挥舞着道德的大棒，将评论对象打得抬不起头来。我国的法律实行的是“无罪推定”的原则，《中华人民共和国刑事诉讼法》第十二条明确规定：“未经人民法院依法判决，对任何人都不得确定有罪”。因此，在新闻评论中超越法律程序给当事人界定罪名是不适当的。

公正评论是评论者和评论对象共同的保护伞。要求公正评论，并不意味着评论中不能发表对异见的抨击和指责，相反，公正评论原则正是对评论表达权的一种保护。中央电视台新闻评论部有一个名为“新闻评论部记者十记”的规定，强调了“避免情绪化、偏激的判断和言辞，无论事实还是评论都要注意留有余地”，并且注意“节目要体现均衡原则。各方的声音意见都要有，特别是不能回避事件的重要当事人。要给他们说话的机会。”公正评论是国外新闻评论写作中的一项重要的原则，我国的司法实践也逐步接受了这一审判理念。在不虚构事实、不侮辱他人人格的前提下，新闻评论作者大可自由

① 方兴东：《像爱护眼睛一样重视隐私保护》，2018 年 5 月 22 日环球网。

地陈述自己的评判。

2. 以善意面对不足，着眼未来

社会生活中各种利益纷繁复杂，冲突与矛盾必然相伴而生，而人类社会就是在解决各种冲突之中一步步向前发展的。面对这些冲突与矛盾，以善意面对不足、将问题置于历史演变的轨迹中，以发展的思路评议、以理性的逻辑推理方才能得出正确的结论。尤其当我们面对社会发展中的不足之处时，一方面客观分析，使社会大众明其利害关系；另一方面，可以倡导给予一定时日，为相关各方改善问题留出空间。

的确，国人素来追求尽善尽美的心情是可以理解的，但是我们也要慢慢地学会以宽容的心态去看待波折、学会肯定他人的努力和付出。做到在评论时不偏激不极端，以理服人。

历史是一面镜子，镜子能够浓缩一段历史，读史使人明智。

2008 年 5 月 12 日(星期一)14 时 28 分，四川汶川发生里氏 8 级强烈地震。这是中华人民共和国成立以来破坏力最大的地震，也是唐山大地震后伤亡最严重的一次地震。在地震发生时，正在课堂讲课的范美忠先于学生逃生，并于 22 日在天涯上发帖《那一刻地动山摇——"5・12"汶川地震亲历记》一文，细致地描述自己在地震时所做的一切以及过后的心路历程，称"在这种生死抉择的瞬间，只有为了女儿才可能考虑牺牲自我"。由此，范美忠被网友讥讽为"范跑跑"，并引发了激烈争论。[①]

汶川地震距今十余年，直到今天，"范跑跑"的教学用具和眼镜还陈列在一所地震博物馆内，旁边还有一块"留言墙"，展示了人们对他的不同评价。为此，有媒体组织了《十年回看"范跑跑"之争》的讨论。

回到当年那场争论，支持、反对、中庸之论各占篇幅，《人民日报》《光明日报》《新京报》和天涯、猫扑、凤凰网、人民网、新华网等传统和网络媒体纷纷对此事发声。道德上，有论调集中抨击"道德大棒""泛道德主义"，譬如"范美忠检验了一下中国当下的道德观，我们发现，其实还是'圣人化'"(《一个"异端"的道德试验》)，与此针锋相对，也有观点认为"请先有道德，再来谈怎么反"(《自由不为无耻背书》)；法律上，支持者说"即便是范美忠的言行违背了《教师法》等相关法规，对他的处罚也必须严格按照法律程序来执行"(《砸范美忠饭碗涉嫌权力的滥用》)，反对者说"范老师代表学校对学生行使监护权，同时也有监护责任"(《"范跑跑"亵渎"自由"》)。从社会态度反映看，有媒体将"范跑跑"邀请至演播厅，他正襟危坐、侃侃而谈；也有学校表示"范老师无教师资格"，拒绝录用。

十年过去，教育部在《中小学教师职业道德规范(征求意见稿)》，对教师的要求中加上了"保护学生安全"。这就是说，如果教师只顾自己的安危，不管学生的生命安全，就

---

① https://zhidao.baidu.com/question/251925972.html。

会受到相应责罚。这说明国家教育部门态度是很明确的，教师保护学生安全，不是崇高要求，不是“圣人化”，而是师德底线。[①]

十年过去了，关于“范跑跑”的争论中，有一个人和一篇评论值得再次被提起，因为它与宽容有关。

被网友称为“郭跳跳”的是国内知名时评人。在“范跑跑”事件发生后，凤凰卫视在“一虎一席谈”节目录制现场，请了当事人“范跑跑”与特邀嘉宾郭某展开辩论，郭某在愤愤不平之时接连使用“无耻”“畜牲”“杂种”之类的字眼对范美忠进行辱骂，情绪异常激动，中途一度愤怒离场，事后被网友冠以“郭跳跳”“郭道德”之类的绰号。[②]

我们常说，有理不在声高，说理靠的是表达者对事实真实宏观的把握、丰富知识的储备和论辩现场表达时蕴涵其中的逻辑力量。“辱骂和恐吓绝不是战斗”是我们常挂嘴边的口号，怎么到了自己有理的辩论现场却抛之脑后了呢？我们强调宽容，绝不是对错误的人和事及观点的迁就，而是在言论平等的前提下，让对方有表达自己意见（包括不同意甚至反对意见）的机会。让人讲话，并非真理就会到他那边；而“辱骂和恐吓”却会让人失去论辩的机会和更多人的支持。道理是明白的，问题就在于对实践现场的把握。

同样身为老师的青年时评家张若渔（张强）撰写了一篇评论《一个老师眼里的“范跑跑”》。作者在评论中写道：

说实话，看着网络上对范美忠铺天盖地的斥责之声，我常常心有余悸、如坐针毡、汗流浃背，我总觉得那些话是说给我听的。一个声音从四面八方传来：你就是范美忠！这样的声音，让我无地自容，再也不敢看网上的留言，躲避着它，像躲避一场瘟疫。

只有在没有范美忠及其指责者的环境里，我才能恢复自信，葆有笑容。平时在课堂上，我教育学生要人格独立、思想自由；要宽容，哪怕是你的敌人；要心中有爱，爱这个世界上所有美丽的人与物；要对生活保持痛感，拒绝麻木和犬儒……总之，作为一名老师，我是合格的，甚至自认是优秀的；而作为一个人，我也自认是善良、诚恳、俯仰无愧于心的，足以让我在这个世界上诗意的栖居。这样的我，怎么可能是范美忠？

我要有多少的勇气、意志和祝福才能跟范美忠勒石为碑、泾渭分明？我清楚且痛苦地知道，我与范美忠的距离看似很远，其实又是那么的近，可能不过隔着一场地震。我扪心自问，如果我处在范美忠的位置上，我会怎么办？我是会像他一样兀自跑掉，还是会和学生生死与共？这个问题在心中被问了无数次，但我始终不能给自己一个明确的答案，以至现在，我已经拒绝回想和回答这个问题。我的恐惧和勇气一样强大，也一样渺小。

至于我，我将把自己当成范美忠，永远怀着一颗负疚的心，祈求如果我也遇到了这

---

① 华智超、杨于泽：《“范跑跑”之后这十年中国道德观念经历巨大跃迁》，2018 年 5 月 11 日《长江日报》。

② https://www.douban.com/note/12925656/。

样的灾难，冥冥中能有力量赐予我勇气选择和学生们在一起。我无法保证什么，我只能诚实地面对自己的懦弱，并努力不做恐惧的人质。①

笔者之所以多年后还能举出这篇评论，不仅仅因为他是我的博士生，更因为在当时众多褒贬不一的评论中，这一篇是将自己与范美忠捆在一起，放在那个突如其来的危机和变更时刻，谈感受，讲思想，更像鲁迅先生说的那样“更多的是更无情面地解剖我自己”。作者从自己也是一名老师说起，所讲的那种心情和思想是在很多人包括我们自己也存在甚至有时会比他更劣的。但是，在范美忠面前，张若渔坦承了，而且说得那么真切、那么深刻。这种以宽以待人、严于律己的胸怀难道不值得我们学习吗？

三、提高民主意识，营造宽容的思想表达环境

1. 多元化呼唤宽容的表达平台

评论是一种常见的表达形式，而打造报纸评论版的宽容平台则有利于承担这种责任。《纽约时报》著名的 Op-Ed 版，将不同派系的评论意见都陈列出来，以形成言论间的相对平衡。这种版面设置充分考虑了意见的多样化，不排斥、不压制和报社观点不一的看法，允许多种声音的存在，体现了美国社会的宽容胸怀。当下我国也有不少报社开设了“来论-社论”版，以版面语言显示对社会变革时期各种理念的宽容。

1956 年 7 月 1 日，《人民日报》为改版写的社论《致读者》曾提出“开展自由讨论”的观念：“在我们的报纸上发表的文章，虽然是经过编辑部选择的，但是并不一定都代表编辑部的意见。——这不是说代表编辑部的意见就不可以讨论，而是说，我们发表的某些文章的某些观点跟编辑部的有所不同，这些文章的作者的观点彼此也不同，这种情形希望读者认为是正常的。”然而“对社会生活真正的自由讨论几十年来既未成规模，也未成‘版’”。

言论版的冲突性，本身就是它的宽容性，首先编辑要容人批己。1999 年 11 月 1 日，《中国青年报·青年话题》的发刊词《倾听》中写道：“‘青年话题’是一个发表意见的场所，一只张开听您说话的耳朵。无论是脱口而出，还是深思熟虑，我们欢迎不拘形式、不论长短的观点和意见。关键是‘不同’。‘不同’的价值在于，它不仅包含着新闻媒体求新求异的运作和读者求新求异的阅读规律，更重要的意义是：思想进步可能就孕育在‘不同’之中，而相同只能使我们停在原地。” 多年以后，该报评论部主任冯雪梅对其宗旨做了这样的解读：

“人微言轻”和“人云亦云”，或许可以算作我们的一种文化传承。大家都希望社会

① https://www.douban.com/group/topic/3702886/。

向着民主、法治、平等发展，希望每个人的权利能得到保障，受到尊重，而一个公民社会的建立，要从“人人都有权利表达”开始。很多人会提及话题版刊发的一些文章，比如《国旗为谁而降》《官逼民富》《我们不能在近现代史上丧失发言权》《请理性对待郎咸平》等，它们不是专家学者的权威意见，而是平民百姓的观点表达和真实声音。给普通人以表达自己立场和观点的机会，让每个公民都有发言的权利，这就是“青年话题”的力量所在。

这些年里，公众和我们一起见证和评论了一系列的重大事件。申奥成功、SARS、行政审批制度改革、刘涌案、医疗改革、房价暴涨、反垄断、超女、重庆钉子户拆迁，等等，在每一次的新闻事件的背后，都有来自不同阶层，不同人的观点和声音。它们为公众提供了一个立体的，由众多普通人的视角构成的看待社会发展的方式，尽可能让每一个“小我”成为事件表达的主角。

在一定的舆论环境下，自由表达观点的愿望会受到某种限制。“青年话题”所能做的，是在有限的空间里，尽可能倾听“不同”的声音。“我不同意你的观点，但我捍卫你说话的权利。”让人说话，让观点争论和碰撞，这就是交流的最大意义。每个人都知道自己拥有发言权，每个人都懂得尊重“不同”——不同的利益，不同的声音，不同的观点，不同的选择。不管说者的声音是大是小，是强是弱，他们都平等独立。有了对每个人权利的尊重，才会有社会最终的进步与民主。①

公众被动地接受一种信念并没有价值，不经思考、论证而接受的正确的意见，是死的教条，不是活的真理。经过公开论证的意见才能获得认同。经历了自身的辨析之后，人们往往更倾向于坚持自己选择的信念，不易动摇。此外，寻求自己意见的根据的论证过程还有助于提高公众的智力、判断力。《中国青年报》就一个话题引发出各方的声音，不管是经济学家还是普通公民都能够在这一交流的平台上各抒己见，正是如此的“和而不同”，使得评论版时常闪耀着思想的流光溢彩。2018 年底，某家互联网求职平台发布《第十六届中国大学生最佳雇主调研综合报告》，提出“2019 年应届毕业生求职平均期望薪资为 8431 元”。这个“吸睛”的数据，瞬间让舆论沸腾了起来。从求职者到在校生，从工薪阶层到企业主，从媒体到学界，都在讨论这个数据的合理性，以及大学毕业生到底“值什么价”的问题。此刻，中国青年报发表评论《应届毕业生平均期望薪资超八千 社会应宽容》指出：在动态的人才市场中，只有劳资双方都能充分表达需求，才能得到反映真实市场供需关系的薪酬水平（2018 年 12 月 20 日，作者杨鑫宇）。

现在，不少媒体常常会为相同的话题刊登观点相悖的意见，既展现了问题的多样性，又能够引起受众的参与，扩大传播效果。

2018 年世界杯足球赛在俄罗斯举行。据媒体报道，在世界杯足球赛的赛场上，出

---

① http://news.cyol.com/node_14195.htm。

现了“某某电视，中国第一”的中文广告语。网友纷纷质疑，世界杯赛场上自称“第一”的广告是否涉嫌违反国内的广告法。《新京报》为此在6月22日的评论版上推出“观点交锋”:《世界杯赛场广告称“中国第一”，违法吗?》。

正方的意见是:打法律擦边球并不可取。作者刘昌松是一位律师，他在文中引用我国《广告法》第9条，广告不得使用“国家级”“最高级”“最佳”等用语;国家工商总局还曾明确答复，“顶级”“极品”“第一品牌”是与“国家级”“最高级”“最佳”含义相同的绝对化用语，也不得使用。

那么，在国外做广告是否也要遵守国内的广告法? 换句话说，国内的广告法是否有域外效力? 这个问题，不能简单地回答“YES”或“NO”，而应分具体情况。

如果是国内企业在俄罗斯境内用俄语做广告，受众主要为俄罗斯人，即使广告语违反我国《广告法》，国内广告主管部门也不好插手。当然，若违反俄罗斯的法律，作为主权国家，俄罗斯的监管部门有权行使管辖权，追究其法律责任。就目前看，涉事企业现在所做的广告“某某电视，中国第一”，用的是中文广告语，又是在举世瞩目的世界杯赛场上。可以预见，该广告必定会随着赛事的转播和收看，频繁地出现在国人面前，这也是广告主所要追求的效果。

所以，作者想借此在世界杯场合打擦边球，企图瞒过法律“法眼”，并不可取。

而反方的意见则是:履约播放，遵守俄方法律。作者韩骁也是一位律师，他认为，从地理范围来说，我国《广告法》明确规定其适用范围为“在中华人民共和国境内”，而本届世界杯的举办地为俄罗斯，因此，“某某电视，中国第一”的广告字样只是出现在俄罗斯球场上，并不符合《广告法》的适用范围。

作为一项国际盛赛，自然会有大量的中国观众通过电视转播观看到广告，但是转播行为本身并不改变广告的宣传地，而且媒体所在地也是俄罗斯，不能因为中国观众可以看到该广告便认定该广告的发布发生在中国境内。若是如此，别的能看到该条广告的国家是不是也可以对此进行调整管控? 这显然是不符合常理的。

作者引用我国《涉外民事关系法律适用法》第41条，当事人可以协议选择合同适用的法律。当事人没有选择的，适用履行义务最能体现该合同特征的一方当事人经常居所地法律或者其他与该合同有最密切联系的法律。据此，我们可以分析，如果这家企业签订协议时，与对方约定遵守俄罗斯的法律，这则广告自然应该受俄方法律的约束，既然能在绿茵场上播放，必然也符合俄罗斯法律的要求。同时，他也提出，可否采取打码等手段来规避不利影响，以此来维护市场秩序。

2. 多元化需要宽容的社会语境

《左传》中讲过这样一个故事:齐国的大王对他的大臣晏婴说:“我与大臣们相处得很和谐。”晏婴问:“是怎样一种和谐呢?”齐王说:“我说对了，他们也说对了;我说错了，他们也说错了。”晏婴说：“这不叫‘和’，这叫‘同’。”那么，“和”与“同”有什么不同呢？晏婴说：“比如在做菜时，需要加各种佐料才能好吃，若不断地加水就不好吃；音乐，比如说弹琴，总是一个音调那是没法听的，而各种不同的音调调和在一起才好听。”

学者徐贲指出，宽容不等于赞同或喜爱，一个人可以坚决不同意一种行为，同时宽容它，因为那是他人的权利。不仅如此，宽容还是维持法治和权利必不可少的条件。一个公民的言论自由，不仅取决于政府的尊重和保护，还取决于其他公民在听到不中听的言论时能对之宽容。

宽容既包括人与人之间在具体事情上的容忍和原谅，更包括国家政权和政府对所有人一视同仁的权利承诺和保护。如果说权利是一种受到充分强调的宽容，那么宽容则是一种相对弱化的权利。公民权利一开始往往都是在争取宽容的过程中形成的。

现代生活充满了冲突和不一致，宽容因此也就成为我们应对多元生存处境必不可少的手段。宽容为我们提供了应对多元和冲突所需要的起码规则。①

多元化的社会中利益主体和价值观必然呈现出多元化的趋势，而最大程度地保障人民利益，使其有效投入政治参与则是我们党一贯坚持的基本原则。党的十九大报告提出：“扩大人民有序政治参与，保证人民依法实行民主选举、民主协商、民主决策、民主管理、民主监督；维护国家法制统一、尊严、权威，加强人权法治保障，保证人民依法享有广泛权利和自由。巩固基层政权，完善基层民主制度，保障人民知情权、参与权、表达权、监督权。健全依法决策机制，构建决策科学、执行坚决、监督有力的权力运行机制。各级领导干部要增强民主意识，发扬民主作风，接受人民监督，当好人民公仆。”习近平在 2013 年 8 月 19 日全国宣传思想工作会议提出：“坚持人民性，就是要把实现好、维护好、发展好最广大人民根本利益作为出发点和落脚点，坚持以民为本、以人为本。要树立以人民为中心的工作导向，把服务群众同教育引导群众结合起来，把满足需求同提高素养结合起来，多宣传报道人民群众的伟大奋斗和火热生活，多宣传报道人民群众中涌现出来的先进典型和感人事迹，丰富人民精神世界，增强人民精神力量，满足人民精神需求。”

媒体作为人们意见表达的载体，应该满足不同利益主体的需要。目前媒体纷纷开设新闻评论专版，抢占言论的阵地，实质上是人民表达权的一种具体体现。新闻评论版应当是全社会各阶层群众表达心声的集合地，平等、开放、客观与宽容的言论氛围是实现不同利益群体“求同存异”的前提。

“如果说，理念偏狭是造成个人没有宽容精神的原因，那么，集体宽容精神的缺失，则是体制纵容的结果”，“直到今天，体制的这种毛病仍根深蒂固：对盲目服从、不做独立思考的人总是恩宠有加，对稍有独立见解的人视为另类、冷眼相待。于是乎，不宽容不

① https://www.jianshu.com/p/ac7db8269330。

但成了处理人际关系的'潜规则',一些人还可以通过演示种种不宽容行为,比如所谓'立场坚定'、'大义灭亲'等,来获取更大的好处"。[①] 强求一律、千人一面抹杀了个体的特性,并不是和谐的真义。"和而不同"才可能组成完美的乐章。和谐意味着对个体差异的兼容并蓄,意味着对不同己见的宽容与尊重。通过对话、交流、协商的方式来取得共识才是现代社会理性表达的应有之义。

在这一点上,目前新闻评论仍有不足,曾有学者评价道:"某些新闻媒体的负责人所流露出来的精英意识和唯我独尊的编辑思维,令人感到忧虑。某些新闻媒体的负责人始终没有意识到,中国新闻媒体及其从业人员应尽可能地抑制自己的表达欲望,优先满足社会不同阶层利益代表表达的愿望。如果把新闻评论变成新闻编辑自娱自乐的阵地,在评论的过程中粗暴排斥其他意见,或者自以为可以代表其他阶层的观点,那么,这样的评论是不诚实的,是非常有害的。"[②]每个人都有说话的权利,然而,民主的舆论环境将使民众的言语与心愿得到畅通的表达与实现,非民主环境下的舆论将受到各种因素的制约从而使民意表达不畅,同时影响社会结构中各要素的正常运作。在促进政治民主建设的进程中,建立和完善一个良好的舆论环境是十分重要的。现在,各地都在强调改善投资环境,这是十分重要的。在投资环境中,除了各种交通、水电、财政、税收等政府行为外,笔者以为,舆论环境也是一项重要的组成部分。我们在建设和改善各项物质环境的同时,也要重视对舆论环境的建设和改善。我们只有抓紧物质文明、政治文明、精神文明、社会文明、生态文明五位一体的协调发展,才能最终实现和谐社会的宏伟目标。

公民的意见表达也需要宽容的氛围,需要在意见表达中吸引不同层次、不同背景的参与者加入,在各种不同意见的论辩与争鸣中,多角度地探讨事件、问题的意义,帮助受众全面地了解事态进展、了解社会深层问题和意义所在,满足受众的知情权,建立良好的信息互动渠道。民主的本意中就包含着对各种不同意见的宽容,而宽容正是促进民主的一剂良方。

不同意见或反对意见不一定正确,但要有保障人们自由发表意见的具体举措。人们的职业角色、经历、知识和看问题的角度不同,从而形成不同的意见,这是很正常的事情。每个人在社会中都至少扮演两种以上的角色,一个是职务角色,一个是作为自我的人。前者发出的声音可能囿于各种职业需求并非是每个人内心真正想说的话,而后者发出的声音则是我们要听到的。也就是说,我们不仅要听每个人的声音,还要听每个人的真实声音。那么,怎样才能让每个人都发出自己最真实的声音呢?这就需要为人们特别是不同意见者提供说真话的环境。只要我们的各级领导机关和领导者真正从法的

① 王长江:《重提"宽容失误"的意义在哪里》,《同舟共进》2008 年第 9 期。

② 乔新生:《中国新闻环境的新变化及对新闻界的考验》,《青年记者》2008 年 7 月。

角度认识了不同意见的重要性，又有了保障不同意见发表的具体举措，就一定会形成畅所欲言的舆论环境。自然，不同意见者的意见也不一定都是正确的。一旦发现不同意见是错误的或不合时宜的，就要收回，就要改正，其他人也需要有允许他人犯错误和改正错误的宽容精神。

四、明确宽容限度，避免无原则地简单接受

莎士比亚名剧《威尼斯商人》里说道："宽容就像天上的细雨滋润着大地。它赐福于宽容的人，也赐福于被宽容的人。"一直以来，宽容与善良、美德并论，成为人类美好精神家园的重要组成部分，然而宽容绝不等于一味地容忍和简单地接受。

宽容与和稀泥、左右逢源不是一回事，不能混为一谈。宽容以明辨是非为基础，不能无原则妥协。竞争就是宽容的题中之义。李大钊曾说过："盖调和之目的，在存我而不在媚人，亦在容人而不在毁我。"①只有竞争，真理才日益接近；只有竞争，社会才能进步。否则，"一群之中，进化之机能，活泼之组织，将以全失，而且降于颓废"②。17 世纪思想家洛克在《关于宽容的一封信》中指出，宽容是有限度的，超过了某个限度，宽容即为不明智和非正义行为。

为了所谓的"宽容"而无异议地接受周遭的一切事物，最终将导致道德虚无主义，使世间的事物失去差别。无原则的多元将导致人们对周遭所有的事情失去价值判断力，失去了宽容的可贵之处，宽容必须在限度之内。"宽容所起的主要作用是设置限度。在多元社会中，人们关于基本价值观意义的争论，有权者对弱者的所作所为，多数人（政治、社会、道德、民族等）对少数人的所言所行，这些都需要由宽容来设置限度。"③

在现实社会中，宽容需要在合理合法的范围内行使它的使命。要把握宽容的限度，做出正确的价值判断。就要求评论者深入理会法律规范、立法精神以及道德准则。绝不能对危及人民幸福安康的违法行为滥加宽容，宽容也应有范围，宽容随着权利与法制意识的变化而发展。有学者认为，宽容不仅是个人道德层面的选择，而且是社会公共生活层面的公共性的美德。约翰·罗尔斯认为：宽容也成为一种与自由、平等和正义具有同等实质价值的社会之善。因此，于新闻评论人和广大公民表达者而言，具有宽容的胸怀和开放的视野将有助于准确地把握历史的潮流、正确地剖析社会问题。

在民意表达中，存在不同的观点和思想是很正常的。对待不同的观点，当然要有批判精神。真理是在同谬误斗争中发展起来的。对谬误不能宽容。但是对待不同的理论

---

① 胡建：《李大钊箴言录》，浙江人民出版社 2001 版，第 192 页。

② 张静如、朱志敏：《论李大钊的宽容精神》，《新视野》2007 年第 3 期。

③ 徐贲：《宽容、权利和法制》，http://blog.sina.com.cn/s/blog_4b8f46d40100cucu.html~type=v5_one&label=rela_prevarticle，2009-04-23。

观点，除了要有批判精神，也应当有宽容精神。一要善于发现不同观点中所包含的真理成分。人们的认识，不会是绝对的谬误，可能包含着真理的成分，因此，对于他人的理论，不要全盘否定，而要善于继承他人理论中的真理成分，发展真理。二要给谬误和真理的判定留有时间、空间的余地，不要绝对化。一种理论观点，是真理还是谬误，是需要经过社会实践的反复检验的。在一定历史条件下被人们判定为谬误的认识，不一定就是谬误，或不全是谬误，随着时间的推移，人们的实践可能证明这些认识是真理，或包含着真理的成分。如果社会没有宽容精神，不给认识的真理性判定留有余地，把不同于自己观点的理论立即宣布为谬误，一棍子打死，就会扼杀真理，妨碍真理的发展。三要允许公民在表达时犯错误。认识是探索真理的过程。但既然是探索，就不可能不犯认识上的错误。如果因为某一公民犯了认识上的错误，就把他一棍子打死，堵死了他进一步探索真理的道路，就阻碍真理的发展了。四是对不同学术观点的讨论应当采取摆事实、讲道理的方式，不能是简单地用自己的观点与另一种观点相对立，不能谩骂和扣帽子、打棍子，更不能用行政的手段解决不同学术观点的争论。以平等的态度，用摆事实、讲道理的方式解决学术争论，体现着公民表达的宽容精神。

辩论是民意表达中常见的一种形式。辩论的本质，不在于驳倒对方，而在于对真理的不懈探求；辩论的目的，不是让对方哑口无言，而是为了弄明白问题。在公共辩论中，比输赢更重要的是，我们由此展现了什么，从中学到了什么；通过辩论，我们是否拓展了视野、开阔了思路、激发了思考。如果在公共辩论中，胜利的一方能够说，“我从对方身上学到了新的东西”；失败的一方能够说，“我错了，但却得到了真理”；围观的人们能够说，“我们又向真理迈进了一步”，这便是辩论的大胜。

《人民日报》评论员范正伟说过这样的话：“宽容是有底线的，但这个底线，只能是法律道德，而不是一己的好恶。如果一边高呼自由，一边却对不同声音没有起码尊重，充满了智商和道德的优越感；如果一边宣称平等，一边却认为别人不配有发言资格，摆出一副真理在握、不容分说的姿态；如果一边反思“文革”，一边却像“文革”一样，动辄给别人扣上吓人的“大帽子”，非此即彼、非友即敌、非红即黑，这种辩论和交锋，除了固化成见、撕裂共识，恐怕不会有别的意义，更难以收获新的东西。”[①]既坚持宽容，又守住底线，把握其中的“时、度、效”则是公民在意见表达中需要时时处处学习、实践、反思和提高的。

① 范正伟：《公共辩论，求真比求胜更重要》，2014年7月28日《人民日报》。

作品选编

与人为善

忽然想起了人，想起了为人。

解放初期，抗美援朝、肃反运动，学校号召学生揭发自己周围的反革命嫌疑分子。章士钊的女儿章含之情绪非常激动，要求参军未果，认为是自己的家庭阻碍她的进步。这时她的哥哥章可任北京私立京华美术学院院长，20世纪30年代曾在欧洲生活过10年之久。章含之认为要革命就必须大义灭亲，便把章可平时对她描述希特勒、纳粹党的情况向别人作了揭发。章可因此被隔离审查，罢职回家。章士钊对女儿的行为可气又可笑，对章含之说："你跟共产党走我不反对，但对家人或外人都不能随意乱讲，危害于人。你看看章可是坏人吗？他性格孤僻，埋头艺术，怎么是纳粹党呢？你知不知道希特勒是根本不吸收外国人加入其纳粹党的？你年纪小，许多事情还不清楚，我只希望你一生要与人为善，切莫要加害他人。这是我一生信守的为人之道！"

章老先生一生跨越清朝、民国、新中国三代，系著名政治活动家。对于他的所言所行可记的不少，我记不清了，唯有这句"与人为善"的做人之道还记得。

章含之的热诚是难能可贵的，但是，有了这份热诚就能无中生有吗，就能加害于人(包括自己的亲人)吗？一旦真相大白，当事者又有何感受呢？因为自己的一时为人，而造成对方终生遗憾的事，在那个时代并不少见。但是，即使在那种迫人就范或诱人而趋的政治运动中，也有一些人品高尚者不为风向所动，他们确实应该成为我们学习的楷模。

自20世纪30年代以来，冯雪峰、胡风和周扬就一直处在情感隔膜、思想对立的状态之中。但是，当周扬在"文革"中被投进秦城监狱的时候，冯雪峰在一次次高压下被迫写历史交代时，却没有把错误和责任推到周扬身上。周扬为此而感动，曾写信邓小平转呈毛泽东，反映了冯雪峰的情况，表示了自己的同情。在冯雪峰即将告别人世的时候，周扬却来到他的病房。当周扬为冯雪峰拒绝落井下石而感动时，在四川狱中的胡风也做出了同样的选择。胡风完全可以按照当时报纸上连篇累牍的大批判文章的调子来揭发周扬，批判周扬。但是，胡风没有这样做。他只是根据记忆，如实叙述当年的经历。仅此而已。这是什么，这是人格的亮色！只有这样做人，才算得上有人味。过多地责怪某些屈服者随波逐流者或许没有多少理由，但是，在那种政治气候下，有的人有意地或违心地加害于人，而是实事求是，与人为善，这是多么的不容易啊！尽管这些人或许还有这样那样的不足，存在这样那样的毛病，但是，他们在做人的方面，仅此一点就足够我们一辈子认认真真学习的。

人来到这个世上，便成了社会人——少不了要和家里的亲人、单位的同事、街上的行人、车上的路人、商店里的先生小姐、社会上的一些人打交道，发生一些联系——人际交往是少不了的。人际交往，靠交往双方的语言、文字、动作、表情等信息来传递各自的思想和意愿，即便是沉默，也向对方表示了自己此刻的心情，自然也是对对方行为的一种反映。这都是我们经常见到的情景。但是，人和人不一样，此时和彼时不一样，此地和彼地也不一样，于是，信息就可能在传递中发生扭曲，或是接收者对对方发出的信息产生理解的偏差，这也是常发生的事。于是，猜忌、怀疑、怨恨、不和也就随之而来了。想想也是。问题在于，此时此刻，我们该如何对己如何待人。在待人的问题上，我们每一个人都是“当权者”而不是“局外人”。

世上的一切都是充满矛盾的，自己对自己有时还不满意呢，对别人为什么不能宽容一些呢？心理学上有种理论叫作“心理位置互换”，即设身处地站在对方的位置上，想想对方此时此刻的外部环境影响和内部生理、心理感受。由于心理位置发生了变化，特别是站在对方的位置上，看问题的角度不同了，心理感受不同了，利益关系也不同了，自然也就比较容易做到与人为善了。当然，心理位置互换，只是寻求联系双方感情相融的一个基本前提，并不是要求完全站到对方的立场上特别是站到对方错误的立场上去迁就对方，包庇对方，那样，不仅帮助不了同志，有时反而害了朋友，这是我们应该把握的。

有一首歌唱得好，叫作“让人人都献出一点爱”。爱来自何方，首先来自对人的善意善心，成人之美，有了此，何愁我们的社会不会少一份白眼，多一份笑脸；少一份冷遇，多一份热情；少一份忌妒，多一份帮助；少一份苦愁，多一份幸福？到那时，我们的社会该是多么的美好！

（原载 1995 年 5 月 12 日《中国文化报》）

忏悔是善良者的专利

人总是从小到大到老，从过去到现在并走向未来的。其间，难免因主观或客观的原因做错一点事或一些事。只要是人，只要他还没有失去理智，他总会有意或无意地对过去岁月自己的所作所为做一番回忆、反思，其中就少不了忏悔。这是一种很正常的现象，这是正常人的道德行为的一种表现。本来是无可非议的。只是由于我们国家特有的多少次反复的运动和运动的反复，才使一种原本很正常的道德自省和自律行为变得如此复杂起来——有的人看着有错误的人就心里不舒服，非得要求他到大庭广众之下做一番让全体民众都感动得掉眼泪的触及人灵魂的忏悔不可；而有的人却死死坚守自己的防线，以为在那个混淆是非、不辨黑白的年代唯有他一人才是清醒明智而且能完完全全自律独尊而又丝毫不损伤他人的。

忏悔是一种道德自律行为，是一种在特定条件下人的良心再现，别人是强迫不得的。在高压政策下的一些检查大都有一些夸张的成分，这正像在“坦白从宽，抗拒从严”条幅下的口供常有不实一样。想不通，想不明白，宁愿不讲话，也不要讲假话。现在法律规定，面对审讯“可以保持沉默”，这是时代的一种进步，这是对人们保持自己做人尊严的一种承认——尽管给审讯带来了困难，也可能使个别顽抗分子多了一点苟延残喘的时间。说假话者，迫于压力者，大可不必加入忏悔者的行列。忏悔是善良者的专利！至于那些罪大恶极者临刑前的自白，有些也是可以称作忏悔的，它是恶人在死前的一种良心发现。因为它无所畏惧，所以，有时候这种忏悔也是很真实很感人的。正因为此，有关部门才常常把它们作为对后来人的一种特殊教材。

一切有良知的知识分子，我们可以扪心自问，我们过去，我们现在，已经做了和正在做着多少违心的事，说了和说着多少违心的话？当我们无法完全杜绝时，我以为应提醒自己，少做一些违心事，少说一些违心话，特别是在没有外界压力的情况下，特别要注意，千万莫要为了自己的利益而伤害别人。硬性要求别人对自己的过失做深刻的忏悔是一种不友好的行为，严格地说是一种不道德的行为。忏悔是人们的一种道德自律行为，它是在自觉自愿情况下进行的，强迫是无效的，在强迫前提下进行的忏悔多少会含有一些水分，于己于人都是没有什么好处的。提倡与人为善向前看是我们当前和今后的方向。人来到这个世上，便成了社会人——人际交往是少不了的，产生矛盾也是很正常的现象。而且，信息在传递中可能发生扭曲，或是接收者对对方发出的信息产生理解的偏差，于是，猜忌、怀疑、怨恨、不和也就随之而来了。想想也是。问题在于，此时此刻，我们该如何对己如何待人。在待人的问题上，我们每一个人都是“当事者”而不是“局外人”。

中国的“运动”或许多了一点，积怨也就在所难免。但我以为，人生在世还是以善为本以宽为大——

人生在世，要宽大，要宽容，要宽恕：宽大才能纳下万事万物，同时也就成功了自己的事业；宽容才能容下你和他，同时也就保住了自己的生存；宽恕才能容得下别人，同时也就给自己留下一条改过之路！

频繁“运动”的时代产生了众多冤假错案及“后遗症”所留下的摩擦隔阂，这已成为历史；希望没有“运动”的今日和明天，仍会存在矛盾和冷漠，谅解与磨合是永远需要的。文学界、艺术界、思想理论界乃至整个社会大家庭的团结，永远是我们时代的主旋律。

（原载 2000 年 11 月 21 日《杂文报》）

“畅所欲言”与“一致认为”

时下各地召开理论学术研讨会颇多，这对促进人们思想交流、学术相长是大有好处的。问题是这样的会议该如何开，我们的传媒该如何报道。

开理论学术研讨会与开行政管理部门的任务布置会是不同的，尽管后者也需要讨论，集思广益，但它毕竟是以明确上级精神，抓好贯彻落实为宗旨的；而理论学术研讨会则不同，好多会议不是为了“统一”，而是为了“交流”，为了让更多的思想、观点、方案、方法展现出来，开阔人们的视野，活跃人们的思想。人们在切磋、商讨、争鸣中或分清是非、或找出短长、或明晰思路，很多情况下是不分仲伯、不论输赢的。当然也不排除在某种范围、某种程度上对某一问题、某一看法达成某种共识。这都是很正常的现象，或者说，这样才算开了一个像样的理论学术研讨会。

为达此目的，在会议的运作程序上，在会议的主持方式上，都要严格按照开研讨会的要求办理，否则，就会走样变调，其中也包括我们的传媒报道时出了偏差变了味道。

畅所欲言、各抒己见，应该是理论学术研讨会的第一要旨。对于"畅所欲言、各抒己见"人们并不生疏，但真正实行起来的却并不多。其一，在会议的程序上没有这样的可能。说是学术讨论，往往是发言者上台照本宣科将文稿念完一遍了事。虽然也有"不当之处，请大家批评指正"的话语，但没有安排"批评指正"的程序，叫大家如何发表不同意见？其二，更为重要的一点是，常有人把理论学术研讨和行政任务落实混为一谈，把学术思想和道德品格混为一谈。在这样的会议上，我们经常可以看到：只有一花独放，没有百家争鸣；只有批评者，没有反批评者；只有一致认为，没有不同意见。这种会议与其说是研讨会不如说是动员会、布署会、落实会。我以为，开会如果没有多种意见，没有不同意见，没有不同意见的交流与碰撞，从严格意义上讲，这就不算一个成功的理论学术研讨会。

要改变此现状，首先要改革会议程序，限制发言者的时间，设立评论者的位置。我们不是经常在喊与国际接轨么，在开会的问题上倒是可以大大向别人学习的。国内已有不少的会议开始这么做了，只是希望我们的新闻报道更真实更翔实一点广为传播；第二，自然也是更为重要的一点即转变人们的开会观念。研讨理论学术问题与解决思想品德修养问题不同。在学术问题上要求人家"有则改之，无则加勉"、"一致认为，大家通过"只会堵塞言路，压抑人们探求真理的积极性，从而也就阻碍了人们对真理的发现和发展。学术研究有一条规律，就是真理越辩越明，是非越争越清。真理不会因为谁的地位高、知名度高，谁先发制人，就扑向谁的怀抱；同样，错误也不会因为反批评者的出现而使其扩大和蔓延。批评者不一定都掌握了真理，反批评也未必都是坚持错误。只有既允许批评，又允许对批评的反批评，才可能产生"碰撞"，产生"共振"：碰撞出新的思想或思想的火花，共振出新的信息或信息流，这对于发现真理、坚持真理、发展真理，对于认识错误、修正错误、繁荣科学是大有好处的。

在这之中，改革会议的报道是十分重要的。新闻舆论具有很强的社会导向作用。报道什么，不报道什么，如何报道，实际上也反映了报道者的思想倾向。在大众传媒上，我们经常可以读到、听到、看到"与会者畅所欲言"、"大家一致认为"等等这样的字眼。大家接触多了，也就习以为常了，以为是很自然和很真实的事。实际上，恰恰相反，我们的媒体作了不符合事实的报道，欺骗了受众。因为，在很多会议上并不是"畅所欲言"，更没有"一致认为"，而且，即使有了"畅所欲言"也未必都是"一致认为"，这两者不是因果关系。究其原因大概也有几点：一是记者根本就没有到会议现场，只是根据会议组织者提供的材料凭着以往的经验编发稿件；二是以为“畅所欲言”、“一致认为”是会议的最高境界，这样写了就是对会议的高度重视；三是明知不符合事实也要或迫于这么写，既哄自己又骗大众。新闻记者是历史的记录者，真实是历史的价值所在。一切供职于新闻单位的同仁们，都应时时掂一掂手中的笔，让它真实地记录下时代的进程，让它有力地促进时代的进程——当然，不仅仅只是在改变“畅所欲言”、“一致认为”的会议报道上。

（原载《中国记者》2001 年 10 期）

有宽容才有进步

11 月 16 日为联合国制定的“国际宽容日”。

此前我正好为重庆大学的研究生们讲授“社会进程中的公民表达”专题课。当我讲完科学精神、民主意识和独立品格后，开始了“宽容胸怀”的讲述：“宽容，不仅仅是我们个人修养中为人处世、言行表达的一种品格，更是世界范围内地区与地区、国家与国家、人群与人群、民族与民族之间交往的国际关系准则。早在 1945 年诞生的《联合国宪章》序言中就曾说过：‘力行容恕，彼此以善邻之道，和睦相处。’1995 年，联合国成立 50 周年时，联合国教科文组织总干事以‘宽容——全球安全不可或缺的要求’为题撰文，指出宽容是一种道德情操、政治义务，是维护人权和民主的责任所在。就在那年形成了每年的 11 月 16 日为‘国际宽容日’提案。”看着同学们略有所悟的神情，我知道“宽容”这个知识点是他们需要和愿意接受的。

宽容意味着各种相异的事物之间多样化的共存。宽容承载着平等与公正的理念。它既存在于道德层面，也存在于哲学和政治层面。从微观上看，宽容是一个人行走于世的一种态度、一种度量、一种胸怀，它告诉我们以平等、互敬之心看待世间的人与事；从宏观上看，宽容是一个社会的价值理念，历史告诉我们，宽容是和谐、发展的必要条件，是人类世界前行之翼。宽容要求容人，宽容不否认竞争，宽容不等于绝对地容忍。很多人的不宽容源于恐惧或绝对的自信或固执己见、心胸狭隘，不能明了善待异见的好处，更难以虚心学习他者的长处。

宽容意味着创新和进步。宽容伴随着人们的社会实践和认识的发展进程。人类的历史已经有力地证明了唯有宽容才有进步，唯有秉持谦逊的态度，逐渐了解错综复杂的自然世界与人类社会，我们的认识才能无限趋近完备。科学知识发展的过程，就是不断“试错”“排错”的过程，即不断为解决遭遇的问题而提出各种大胆的尝试性猜想、试探性理论，通过演绎推理和实验检验，排除错误理论，选择出其中逼真度高的理论的过程。允许出错，容忍失败才能真正激发人们的创新意识。

宽容能促进人们的实践和研究向着纵深发展。不同学派或不同理论、不同观点的自由争论，可以极大地调动人们的积极性，促使人们对问题进行深入的研究。同时，宽容能促使竞争和争论得以顺利进行。而这一切都是我们推行"百家争鸣、推陈出新",促使新理论、新技术、新观点、新方法等不断出现的首要前提。"议论纷纷、畅所欲言"已经无数次地写进党和政府的工作文件和领导人的讲话中。为达此目的,除了政府和媒体提供快捷方便的表达渠道外,公民要努力做到胸怀宽容,这已经不是个人修养问题了,而是这个时代进步的一种象征和要求了。

宽容意味着沟通与交流。思想的交流必须依托各种表达方式来完成,而言语是最便利的工具。多元的诉求、多样的表达使得我们生活的世界缤纷多彩。当社会群体表现出宽容的心态时,才有真正意义上的言论自由,才能实现知识的融合、人类的发展。古往今来,无数哲人讲述了对自由交流意见的渴望,希望在交流中取长补短、吸取更多的知识,完善自身。真理是在争辩中产生的,如果将真理凝固起来,真理也就变成了教条。真理的强大源于它即使历经波折也会不断地为历史所证明。

国内事务的沟通需要宽容,国际交流更是如此。不同的文化背景、价值取向、文化修养与知识结构的人相聚在一起,差异越大,冲突愈激烈,愈加需要开放、和谐、宽容的氛围,换句话说,宽容是实现文化融合、进步的必要条件。世界领导人在 2000 年通过《千年宣言》时就认识到了这一点,因此,他们将宽容作为 21 世纪国际关系的根本价值之一。2011 年,联合国秘书长潘基文在"国际宽容日"致辞中,呼吁每人每天奉行宽容,消除偏见和仇恨。

今天,当我们按着党的十八大报告规划的世纪蓝图即在中国共产党成立一百年时全面建成小康社会,在新中国成立一百年时建成富强、民主、文明、和谐的社会主义现代化国家的进程中,更需要用宽容来调节各种矛盾和关系,促进社会和谐、有序、持续、稳定地发展。

(原载 2013 年 11 月 15 日《新民晚报》)

生命在于和谐

新冠肺炎疫情爆发,中医药在防治新冠肺炎及处理后遗症方面的特色和优势,受到海内外的普遍关注和好评,中医理论较以往也受到更大的重视。宅在家里,不少人学会了饮食休闲健身,也对人的生命有了一些感悟。人们常说,生命在于运动,而我的体会则是"生命在于和谐",说出来供老少朋友们参阅。

所谓生命,是生物体所具有的活动能力,它是蛋白质存在的一种形式。蛋白质,是天然的高分子有机化合物,由多种氨基酸组成。它是构成生物活质的最重要部分,是生命的基础。

生命在于和谐,它有三要素:适宜运动,均衡营养,有效休息。

适宜运动。人们要运动是对的。对于运动人们常说要有规律,定了就不要变,一般来说这是不错的。但是,这也要因人因时而异。时有报道,某某年轻的企业家就是为了坚持雷打不动的锻炼计划,结果在繁忙工作中挤出时间以疲惫之躯猝死在跑步机上。

“三天打鱼两天晒网”对于一个短时间运动者来说不好，因为这样锻炼不会有什么效果。但对于一个相对长期运动者来说，它也不失为一个有规律的曲线运动图，只要把握好也是一个有效方法。

均衡营养。以前困难时期我们常说要加强营养，丰富营养，那是对的，但因物质所限实际上很难做到。而现在的问题常常出在营养过剩上。所以，现在居家过日子大都提倡荤素搭配、品种多样、粗茶淡饭、均衡营养。早几年我到重庆大学讲课，看到他们学生食堂的大墙上早就刻写着“均衡营养”的大标语。疫情期间，网上晒出了不少人宅在家里，学会了饮食和烹饪美食的图片，大都是讲究均衡营养的。只是希望疫情过后在家出外，人们还要恪守这一原则。

有效休息。人们常说不会休息就不会工作，特别强调要保证人们充足的睡眠时间，这不错。但是，信息社会日新月异，变化莫测，人们特别是对上班族来说，特别重要的是学会把握好有限时间的有效休息，即根据不同的工作性质采取适宜自己的休息方式。有时候闭目养神“一支烟的功夫”，也会取得很好的休息效果。我们不要求休息时间有多长，而是追求休息的质量高不高。

人的生命在于和谐。适宜运动，均衡营养，有效休息，三位一体也是个和谐互动系统。在实施时，也要根据不同时间，不同地点，不同人的不同情况，有所不同，各有侧重。执行时，特别要注意把握好一个“度”。上述说法我请教了中医朋友，他们表示赞同。

（原载《学习月刊》2020 年第 5 期）

第五章

讲好真话的实现路径

前面介绍了民意表达的民主意识、科学精神、独立品格和宽容胸怀，这些都是公民表达时要遵循的理论准绳，需要不断地学习领会，这是我们行动的指南。对于理论和实践的关系，毛泽东同志曾经说过："如果有了正确的理论，只是把它空谈一阵，束之高阁，并不实行，那么，这种理论再好也是没有意义的。"[①]如果能够运用这些理论观点"说明一个两个实际问题，那就要受到称赞，就算有了几分成绩。被你说明的东西越多，越普遍，越深刻，你的成绩就越大"[②]。下面将结合突发事件中的网络表达、政治协商中的意见表达、领导干部如何面对媒体和怎样讲好真话等内容与大家做进一步探讨。

---

① 《毛泽东选集(第1卷)》，1991年版，第295页。

② 《毛泽东选集(第3卷)》，1991年版，第815页。

第一节 突发事件中的网络表达

积极应对，把握导向

我国目前处于社会转型期,社会多元化、政治民主化、文化多元化、信息网络化的进程不断推进,与此同时,突发事件高发频发。突发事件及其引起的舆论激荡对社会稳定带来冲击。研究突发事件中的网络表达,是我们怎样讲好真话的一个重要课题。

一、突发事件及特征

2007 年,我国制定了《中华人民共和国突发事件应对法》,明确将突发事件分为自然灾害、事故灾难、公共卫生事件和社会安全事件四类,并对这四类突发事件的内涵、外延等进行了阐述,学者对于突发事件的研究也由此进入了一个新的阶段。

回顾近些年来人类抗击突发事件的实践,我们发现,以地震、火山爆发为代表的自然灾害仍在给人类社会带来沉重的打击,而这种打击侵入现代社会之中往往能引起经济、社会、文化等多个层面的剧烈震荡。因而,在全球化的大背景下,自然灾害的威胁并没有减小,相反,各种不同类型的突发事件之间并非泾渭分明,而是存在一定的演化机制,“传统风险”很多时候会演化成为“现代风险”,从而更为深层地扰乱社会稳定。不仅如此,事故灾难、公共卫生事件、社会安全事件等突发事件之间也存在一定的演化机制,一类突发事件的发生往往会引发另一类突发事件的爆发,使突发事件的应对难度随之升级,研究突发事件的类型演化因而具有了现实意义。与此同时,任何一类突发事件从潜伏到爆发、蔓延,直到完全消失,事件的发展和舆论的变化都有一定的周期性和规律性,这些都是需要我们认真关注和把握的。

(一)突发事件的分类

突发事件是指突然发生,已经或者可能对社会及公众造成危害,并能迅速引起公众关注的负面事件。依据发生原因中有无人为因素,可以把突发事件分为“人为的”和“非人为的”;根据危害程度、影响范围和可控性等因素,又可分为特别重大、重大、较大和一般突发事件。突发事件的类型有以下四种:

1. 自然灾害

自然灾害主要包括水旱灾害、气象灾害、地震灾害、地质灾害、海洋灾害、生物灾害和森林草原火灾等。自然灾害多为重大事件,即受灾程度严重、影响范围巨大、波及人口众多、给社会正常的生产和生活带来强烈破坏的事件。突发性,指的是灾害发生的时间特征,灾害是突然发生而无法准确预测的,事态在极短的时间内发生并迅速形成规模,让人猝不及防,造成重大的人员伤亡和财产损失。例如,地震、洪水、飓风、风暴潮、冰雹等灾害,超过一定强度时,在几天、几小时甚至几分钟、几秒钟内爆发,均为突发性自然灾害。

2. 事故灾难

事故灾难是在人们生产、生活过程中发生的,直接由人的生产、生活活动引发的,违反人们意志的、迫使活动暂时或永久停止,并且造成大量的人员伤亡、经济损失或环境污染的意外事件。从内容上一般把事故灾难分成四类,即工矿商贸等企业的安全事故、交通运输事故、公共设施和设备事故,以及环境污染和生态破坏事件。

3. 公共卫生事件

国务院 2003 年颁布的《突发公共卫生事件应急条例》给出了明确界定:突发公共卫生事件是指突然发生,造成或者可能造成社会公众健康严重损害的重大传染病疫情、群体性不明原因疾病、重大食物中毒以及其他严重影响公众健康的事件。

"新冠肺炎疫情"是百年来全球发生的最严重的传染病大流行,是新中国成立以来在我国发生的传播速度最快、感染范围最广、防控难度最大的一次重大突发公共卫生事件。截至 4 月 27 日 24 时,31 个省、区、市和新疆生产建设兵团累计报告确诊病例 82836 例,累计治愈出院病例 77555 例,累计死亡病例 4633 例。1 月 23 日 10 时起,一个史无前例的决定果断出台:武汉全市城市公交、地铁、轮渡、长途客运暂停运营。直至 4 月 8 日零点,当江汉关的钟声响起,封闭了 76 天的武汉才被唤醒。(据 2020 年 4 月 28 日央视《焦点访谈》)

4. 社会安全事件

社会安全事件是指因人民内部矛盾而起或处理不当而积累以致激发公众参与,采取围堵党政机关、阻塞交通、聚众闹事、破坏公共设施等行为,并对政府管理和社会秩序造成严重影响的群体性事件。社会安全事件具体可分为恐怖袭击事件、经济安全事件和涉外突发事件等突发公共事件。

需要指出的是,四类突发事件之间有时会相互演化。自然灾害、事故灾难、公共卫生事件都有可以转变为社会安全事件,事故灾难也可以变为公共卫生事件。这种转化对突发事件的处理和舆论引导都带来了一定的难度。

转型期的中国,各种利益冲突、社会矛盾凸显,导致各类突发事件频发。社会学家认为,中国目前正处在突发事件高发时期,而且在很长时间内都将接受突发事件带来的严峻考验。突发事件带来的危害显而易见,有资料显示,我国近几年每年突发事件高达 120 万起,造成至少 20 万人死亡,170 万人(次)伤残,200 万户家庭因此陷入贫困,2 亿人(次)受到不同程度的影响,直接损失达 3000 亿元。① 突发事件由于其突发性、破坏性,极易成为舆论关注的焦点。一些负面舆论和谣言更是增加了突发事件的处理难度,加剧社会动荡。2010 年 3 月 23 日,一名男子在福建南平市一实验小学门口,手持砍刀

---

① 《我国年突发事件达 120 万起》,载于 2011 年 3 月 13 号《京华时报》第 11 版。

连砍数名小学生，最终造成9人死亡，4人受伤。凶犯郑民生随即被警方抓捕。南平杀人案引起大家的广泛关注和讨论，各种舆论交织，“社会不公、仇社导致凶手杀人”“警惕效仿效应发生”等舆论也随之形成，一些对社会抱有不满情绪的公众也在网上宣泄极端情绪。一时人心惶惶，幼儿园、学校成了危险地的代名词。面对日益增多的突发事件和由此而引发的网络表达，讲好真话显得极为重要。

公民能够参与管理国家事务的基本前提是公民拥有表达自由的权利。同时，由于我国处于社会转型时期，各种社会矛盾集中爆发。一方面，保障公民在法律范围内的表达自由，对于舒缓社会矛盾，促进突发事件解决，防止社会动荡具有重要作用；另一方面，确立依法处理突发事件和社会危机的基本原则，实现突发事件处理的规范化、法治化、程序化，对保障公民的知情权和表达权也具有重要意义。正是在这个意义上，表达自由和依法治国在法理上是相辅相成的。

（二）突发事件的特征

突发事件虽然发生的范围、地点、时间、演变形态都有所不同，影响的范围和程度也有大有小，有轻有重。但是突发事件大都具有突发性和破坏性、偶然性和必然性、事件发展的不确定性、要求快速处理的紧急性、对管理能力的压迫性，是对政府形象和公信力的考验，具有吸引受众关注的新闻性。

1. 突发性和破坏性

突发性和破坏性是突发事件的本质特征，无论是无法预料在某地某时发生的交通事故，还是现代科技已经能做出预测的海啸、洪水等自然灾害；无论是有组织和计划安排的群体性事件，还是诸如美国“9·11”之类的恐怖袭击，对于公众和政府部门来说，都是突然发生的，都是社会、某个组织系统在日常运转中，个体在常规生活中突然遭遇的外在冲击。

这种时间上的突发，导致对事件的信息所知甚少，同时对事发的时间、地点、规模、影响程度、趋势都难以预计，这些都对突发事件的处理和决策应对提出了挑战。

突发事件或天灾，或人祸，都会给人身安全、人们生活工作的秩序、环境、心理、社会或个人财产带来损失。据民政部统计，2008年5月12号发生的汶川大地震共造成69227人遇难，374643人受伤，17923人下落不明(统计截止日期为2008年9月25日12时)。造成的直接损失为8452亿元人民币(统计截止日期为2008年9月2日)。最终四川民政部确认1019名孩子失去亲人成为孤儿，破碎的家庭更是数以万计。[①] 这些数字

① 资料来自中国新闻网：《四川汶川地震已确认69227人遇难，17923人失踪》，http://www.chinanews.com/gn/news/2008/09-25/1394600.shtml。

只是汶川地震危害的冰山一角，地震给灾区人民造成的心理创伤更是无法衡量。

而人为引发的突发事件造成的危害更多地体现在对社会秩序的破坏。2012 年 9 月，由于中日钓鱼岛争端，我国多个城市爆发了大规模的抗日游行，抗议日本政府对我国固有领土钓鱼岛的侵占。但令人遗憾的是，有个别人打着爱国主义的幌子制造了多起打砸抢烧事件。长沙日资商场平和堂、青岛的丰田 4S 店被打砸和哄抢，一些城市的公共设施遭到游行人群的严重破坏。西安一开日系车的车主被游行中的暴徒用 U 形锁击穿颅骨，造成严重的开放型颅脑损伤。一段时间内，开日系车、用日系商品的民众人人自危。

2. 偶然性和必然性

突发事件尽管在发生时间、规模、危害等难以预计，但是究其发生的原因却是偶然和必然性的统一。就拿自然灾害来讲，看似偶然发生的自然灾害中往往有人祸的影子。譬如我国是世界上受干旱困扰比较严重的国家之一，除去降水量少等非人为因素外，随着工业社会的发展，人们不断地从自然界掠夺资源，大面积地破坏植被和地表结构，使地表水平衡功能减弱，加上个别地方政府水资源管理和使用不当，使得干旱灾害每年都会爆发。自然灾害的连锁效应也不容忽视，干旱灾害往往使得灾区群众大肆开采地下水资源，破坏地表结构引起地面下沉，目前我国多个城市，包括北京、天津、西安、太原等都发生了不同程度的地面沉降，一些地方更是发现了地表裂缝。干旱灾害破坏了地面房屋和市政设施，造成了巨大的经济损失，给人们的生活带了极大的不便，并引起了人们的恐慌。

突发事件的必然和偶然的辩证关系，正说明任何突发事件都有其原因，有时候原因也没有我们想象的复杂，这为预防突发事件的发生、处理突发事件以及突发事件的舆论引导都提供了正确的理念。

3. 事件发展的不确定性

突发事件发生时间的非常规性，事件背后的深层次矛盾，事件发生后的舆论活动变化，事件易引起媒体关注而造成信息量激增，这些都为突发事件的发展注入了不确定性的诱因。如，2012 年爆发的宁波 PX 事件，其中事态的发展充满变数。由民众拆迁补偿诉求到一起环保事件，中间夹杂着对政府部门管理工作的不满，种种情绪掺杂其中，使得各种舆论甚嚣尘上。这起突发事件引起了广泛关注，最终宁波政府不得不匆匆响应民意使得 PX 项目移出宁波，事后有专家评论说这是典型的中国式“领避”运动，最终是双输的结果，而对于 PX 项目是否安全的争论依然在继续。

4. 要求快速处理的紧急性

突发事件对公共管理部门、民众及社会造成的危害性，逼迫管理部门要迅速做出决策以求化解危机状态。突发事件往往造成人员及财产损伤，一个真正体恤民众、以人为本的政府和国家都应迅速做出决策，把损失降低到最小，维护其人民的生命和财产安全，维护社会的正常秩序和稳定。不论是对政府机关还是对领导者本人，能否快速有效地处理危机事件，都是评价体制、机制、领导素质等方面的一项重要考核指标。

5. 对管理能力的压迫性

突发事件的处理考验着管理者的能力，对其做出决策的时间、程序、有效性都有着强烈的压迫性。突发事件发生后，很多政府官员考虑更多的是自己的仕途和责任，以及由此带来的工作上的被动。一些政府官员在事件发生后选择了封锁信息，或采取大事化小、小事化了的态度，或采取软硬兼施、欺上瞒下的手段。诸如此类的种种做法，只会使得突发事件的处理更加棘手，有时候传统媒体集体失声，但由于新媒体的兴起，网络信息发布人群和自由度的急剧扩大，使得小道消息甚至谣言四起，更增加了处理的难度。

在这样一个突发事件不断增加的社会里，在这样一个人人都有麦克风的时代中，突发事件对于管理者来说是个极大的考验。即使是非人为的自然灾害和与政府管理没有直接关系的交通事故，政府部门对其处理的方式、手段以及有效性都会引发人们的关注和讨论。不及时化解眼前的突发事件带来的危机，只会引发更多更大的危机。

6. 对政府形象和公信力的考验

突发事件的处理考量着政府的形象和公信力。现代社会里，政府已从行政管理走向公共管理，政府的服务功能在增强。突发事件发生后，人们对政府的处理充满期待，一个能够迅速及时处理危机的政府往往会获得国内外舆论的赞扬，但是有时突发事件处理中的不当会迅速激起舆论讨伐，从而影响政府的形象和公信力。2012 年 8 月 26 日，陕西延安境内发生重大车祸致 36 人死，2 人重伤。① 这起重大突发事件之所以引起人们的关注，不单是因为事故中死亡人数之多，更多是因为时任陕西省安监局局长杨达才在事故现场的微笑。事后杨达才解释为只想让事故处理人员不要太紧张，但“微笑”这种不合时宜的情感表达仍然激起了网友们的愤怒，面对 36 人死亡的重大事故，官员理应抱着沉重心态的公共心理预期没有得到满足，外加官民固有矛盾的存在，这个突发事件的舆论迅速变为对杨达才腐败问题的讨伐。最终，事件向着人们预想的方向进行，杨达才由于腐败问题最终被追责，受到法律的制裁。事件一波三折，已经超出了原有突发事件的范畴，但是对当地政府形象和公信力的损害却已经造成。

---

① 中国新闻网：《延安 8・26 特大交通事故致 36 死，国务院成立调查组》，http://www.chinanews.com/gn/2012/08-26/4133833.shtml。

7. 具有吸引受众关注的新闻性

突发事件发生后，政府在处理事件时，必须考虑媒体的因素。有些政府部门不堪应付突发事件发生后蜂拥而至的记者，甚至对他们充满了不理解和抱怨，认为是媒体在添乱。存在这种心态的政府官员们并没有意识到——记者对突发事件的关注符合新闻传播规律本身，因为突发事件具有天然的新闻性或者说新闻价值。

所谓新闻价值是指信息之所以成为新闻的要素的总和。一般来说新闻价值包括事实的真实性、时新性、重大性、显著性、接近性以及人情味或者趣味性等。一个事件具备的这些要素越多，新闻价值越大。除趣味性和突发事件的关联度较小之外，突发事件几乎囊括了所有新闻价值要素，自然成为各媒体争相报道的话题。

二、突发事件网络舆情变化及应对

现实中，在突发事件爆发后，网络的双刃剑效应开始显现：一方面是促进了信息的交换，满足了人们对信息的获知感；另一方面是众多的杂乱信息，干扰和破坏了人们对信息准确性的认知把握。所以，面对日渐汹涌的突发事件，加强对网络舆论形成的内在规律的探析和研究并提出一定的引导和控制方法显得紧迫和必要。这不仅是网络传播领域的一个课题，也是整个社会需要探讨的问题。对网络舆论进行了解和研究，科学有效地引导来构建一个健康向上、有利于和谐社会建设的网络舆论环境，对于突发公共事件的反映、疏导以及解决善后等工作是非常有利的，也是非常必要的。

1. 突发事件网络舆论演变特征

突发事件有爆发期、危机蔓延期和事件恢复期三个阶段，在这三个不同阶段，网络舆论发展趋势上呈现交互性。事件爆发期与危机蔓延期中，交通与市民状况和灾情通报呈交错状态并在危机蔓延期达到顶峰。危机蔓延期和事件恢复期中又存在质疑与评论的叠加，交互性的形成是由突发事件信息的多样化、丰富性所导致的。随着突发事件生命周期的结束，与其相关的信息会逐渐减少，交互性会逐步降低。

在突发事件的不同分期上呈现出不同特点。在事件爆发期，网络舆论呈现出单一性、爆发性与平稳性并存的状态。在突发事件的爆发期，公众关注的内容呈现出以人为本的一致性，对受害受难群众的救助、鼓励等正面情绪的表达成为这一时期网络舆论的主要部分。

蔓延期的网络舆论呈现出多变性特征。这一时期正面的情绪表达和负面的情绪表达变化明显，其中，正面的情绪表达达到峰值，仍着重于对受灾群众的关注，同时开始由对突发事件本身的关注转向对政府作为的关注。负面的情绪表达起伏明显，以对政府作为的关注为主。

恢复期的网络舆论呈现出平复性和波动性并存的特征。这一时期的平复性表现在，随着时间的推移，关于这一事件的网络舆论会逐渐平复下去，但是在某个可能的时间段，又会出现关于该事件的新闻报道、公众讨论等。网络舆论有时会再次聚焦到这一突发事件上来，在此时间段的网络舆论会出现波动性变化。

2. 突发事件中网络舆论存在的问题

首先，在突发事件舆论的引导中有的政府主导性地位不突出。政府具有其他非政府组织无法比拟的权威性、组织性、强制力，必然成为公共危机中舆论引导的主导者。突发事件发生后，政府对灾害事件的处理态度和所作所为决定着危机处理的态势发展，要敢于承担责任，对外信息发布统一口径、凝聚人心。例如，2013 年 10 月 7 日凌晨 1 时 15 分左右，强台风“菲特”于我国福建省福鼎市沙埕镇沿海登陆，其中，浙江省受灾最重，余姚市的灾情更是重中之重，全城被淹面积高达 70%，直接经济损失达 275.58 亿元。

但是，在应对台风灾害时，余姚民众普遍反映在 10 月 8 日清晨才收到灾害预警，此时雨势已经很大，已经没有时间进行采购，从而导致很多民众没有充足的储备，造成灾害以后这几天物资匮乏，引发不少民众抱怨。

在新媒体时代，各级政府部门应成为“永远在线”的“大 V”，最及时地披露信息，公开事态进展、政策动向等，并与网民居间互动，拓宽交流路径。在紧急关头，及时发布权威信息，并针对求助等信息做出回应，会消除许多对政府的负面评价。

其次，在突发事件舆论的引导中媒体的报道不够及时准确。媒体应在第一时间充分利用自己的资源优势协助政府发布真相，对民众进行积极引导。同时在大的自然灾害发生后，难免出现各类谣言。例如，在余姚台风灾害中，出现水库倒塌等谣言，当地官方在事发当天就对两位涉嫌散布谣言的当事人予以行政拘留。但是在此事件中，政府对涉及水库的情况并未仔细说明，也并未进行大范围的传播。造谣者虽被抓，但恐慌未除，市民的心绪并未得到有效的安抚。

在处理灾害中的谣言时，惩治谣言的最重要目的在于消除民众的恐慌心理，从而保持社会的安定。对散布谣言者依法处理必不可少，但谣言造成的恐慌仅仅靠抓捕造谣者是不能消除的，恐慌的消除更需要政府对事实的进一步澄清，必须健全谣言发现处理机制。

最后，在突发事件舆论的引导中官员言行更容易被围观和质疑。例如，2012 年的“表哥”杨达才在车祸现场一个“不恰当的微笑”，从而引发了网友的刨根问底，最终牵连出其违法犯罪行为。2013 年的余姚台风灾害事件中，一张“官员怕湿皮鞋让六旬村书记背”的照片在网上快速传播，虽然后续的新闻报道澄清并非“皮鞋”，当地百姓也为涉事的官员“叫屈”，但也没有完全消除百姓对官员的不满。

互联网时代，各级官员都处在8亿多网友的围观之下，突发事件发生后，一线的官员顺理成章地被摆在了“显微镜”下，接受众多网友的“挑刺”。任何“官老爷”架子的言行都不该有，在灾害面前各级领导干部更要注意自己的言谈举止，这样才能经受网民的质疑。

3. 加强网络舆论的正确引导

进入新千年以来，经过诸如2003年“非典”、2008年“汶川地震”和2020年“新冠肺炎疫情”等诸多突发事件的考验，我国在应对突发事件舆论引导方面已经有了巨大的进步，但是还有以下几方面问题急需我们解决。

一是“三强三弱”。日常舆论引导能力较强，突发事件的舆论引导能力相对较弱；对自然灾害、事故灾害的引导能力较强，对公共卫生事件、社会安全事件的舆论引导能力相对偏弱；对传统媒体的引导能力较强，对新媒体的引导能力相对较弱。偏弱的现实往往导致舆论话语权被境外媒体夺取，造成我国舆论的被动，影响我国的国家形象。

二是“叠加效应”。“事件处置不当”和“舆论引导不当”形成叠加效应。在一些突发事件中，当地政府和相关责任人由于各种原因，对突发事件处置不当，造成事件的负面影响扩大。而在事件发生后，舆论引导又出了问题，某些地方政府为了政绩或者是其他需要，瞒报、漏报、谎报事件，造成公众与政府的对立和误解。两者同时发生时，往往会产生严重的叠加效应，产生负面影响。

三是“协调机制缺失”。突发事件发生后，部门和部门之间如何协调，没有规章制度予以明确。近些年来，我国发生重大突发事件后，往往是中央政府临时让各个政府机构协调处理，一切按照中央政府的安排。这种做法或许可以解决某一次突发事件，但是不规范、欠科学，于是，应对突发事件就很难有成效。

四是“问责机制欠缺”。突发事件发生后，相关负责人没有及时上报，应该问责；舆论引导失败，也要进行问责；媒体报道后，没有积极应对，不积极配合，不有效地进行善后处理，也要问责；媒体没有按照党的方针政策和新闻传播规律办事，出现了差错和问题也要问责。问责机制的建立，对于舆论引导失败无人负责的现状将大有助益。而现在，却恰恰缺少这一重要环节。①

面对突发事件发生和翻转，针对网民围绕突发事件产生的言论，政府应通过各种途径和方式来影响媒体观点和公众态度，最终使得舆论朝向政府所预期的正确方向发展。媒体要在政府统一领导下提高整个社会的应对效率，推动社会从受到强烈冲击的非常态进入健康的常态。而网民不仅要在政府、媒体的引导下规范自己的言论，还可以通过自我约束、相互影响的作用使网络舆论朝着有利于事件解决的方向发展。

---

① 赵振宇、焦俊波：《系统论视野下的突发事件舆论引导框架构想》，《现代传播》2012年第10期。

第一，政府应及时传播信息以把握舆论引导的主动权。突发事件具有突发性、危害性、难控性等特征，灾害发生后，作为社会最高管理者的政府必须第一时间把握住信息传播的主动权，通过官方机构或借助主流媒体统一发布信息，为舆论引导指明方向。同时，政府可以设置积极正面的新闻议程，促使正向舆论势力越来越大，从而实现政府的舆论主导功能。

第二，在突发事件的宣传报道中，应充分发挥传统媒体和网络媒体的各自优势，形成舆论引导新合力。官方网站与商业网站相结合，将传统媒体和新媒体各自的优势更好地结合在一起，使之成为其他网站效仿的典范。商业网站要不断加强自律，谨慎发布和转载与突发事件相关的各类信息，辅助官方网站做好突发事件的网络舆论引导工作。

第三，网民中的意见领袖要充分发挥"风向标"作用。在突发事件发生后网上会出现各种不同的声音，这时意见领袖需要集中网民意见，发表深刻、独到的见解，引领网民思维，纠正网民意见中的错误观念。

2011 年，笔者主持了国家社会科学基金重点课题，2017 年出版于课题结项成果《应对突发事件：舆论引导系统论》一书。突发事件及其舆论引导是个复杂和庞大的课题，有兴趣的读者可参阅该书。[①]

三、提高网民素质，加强网民自律

广大网民的个人素质高低决定了网络文明的程度和网络的性质。突发事件的网络传播过程中，有些别有用心的网民为了私利或者特殊目的发表不利于团结、不负责任的言论，造成社会的恐慌，这种行为应该被惩处。因此，宣传规范的网络道德秩序，培养良好的网络文明气氛，对网民进行道德教育和素质培养，显得尤为重要。需加强网络素质科普教育和网民的自律意识。只有提高全民素质，才能在发生突发事件的时候，正确分析各类信息，理性思考，促进网络舆论乃至整个社会舆论的健康和谐发展。

在网络的意见表达中，广大网民既要保持自己独立的话语权，也必须增强自身在网络舆论中的自律，在正确的舆论导向下表达意见，促使事件和舆论向着好的方向发展。在"人人都有麦克风"的信息时代，人们能及时发表意见，假如这些意见大都是正确的，就能够有效地促使事物向着好的方向发展，有利于促进社会的安定和谐；如果相反，在没有搞清事件的真相或事件的真相还未完全展现的情况下，抢先发表未经深思熟虑的意见，就会干扰事件的正常进展，就会扰乱人们的思考，给社会增添不必要的麻烦和不安定的因素，于己于人于社会都不利。在突发事件的发生、进展和终结的过程中，在事态还未完全暴露，并非完全明晰的情况下，还会产生不当意见和意见反转的情况。仅在

---

① 赵振宇等：《应对突发事件：舆论引导系统论》，中国社会科学出版社 2017 年版。

2018 年就发生多起这样的事件，如北京清博大数据科技有限公司统计的 2018 年十大网络舆情反转案例：00 后 CEO 狂怼成年人事件、女子扒高铁车门事件、鸿茅药酒事件、小凤雅治病身亡事件、德阳女医生自杀事件、重庆万州公交车坠江事件、80 后"白发官员"意外走红、快递小哥雨中暴哭事件、疑被堂姐顶替上大学事件、"12 岁女孩在公交车上被尾随性侵"事件。

在网络环境下生存，我们已习惯性地穿梭于真假之间，总以为真相离我们很远，但在每一次新闻的极速反转后，才意识到真相其实可以很近。在现实生活中，新闻反转剧时时在上演，在这些反转新闻背后，有公众对自我表达的急切，也有对信息膨胀的焦虑，还有对社会剧变的潜在不适。下面仅举两例予以分析：

小凤雅治病身亡事件：2018 年 5 月 24 日，一篇名为《王凤雅小朋友之死》的文章在网上被热传：这是今天看到的最让我愤怒的消息。5 月 4 日上午，王凤雅小朋友去世了。这，是诈骗！是遗弃！是杀人！好多人看到这里可能一脸懵：王凤雅是谁？为什么这么多人关注这个小朋友？如果你关注快手、火山小视频，你也许会知道。2017 年的 9 月，当时王凤雅小朋友只有两岁，她的妈妈杨美芹以治疗女儿视网膜母细胞瘤为由，在快手、火山、水滴筹等各大平台上公开募款，热心的网友们知道了纷纷慷慨解囊，光是已知的到账款项，就已经达到了 15 万元。然而在获得这么多的捐款后，杨美芹却没有去救治当时眼球已经脱出眼眶的女儿，反而是在同年 12 月，去了北京某医院给她的儿子治疗兔唇。[①]

此消息发布后立即引起网民的关注，不少网民发表了自己的意见，质疑杨美芹带儿子去的医院非常"高大上"："貌似高端民营或外资医院。唇腭裂不是复杂手术，并已经进入了包括城镇居民和新农合医保，在当地用医保治疗，不是更省时省力更经济吗?"该文章迅速在网络上发酵，得到了不少大 V 的转发扩散。网友们也纷纷指责杨美芹"诈捐""虐待""弃疗"。

事件很快得到反转：5 月 25 日，水滴筹声明，小凤雅家属实际筹得款项 35689 元。河南省太康县公安局宣传科科长张磊落向澎湃新闻表示，王凤雅家属只收到 38638 元捐款，且这些钱基本用在了女儿王凤雅的治疗上，目前还结余 1301 元。5 月 26 日，女童王凤雅的主治医生、张集镇卫生院副院长杨荣光表示，王凤雅的家人从未放弃过治疗。

随后媒体辟谣，如光明网发表《小凤雅事件：爱心何以走向"双输"》[②]央广网/评论发表《河南"小凤雅"事件真相出来了，谁该反思？反思什么？》[③]环球网发表《媒体："王凤雅小朋友之死"的真相来了》[④]。

重庆万州公交车坠江事件：2018 年 10 月 28 日 10 时许，重庆市万州区一大巴车在

---

① http://baijiahao.baidu.com/s? id=1601347214535607l8&wfr=spider&for=pc)。

② http://epaper.gmw.cn/wzb/html/2018-05/31/nw.D110000wzb_20180531_1-02.htm。

③ http://baijiahao.baidu.com/s? id=1601577186678449586&wfr=spider&for=pc。

④ http://baijiahao.baidu.com/s? id=1601688818367058123&wfr=spider&for=pc。

万州长江二桥桥面与小轿车发生碰撞后，大巴车坠入江中。黑匣子视频曝光：乘客与司机激烈争执互殴致车辆失控。当天一女乘客坐过站，与司机争吵，双方互殴，车辆失控坠江。

事件发生后，网络先出现大量炮轰小轿车女司机的不当意见。从现场视频来看，小轿车的车头受损严重，女司机穿着高跟鞋坐在一侧的马路上。也正是"女司机""高跟鞋"这些敏感的话题，各大媒体都纷纷开始"带偏"。该消息在网上公布之后，部分群众仅仅根据消息中的几张图片就贸然做出猜测，说事故的发生是因为红色轿车女司机在桥面上逆行，公交车司机因为避让轿车才失控坠入江中。这些极为不负责任的言论在网上不断发酵，到中午，网络上不明真相的群众对女司机已经是一片骂声，甚至有网友还说出了"肇事女司机应该被关一辈子"这种极端言论。[①]

事件反转：2018 年 10 月 28 日 17 时，警方发布通报，经初步事故现场调查，系公交客车在行驶中突然越过中心实线，撞击对向正常行驶的小轿车后冲上路沿，撞断护栏，坠入江中。红色轿车女司机没有责任，而且公交车方面还理应赔偿她的车辆维修费用。警方调查表明事故并非由女司机引起。于是之前谴责女司机的网友们纷纷哑口无言，而一些"大 V"则悄悄删帖，仿佛这件事情之前没有发生。而之前保持观望的网友们，迅速反击。

网友小军说："那些造谣女司机逆行的主流媒体《新京报》、澎湃新闻、《中国日报》、梨视频、腾讯新闻、环球网，把文章一删除就当作什么事没有发生，也不道歉，看不到一点媒体的责任和担当！"[②]

此时有不少媒体发表批评，如人民网发表《重庆公交车坠江事件　这些传闻你信了吗》[③]，网易新闻发表《重庆公交车坠江事件后续，跑偏的舆论，被误解的女司机！》[④]。

以上仅是 2018 年为大家所熟知的部分反转新闻，在它们的轮番"轰炸"下，我们似乎开始对"新闻反转"现象见怪不怪了。究其成因，无非是不法分子的刻意造谣、媒体的专业素养缺失、网民的刻板偏见、爆料人或当事人的主观遮掩、事件发酵的客观规律，以及在复杂的信息环境下形成的合力作用。但有时，新闻在不断反转中，间接呈现出世间百态，网民们不由地反思自己在进行意见表达时，是否真的有能力去面对这本就瞬息万变的世界。我们进入了新时代，新时代的社会经济的发展，也不断促进人们的文化政治需求和素质的提高，只有这样才能适应社会的发展，促进社会的和谐进步。这是一个长期的、艰巨的、循序渐进的过程，需要全体网民积极参与有效表达。

对于政府管理部门来说，需要重视网络舆论，建立反馈机制。要注意追踪各大网

---

① http://www.sohu.com/a/271946461_451594。

② http://dy.163.com/v2/article/detail/DVA61HN10525UE0B.html。

③ https://www.sohu.com/a/272872226_114731。

④ http://dy.163.com/v2/article/detail/DVA61HN10525UE0B.html。

站、论坛、博客的信息，关注网民热议问题，建立有效的网络舆论反馈机制，推动我国政治民主化的进程。

要加强网络讨论中的议题引导作用。应有效利用网络加强政府与民众之间的互动和沟通，提高公民参政议政的热情，从而对国家的大政方针的制定、改进和完善起到一定的推动作用。

对网络舆论应持理性的批判分析态度。相关部门应该理性看待网络舆论，对于网络讨论中的各种观点，无论是用作数据参考、信息分析，还是政策咨询，都应考虑“发帖人”的身份特点及其知识背景，有选择地接受和使用，用批判的眼光分析舆论倾向，以免将有失偏颇的个人观点当成公共舆论和民意代表误导大众。

要引导网民理性思考，杜绝网络暴力。调查发现，近四成网民参与网络讨论的目的是“凑个热闹，无聊说说”，近三成表示发表评论是为了“发泄情绪，表达不满”。根据《中华人民共和国侵权责任法》第 36 条规定：“网络用户、网络服务提供者利用网络侵害他人民事权益的，应当承担侵权责任。”因此，要进一步提高网民的媒介素养，引导网民对各类议题进行理性思考，并使用文明用语，制止网络讨论中的诽谤和谩骂等人身攻击行为，杜绝网络暴力，营造良好的网络舆论环境。①

① 谢新洲、王秀丽、田丽、王洪波、杨萌：《网上民意，能否代表主流民意》，2010 年 6 月 10 日《光明日报》。

第二节 政治协商中的意见表达

社会主义协商民主，是中国社会主义民主政治的特有形式和独特优势，是中国共产党的群众路线在政治领域的重要体现。党的十九大报告指出：发挥社会主义协商民主重要作用。有事好商量，众人的事情由众人商量，是人民民主的真谛。要推动协商民主广泛、多层、制度化发展，统筹推进政党协商、人大协商、政府协商、政协协商、人民团体协商、基层协商以及社会组织协商。加强协商民主制度建设，形成完整的制度程序和参与实践，保证人民在日常政治生活中有广泛持续深入参与的权利。

一、政治协商的意义和作用

当前，我国正处在全面建成小康社会的决胜阶段。面对实现"两个一百年"民族复兴的中国梦，面对逐梦路上出现的利益格局新变化，面对市场经济条件下思想观念多元的新情况，面对世界范围内不同政治发展道路竞争博弈的新挑战，努力把中国自己的事情办好，加强协商民主建设，保证人民在日常政治生活中有更加广泛持续深入参与管理国家各项事务的权利，意义重大。

1. 保障公民合法权利，使其有效参与管理国家事务

人民当家作主是宪法赋予公民的神圣权利。列宁说过："一个国家的力量在于群众的觉悟。只有当群众知道一切，能判断一切，并自觉地从事一切的时候，国家才有力量。"①一个开放的社会，一个民主的国家，其公民只有能够广泛地获取他想知道的一切信息，参与管理国家的一切事务（依照一定的法律和程序）。此时，人民的积极性和创造性才能充分地发挥出来；与此同时，只有从大局和稳定的前提出发，思考和处理一切事务，才可能取得最佳效果和长远持续的发展；而政治协商恰恰是一种最好的政治形式并能发挥最佳的政治优势。

2. 促进科学决策，维护社会和谐稳定

当今社会，大至国家，小到社区，每时每刻都有许许多多纷繁复杂的事务需要知晓、了解、交流和研讨，只有在公民充分参与的前提下，才能做到畅所欲言。据 2017 年 6 月 7 日《人民日报》报道，国务院法制办在调查中发现，有的决策听取群众意见不充分，一些关系国计民生的重大项目因群众不理解、不支持而不能出台，或者决策后遇到反对就匆匆下马，既给国家和人民造成重大损失，也严重影响政府公信力和执行力。所以，只有集思广益、择善而从，这样才能帮助政府和管理部门实施科学决策，从而推进国家治理体系和治理能力的现代化。

---

① 《列宁选集(第 3 卷)》，人民出版社 2012 年版，第 347 页。

在社会发展中，不同阶层、不同人群的政治、经济和文化阅历不同，因而会形成不同的利益集团。在追求美好生活的征程中，各种利益集团都会从各自的利益目标出发，做出有利于自己的决策，由此产生这样那样的利益冲突和矛盾。民主协商则可以借助一定的沟通平台，将各自的利益需求进行表达、交流、沟通，在追求最大公约数的前提下，达成某种和谐从而促进社会的稳定发展。

3. 发挥政治优越，牢固党的执政基础

“人民，只有人民，才是创造世界历史的动力。”“群众是真正的英雄，而我们自己则往往是幼稚可笑的，不了解这一点，就不能得到起码的知识。”中国共产党人正是遵循毛泽东同志的这些精辟论述，带领全国人民艰苦奋战，取得了新中国的胜利。在我们步入中国特色社会主义新时代的今天，毛泽东的这些话仍然是至理名言，须臾不可忘记。我们党为什么强大，为什么能带领人民从一个胜利走向另一个胜利，靠的就是与人民群众的紧密联系。而政治协商，广泛听取民意，则是我们党民主执政、科学执政的重要前提。为此，党的十八大以来，中央部署围绕保持党的先进性和纯洁性，在全党深入开展以“为民、务实、清廉”为主要内容的党的群众路线教育实践活动，着力解决人民群众反映强烈的突出问题，提高做好新形势下群众工作的能力。

当前，国内外形势变化和我国各项事业发展都给我们提出了一个重大时代课题，这就是必须从理论和实践结合上系统研究和回答新时代坚持和发展什么样的中国特色社会主义，怎样坚持和发展中国特色社会主义等方面的众多课题。社会主义协商民主，是中国社会主义民主政治的特有形式和独特优势，是中国共产党的群众路线在政治领域的重要体现。我们只有认识和搞好了协商民主，广开言路，畅通渠道，才能从实践中，从道路上、理论上、制度上、文化上展现中国特色社会主义的强大力量。

在政治协商的民主实践中，必须坚持党的领导、人民当家作主、依法治国三者的有机统一，贯彻民主集中制，坚定不移走中国特色社会主义政治发展道路。在政治协商的进程中，我们必须坚持围绕中心、服务大局，促进经济持续健康发展，维护社会和谐稳定。坚持依法有序、积极稳妥，确保协商民主有制可依、有规可守、有章可循、有序可遵。政治协商不仅表现在决策之前，还应表现在决策实施之中和实施之后，增强决策的科学性和实效性。政治协商需要公民广泛参与、多元多层，更好保障人民群众的知情权、参与权、表达权、监督权，求同存异、理性包容，切实提高政治协商的质量和效率。

在协商民主中，人民政协是中国特色的制度安排，是社会主义协商民主的重要渠道和专门协商机构。为此，习近平指出：人民政协要发挥作为专门协商机构的作用，把协商民主贯穿履行职能全过程，推进政治协商、民主监督、参政议政制度建设，不断提高人民政协协商民主制度化、规范化、程序化水平，更好地协调关系、汇聚力量、建言献策、服务大局。在协商民主中，要拓展协商内容、丰富协商形式，建立健全协商议题提出、活动组织、成果采纳落实和反馈机制，更加灵活，经常开展专题协商、对口协商、界别协商、提案办理协商，探索网络议政、远程协商等新形式，提高协商实效，努力营造既畅所欲言、各抒己见，又理性有度、合法依章的良好协商氛围。①

二、政治协商中的难题与不足

政治协商制度的建立在社会实践中发挥着重要作用。但是，仍然有一些认识需要厘清，一些做法需要改革和改进，需要变得更加科学和完善。根据专家学者对全国政协开展政治协商的调查和笔者参加武汉市参事室组织对武汉市武昌区政协、汉南区政协的个案研究，发现主要问题如下：

1. 公民参与意识不强，监督能力不足

习近平总书记在纪念政协成立65周年大会上指出："人民对公共权力的监督，不仅表现在选举权上，即在民主选举时通过对候选人的投票表达自己的监督权利；而且更重要的是在日常政治生活中即拥有广泛而经常的知情权、参与权，通过参与民主决策和管理充分表达自己的监督权利。"②

在我国的政治实践中，公民对发生在自己身边的具体事务关注度高，参与度高。对参与管理国家事务，特别是针对国家的大政方针的关注度并不太高，认为那是政府和知识精英们的事情。在政协里，委员们对政协民主监督的认识并不统一。一方面，一些地方党政领导人对人民政协的性质、地位和作用认识不到位，认为"一府两院"接受人大的权力监督理所当然，对人民政协的民主监督重视不够，认为它可有可无，甚至将人民政协的民主监督看作是"操闲心""找喳子"，领导人和领导机关的这种思想认识，势必影响到委员们的监督觉悟和行动；另一方面，一些政协领导和委员自身思想认识也不到位，认为政协在"四大家"里只不过是摆设，随声附和而已。在人民政协中存在着不敢监督、难以监督、监督不力、成效不显等问题，认为与其"说了白说"，说了得罪人，倒不如少参加会议，参加会议少议政，议政少监督批评，批评少针对主要领导人。正是这种观点和态度，使一些政协组织和委员疏于履行职责，将政协委员的头衔仅看作一种荣誉，抑制了政协自身的积极性、主动性、创造性的发挥，反映在民主监督上，其履行的频度、效度受到很大的影响。与此同时，社会民众对人民政协的民主监督职能认识也不到位，没有把人民政协的民主监督当回事，也没有对人民政协民主监督寄予太大的希望。

---

① 习近平在庆祝中国人民政治协商会议成立65周年大会上的讲话，2014年9月21日。

② http://www.dhzx.gov.cn/lilunyanjiu/2017-06-20/2635.html。

2. 公民参与内容狭隘，参与内容发展失衡

党的十八届三中全会通过《中共中央关于全面深化改革若干重大问题的决定》，该决定指出，要推进协商民主广泛、多层、制度化发展。这在理论和制度上指明公民参与协商内容的广泛性，但是在实践层面却有所限制。一方面，公民有序参与协商的实践内容比较狭隘。由于协商民主制度化水平的制约，部分针对国家重大问题的公民参与协商通道不够完善，为公民有序参与协商行为提供的条件与环境还存在不足，存在公民参与协商内容比较狭隘的难题。另一方面，公民有序参与协商的内容发展存在失衡。表现为一些与群众切身利益密切相关的协商渠道、协商内容存在各部分之间发展程度与速度不一致的现象，公民在部分领域可实际参与的协商内容受到了限制，直接影响着公民诉求的表达和利益的维护。

首先，公民有序参与政党协商的内容有所欠缺。表现为各民主党派在政党协商的议题和建议提出方面的作用发挥得不够充分，使得政党协商的议题范围存在局限性；受公民旁听制度不够健全的现状制约，广大普通公民可切实参与的政党协商内容较为狭隘；各政党的相关重要人事安排在酝酿阶段公民有序参与协商不足。其次，公民有序参与人大立法协商的内容不够丰富。最后，公民有序参与协商部分内容存在发展滞后问题。受到民意表达渠道不够畅通和协商程序不够规范的影响，部分基层协商没有切实将“服务社会型”工作内容纳入公民有序参与协商领域，影响着公民参与的时效性和实效性。①

3. 公民参与制度薄弱，程序化法规欠缺

制度建设是保障我国政治协商科学有效的重要前提，但公民参与政治协商长久以来并没有一套完整的制度体系，只是在党的相关文件、政协章程、党和国家领导人的讲话中有过一些规定和阐述。这些决定和讲话高屋建瓴，具有很强的指导意义，但现实却与之有很大的差距。由于缺乏制度规定，特别在具体实践中缺乏配套措施，实践起来有很大的局限性和随意性，直接影响了政治协商工作的成效。我们在调研中发现，基层政协民主监督的文本抽象、程序缺乏，在实施时只能比照“政协提案”开展民主监督。

在公民参与政治协商中，缺乏程序化的规范。如关于民主监督的有关规定就不大讲原则，还没有真正建立起从知情、沟通到反馈的工作程序，在具体操作上存在较大的随意性。有的地方政协组织及委员缺乏必要的知情权，政协组织和政协委员很难获得更加广泛的政治信息，参与程度低，难以有效实施民主监督。在调研中发现，有的地方政府部门没有制定对于政协民主监督的有效沟通和反馈程序，也没有专门的机构负责

---

① 王学俭、李婷：《协商民主视域下公民有序参与的难题及对策》，《中国政协》2016 年第 11 期。

处理政协民主监督的反馈，导致政协提出的意见或建议时常没有回音。而对于具有政协委员和国家公务人员双重身份者，往往出现自己提出的批评建议自己改的现象，使政协民主监督流于“空循环”形式。程序化制度薄弱使得政协的民主监督在实践中受到很多限制，影响了政协委员民主监督的积极性、主动性和创造性，也造成了政协民主监督的实践困难。

1949 年 10 月 1 日，中华人民共和国成立了，中国人民从此站立起来了。1949 年中国人民政治协商会议成立至今，也走过了 70 年的历程。习近平在纪念政协成立 65 周年大会上强调：“社会主义协商民主，应该是实实在在的、而不是做样子的，应该是全方位的、而不是局限在某个方面的，应该是全国上上下下都要做的、而不是局限在某一级的。因此，必须构建程序合理、环节完整的社会主义协商民主体系，确保协商民主有制可依、有规可守、有章可循、有序可遵。”党的十八届三中全会中共中央关于全面深化改革若干重大问题的《决定》提出，要“推进协商民主广泛多层制度化发展”，“发挥人民政协作为协商民主重要渠道作用。重点推进政治协商、民主监督、参政议政制度化、规范化、程序化”。这是一项艰巨而长期的任务，需要在公民参与的实践中加快建设步伐，以科学有效的制度程序保障和促进公民的政治参与。

在政治协商的过程中，要制定和遵循严格科学的协商程序：从实际出发，按照科学合理、规范有序、简便易行、民主集中的要求，制定协商计划、明确协商议题和内容、确定协商人员、开展协商活动、注重协商成果运用反馈，确保协商活动有序务实高效。①

三、提高政治协商中的意见表达

1. 完善协商程序，实现公民参与常态化和精准性

中国特色社会主义包含五大民主形式：通过人民代表大会制度实现的选举民主，以政治协商制度为渠道的协商民主，以群众自治制度为平台的直接民主，以政党政治制度为筑基的党内民主和以社会主义市场经济制度为条件的经济民主。而社会主义民主的发展需要以人民民主为核心的五大民主的联合推动。② 如何扩大公民参与渠道，提高参与表达效果，是政治协商中的初衷和目标。

政治协商的过程是由多个渠道、多个形式和多个环节组成的大系统。在这个系统里，要注重协调多层次发展、协同多方面力量以规范公民参与协商程序。这里既有健全代表差选的程序，又有具体协商的程序，由此形成合力；既能促进国家层面政治协商的

---

① 中共中央《关于加强社会主义协商民主建设的意见》，2015 年 2 月 10 日《人民日报》。
② 包心鉴：《人民民主：中国特色社会主义制度的本质》，2011 年 9 月 26 日《学习时报》。

制度完善，加快民主制度化进程，又能保证公民有序参与协商的常态化发展。

第一，要协同多种民主形式进行公民有序参与协商的规范建构。作为协同助推中国民主政治进程的重要力量，公民有序参与协商程序的规范建构需要与多种民主形式的程序设计相适应，以实现各民主形式在程序制度建设和公民参与实践方面的相互补充。尤其在代表遴选程序方面，需要各民主形式的协同建构，以降低参与主体精英化的风险，切实保障来自社会各界别、各行业、各组织团体的代表人士及普通公众的参与协商权利的实现和协商过程的有序达成。①

第二，要重点加强政党协商、政府协商、政协协商，积极开展人大协商、人民团体协商、基层协商，逐步探索社会组织协商。发挥各协商渠道自身优势，做好衔接配合，不断健全和完善社会主义协商民主制度。各类协商要根据自身特点和实际需要，合理确定协商内容和方式。

政治协商的内容是十分丰富的，主要包括国家和地方的大政方针以及政治、经济、文化和社会生活中的重要问题，各党派参加人民政协工作的共同性事务，政协内部的重要事务，以及有关爱国统一战线的其他重要问题等。通过协商会议、建议案、视察、提案、反映社情民意信息等形式提出意见和建议，积极履行民主监督职能。在这个活动中，我们要特别强调政治协商的精准性，即明确协商的对象是谁，协商什么内容，达到什么目的。只有这样才能做到有的放矢，卓有成效。

2019 年 4 月 22 日，《国务院办公厅关于调整 2019 年劳动节假期安排的通知》发布，经国务院批准，2019 年劳动节放假安排调整为 2019 年 5 月 1 日至 4 日，共 4 天。4 月 28 日(星期日)、5 月 5 日(星期日)上班。

按照《全国年节及纪念日放假办法》，为避免调整相邻周休日对正常工作生活节奏的影响，元旦、清明节、劳动节、端午节、中秋节 5 个法定假日逢周三时只在当天放假，不调休。因 2019 年劳动节恰逢周三，原定安排放假 1 天。对此，很多群众提出了一些好的意见和建议，在 2019 年全国两会上，部分全国人大代表和政协委员考虑到劳动节的特殊性和季节的特殊性，也提出了改进和调整的建议。国务院要求相关部门认真研究，并在一定范围内征求意见，在此基础上，决定调整 2019 年劳动节放假安排，通过调休形成 4 天假期。②

那么，到底是什么人提出的建议促成五一节日调休呢？2019 年 3 月 23 日，《长江日报》刊发“揭密”文章进行了报道：“我没想到会这么快，今天国务院关于今年‘五一’放假 4 天的通知一公布，就有很多朋友打来电话给我分享这个好消息。”22 日下午，全国政协委员、安徽省律师协会副会长、合肥市律师协会会长周世虹接受《长江日报》记者采访时

---

① 王学俭、李婷：《协商民主视域下公民有序参与的难题及对策》，《中国政协》2016 年第 11 期。

② 陆娅楠：《2019 年劳动节假期调整为 5 月 1 日至 4 日》，2019 年 3 月 23 日《人民日报》。

激动地说:“我不知道我的提案在这个过程中发挥了多大作用,但至少可以肯定的是,我们的建议和基层老百姓的心声得到充分重视和关注,并很快做出决策,效率如此之高,我感到非常欣慰,也深切感受到了作为一名政协委员为民呼吁的价值所在。”

在此前召开的全国两会期间,周世虹向大会提交了《关于立即恢复“五一”长假的建议》。这个提案的相关信息通过媒体报道后,引起社会极大关注。两会期间,就有很多报纸、电台进行了报道。周世虹为这个建议进行了深入的调查研究,他认为,近十年来交通设施特别是高速铁路网的建成极大地改善和增加了交通运力;旅游景点的基础设施建设也获得了长足的发展;社会管理、应急事件处置能力显著增强,这些都为假期的管理和服务提供了较为充分的保障,制约“五一”长假的因素已基本消除。周世虹的这份建议正是精准协商的成功案例。

青岛市政协在民主监督中找准切入点、选好突破口、瞄准关键处,使政治协商落到实处。为了更好更有针对性地选择监督“目标”,青岛市政协探索建立了“三对接、一沟通、一汇报”的选题机制。每年年底通过与党政相关部门、市政协委员、社会各界多次对接协商广泛征求各民主党派、区(市)政协、各界群体、基层群众的意见,初步筛选出议题,再由市政协分管副主席与市政府分管副市长沟通征求意见,经市政协研究讨论后向市委常委会议汇报确定。近年来,他们重点围绕“食安青岛”“健康青岛”等热点和难点问题开展专题调研视察,增强了民主监督的精准性,保障政治协商取得成效。①

2. 参与各方凝聚共识　双向发力助推社会进步

中国社会主义的特色是有事好商量,众人的事由众人商量,要在商量中找到全社会意愿的最大公约数,这就是人民民主的真谛。中国政协作为中国最广泛的爱国统一战线组织,实行“大团结、大统一、囊括一切代表人物”的方针。参加单位包括中国共产党、8个民主党派和无党派人士,共青团、工会、妇联、青联、工商联、科协、台联、侨联等8个主要人民团体,中国56个民族和5大宗教团体的代表人物,香港特别行政区同胞、澳门特别行政区同胞、台湾同胞和归国侨胞的代表,以及其他各个界别的代表人士,具有组织上的广泛代表性和政治上的巨大包容性,真正体现了整个中华民族的大团结、大联合。在70年的发展历程中,中国政协围绕团结和民主两大主题开展了卓有成效的工作。

2018年3月,十三届全国政协一次会议以来,人民政协围绕大局双向发力:一方面,要畅通渠道、完善机制,创新形式、提高质量,引导各界委员有序表达意见诉求,积极建言资政;另一方面,要协助党和政府多做解疑释惑、宣传政策、凝聚共识、汇聚力量、理顺情绪、化解矛盾的工作,最大限度地统一思想、凝心聚力。

---

① 参阅青岛市人民政协理论研究会会长贝晓曦《研究　履职》,《中国政协》2016年23期。

2018 年“五一”刚过，全国政协农业和农村委员会“巩固脱贫成果，保证长期稳定脱贫”专题调研组，来到宁夏就当地扶贫脱贫情况进行调研，为 6 月 25 日举行的专题议政性常委会会议做准备。

这一年，全国政协召开 1 次全体会议、2 次专题议政性常委会会议、2 次专题协商会、19 次双周协商座谈会、2 次网络远程议政协商会、18 次对口协商会、4 次提案办理协商会、5 次调研式视察考察活动，全部围绕“五位一体”总体布局和“四个全面”战略布局展开。在调查研究的基础上，解决深度贫困地区脱贫问题；污染防治中存在的问题和建议；健全系统性金融风险防范体系；历史文化名城名镇保护；培养懂农业、爱农村、爱农民的“三农”工作队伍；促进新能源汽车产业健康发展；强化基础研究促进重大原始创新；优化营商环境，促进民营经济高质量发展……党和人民关心的一个又一个重大问题，在人民政协议得更深、做得更实。

全国政协使双向发力在实践探索中得到拓展和深化：把中共中央的决策部署和对政协工作的要求落实下去，把海内外中华儿女致力于实现中华民族伟大复兴中国梦的智慧和力量凝聚起来；寓思想政治教育于视察调研、协商活动、双向交流之中，推动协商议政与学习教育双向融合、双向发力。①

改革开放以来，丰富的地方协商民主实践探索也为我们提供了学习和借鉴的样板，从中可以较为清晰地触摸到渐趋浓厚的民主与协商氛围，如立法机构决策前的听证制度，基层民主实践中的“民主恳谈会”（滥觞于 1999 年，已经成为中国在基层民主领域创新方面有国内外影响力的“金名片”。它不但因此获得了“第二届中国地方政府创新奖”，且已入选哈佛大学肯尼迪政府学院来自中国大陆的唯一教学案例），参与式预算，社区论坛和居民议事会等。除此之外，在经济相对发达的浙江，还有更大量的其他鲜活实践创新案例：金华武义的“村务监督委员会”制度、天台的村级民主决策五步法、以“规程为据，协商共治”为特点的新型民主治村模式嵊州“八郑规程”、新昌的“乡村典章”制度、奉化和仙居等地的“村务公决”试验、金华金东区东孝街道“街道议政会”等。这些林林总总的基层探索实践，尽管发生的时间地点、具体内容和方法各异，但它们产生的背景及其精神实质则有相通之处，即在经济持续发展的前提下，民众的利益分化、权利意识凸显，利益的冲突又诱致了民众参与意愿的不断增强，在有众多利益关联主体的情况下，采用各方参与、公开讨论、沟通谈判制度规范等公开论证与多方协商的方法，就成为相对不坏的制度形式选择。而这里尤显可贵的还在于，这些实践创新主要不是来自由上而下的政治动员，而是更多地缘于因经济社会发展进步而来的民众内生的诉求与探

① 杭州市政协课题组：《人民政协是推进国家治理体系现代化的独特制度平台》，《中国政协》2016 年第 3 期。

索。①

协商民主就是广泛听取各方面意见建议，实现科学决策、民主决策的过程，也是使大家了解和接受中国共产党政治主张、形成共识的过程。为此，北京市政协提出，政协作为协商民主重要渠道和专门协商机构，无论是委员还是机关干部都要认识到，协商是手段，聚共识、聚力量是目的，开展协商一定要站在这个出发点上，决不能本末倒置。在协商过程中，要坚持商以求同、协以成事，在一些社会敏点、险点、关切点问题上，多做春风化雨、解惑的工作，多做协调关系、化解矛盾的工作，多做增进共识、凝心聚力的工作，努力找到最大公约数，画出最大同心圆，决不能因为我们的工作反而使社会分歧扩大。② 这些认识和做法都是有利于形成两个合力的，而合力则来源于双向的互动。

习近平总书记指出，“搞好政党协商，需要中国共产党和各民主党派共同努力”。中国共产党要“一如既往营造宽松民主的协商环境，鼓励不同意见交流和讨论，真正形成知无不言、言无不尽的氛围”。各民主党派要“不断提高参政议政能力和水平，参政参到要点上，议政议到关键处，为政党协商深入开展打下坚实基础”。因此，在新时代充分发挥社会主义协商民主的优势和作用，切实提高协商民主的效能，就要研究和解决好互动的问题。

互动是社会主义协商民主自身性质特点的内在需要。在协商民主的过程中，参与是前提，没有参与就没有协商；表达是权利，没有表达就没有民主；互动是必然，没有充分表达、相互交流就难以同心、成事。由此可见，协商民主就是人民群众在“众人的事情由众人商量”中持续深入参与和充分表达，与党和政府实现互动、达成共识的过程，没有互动，就构不成协商，达不成共识，协商民主就失去了价值和意义。

平等是民主的内在要求，也是协商的基本前提。习近平指出，中国共产党各级组织特别是领导干部要以开阔的胸襟、平等的心态、民主的作风广纳群言、广集众智。因此，在协商民主中，首先要坚持平等协商，不摆架子、居高临下，不盛气凌人、以势压人，不故作姿态、刻意奉迎，应在相互尊重中敞开心扉、坦诚相见，在平心静气中各抒己见、求同存异，为充分互动奠定坚实基础。

相互交流沟通是各协商主体求同存异、凝聚共识的唯一途径，没有交流就不能求同，也就没有共识。协商要建立在相互沟通交流的基础上，坚决摒弃由我到你的单向思维，改变我说你听的单向输出，杜绝以通报情况、部署工作代替协商的单向灌输。要敞开心胸、善于倾听，积极输出、主动吸纳，在相互沟通交流中筛选出真知，在说明辨析中消除隔阂，在碰撞激荡中升华思想，使协商在互动交流中发出智慧的闪光、增加科学的含量。

---

① 参阅冯春梅：《在建言资政和凝聚共识上双向发力——十三届全国政协履职工作一年综述》，2019 年 3 月 1 日《人民日报》。

② 黄建盛：《新时代人民政协“四种能力”》，《中国政协》2019 年第 5 期。

协商的价值在于协力成事，成的是实现中华民族伟大复兴中国梦之事。这就决定了协商要始终保持正确的政治方向，在这样一个共同政治基础和方向上，协商互动才能有效提高政治运行质量，具有建设性而避免破坏性，才能在丰富多元中找到最大公约数，通过理性表达和讨论，实现公共利益的最大化。

协商要在各抒己见、集思广益中择优而定。这个择优的根本标准，就是人民利益。要在广泛听取各种不同意见中，切实选择和吸纳符合人民利益的意见建议，要为人民利益坚持对的，抵制和改正错的。只有这样，才能使社会主义协商民主既保证人民持续深入参与，又能在参与中将人民利益的特色和优势充分发挥出来。①

2020 年新冠肺炎疫情牵动着全国人民的心。疫情就是命令，防控就是责任。全国政协提案委员会按特事特办、急事快办、要事合办的原则，建立政协提案工作“快速通道”，及时分类处理，将提案第一时间以参阅件形式送有关部门，以《重要提案摘报》形式及时报送，或以电话会议等形式开展提案办理协商，广集良策、广聚共识，为夺取疫情防控和实现经济社会发展目标双胜利贡献政协力量。

2 月 4 日，全国政协提案委员会办公室收到了中山大学教授刘昕委员的一份《关于有效遏制新型冠状病毒感染的肺炎疫情蔓延势头的提案》。提案建议，应以疫情防治为切入点，加强城镇及乡村人居环境整治，高度重视和尽快落实医疗污水收集、污染治理设施运行、污染物排放等环境监督管理。收到提案后，全国政协提案委员会迅速行动，这份提案和其他 14 件与疫情相关的提案一起，以参阅件的形式马上送交承办单位参考，以期在第一时间发挥作用。2 月 26 日，生态环境部官网更新了一则消息，通报了全国医疗废物、医疗废水处理处置环境监管的情况，其中提到抓实抓细医疗废物、医疗废水环境监管“两个全覆盖”，确保疫情医疗废物、医疗废水得到及时有效收集、转运、处理、处置，内容丰富，数据详实。刘昕委员的呼吁在这份通报里得到了迅速回应。

“目前，全国政协提案委员会围绕有关疫情防控和实现今年经济社会发展目标任务主动做好提案征集工作，注重引导，加强协调，鼓励委员通过委员移动履职平台 APP 提交提案，拓展网上委员履职的提案服务功能。”提案委办公室工作人员梁磊宁说，截至 3 月 2 日，共收到有关疫情的提案 110 多件，最多的时候一天能收到 21 件。为了更好发挥提案的优势和作用，提案委员会在今年全国两会后，将按程序把部分涉及疫情防控和实现今年经济社会发展目标任务且针对性强的提案，纳入重点提案题目，组织开展重点提案督办，推动提案意见建议的采纳落实。②

---

① 参阅张献生：《互动：提高协商民主效能的要旨》，2018 年 9 月 8 日《光明日报》。

② 杨昊：《政协提案建立“快速通道”》，2020 年 3 月 5 日《人民日报》。

3. 运用现代传播平台　扩大政治协商效果

人们的意见表达只在短时间、小范围进行，显然是不利于交流、促进工作的。而现代化的科学技术为公民的表达提供了广阔便捷的发表机会、表达形式和交流渠道，对提高公民的意见表达，帮助政府科学决策、改进工作和促进社会安定和谐有序发展是大有好处的。

“民有所呼，我必有应。”网络已经成为当下不少地方政府与百姓沟通的桥梁和纽带，很多百姓关注的身边事，只要点点手机、敲敲键盘，就可直接与相关部门沟通对话。有数据显示，2019 年 1 月，全国各地省市县三级党政“一把手”通过人民网“地方领导留言板”答复约 2.2 万项网民留言，同比增长 47%；各地网民留言约 3.1 万项，同比增长 56%。类似“地方领导留言板”的互动板块，在很多地方的政务网站都很活跃。不少地方的问政平台，几乎囊括了当地所有的政府部门和窗口单位。求助有渠道、诉求有回应，可以说，网络问政已经成为一些地方社会管理的常态化操作。

网络沟通的便捷高效受到广大网民的欢迎：一方面，民众在现实生活中确实有诸多疑问需要解答，你的疑问可以留给省委书记，你的不满可以向市长倾诉；另一方面，政府官员也因此多了一条了解社情民意、群众所需的重要渠道。除了传统的联系群众的途径和方式外，网络民意可作为一个重要的信息来源，作为重大决策的参考信息。面对突发事件，想了解民众有哪些诉求和不解，至少可以从网上捕捉一下民意。①

十三届全国政协履职一年来，依托全国政协委员移动履职平台已举办了 2 次网络议政远程协商活动和 1 次远程讨论活动。委员们表示，通过这个新颖高效的先进工具，实现了委员“思想永远在线、智慧时刻连线、联系永不断线”。建立全国政协委员履职数据中心，教科卫体、外事活动、文史资料等数据库建设初见成效。重视发挥新媒体平台作用，全国政协官方微信公众号开通，社会与法律专委会微信公众号累计浏览突破 40 万人次。全国政协制作的“委员讲堂”节目正式上线，由杨伟民委员主讲的“解读中央经济工作会议”节目，引来千万网友围观。②

青岛市政协与青岛电视台合办《委员论坛》专题节目，每月一期，将民主监督与舆论监督有机结合起来，有效地加大了工作力度。哈尔滨市政协在全国政协系统率先打造了“两报一刊”（《哈尔滨日报》《新晚报》《哈尔滨政协》杂志）、两微一端一网（哈尔滨政协官方微信、微博、客户端，政协网站）、“一论一点”（电视栏目《政协论坛》和《政协视点》）全媒体宣传平台，组建“政协宣传工作室”，推动政协宣传和政协工作有机结合，扩大了

---

① 参阅斯远：《网络问政，打通信息沟通“最后一公里”》，2019 年 3 月 1 日《光明日报》。

② 冯春梅：《在建言资政和凝聚共识上双向发力——十三届全国政协履职工作一年综述》，2019 年 3 月 1 日《人民日报》。

哈尔滨政协的影响力和受关注度。[①] 广东广播电视台在全国两会期间，用跨界思维打通政府与市民的沟通渠道。广东人民向往什么样的美好生活？大家的声音如何到达两会现场？带着这些思考，广东广播电视台和广州地铁联合启动了一趟“有你，广东更好”列车。广州地铁1号线是广州市第一条地铁线路，也是广州的“主干线”，与其他地铁线路有多处换乘，并与广佛线相连，很多老街坊聚集在1号线沿线。在1号线上发布两会主题，能够更好地融入街坊的生活中，能更好地倾听街坊的声音，真正做到“民有所呼，我有所应”——两会代表委员可以从中找到关注度最高、最接地气的内容，带上会场。2019年2月26日10:00，“有你，广东更好”两会主题地铁专列投入使用。这趟主题列车利用车门两侧的空间，展示医疗、教育、社会保障、环保等10个热点民生话题供市民选择。搭上这趟专列的市民只需拿出手机扫扫主题车厢中的二维码，进入主题H5，就能参与十大民生话题的投票或留言。这种直观、新颖的参与方式受到广州市民热捧，截至3月10日21:00，已有14万人次参与投票，该话题的报道全网点击量达到4300万。[②]

近年来，随着新媒体传播方式和手段的更新与发展，从中央到地方，从城市到农村，政治协商的渠道、方式和成效越来越多、越来越好。但是，在实际操作中还存在一些问题，需要研究解决。当前创新媒介平台的重点在于处理好媒介与政治的关系，切实落实公民有序参与协商的流程公开化，更好建构“网上网下同心圆”。媒介的公开透明性决定它具备保障公民政治参与、监督的功能。因而，媒体应在坚持党性原则的前提下，加大公开力度，充当好公民参与与政治发展之间的桥梁，保障公民在有序参与协商过程中的知情权、参与权和监督权。

首先，媒体要加强公民有序参与协商的前期舆论宣传工作，让公民知晓参与的意义、参与的内容、参与的方式和参与的结果。其次，应用大数据技术提高公民有序参与协商的广泛性和真实性，以应对因“群体效应”“从众心理”和“非理性行为”而出现的公民参与协商的虚假态度、隐瞒倾向，以及非有序状态问题。最后，注重实现媒介的信息公开、监督、纠错功能，切实保障公民有序参与协商落到实处。[③]

新冠肺炎疫情非常时期，武汉成了全国人民挂念、祈福的城市。封城后，武汉人民的真实生活是什么样？正和岛自2020年1月26日起特别推出《叶青：我在武汉疫区的第N天》专栏。叶青是一位定居武汉40年的市民，也是一名学者和官员，从2003年起一直担任湖北省统计局副局长。他是第十届、十一届全国人大代表、国务院新闻办公室专家库专家，中国民主促进会湖北省委员会副主任委员（2000—2017）、湖北省政协常委。他被网民称为“中国最具个性官员”、“车改第一人”，曾荣获2007年度人民网十大

① 参阅《中国政协》2016年第23期。

② 郑敏璇：《花式领跑媒体融合——触电新闻客户端的两会报道实践》，《岭南传媒探索》2019年第2期。

③ 王学俭、李婷：《协商民主视域下公民有序参与的难题及对策》，《中国政协》2016年第11期。

社会责任博客、《南方周末》2011 年两会“十大言者”、《南风窗》2012 年十大公益人物、2019 政务微博十年·先锋等。

从武汉封城到解封的 76 天，叶青每天都很忙，过得很充实，主要忙 4 件事。其一，写疫情日记，从 1 月 31 日开始，一直写到 4 月 7 日，每天都在写。其二，接受各种各样的采访。其三，提建议。其四，做直播。从 2 月 15 日开始，很多企业家对前景很迷茫，而叶青每天晚上 9:00—10:00 都在网络上做直播，他抽出当天几个经济热点来讲，告诉大家要注意什么事情，有什么新产品、有什么创新概念等，已直播 50 多场。

他在接受记者采访时认为，代表委员不要辜负了互联网时代。参政议政是一个投入产出的过程，有大的投入才会有大的产出。我们要借助互联网大规模搜集资料，充实自己，才能有更大的产出。他参政议政的产出有多个方面多种形式：一是视察与调研，二是提案与建议，三是党派信息，四是会议发言，五是采访、约稿、讲座，六是博客、微博、微信、自媒体专栏等。这是一个可以依托互联网全方位、立体式参政议政的时代。当然，这是在做好本职工作、做好专业研究的同时进行的参政议政工作。他认为，只要时间上安排得科学合理，本职工作、专业研究与参政议政并不矛盾，甚至是相辅相成的。

中国（海南）改革发展研究院院长迟福林，从 2008 年至 2017 年担任第十一届、第十二届全国政协委员的 10 年时间。在此期间，他通过人民政协平台不断呼吁和提出全面深化改革的积极建议，先后五次在人民大会堂作大会发言，并分别受到温家宝、李克强总理的邀请参加座谈会直接发表意见。他在总结担任政协委员的这段经历后认为，这些年来，中国改革发展研究院以直谏中国改革为己任，以“小机构、大网络”为机构特色，在建言我国全面深化改革开放中发挥了自己的作用。“我们的目的很明确，就是为这个时代最有价值的改革开放事业尽自己的责任，做一点努力，做一点贡献，这也成为我这一生的价值追求。‘责任’二字，我们将为此坚持、为此努力。”①

政协委员参政议政如何发表意见是十分重要的。全国政协委员谈剑锋在总结自己履职思考中写道，作为一名全国政协委员，对国家和社会的观察必须要有宏观视角，再结合自己的本职工作有针对性地建言献策，才能更好地履职尽责。建言献策的格局要大一点再大一点，切口一定要小一点再小一点，这样既能从一个小切口切出一个大问题，又有助于大问题被循序渐进地解决。“在我看来，不论是家庭文明建设，还是生物特征数据信息安全，都与国民生活和社会发展息息相关。保持对这些宏观主题的高度关注，结合自己的专业有针对性地开展调查研究，对存在的问题及时提出建议意见，是全国政协委员的责任和义务。当关注的问题得到了重视和解决时，就会有一种成就感，这种参与到经济社会发展大局中的成就感会不断要求我更好地履职。”②

---

① 迟福林：《向公共服务型政府转型》，《中国政协》2019 年第 24 期。

② 谈剑锋：《建言献策，格局要大、切口要小》，2020 年 3 月 5 日《人民日报》。

第三节 领导干部与媒体打交道

邓小平同志曾指出过:“一个革命政党,就怕听不到人民的声音,最可怕的是鸦雀无声。”2018年3月11日修改通过的《中华人民共和国宪法》从根本大法上确定了公民有批评监督的权利:“一切国家机关和国家工作人员必须依靠人民的支持,经常保持同人民的密切联系,倾听人民的意见和建议,接受人民的监督,努力为人民服务。”

2009年3月1日,时任中央党校校长的习近平同志在中央党校讲话时指出,提高领导干部推动科学发展的能力,是当前干部队伍建设的一项根本任务。为此,各级领导干部要努力提高以下六个方面的能力:一要提高统筹兼顾的能力;二要提高开拓创新的能力;三要提高知人善任的能力;四要提高应对风险的能力;五要提高维护稳定的能力;六要提高同媒体打交道的能力,尊重新闻舆论的传播规律,正确引导社会舆论,要与媒体保持密切联系,自觉接受舆论监督。习近平同志提出的要求领导干部提高同新闻媒体打交道的能力具有重大的现实意义,这是巩固党的执政地位、保持政局稳定的现实需要。各级领导干部特别是主政一方的高级领导干部要切实提高同新闻媒体打交道的能力,因为这关系辖区一方的政治安定,关系着党的执政地位的稳固!

一、领导干部眼中的新闻媒体

在网络媒体迅猛发展的今天,新闻报道发生了重大变化。

一是采制权开始出让。以往,只有领取了记者证的人员才可能深入一线进行采访报道工作。而今天,随着博客、播客、微博等新的交流沟通方式的出现,网民参与新闻采访报道的情况越来越多,特别在记者之外,还有一批业余和专业的“新闻线人”,他们凭着自己的胆量和热情,在事件发生后和记者一样赶赴现场进行采访。他们的出现,是对新闻人的一种挑战,同时可能产生一定的负面影响。

二是发布权有所削弱。由于采制权的某些出让,传播手段和工具的发展,政府官方发言人和主流媒体不再是“一言堂”,不再拥有往日的绝对权威。广大网民可以通过网络、手机等现代传媒随时发布自己对时事的看法和对主流媒体报道的不同意见。所有这些都对新闻报道的发布时机、发布方式和发布内容提出了挑战。

三是交流的领域扩大。网络媒体的迅猛发展,人们的相互联系与交流的时间和空间大为压缩,人们希望获取信息的愿望更加迫切,获取信息的渠道日益增多,接收信息的时间日益快捷,信息在“地球村”瞬间传播已经成为现实。

新闻记者作为专业的新闻采编和传播的执行者,与他们关系处理的好坏直接关系到政府的形象和宣传效果。政府官员与媒体打交道首先必须找到正确的位置和心态,否则不断出现的官员“雷人语录”,将有损官员形象,同时也会贻误我们的工作。随着改革开放的深入,媒体人员与行政干部之间的关系也愈加微妙,政府被置于公众的注视之下,面临的传播压力也日渐增强。由中国浦东干部学院、《新闻记者》杂志社与复旦大学新闻学院组成的调研组曾对前来中国浦东干部学院学习培训的全国31个省市区的500多名领导干部进行了关于“中国领导干部媒体关系”的问卷调查，这些数据直观地向我们展示了领导干部对于媒体的态度和认识。①

①调查发现，领导干部对媒体的重视程度方面，认为领导干部应对媒体的能力是否重要的选择中，认为“重要”的占61.5%，“很重要”的占20.4%，“非常重要”的占15%，“一般”的占3%。

②关于“与媒体沟通是否为干部的必备素质”，认为“是”的占94.8%，“不一定”的占5.2%。

③关于“是否需要掌握与媒体沟通技巧”，认为“需要”的占90%，“需要掌握一些”的占10%。

④关于“您觉得面对媒体的主要障碍是什么”，选择“担心说错话”的占31.7%，“不习惯面对媒体”的占22.6%，“怕记者做文章”的占21.9%，“环境不允许多说”的占19.5%，“不知该如何面对”的占4.3%。

⑤关于“您对媒体监督的态度”，选择“欢迎媒体监督”的占56.2%，“有限欢迎”的占27.4%，“看情况”的占14%，“无所谓”的占1.8%，“拒绝与抵制”的占0.6%。

⑥关于“您是否愿意接受记者采访”，选择“愿意接受”的占42%，“看情况而定”的占38%，“不愿意”的占10%，“无所谓”的占4%，“回避”的占4%，“拒绝”的占2%。

⑦关于“您认为与记者的关系”，认为是“合作者”占60%，“朋友”占28%，“对手”占8%，“其他”占4%。

调查表明，大部分的领导干部都已经觉察到行政工作与媒体传播之间的密切关系，愿意实现与媒体的合作，进行有效的管理。但是，也有极少数干部“拒绝与抵制”媒体监督，“回避”和“拒绝”接受记者采访，还有8%的干部视记者为“对手”。如果这些领导干部在一个地方或部门与媒体打交道，就可能出现差错甚至酿成大祸，这不得不引起我们的高度重视。在与媒体打交道时，时任中共南京市委宣传部部长叶皓总结了以下几条，它们是很有道理的：遇事躲记者是躲不掉的，只会引起记者的更大兴趣；封杀媒体是封不住的，结果只会引来更多媒体的关注；与媒体争吵是无用的，媒体具有天然话语权和公众支持率；抓捕记者是违法的，反而会激发舆论强烈的反弹；有时告到法院反而使人们会认为政府以强凌弱；埋怨媒体是无用的，因为我们无法改变媒体的功能。②

与记者交往中要注意克服可能存在的自傲、自卑、片面以及顾忌的心理。

自傲心理。常常表现为对记者主动联系工作表示漫不经心，有的甚至表现出不耐烦的态度；约定会谈的时间，常常因某些不是很重要的事情而错过，使记者扑空；接待记

---

① 王石泉：《领导干部眼中的新闻媒体和新闻报道——来自中国浦东干部学院的调查报告》，《新闻记者》2010年第2期。

② 叶皓：《媒体时代官员必需的媒介素养》，《新闻与写作》2011年第1期。

者，傲气十足，爱理不理，只提供一些已经报道过的材料，不愿深入详谈；对记者的来往送行不愿意提供方便，消息刊出后也没有一句感谢，或者不说再联系的话；等等。

自卑心理。行政人员面对记者不知如何接待是好：接待热情了怕记者认为是自己在讨好，于是不敢大胆、全面地介绍自己的成绩；自己的开拓创新又怕别人说是出风头，生怕说出一句话被记者抓住做文章。这些表现都不利于开展工作，特别是不利于强化宣传效果。

片面心理。对宣传过自己成绩的记者热情，对揭了短的记者表现冷淡；对大单位的记者盛情款待，对地方小报的记者冷落一旁；对有名气的记者大加赞扬，对一般记者特别是年轻的记者不屑一顾。这种片面性表现在接待记者的采访、座谈、提供材料以及生活安排上。新闻单位不论大小，记者不论老少，都应一视同仁，提供同等良好的接待，不可厚此薄彼。

顾忌心理。有不少领导干部见了记者顾忌重重，不论宣传好坏，怕与记者交往。宣传了本单位的成绩，怕上级领导“鞭打快牛”，怕左邻右舍犯“红眼病”，怕职工说“吹牛皮”。揭露了本单位存在的问题，又怕上级说自己无能，怕同行说自己平庸，怕下级说自己“捅娄子”。不宣传自己，又怕别人说自己封闭保守，有什么不可告人的目的。总之，前怕狼后怕虎，不知如何是好。领导干部应该正确对待自己，正确对待别人，正确对待记者。

与记者交往也要注意把握几项基本原则：坦诚相融，平等相处，热情相助，患难与共。

坦诚相融。即领导干部对人要胸怀宽阔，以诚待人。只要不属于保密信息均可向记者通报。有些情况告诉记者也并不一定会被全部报道，哪些情况觉得不宜宣传或者少宣传，或延时宣传，均可向记者说明。政府坦诚对待记者，记者也会维护政府的利益和社会的稳定，不会轻率报道。

平等相处。指领导干部和记者在人格上是平等的，双方应保持平等关系。记者到了政府，不可当钦差大臣，颐指气使；政府工作人员也不可受宠若惊或视为麻烦。对于记者的正当要求要尽力满足，对于记者的不正当要求应予以回绝，对一时难以满足的要求应予以说明，对自己的难处请记者予以谅解。不卑不亢，是政府工作人员接待记者的基本尺度。

热情相助。记者的工作是十分辛苦的，要领会上级的意图，深入调查，整理材料，构思写作，特别是对于实效性很强的报道，记者们挑灯夜战是常有的事。政府工作人员应予以热情帮助，联系采访对象，提供采访方便，查询参阅材料，配送摄影照片，特别是根据新闻工作规律和记者繁忙的特点，保证记者采访的时间和空间要求。在报道发出后，相关人员要及时收集各方面反映的情况，与记者取得联系，以使记者不断改进工作。

患难与共。有的政府工作人员只愿报喜，不愿报忧。有了失误不仅不愿告诉记者，还对记者遮遮掩掩，遇着记者如实报道，更是心怀不满。在他们眼里，记者揭短是与政府过不去，不仅在报道上不提供方便，有时甚至在人格上对记者进行侮辱。这些做法都是不妥当的。

近年来，在全国不少地方都开展了以治庸问责、提高干部素质为目的的“电视问政”活动。电视问政节目播出后，参加电视问政的政府官员都表示在台上“很紧张”“直冒汗”，但有的网友们却不买账，认为问政很“温和”，感觉领导们的回答似打“太极”，也有网友直言“答非所问”。还有网友表示，一些坐在问政席上的官员“打官腔”“说空话”。面对这样的诘问，没有一个官员承认自己是网友所指。笔者以特邀评论员身份参加了多场电视问政，有官员曾对笔者说：“这些都是很专业的问题，不是一两句话能说清楚的。不说清楚不是实事求是的态度，说多了又说我们打太极，而且主持人经常打断我的话……”看来，如何面对媒体，是当今时代领导干部的一个新话题。

电视媒体为何受到人们这么强烈的关注？因为，“晓之以理”以印刷形式呈现会更有说服力；而“动之以情”最好以视听媒介的形式呈现，因为它们要求具有能引发情绪的形象而几乎不需要理解。电视使其传递的信息具有丰富的外围线索或形象，沟通者的外貌、说话风格、手势、语音、背景音乐以及基调均提供了直觉判断的线索，从而使人们的注意力从信息的实质内容中分散出去。[①]

所以，电视问政这种形式一开始就受到广大受众的欢迎，也成为政府管理事务、提高干部队伍素质的一种好方法。领导干部参加电视问政，要明白电视问政不是什么，即电视问政不是报告会，不是汇报会，不是演讲会；要明白电视问政是什么，即电视问政是履行职责的督察会，是检查承诺的问责会，是政府与民众沟通的交流会。电视问政是一档电视节目，当然要按新闻规律办事；但它又不仅仅是一个节目，而是政府的一个工作平台，要通过电视问政达到治庸问责、奖优罚劣、提高素质、提高效率之目的。那么，在电视问政的现场，就应该以找问题、追责任、兑现承诺为主。

针对领导干部面对媒体的现状，笔者以为至少有以下两点需要研究：

第一，正确认识新闻媒体。中央多次提出，要让政府工作在阳光下运行。为什么？就是要做到公开、透明，让人民监督。而新闻媒体就是实现这一转变的最好形式和渠道。既如此，各级领导干部就要学会在实际工作中，特别是当本部门工作出现问题和差错时，学会与媒体打交道。笔者到过许多政府机关讲课，他们对于媒体的监督职能不理解。不知道新闻记者为什么对本单位的好人好事不感兴趣，而对官僚主义、腐败问题、监督报道很上心，而且报社还要鼓励多评分。看来，媒体朋友与政府官员的交流沟通是有必要、有好处的。

第二，学会在媒体面前表达自己的思想和意见。接受媒体采访和回答记者提问与

---

① 张涛甫、项一钦：《做得好，也要说得好》，《新闻记者》2012 年第 3 期。

自己检查工作做报告不一样，它必须符合新闻传播的规律，在电视直播的现场要求更高。其一，它要求用大家都听得明白的简短语言表达自己的意见，要求官员们注意自己的形态、语言、语气和现场回应；其二，它要求在规定的时间里完成它。要做到这两点其实是很难的，正因为难，才需要我们学习提高。有的地方电视问政为了保证官员回答问题守时，采用了电脑读秒计时器，超时就会发出翁鸣声直到关闭话筒。这些都向官员提高面对媒体的能力发出挑战。

领导干部提高媒介素养，学会同媒体打交道，既是一项新的任务，也是对新时期干部素质的一项新要求。我们要高度重视这一问题，努力学习，勇于实践，勤于总结，如此必定会大有成效！

二、官员“学说话”是个大问题

网络时代官员如何“学说话”是当下一个大问题。一段时间来，“神回复”接连出现，引发公众对官员“雷语”现象的关注。透视近年来出现的官员“雷语”可以发现，其中既有互联网的放大效应，也反映出一些领导干部群众意识的淡薄和公共话语能力的缺失。新华社记者通过调查指出：在监督无处不在的互联网时代，官员需要重新“学说话”。官员“雷语”大致有以下几种类型：

一是狂妄嚣张型。“你是替党说话，还是替老百姓说话?”几年前河南省规划局某位副局长这句质问记者的“雷语”可谓代表，不但摆错了党和百姓的关系，其粗暴蛮横的做派也可见一斑。

二是愚蠢无知型。据媒体报道，一个地方官员问专家“江豚好不好吃”，当得到“不好吃”的答复时，这位官员竟说“不好吃干吗要保护?”，如此无知自然遭到网民拍砖。

三是僵化八股型。有的政府网站对反映的问题回复大多是“问题已受理，将尽快答复”，有的甚至答复为“已阅”，这种官腔十足的话语方式实际是把日常机关化的文风搬到了网上，不但缺少亲和力，更令群众生厌。

北京大学教授张颐武认为：“官员要敢说话，更要会说话。”在移动互联网时代，党政部门和官员加强公共关系培训、逐步提高与媒体和群众交流沟通的技能刻不容缓。“官员跟群众对话，一要有亲和力，二要得体，只要稍加训练，很多出格的‘雷语’就可避免。”①

我在接受记者来访时表达了这个观点，出现“雷人语录”的首要原因是官僚主义。官僚主义的倾向，具体表现在四个方面：

第一个方面，首先，脱离群众，脱离生活，好似不食人间烟火一般。其次，高高在上，

① 据新华社北京 2013 年 8 月 25 日电，新华社记者赵仁伟、朱东阳。

一旦有了向公众说话的机会,难免说出一些"雷人"的话。再次,长期性的体制弊端培养了这样一些人:作风独断,不习惯接受规则,说话、做事常常违反一些基本的科学常识。最后,注重形式主义、官场的繁文缛节,等等,他们不习惯像正常人一样"说话",因而总是说一些"雷人"的话。

第二个方面,这些"雷人语录",体现了这些官员们的品格素养较差。具体来说则是:缺乏一些基础的专业知识,欠缺相关知识的训练;缺少"社会知识",不懂得一些生活的常情、常理,官不大,跟公众说起话来,却让人感到"雷人";缺乏法律、国家政策、党政方针的相关知识。其实很多事情在宪法、党章上都写得很清楚了,他们不了解,又不去学。

第三个方面,在中国的政治民主化进程中,政府信息公开化是一个不可逆转的趋势,面对这一趋势,有些人不努力学习,有的甚至产生了抵触情绪,因而时常会说些"雷人"的话。

第四个方面,不可否认,一些官员缺乏现代舆论的沟通能力和表达技巧,这也是他们说话"雷人"的原因之一。

或许可以说,这些"雷人语录"是一直存在的,也许他们日常就习惯这样的说话方式,但只是在网络时代,这种说话方式终于被公众一一看到和听见,成为一种新闻现象了。网络将之放大了。其实这也是双向的,好的可以放大,坏的也可以放大。所以在网络时代,官员们的言行,需要更加谨慎。

另外,舆论其实也需要审慎一些。现在的新闻报道特别是评论提倡"想到就说",因为太快了,时效性太强了,所以没有多少积累和思考。媒体朋友也可研究一下,我们的报道、评论能否找到一种稳定的模式,不要一哄而起,然后瞬间就结束。媒体的评论可以容许一些滞后,以便保持相对的稳定。新闻评论,追求民众表达,这是对的,但也需要一些积极正确的疏通和引导。①

《人民日报》原副总编辑梁衡撰文提醒领导干部说话做到14个"不要":不要做报告,不要抖家底,不要居高临下,不要环顾左右而言他,不要以不变应万变,不要有对抗心理,不要念稿子,不要上专业课,不要假装幽默,不要借机捧上级,讲话的前奏不要太长,讲话不要超过5分钟,不要讲空话、套话,不要向记者发脾气,更不可动粗,弄不好身败名裂。②

党的十八大以来,党中央部署开展群众路线教育实践活动,提出领导干部要把群众装在心里做明白人,笔者以为很对。要做"明白人"首先要明白群众是谁,怎样把群众装在心里。起码做到两个"不能":第一,不能把群众称作"刁民"。所谓"刁民",是指那些

① 参阅肖畅:《官员说话如何不"雷人"——赵振宇教授专访》,2009年11月14日《长江商报》。

② 梁衡:《领导干部面对记者14个"不要"》,《今传媒》2010年第5期。

狡猾、奸诈、顽固，故意使人为难之士。大千世界、芸芸众生确有这样的人，不奇怪。问题是，我们不能将群众特别是那些爱提意见，或方法不妥，或提了意见后又被证明是错了的人视为“刁民”。请记住毛泽东同志讲的话：“群众是真正的英雄，而我们自己则往往是幼稚可笑的，不了解这一点，就不能得到起码的知识。”人民是创造历史的真正动力，群众中蕴藏着极大的积极性和创造性，领导干部只有如此认识他们、对待他们，才可能将他们时时刻刻装在自己的心里。第二，不能用“不明真相”来说群众。群众之所以不明真相，是因为掌握信息的机关和领导人没有把真相告诉他们。近些年我国发生了多起突发事件，大都是“不明真相”群众参与而酿成的灾难事故。《中华人民共和国政府信息公开条例》(简称《公开条例》)从 2008 年 5 月 1 日起实施，为保障《公开条例》实施，该条例第 34 条、35 条都有明确规定，行政机关违反本条例的，可根据情节轻重追究当事人的行政或刑事责任。在开展群众路线教育实践活动中，只有消除“不明真相”，才能真正将群众装在心里。

民主生活会是我们党的一个好传统，不论是革命战争年代还是改革开放建设时期，特别是在党的十八大以来开展的群众路线教育实践活动中，“大家直奔主题，辣味十足，红了脸、出了汗、触及了思想灵魂”，起到积极促进和鞭策作用，让广大民众看到了党中央整改的决心。开好民主生活会，坚持开门搞活动，组织群众有序参与，让群众监督和评议，这是中央对开展好这一活动的要求。

“三严三实”(严以修身、严以用权、严以律己，谋事要实、创业要实、做人要实)专题教育是党的群众路线教育实践活动的延展深化，是持续深入推进党的思想政治建设和作风建设的重要举措，民主生活会是重要的“关键动作”，不可不注重改进民主生活会的形式和提高其质量。只有这样才能获得群众的认可和点赞。

领导干部在民主生活会发表意见大体包括两方面内容：一是批评与自我批评，找出存在的问题及分析存在的原因；二是针对这些已经发现和找出的问题，提出整改举措。不论是检查过去，还是面向未来，民主生活会的整个过程都应按照中央的要求邀请群众参与其间，真正发挥群众参与监督、鞭策和集思广益的作用。

领导干部参加民主生活会，对照新颁布的《中国共产党廉洁自律准则》《中国共产党纪律处分条例》等规章制度，认真回顾自己的工作历程，检查自己辖区和分管工作与中央及上级机关的要求有何差距和存在的问题，检查自己贯彻落实“八项规定”的情况。检查过去，是面向未来的基础，也是搞好民主生活会的重要一环。对此，有上级领导参加，有同级干部和相关领域专家与会，是十分重要的。但是，千万不要忘了邀请相关群众代表参加会议。群众代表参加民主生活会，他们能更深切地感受领导干部在修身、用权、律己上表现如何，在谋事、创业、做人上存在什么问题，产生的原因是什么。同时也能看到领导干部的批评与自我批评是否深刻，是否一语中的，是否能找到问题的要害，这样才有利于问题的解决。

民主生活会邀请群众代表参加，他们会更深切地感受国家利益与自己前途的关系，同时也会对领导们是否讲真话，是否在讲管用的话，整改举措是否得当，做出有力的判断并提出可供选择的意见和建议。这是开好民主生活会的重要标志，不可小视。“群众是真正的英雄”是毛泽东同志在延安时期就说过的名言，经过70多年的历史检验，经过了前不久开展群众路线教育实践活动的检验，是颠扑不破的至理名言。今天我们做到了，做好了，群众就会认同，就会点赞！①

一个地区和单位的领导干部特别是一把手，在他的管辖内很多情况下发表意见大都是“一言堂”“我说了算”。现在有不少“落马”官员在忏悔时，都不约而同地说到自己在任上为所欲为，听不见不同意见，更少遇到直面的批评。陈毅元帅曾有诗云：“难得是诤友，当面敢批评。”笔者以为，当下在继续强调加强制度建设的同时，更需要提倡领导干部多交“诤友”。

所谓“诤友”，是能够直言相劝、促膝谈心、帮其改错、促其进步的真朋友。“诤友”不仅存在于领导干部的“八小时”之内，也广泛地活跃于领导干部的“八小时”之外。领导干部交了这些“八小时”内外的“诤友”，对帮助领导者自我净化、自我完善、自我革新、自我提高是大有好处的。现在，领导干部也有广交朋友的，但很多“朋友”是投其所好、谋取所需、阿谀奉承、逢场作戏。这样的“朋友”藏匿于官场同僚间，活跃于商圈和社会上，同时也隐身在自己的配偶、子女、亲朋好友中。他们盯住的是领导干部手中的权力，期盼的是将这些权力为自己的私利而用。在反对腐败的耻辱柱上，在“落马”官员的交代中都能看到他们的龌龊表演！

王岐山在福建调研时强调：党内关系要正常化，批评与自我批评要经常开展，让咬耳扯袖、红脸出汗成为常态。②

三、正确对待媒体的舆论监督

2016年2月19日，习近平同志在党的新闻舆论工作座谈会上指出：“舆论监督和正面宣传是统一的。”舆论监督抓住现实生活中出现的党中央明令禁止、明显违法违规、人民群众深恶痛绝的典型人和事进行批评性报道，目的是使党和政府掌握实际情况，了解群众诉求，找准问题症结，进一步推动问题解决。舆论监督，激浊是为了扬清，曝光问题是为了推动问题解决，监督丑恶现象是为了防止类似现象再次发生。虽然被批评的现象是阴暗的、丑恶的，但舆论监督是为了让人民感到党心与民心同频共振，更加相信党和政府，从而实现“四个有利于”，即有利于坚持中国共产党的领导和我国社会主义制

---

① 赵振宇：《开好群众点赞的民主生活会》，2015年12月25日《人民日报》。

② 赵振宇：《问一下，我有几个诤友？》，2015年10月28日《羊城晚报》。

度，有利于推动改革发展，有利于增进全国各族人民的团结，有利于维护社会和谐稳定。①

领导干部自觉接受人民群众和新闻媒体的监督，这是国家宪法和行政管理体制的规定和需要，领导干部在与媒体打交道时特别要处理好应对突发事件和与媒体的关系。每次发生的重大灾难事故，都会引发全社会的关注，吸引广大民众的注意。在网络时代、微博时代，这种关注和聚焦显得更为突出，其中裹挟着强大的民意。面对重大事故，面对公众期待与追问，政府新闻发布主体应该怎样做呢？从吉林长春宝源丰禽业公司特大火灾事故的新闻发布中，或许我们可以总结一些经验教训。

2013年6月3日上午6时30分左右，位处吉林省德惠市米沙子镇的宝源丰禽业公司发生特别重大火灾事故，大火导致121人遇难，76人受伤，国务院吉林大火事故调查组认定该事故是一起严重责任事故。一个普通工厂的火灾，竟然能导致这么多人员伤亡？一时间，网上遍布人们的质疑，大家都把目光投向了新闻发言人，希望能迅速获得准确、权威的消息，但是，当地政府的新闻发布会却让人们大失所望：6月4日下午2点，救援指挥部召开第3次新闻发布会，但只进行了4分钟，对公众最关心的事故原因和遇难者名单公布等问题没有做出回应。毫无疑问，4分钟的新闻发布会并不能满足社会对此重大事件的关注。在第2场新闻发布会上，吉林省卫生厅厅长用了一个小时的时间，详细梳理了医务人员救治事故伤员的情况，主要内容是表扬医务人员工作努力、及时。这次发布会虽然长了一些，但没有传递公众急切想知道的信息，不是公众最关注的火灾本身的情况，却占据了宝贵的新闻发布时间，导致新闻发布会有名无实。官方微博也是一种官方信息发布渠道。@吉林3日晚22时33分发布消息，“500余名消防官兵不怕疲劳、连续作战，不间断地进行地毯式的搜救。”对此发布信息，网民@梁小飞侠直斥道：“别把灾难变表彰大会！”②

在现实生活中，当危机发生时，我们经常可以看到这样的无效传播行为——未能在第一时间做出反应；听任不同观点专家发表意见，使媒体和公众无所适从；发布信息时把话说得太满，不留余地；提供给公众的“行动性信息”缺乏可操作性；对舆情的变化不敏感，未能及时澄清各种负面传闻；发言人言语和举止失当、缺乏感染力和指挥力；暴露了部门之间的分歧和职能不清之处。这样的无效传播行为自然会增加民众的恐慌，对政府行为的不信任，这需要各级领导认真对待、努力改进。

当危机发生时，新闻发言人或辖区领导要了解记者想知道什么——危机为何发生？危机发生前有关部门是否提出警告？危机是否不可避免？谁来负责处理危机？有关部门是从什么时候开始处理危机，现在进展如何？局面是否得到控制？危机还会产生哪

---

① 崔海教：《深刻把握正面引导与舆论监督的辩证统一》，2016年4月19日《人民日报》。

② 齐务：《新闻发布会别跑调》，2013年6月18日《今晚报》。

些负面影响？公众应该做些什么？有关部门提供的数据说明了什么？预期今后还会发生什么？还有哪些坏消息没有公布？这些问题看似不近情理，有的也很难回答，但是，这样问是由新闻人的职业要求决定的，也是他们职业的工作特性，新闻发言人或辖区领导要尽力予以回答，一时回答不了的，也要以诚挚的态度向新闻界朋友们讲清楚。一旦时机成熟，就要以最快的速度向记者们通报。

在接待记者时应避免出现的情况：当众训斥记者，拒绝回答记者的提问，公开表示对某个记者的偏见，语言含糊不清、行动过于缓慢，表现出对记者的不理解、怠慢和不配合。在新闻发布中，有时也会碰到一些棘手的问题，不知如何面对，对此，曾任教育部新闻发言人王旭明提出，把不好说的话好好说要厘清三个方面的关系和问题，可以作为领导干部的借鉴：不好的话好好说不能把粉丝说成鱼翅（不能将不好的事说成好事）；不好的话好好说不能"嘴硬"（不好的事要向公众致歉）；不好的话好好说必须温情表达（用身体语言或辅助语言暖意叙说和轻柔陈述）。①

在现实生活中，还会出现这样的情景：有的领导干部遇到突发事件受到公众质疑时，会抱怨"都是媒体惹的祸"。应当看到，确有媒体为吸引眼球不惜炒作，写言过其实的报道、发耸人听闻的议论；也应当承认，没有媒体的介入与监督，这些事件不会如此引人关注。但更应该强调，解决社会问题，新闻媒体理当承担社会责任，坚持正确舆论导向，以客观公正的报道，全面呈现社会状况，理顺情绪、化解矛盾、促成共识。而抱怨者也需自问，如果没有媒体监督，诸如强制拆迁、企业污染、食品安全等问题及其引发的负面评价，是否就不复存在？

各级领导干部一定要认识到，一个好的社会不是没有问题，而是能够正视和解决问题。这就是为什么中央强调对于转型期中国产生的问题，既要弄清"怎么看"，更要明确"怎么办"。怎么看，是认识，是舆论引导；怎么办，是行动，是解决问题的方法。怎么看固然重要，怎么办更为关键。

有些干部误以为"搞定就是稳定""摆平就是水平"，殊不知病根不除，热点只是暂时休眠。只有以勇于担当的精神，正视热点、解决问题，才能使社会治理更加积极主动，从维持稳定走向维护和谐。也正因此，中央一再告诫各级党员干部，在群众有危有难、有险有乱的时候，要勇于走到群众中去，认真听取群众利益诉求；也只有在这样的前提下发布信息，发表意见，这样的讲话才会受到大众的欢迎。②

突发事件的信息往往来自微博，最多的大众评论也出自微博……微博一问世，就因其拥有的便捷性、自主性、互动性等优势，将互联网 web2.0 的特性展露无遗。140 字的

---

① 王旭明：《不好说的话好好说》，《新闻实践》2012 年 7 期。

② 参阅本报评论员：《解决问题才能从维持稳定走向维护和谐》，2011 年 6 月 23 日《人民日报》。

低门槛，让每一个“小我”都有了发声的平台，为世界带来了一个人人都能发声、人人都能被关注的时代。在微博上，不说套话、不说假话成为发言的第一准则。140字的容量，使你不得不字斟句酌；不说官话，不说套话，才能让你的微博有实情、有真意。平等对话、真诚对话，则是微博发言的基本原则。网上没有主席台，人人都有麦克风，只要大家互相交心，坦诚相见，最终都能够赢得信任。及时发言、准确发言，乃是领导干部和机构微博的力量所在。

微博时代学会说话，也是领导干部的一种作风转变。驾驭网络的能力，体现的是领导干部的素质能力。我们期待网络上、微博里，会说话、受追捧的领导干部越来越多，更期盼现实中解民情、办实事的领导干部越来越多。[①] 1982年，联合国教科文组织发布《媒介素养宣言》称：“我们生活在一个媒介无处不在的社会，与其单纯谴责媒介的强大势力，不如接受媒介对世界产生巨大影响这一事实，承认媒介作为文化要素的重要性。”[②]国务院新闻办前主任赵启正强调：“我们所处的信息时代，信息如同空气，每天都要呼吸。一个现代人不可能不关注信息，特别是领导干部，每天要有一定的时间阅读信息、思考信息、发出信息，必须重视媒体，要利用媒体做桥梁和接力棒。”“在这个时代，新闻素养已经是执政能力的要素之一，不会和媒体沟通，执政能力就不完整。”[③]提高领导干部的媒介素养是一项重要任务，历史进入了新时代，领导干部责任重大，更要时刻提醒自己与媒体打好交道。

四、当好新闻发言人

提高同媒体打交道的能力，是执政党的一项重要任务。但在现实中，时常会碰到这样的情况，应邀为机关干部讲授如何应对突发事件，怎样与媒体打交道和开好新闻发布等方面的讲座，主办方很重视，“四大家”都会有人来听，但是却很少有“一把手”与会。现在的问题，常常是“一把手”要决定辖区应对突发事件的处置，要在新闻发布会上面对媒体，他们的表现直接影响所辖地方的工作及外界对他们的评价。提高领导干部特别是“一把手”同媒体打交道的能力，首先从当好新闻发言人开始。

党的十八大以来，中央十分重视新闻发言人制度建设，但还是存在不少问题。2017年5月24日，《人民日报》发布国务院新闻办公室（简称“国新办”）对上一年度全国新闻发布考核结果，指出：“一些部门和地区新闻发布议题设置能力和发布效果亟待提高，在新闻发布会上讲成绩进展过多，但回应社会关切不够。”国新办相关负责人说，还有一些

---

① 参阅唐维红：《微博时代如何说话》，2011年8月2日《人民日报》。

② 杨继绳：《经济新闻的功能和趋势探讨》，《中国记者》2003年第5期。

③ 转引自南振中：《密切并行不悖一人民群众的联系》，《新闻战线》2003年第2期。

部门和地区发布活动数量过少，有些依然没有建立定时定点的例行新闻发布制度，回应公众信息需求不及时。“一把手”与媒体记者面对面互动交流仍然较少；一些部门和地区的突发事件新闻发布不及时、不到位等。

领导干部在与媒体打交道时特别要处理好应对突发事件和与媒体的关系。新闻发言人或辖区领导要尽力回答记者的提问，一时回答不了的，也要以诚挚的态度向新闻界朋友们讲清楚。一旦时机成熟，就要以最快的速度向记者们通报。面对突发事件，有时因官员的表达而影响到职位的变动。如在 2020 年的新冠肺炎疫情中，面对中央指导组派出督查组的询问，黄冈市卫生健康委员会主任唐志红竟然一问三不知，对定点医院的收治能力和具体床位数量都含糊其辞。1 月 30 日被免除主任职务。

把握实情，提高新闻发布表达能力。2020 年 2 月 17 日，《人民日报》发表评论《疫情防控，需要什么样的好干部》，阅读数达 1003 万有余。评论中写道：“疫情考验着党员干部，重大考验面前，更能考察、识别干部。这几天，国家卫健委医政医管局副局长焦雅辉（现任国家卫生健康委员会医政医管局监察专员，正司局级）备受称赞。她多次出现在国家卫健委新闻发布会上，就疫情防控工作展开答问。细心的人发现，面对发布会上的各种问题，她往往脱稿回答，没有官腔，数据、事实能脱口而出，表达清晰流畅。专业、干练、利落、温情，是很多网友对她的评价。”

习近平在统筹推进新冠肺炎疫情防控和经济社会发展工作部署会议上指出，“各级党组织要在斗争一线考察识别干部，对表现突出的干部要大力褒奖、大胆使用。”这些好干部不仅表现在抗疫一线组织指挥中，同时也表现在有关疫情的新闻发布会上。因为，他们在新闻发布的现场，将当地和全国抗击疫情有效地公布于众，这些舆情的发布对于团结民众、安定民心、鼓舞士气、激励斗志起着至关重要的作用。疫情当前，容不下半点虚假，容不得半点虚活。

新闻发言人，是靠嘴巴讲话来完成任务的，而这是一件复杂且精细的工作，只有做到掌握实情、心里有数，才能有的放矢、从容自若。而有些干部之所以慌张、出错，一味地念稿子，答非所问，甚至多次念错数据，往往是工作不够扎实、能力不够过硬的表现。《人民日报》评论将新闻发言人的现场表现提到“好干部”的高度，足以说明新闻发言人现场表现的重要性。特别是在突发事件中，在瞬息万变的信息传播中，稍有不慎，产生的负面作用是十分严重的，这样的例子有很多，如此次疫情初湖北省政府召开的几次新闻发布会上就出现过这样的情况。“台上一分钟，台下十年功”，新闻发言人在台上的表现与他们在平时工作的投入和学习是分不开的。焦雅辉被提拔不仅是由于她在发布会现场的出色表现，从网上搜寻可知，在单位她就是一位努力工作、掌握实情、获得多项荣誉的好干部。

在 2020 年新冠肺炎疫情中，王旭明先生总结了钟南山院士回答记者提问的七点经验在网上传播：一是内容要实。一段话要有一句观点鲜明的中心句，这中心句也是你这段话的最实在内容。二是说短话，每句话最多八、九个字。三是尽量不用专业术语，记住您的听众基本上都是外行，一定要说专业术语也要稍加解释。四是注意时长。每段话时长不超过两分钟，即600字左右。五是说话句式可变化，要有节奏，包括轻重、停连和疑问句、感叹句等，你想想，人说话从头到尾都是一种句式、一个节奏，听者多难受啊。六是要说普通话，实在不会说普通话的，可放慢语速，慢慢说话，别着急。七是适当注意身体语言。眼神要环视与注视相结合，手势要左右手配合，体态要适度变化等，当然，适度加入些情感更好了。作为语文教育工作者和媒介素养研究者，他深感语文教学的重要，深感在培训中坚持少讲多练、场景训练有多重要。

他以自己的亲身经历讲述了真诚的重要性。2008年5月15日汶川地震后，在教育部新闻发布会上，有记者提问："在这次地震中，学生的死亡人数是多少？倒塌的校舍有多少？学校重建后，会用什么制度防止出现'豆腐渣'学校？"他回答："您放心，教育部部署了在全国进行校舍安全大检查，在检查中，危房不能使用，学生的安排，教学活动的进行，对各级行政部门都有明确要求。不能因检查危房就影响学生的学习，这笔资金由各级教育行政部门来承担，国家承担。"他接着说："关于地震中学生的死亡及失踪人数是多少，倒塌的校舍数量是多少，我目前尚未得到授权发布，谢谢您的提问。"接着他又补充了这样一段话："有关'豆腐渣'学校的问题，是非常善意的提醒。我们知道，我们国家现在使用的很多校舍，可能是十年、二十年前，甚至更早时间建设起来的。那时国家房屋建设的监理制度没有或者不够完善，现在，国家有各项房屋质量评估检查制度。我相信这些方面在今后会越来越完善。这也是防止所谓'豆腐渣'工程的一个有效措施。"这段话，是他作为新闻发言人的态度，既包含着对记者提问的善意解读，也可看作是对记者提问的积极回应。在新闻发布会上，不要把记者当作对立面，更不要把记者当成找碴儿的，挑刺儿的，他们来参加新闻发布会是为了寻找事实和态度，没有事实可以，但态度必须要有。

王旭明作为我国有影响的教育部前新闻发言人，针对目前存在的问题，他提出：新闻发言人必须坚持真诚的原则。他认为，真诚是真实和诚恳的意思，这是做人的底线，也是发言的要求，在发言中必须坚守这两个方面。"说真话只是真诚的一半意思，光说真话还不够，还要诚恳地说真话。什么是诚恳呢？诚恳是待人的一种态度，包括对人的问候、尊重、关怀、同情、理解，也包括给对方以尊严和信任感等。因此，表达这些诚恳的情感要有谦辞、敬语和对别人表示关怀重视等的语句。""能够真诚地抛出自己的观点，就是有良知和职业精神的表现。新闻发言人的发言必须把真诚放在第一位。言为心声，若想做到真诚，发言人的内心一定是与人为善和乐于与公众沟通交流的，有了这样的心灵，加上必要的语言修饰，新闻发言人的发言才能做到真实而诚恳。"王旭明先生的这些经验之谈，对于当下的新闻发言人来说大有裨益。

在网络媒体迅猛发展的当下，在人人都有麦克风的时代，人们对新闻发布会将要涉及的事实，大都可以从不同的渠道略知一二，但是，该事实发生"为什么"，"怎么看"却是大家不甚明白却又十分关心的重要话题。最高人民检察院新闻发言人王松苗结合在自己长期的工作实际，认为一个好的新闻发言人，不仅要告诉人们"是那么回事儿"，而且还要告诉人们"是那么个理儿"。这就要求新闻发言人要有评论思维。他的这个意见，我以为很好。

"所谓新闻评论是传者借用大众传播工具或载体，对正在、新近发生或发现的有价值新闻事实、问题、现象直接表达自己意愿的一种有理性有思想有知识的论说形式。"①在这个定义中，有几个词需要把握——

"正在"——说的是我们需要评论的事实以运动的方式在进行中或持续中，它是一个事实的过程和延续，而不是它的终结。以前的评论都是在事实发生过后再予评论，现在由于传播工具的更新和传播渠道的畅通，好多评论都是评论员（或称评论记者）在现场将报道与评论同时进行和完成的。当下的许多新闻发布就有这样的特性。

"发生或发现"——发生，说的是原来没有的东西现在有了；而发现，则是经过研究、探索和挖掘，看到或找到前人没有看到的事物或规律。由于新闻定义的拓展，新闻评论也由之扩大；新闻评论的对象不仅仅是针对某一件具体的、事件，它也可能是一类事实所反映的问题，也可能是经过探索和挖掘而发现的新的潜藏的问题。现在不少的新闻发布会涉及的话题，不仅针对"发生事实"，而是针对"发现现象"的评说。

新闻评论是一种传者意愿的直接表达，反对什么、批评什么，赞成什么、表扬什么，都是主观反映于客观的一种直接的真实的思想表白。它比消息报道更深刻，更理性，因而也能更好地揭示事物的本质和属性，从而更能打动人说服人和给人以启迪。这是新闻发言人需要学习和掌握评论素养的一个重要原因。

王松苗在回顾近年相关案例后指出，纯粹因为事实发布而引发的争议并不多，一旦失误也容易通过"再发布"等进行更正修补。相比之下，在传递观点信息上"栽跟头"的则屡见不鲜；动辄夹叙夹议，明明是在传播事实，却偏要夹杂个人私见，让人雾里看花，觉得事实不可信；轻率评论无视公众感受，贸然推论无视事实真相，让人觉得论点持之"无"故不可用；意气用事爆出"雷人雷语"引发舆论质疑，让人觉得情绪失控不可亲。事实表明，一旦评论失当，不仅修复不易，需要通过道歉等来挽回影响，还直接损害相关事实信息发布的权威度和部门公信力。为此，他提出，描述是一种事实记录，评论则是一种理性认识，主要是解释和判断事实。如果新闻发言人把评论用得恰到好处，就可以像

① 赵振宇：《现代新闻评论》，第三版，武汉大学出版社 2017 年版，第 61 页。

灯塔一样引领社会舆论，舒缓公众情绪，通达社情民意，实现期待的传播效果。[①] 这些意见很好。要将其贯彻到新闻发布的实践中，却是一个需要发言人认真学习，不断实践的艰苦过程。

① 王松苗：《新闻发言人要有评论思维》，2016 年 4 月 28 日《人民日报》。

想好了再“谈”（弹）

讲真话，道实情，向来是诚信的体现。作为追问真相的基本前提、道德构建的题中之义，它被人们频繁提及。2013 年 2 月 6 日下午，在中南海举行的党外人士迎新春座谈会上，习近平说："对中国共产党而言，要容得下尖锐批评，做到有则改之、无则加勉；对党外人士而言，要敢于讲真话，敢于讲逆耳之言，真实反映群众心声，做到知无不言、言无不尽。希望同志们积极谏诤言、做批评，帮助我们查找问题、分析问题、解决问题，帮助我们克服工作中的不足。中共各级党委要主动接受、真心欢迎民主党派和无党派人士监督，切实改进工作作风，不断提高工作水平。"①讲真话是我们党的优良传统，要真正做到它却不是一件容易的事。讲真话贵在"求真"和"表达"，在人人都有麦克风的互联网时代，在政治、经济面貌日新的今天，讲真话更难能可贵，它离不开宽松的舆论环境和制度依托，又与公民个体的品德意志、文化素养紧密相关。

一、当下"讲真话"存在的不足和问题

随着公民参与管理国家事务和公民意见表达的普及，我们可以看到，在意见表达追求正义的过程中，还存在一些令人遗憾的问题。一些评论或意见所展现出来的就是一副自以为正义在握的姿态，好像正义根本不需要去追寻、去探讨，由此造成了一些观点表达粗暴、虚骄。这就背离了公民参与政治生活的主旨，值得我们警惕。

1. 非理性情绪绑架正义感

面对行政、市场与社会领域的一些积重难返的问题，常有伴随意见表达产生的失望、愤慨情绪。尤其是面对一些残酷的新闻事件或案例，譬如，行政执法领域一些丧失底线的草菅人命案件，社会领域一些见死不救的事件或现象，等等，新闻评论和公民表达展现出巨大的震惊和愤怒情绪。从某种意义上说，新闻评论的愤怒色彩，为这种意见表达平添了些许魅力，在一些情况下，新闻评论似乎也应该体现出必要的愤怒，不如此就不能体现出新闻评论的战斗性与介入性。

然而，新闻评论所表现出的愤怒必须是真诚的、纯粹的、克制的、发乎情止乎礼的。它不能丧失分寸，不能失态，不能沦为谩骂与攻讦，更不能成为一场惺惺作态的愤怒表演。但遗憾的是，愤怒过头以至完全失态的新闻评论并不少见。

2013 年 6 月 7 日下午，厦门发生公交车纵火案，死伤惨重，犯罪嫌疑人陈水总被当场烧死。6 月 12 日，《厦门日报》发表社论《陈水总如此丧心病狂，全社会必共诛之》，用最激烈的语言把陈水总骂得体无完肤，而社论标题本身就充满大字报式的语言暴力。对一个制造了 47 人死亡的嫌犯，没人会真正同情他，但以充满暴力色彩的"文革"式语

① 中共中央举行党外人士迎春座谈会，2013 年 2 月 7 日新华网。

言去批判，完全将正常的时事评论降低到了“文革”批斗、网络谩骂的层次。

新闻评论者为何容易怒发冲冠甚至丧失分寸？文化批评家朱大可认为，当下社会是一个哄客社会，哄客可分为赞客、笑客和骂客。“骂客成为中国哄客的主流，正是中国文化躯体发生癌变的征兆……在骂客逻辑的背后，还隐藏着更为坚硬的道德支架，那就是以抨击中国社会弊端为目标的‘正义’立场。这种价值忧患成了骂客的内在信念。但为了‘惹眼’‘痛快’和‘正义’，放弃理性分析，以谩骂为批判武器，其结果只能严重削弱反思的力度，并引发普遍的社会仇恨。”①

如果新闻评论和公民表达仅仅凭借愤怒、靠表演非理性装点门面，那只能令这种意见表达方式蒙羞。久而久之，意见表达将因为缺乏真诚而失去它在舆论场中的地位，在人们心中变成一种拙劣的语言把戏。

2. 将“弱势群体”标榜为“天然正义”的象征

新闻评论和公民表达无疑要为弱势群体说话，了解他们的苦难，表达他们的心声，捍卫他们的权利，这是表达者的责任所系。然而，我们也要警惕一种倾向，即把“弱势群体”等同于正义，“强势群体”等同于非正义。且不由分说地将二者对立起来，一旦发生任何形式的“强—弱”冲突，我们立刻将内心早就建立起来的一种偏狭的“情感—道德”结构，植入事件本身作为我们进行事实判断和价值判断的依据。在很多情况下，这种先入为主的判断，常常会扭曲我们对事实真相的认识，使新闻评论失去立论的基础。

当下的意见表达中有一种明显而刻意的价值倾向，即在评价一些公共事件或者群体性事件时，倾向于将一切问题归咎于体制或制度问题，而人在事件中的罪与错被认为是不合理的体制与制度造成的，从而淡化了涉案人自身的道德瑕疵与法律罪责。譬如，在小贩与城管的冲突中，意见表达的基本姿态就是，小贩永远是对的，城管永远是错的，只是因为前者身份弱势，后者身份强势。在崔英杰案、夏俊峰案等小贩杀城管案件中，一些新闻评论众口一词地要求“刀下留人”，而不问被杀城管及其家人是否得到了正义。

弱者代表“天然正义”的价值取向，不仅让意见表达失去了公允立论的可能，更会阻碍社会正义的真正实现。事实上，弱势群体不可能代表“天然正义”，弱者也会犯错，也有可能无理取闹，甚至也会产生某种暴行，这些都不能因其身份的弱势而被刻意混淆。在很多新闻事件中，事实往往是纠结而复杂的，是与非、对与错，远远没有那么黑白分明，事实更可能是，涉事各方都有错，都不完美，都对事件的发生发展负有某种责任。理性的意见表达，永远不能感情用事，永远不会因为个体身份而对事件做出倾向性判断，它所忠诚的永远都是逻辑与真相。《中国青年报》评论员在一篇文章中写道：“反抗不等于正确，苦难不等于正义，弱者不等于道德优势，受害不等于无错。真正健康的批评，不

① 朱大可：《本土大众文化的三种态势》，《郑州大学学报（哲学社会科学版）》2005 年 6 期。

仅只是正义凛然地指向别人，而是一种能同时反省自身的批评，一种检视自己灵魂、鞭挞自己骨子里劣根性的批评。”①

3. 大众民意被神化为“正义的化身”

新闻评论是一种公民表达，因此它与大众有着深刻的关联。我们总是说新闻评论要维护大众利益，为社会大众服务。然而，一个重大的问题是，大众到底是谁？大众是一个泛称，它的所指其实非常模糊，由此而产生的连锁问题是，民意又是什么？民意是由哪几个部分构成的？网络意见场是否能代表民意？抑或，在更多时候，民意仅仅是我们按照自己的预设立场想象出来的一个概念？

大众是一个全称概念，在这个庞大的群体内部，存在着许多不同意见群体，他们的观点和主张五花八门、歧见纷呈，很难达成“舆论一律”。受制于有限的视野，我们所看到的民意，只能是一部分，甚至是一少部分群体的意见。在民意残缺的情况下，怎么能让这种“民意”永远、全部地等同于正义？特别是在当今大数据的时代，如何统计数据、如何运用数据“说话”是一个需要认真研究的大课题。

新闻评论理应独立、超然地冷静发言，如果过分地取悦大众、迁就大众，失去立场的独立性，一味追随大众狂欢，那么它就倾向于刻意模糊事实真相，并为某种预设的情感与立场服务。最终，新闻评论就会失去它作为一种启蒙性言说载体的崇高价值以及对于专业主义的坚守，从而导致某种堕落。②

2010年虎年春晚，赵本山携众徒弟再上春晚，演绎的小品《捐助》获得“春晚我最喜爱的节目”小品类第一名。这是他自1999年以来连续12年获此殊荣。没想到此后数天，全国媒体却是恶评如潮，一片“倒赵”声，而这些最初只是缘起于凤凰网的一个调查。2月16日下午5时，凤凰网娱乐发起央视春晚“最烂节目”评选活动，截至17日13时，在短短的20多小时里，投票人数超过13万，网友跟帖600多条。投票结果显示，赵本山小品《捐助》，获得6万多票，占总票数的47%，成“春晚最烂节目”第一名。③

当然，我们首先要肯定的是，赵本山自身确实有很强的实力，否则不可能成为“小品王”。但“春晚我最喜爱的节目”获奖名单是由观众投票选出来的，而且是有奖投票，投票前前后后的诸多因素必然会对最终结果产生影响。如果这些因素当中的一个或者几个有问题，那最终的结果肯定就有问题。这些因素包括如下几点：媒体报道节目的倾向性对受众的影响，受众参与有奖投票的心理，小品中出现的广告赞助商可能对小品投票产生的影响，央视的统计投票方式、程序及信息的公正公开程度等。

---

① 曹林：《拒绝伪正义》，中国发展出版社2010年版，第110页。

② 参阅赵振宇、张强：《新闻评论的正义观初探》，《国际新闻界》2013年第11期。

③ 凤凰网：《调查：虎年春晚最烂节目评选》，http://survey.news.ifeng.com/result.php?surveyId=491。

媒体该如何代表民意，该怎样代表民意监督公权力，防止造假？《捐助》播出之后，众多媒体给予恶评，仔细研读便会发现，这些媒体的意见表达有很多值得商榷之处，这些媒体是否代表了民意，如果没有代表民意，那么它表达的又是谁的意见？如何去获取真正的民意？而央视给出的最终获奖名单，引起如此大的争议，到底是央视没有问题，众多媒体“为反对而反对”，还是央视在作假？很明显，这些媒体的报道并没有代表民意。众多媒体表达的并不是民意，而是一些网友的意见和某些记者个人的见解。

有了民意的支持，媒体才能代表民意、表达民意，从而监督政府和公权力，防止造假。就央视此次的投票事件而言，要说央视一点问题没有，众多媒体单纯地“为反对而反对”，好像也说不过去。毕竟央视以前公布的一些调查数据确实和民众的认知有着太大的差距，此类先例并不鲜见。以央视为代表的公权力部门也应该反思一下自身的行为，客观公正地监督投票过程，树立客观公正的形象，这是社会发展的需要，也是作为国家大台应尽的责任。[①]

4. “讲真话”的表达误区

钱锺书说过：“我们常把自己的写作冲动误认为是自身的写作才能，自以为要写就意味着会写。”[②]讲真话跟写作如出一辙，同样存在“将真话等于真理，将爱讲等于会讲”等误区。

一是错将“真话”当“真理”。真话较为感性，真理却颠扑不破。但现实中，人们常把二者混为一谈。比如，在全国两会上，代表委员们屡屡提出“先谢国家再谢爸妈”“取缔社会网吧”“医改如果成功，是全国人民的悲剧”等雷人提案和意见。这些说法，虽属他们的真心话，被其视为符合逻辑，却因过于情绪化、罔顾常识而饱受民众诟病。如此言论，显然谈不上是真理。将“真话”当“真理”，忽略了真话中或存的“不理性成分”，其实是对真话含义的窄化。

二是以偏概全地讲真话。真话的“真”，应表现在整体真实。可是许多人以偏概全，将真话误解成“局部真实即可”，它表现为“我看到的就是‘真’”“我说的就是‘对’”。很多意见表述中，掺了水分，或者有不少主观臆想，结果经实践检验，只有部分属实。这些所谓“实话实说”，跟讲真话相悖逆。

三是公共决策屏蔽“少数人意见”。“少数服从多数”，是我国公共事务决策中的基本原则。社会关注大多数人的意见，照顾大众利益，是维护公共利益的应有之义。然而，盲目地唯“多数人意见决定论”是从，也会过犹不及。俗话常说：“真理往往掌握在少数人手中。”作为群体中的少数人，也可能秉持着真知灼见，或者有着与众不同的话语立

---

① 赵振宇、陈明：《谁在代表民意，怎样代表民意？》，《现代传播》2010 年第 7 期。

② 钱钟书：《围城·重印前记》，人民文学出版社 1980 年版，第 1 页。

场。若无视他们的声音，对其利益诉求熟视无睹，那么极易造成“多数人的统治”局面，让民主变成“压迫与被压迫”关系潜存的伪民主。某些议题，本就需要兼顾多方利益，听取不同意见，若在“多数人利益”的名义下打压异议，只会扭曲民主的原义，非但看待政策的“副作用”少了参照，而且让舆论环境变得专政化。

5. 表达方式和语汇与形势要求相去甚远

新闻评论作为一种完整的表达形式，对于民主启蒙教育、探索科学精神、回应现实矛盾、推动社会变革具有积极意义。回顾21世纪以来真正推动中国社会法制进步的新闻事件，不难发现，那些真正有分量的新闻评论，往往是在知识社会学意义上生产了某种知识，而这直接体现为在制度建设与法制建设层面的“有所作为”。例如，2003年孙志刚事件直接导致了收容法的废除，2005年佘祥林、聂树斌等冤案促使最高院收回死刑复核权，2007年雷闯等人的公民行动促使卫计委（原卫生部）出台规定取消入学、入职体检中的乙肝项目检查，2009年云南“躲猫猫事件”推动国家赔偿法修订，2010年江西宜黄自焚事件推动国务院法制办出台措施整治行政强拆，2011年正宁校车事件推动了《道路安全条例》的修订，2013年唐慧等事件推动了劳教制度的废除，2014年大学生户籍管理费风波推动了流动人员人事档案管理制度的修订，2015年频频发生的拐卖儿童事件促使《刑法》出台“拐卖儿童一律入刑”的修订草案……纵观这些推动制度建设的媒介事件，新闻评论超越了泛泛而谈，而是致力于生产一种思想、一种话语、一种公共知识。但现实状况是怎样的呢？目前大量评论都只是泛泛而谈：首先，许多评论并不能被称为思想。它们大多只是简单的一家之言，而且停留在朴素的是非判断或道德追问层面，这些空洞的谴责与呼吁并未触及深层的思想与话语问题，也未能在公共议题的知识阐释上有所突破。其次，许多评论并未产生任何影响力，因此谈不上所谓的社会变化。它们静静地散落在报纸边角，未能激起任何舆论浪花，被公众抛弃，被历史遗忘。最后，许多评论并未产生群体意识。群体意识往往表现为公共议题构造层面的公共话语生成，然而大多评论却未能在思想维度上实现公共议题的“现实建构”。新闻评论大多带有一定的“个人视角”，只有那些获得广泛的“人类视角”的“断言”才能成为知识。①

二、讲好真话的基本准则

怎样讲好真话，是一个随着时代发展不断更新的长久话题。要讲好真话，需要遵循以下基本准则。

---

① 参阅刘涛：《作为知识生产的新闻评论：知识话语呈现的公共修辞与框架再造》，《新闻大学》2016年第6期。

1. 增强人民主权意识，加快民主建设步伐

中国是一个有着二千多年封建专制历史的国家。实现民主，对于中国的民众来说，是一项十分艰巨的任务，特别是在我国已经加入 WTO 步入全球化之时。网络媒体的发展从一个科学的角度帮助我们找到加速之路：其一，传统媒体必须冲破“左”的束缚，学习、借鉴和引进世界上一切优秀的科学文化，创造科学的民主理念用以指导我们传播实践；其二，在管理体制和管理思想上，破除封建的等级观念、权力膜拜和官本位思想，增强受众的权力主体意识、平等意识、政治参与意识等现代公民意识；其三，在传播方式上，在原有的“实话实说”“读者来信”“听众信箱”等基础上开辟更广泛更深入的对话通道，提供更多讲心里话的时间和空间。在传播实践中培养受众的民主习惯和民主能力，增强他们的民主和法制意识。

构建和谐社会就是要实现民主法治、公平正义、诚信友爱、充满活力、安定有序、人与自然和谐相处这样一个目标。这是一个庞大的系统工程，需要各方面相互沟通、理解和配合，需要上下左右齐心协作、不懈努力。每个人都有说话的权利，然而，民主的舆论环境将使民众的言语与心愿得到畅通的表达，非民主环境下的舆论将受到各种因素的制约从而使民意表达不畅，同时影响社会结构中各要素的正常运作。增强人民主权意识，加快民主建设步伐，建立和完善良好的舆论环境是十分重要的，其中要特别注意倾听三种人的声音。

第一，弱势群体的意见。现实生活中存在相互矛盾的现象：关注弱势群体的声音，弱势群体却没有机会听到或者听到了也听不懂，弱势群体有意见不知道到哪里说。对于弱势群体在话语权上的这种弱势状况，我们应更积极地予以正视公共领域中不同社群媒介使用能力的结构性落差，透过政策的参与和制定，予以差异性的保障。我们不仅要保护弱势群体的物质利益，更要保障他们的说话权利，特别要设置一些特定的场所、环境和时间，让他们能无所顾忌、畅所欲言，真正做到说心里话。

第二，少数人的意见。我们在公众媒介中也会很经常听到群众的声音，然而，仔细倾听会发现，很多时候我们听到的是群众团体的代表的讲话，是他们的负责人的声音。一个社会必须关注大多数人的意见，照顾大多数人的利益，这些都是必需的。因为，只有这样才能保证社会的发展和稳定。这是一切工作者都不可忘记的。但是，与此同时我们的社会还需要关注群体中少数人的意见，作为团体的个别成员都要发出自己的声音，这才是一个民主的健康的舆论环境。

第三，不同意见。时代的进步，需要我们认真有效地倾听各方面的意见，特别是不同的意见。这对于我们科学决策，有效行政都是大有好处的。那么，怎样才能让每个人都发出自己最真实的声音呢？这就需要为人们特别是不同意见者提供说真话的环境和地方。只要我们的各级领导机关和领导者真正从法的角度认识了不同意见的重要性，

又有了保障不同意见发表的具体举措，就一定会形成畅所欲言那样一种有效的舆论环境。自然，不同意见者的意见也不一定总是正确的。一旦发现不同意见是错误的或不合时宜的，就要收回，就要改正，其他人也需要有允许人家犯错误和改正错误的宽容精神。①

2. 推进政务公开，加强新闻发言人制度建设

2008 年 5 月 1 日起，《中华人民共和国信息公开条例》(以下简称《信息公开条例》)正式实行。我国政府信息公开标志着政府从宣传思维到信息公开思维的逐渐转变。在 2008 年的汶川地震和北京奥运会中，中国政府信息透明前所未有，不仅受到国内亿万民众的热烈欢迎，也令西方世界称赞不已。但责任人的不明确、问责主体的模糊，却成了政府信息公开条例推行的障碍。② 在“三公”消费的公开中，绝大多数中央部门姗姗来迟，有的甚至“爽约”;在选择公开的部门中，有的账目模糊，有的则在周末、在网站子栏目公布，方式极为隐蔽，唯恐他人知。由此衍生出 5 个未竟之问:公布“三公”消费有哪些技巧？哪些部门迟到了？“三公”消费信息真实吗？内容怎样细化？“三公”公开接力棒能传多远？以“国家机密，谢绝监督”为名拒绝，或犹抱琵琶半遮面，或信息掺水、模糊化等，都是当前我国信息公开机制的“短板”。

为保证《信息公开条例》的有效实行，该条例第四章(监督和保障)第 34 条规定:行政机关违反本条例的规定，未建立健全政府信息发布保密审查机制的，由监察机关、上一级行政机关责令改正;情节严重的，对行政机关主要负责人依法给予处分。第三十五条规定:行政机关违反本条例的规定，有下列情形之一的，由监察机关、上一级行政机关责令改正;情节严重的，对行政机关直接负责的主管人员和其他直接责任人员依法给予处分;构成犯罪的，依法追究刑事责任。十分遗憾的是，该条例执行十年来全国却无一人因违规或违法受到此条例惩罚的。据《人民日报》一篇评论透露，“近日，一则‘海南省某局局长因为本局网站长期不更新被处以行政记过及党内警告处分’的消息，引发广泛关注”。据悉，这是我国首例因未履行《信息公开条例》而被问责的。③

经 2019 年 4 月 3 日中华人民共和国国务院令第 711 号修订的《中华人民共和国政府信息公开条例》(简称新条例)，从 2019 年 5 月 15 日起施行。这是我国自 2008 年公布《信息公开条例》11 年后的一个新条例，它对现行条例实施过程中遇到的一些新情况、新问题，在广开言路、集思广益后进行了修改完善，它将会更加科学有力地推进我国政务公开，保障人民群众依法获取政府信息，促进政府职能转变。

新条例“第五条　行政机关公开政府信息，应当坚持以公开为常态、不公开为例外，

---

① 参阅赵振宇:《舆论环境建设三种声音不可少》，2005 年 3 月 3 日《社会科学报》。

② 赵振宇:《严格问责制，确保〈公开条例〉有效实施》，《新闻记者》2010 年第 8 期。

③ 弋沐:《以问责用力信息公开》，2017 年 2 月 16 日。

遵循公正、公平、合法、便民的原则”，明确政府信息公开的范围，不断扩大主动公开。“第九条　公民、法人和其他组织有权对行政机关的政府信息公开工作进行监督，并提出批评和建议”，充分体现了《宪法》强调的公民权利。

新条例从第十九条至第四十五条用了两个章节将“主动公开”和“依申请公开”作了分门别类、深入细致的规定。此次修订，贯彻落实了党中央、国务院全面推进政务公开的精神，加大政府信息公开力度，既在公开数量上有所提升，也在公开质量上有所优化。

“民有所呼，我必有应”是一种执政理念，也是一种管理方法。它需要与时俱进、循序渐进，在实践中不断发展和完善。此次新条例的出台，不仅将政府信息公开的工作推向前进，而且促进政府工作部门作风转变和工作效率提高。

信息公开制度的逐步完善，对新闻发言人的要求也越来越高。

所谓新闻发言人，即由国家机关、政党或社会团体或指定的新闻发布人员。其职责是定期或不定期地约见记者或举行新闻发布会、记者招待会，向新闻界发布有关信息或发表意见，并代表有关方面回答记者提出的问题。①

2003 年 9 月 22 日，国务院新闻办第一期全国新闻发言人培训班开课，有 60 个部委的 100 多名新闻发言人参加。各部委、各地政府或企业纷纷推出新闻发言人，“新闻发言人”一时间成为中国媒体最时髦的用语之一。此后，各地方、各部委新闻发言人培训班层出不穷，优秀的新闻发言人也不断涌现。

2010 年 6 月 30 日，中共中央 11 个部门的新闻发言人首次集体亮相接受中外媒体采访，开启了新闻发言人的新时代。随着社会对政府及企业社会责任的要求越来越高，发言人的作用和地位也越来越被重视，新闻发言人是政府或企业的代言人，是政府或者企业与外界沟通的一个重要桥梁与窗口。

2011 年发生“7・23”温州动车追尾事故，7 月 24 日晚，铁道部在 26 个小时后于温州水心饭店召开新闻发布会。铁道部新闻发言人王勇平的一番“反正我是信了”的言语，引起了广泛争议。8 月 16 日，铁道部表示，王勇平被停职。事件发生后，国内众多媒体发表评论，例如，《齐鲁晚报》认为，王勇平卸任改变不了权力的傲慢；《新华网》认为，错不全在王而是新闻发言人制度，等等。2012 年 1 月 18 日，国务院新闻办公室召开新闻发布会，时任国新办主任王晨在回答记者提问时表示，遇到动车事故等类似重大突发事件后，应让新闻发言人进入事件核心调查小组，方便了解事件进展，以便准确发布消息。

王晨说：“少数发言人在突发事件面前存在着不能够及时回应，特别是存在不能准确地、实事求是地进行新闻发布的问题和不足，给突发事件的处置造成被动，给政府的形象在一定程度上造成影响。”但他同时表示，很多发言人很辛苦。对于他们的一些不

① 《辞海》，上海辞书出版社 1999 年版，第 1802 页。

足，也希望公众给予包容、谅解，鼓励他们提高自己的能力和水平。他认为新闻发言人制度正在进步、正在完善。王晨说，新闻发言人在突发事件中必须参与一线处置，要把信息收集、新闻发布作为突发事件处置来一同布置、一同了解，而不是隔一层甚至隔两层。“以往的教训就是，他没有参加，突然把他叫来让他发布，怎么可能发布好？所以，今年要大力推进这项制度的建立。特别是对于突发敏感事件，新闻发言人一定要站在第一线，及时掌握信息，准确回应，提高新闻发言人的水平。”①

当下新闻发布有两大发展趋势：一是新闻发布主体与各类公众之间的直接交流越来越多。对新闻发言人来说，挑战来自越来越高频率的直接交流，即时就可形成社会影响，新闻发言人要善于在有效发布信息的同时避免忙中出错。二是外界对于新闻发布主体的关注越来越广泛、多元、深入。新闻发言人需要掌握尽量多的信息，注重与不同对象交流的表达方式。

新闻发言人制度存在的主要问题：政务信息公开不足；制度不规范，缺乏协调统筹；设置目的各异，操作变味；缺少法律保障，影响新闻发布效果；新闻发言人素质有待提高。要想解决存在的问题，必须做好以下几点：

一要做到对外发布统一口径，不能政出多门，意见不一，观点有异，而要实现信息归口管理，对外传播一个声音，舆论一致。

二要有渊博的知识、熟悉国内外情况，懂得交往礼仪规范。特别是国家各部委的新闻发言人，必须熟悉国内外情况，才能面对国内外媒体记者的采访和提问。在与国内外媒体记者交往过程中，还要了解所在国家或地区的礼仪规范，尊重记者，善待媒体。

三要把握整体局面，坚守政策底线。新闻发言人既要能触摸政策的“天花板”，又要注意把握政策的底线，恪守新闻发布原则和议事规则，防止陷入个别媒体故意设置的陷阱。

四要有角色意识，要按照官方和制度的立场、观点和看法回答记者的提问。正如赵启正所言：“新闻发言人不是自然人，他应该是一个制度人。因为在他的背后，有一套制度作为支撑。”②

网络时代，新闻发言人是传统新闻发言人在网络虚拟社会的拓展和延伸。时任国务院新闻办主任蒋建国对新闻发言人提出过四项要求：“心中有底气、善于设议题、把握时度效、会用全媒体。”他认为：“全媒体对于新闻发布工作，是挑战更是机遇。挑战在于，在舆论多元的环境中，做好新闻发布工作的要求更高、难度更大；机遇在于，传播的

---

① 据2012年1月19日《京华时报》报道。

② 沈正赋：《网络时代新闻发言人的角色建构与制度调适》，《长安大学学报》(社会科学版)2017年第3期。

平台和途径更加多样，发布的信息能够传播得更广更远。”①

恪守新闻发布的程序化准则，是加强新闻发言人制度建设的重要内容。在实际工作中，要注意设置程序的科学、公开、合法性准则。

程序设置的科学性，就是要求程序的设置符合客观实际的规律性，人们按此办理能够以最小的投入获得最大的收益。其一，要把握好程序制定的价值前提。所谓价值前提，说的是该项程序设定的目的、目标是什么，它是否符合我们当前的情况。程序是为决策和其他一切工作服务的，设计者只有明白了该项工作的意义和这项程序设置的作用，才可能设计出符合要求的程序来；其二，要把握好程序制定的事实前提。所谓事实前提，说的是制定该项程序需要的科学手段。不同的程序需要有不同的手段，不同的手段需要有不同的科学知识。设计者只有具备了一定的科学素养，又懂得如何运用这些知识去设计程序，这样的程序才符合实际的要求。

程序设置的公开性，说的是系统的决策者要将运动过程的情况向公众开放，公众有权和方便了解系统的运动过程。程序公开与民主正义是紧密联系在一起的。程序公开是对人们公民权利的一种维护和尊重，可以防止因暗箱操作带来的消极作用，公开的过程，同时也可以宣传大政方针，普及科学文化知识和体验到法制的正义和崇高。

程序设置的合法性，说的是一切程序的设置都要符合和遵守国家的根本大法和有关法律，这些程序包括立法程序、执法程序和守法程序等。合法性包括两方面内容，一是决策内容的合法，即一项决策是否在法律允许的权限范围内，是否违反法律的规定；二是决策程序的合法，即决策过程中是否履行了公示（广大公众评议或由他们的代表审议）、听证（允许利害关系人作合法性反对）、审查和批准程序。②

党的十九大报告在论述“健全人民当家作主制度体系，发展社会主义民主政治”中提出“推进社会主义民主政治制度化、规范化、程序化，保证人民依法通过各种途径和形式管理国家事务，管理经济文化事业，管理社会事务，巩固和发展生动活泼、安定团结的政治局面。”“加强协商民主制度建设，形成完整的制度程序和参与实践，保证人民在日常政治生活中有广泛持续深入参与的权利。”程序设置的科学化、公开化、合法化是保障决策科学化的首要前提，也是提高我国治理机制和治理能力的重要内容。③

笔者从20世纪90年代开始关注研究程序理论，撰写了大量的系列文章和论文，受到中央高层领导的肯定批示，主持国家社会科学基金（政治学）课题并出版专著《程序的监督与监督的程序》（社会科学文献出版社2008年出版）。先后在我国内地、香港、台湾和美国的大学、媒体和企事业单位作有关程序论的学术报告，受到欢迎。本著将程序理

---

① 李福森：《蒋建国：新闻发言人要善于设议题，会用新闻媒体》，http://www.china.com.cn/news/txt/2016_1107context_39651256.htm。

② 赵振宇：《程序的监督与监督的程序》，社会科学文献出版社2008年版，第15页，第57页。

③ 赵振宇：《推进社会主义民主政治程序化》，2018年3月6日《人民日报》理论版。

论引入到新闻发布的运动过程中，以求给人们新的知识和视角。

新闻发布的程序规范大体包括以下内容。

新闻发布的价值前提，说的是明确新闻发布的目的、意义和价值。新闻发布的一般意义是为公众提供信息，让公众了解和掌握应对危机的方法，树立自身（政府和企业）形象，相互沟通、理解、支持，促进社会和谐。

新闻发布的事实前提，说的是新闻发布的事前准备和过程运行。从管理学的角度来看，事实前提包括两方面内容：一是有助于处理各种情况的熟练技术和知识，二是有关在特定场合应用熟练技术的情报。新闻发布的事前准备包括汇集信息，准备材料；熟悉政策，统一口径；选择合适的发言人和主持人；确定邀请媒体和记者；制定会务程序。

新闻发布的时间程序，古人说“四方上下谓之宇，古往今来谓之宙”。“宇”表示空间，“宙”则表示时间，事物都是在一定的时间和空间中进行的。在新闻发布中，要特别注意对时间的把握，认识时间、珍惜时间、恪守时间。所谓认识时间，就是掌握时间的本质和特性，从价值前提上把握时间的真谛。时间是物质存在的一种客观形式，它反映了物质存在和运动发展的一种状态。一切事物的发展变化都离不开时间，开好新闻发布会更是如此。所谓珍惜时间，就是认识到时间的宝贵而珍视爱惜节省它。时间反映着物质运动过程的持续性、间隔性的矛盾统一和物质运动状态的顺序性。时间具有一维性，即不可逆性，它由过去走向现在奔向未来，只有一个方向，一去而不复返。马克思在《资本论》中说：“一切节约归根到底都是时间的节约。”①任何对时间的浪费和贻误，都是新闻发布会的大忌。所谓恪守时间，就是遵守时间的规定性，即在一定的时间内到达、运动、完成某项规定性的工作或任务。守时是保证新闻发布会科学高效举行的前提。新闻发布会大体包括以下时间程序：信息监控→认清局势→事态评估→启动预案→明确任务→准备发布信息→向媒体和公众发布新闻→收集反馈，展开评估→开展公众教育→完善提升政府形象。

新闻发布的空间程序，新闻发布会会场的选择和安排至关重要，发布会场的选择会对传播效果产生“放大”效应。在保证传播效果和不影响危机处理工作的前提前，尽可能选择一些有特色的场地。如2008年5月24日和9月2日，中国政府邀请联合国秘书长在四川汶川大地震震中映秀镇举行了一场别开生面的“记者招待会”，回答了中外记者的现场提问，收到很好效果。这次新冠肺炎疫情新闻发布会，除了在北京举行外，多场发布会就是在这次疫情防控斗争的重中之重和决胜之地武汉举行的。2020年3月20日，习近平到武汉考察新冠肺炎疫情防控工作，一下飞机就乘车前往集中收治重症患者的火神山医院听取医院建设运行、患者收治、医务人员防护保障、科研攻关等情况介绍并发表讲话。到东湖新城社区看望宅在家里的居民群众，在社区服务中心，与社区

① 《马克思恩格斯全集（第46卷）〈上〉》第1版，人民出版社1982年版，第120页。

工作者、基层民警、卫生服务站医生、下沉干部、志愿者等亲切交流。考察后习近平才主持召开会议,听取中央指导组、湖北省委和省政府关于疫情防控工作汇报。这些空间场地的选择都是十分重要的,有时会起到事半功倍的作用。

新闻发布的效果评价程序,随着我国民主政治和社会生活的日益发展和完善,新闻发布将成为政府和有关部门的一种常态工作。加强监督,及时反馈,积极整改,是保证该项工作的重要环节。在新闻发布会后要对以下问题进行检查:关键性的信息是否得以传达?哪些问题被反复问及,回答如何?发言人及嘉宾的表现如何?现场的效果如何(场地、音响、布置等);是否还有未回答清楚的问题,如何补救?收集媒体有关发布会的资料,如何改进,等等。①

新冠肺炎疫情是新中国成立以来发生的传播速度最快、感染范围最广、防控难度最大的一次重大突发公共卫生事件,在此期间也是举办各级各类新闻发布会最多的一次。以湖北省为例,从1月22日(武汉封城前一天)至4月26日(武汉在院新冠肺炎患者清零),以省疫情防控指挥部名义召开新闻发布会85场,配合国务院新闻办召开新闻发布会、记者见面会10场,共计95场。其中,现场发布15场,线上发布70场。有200多家单位,300多名领导、专家、社会各界人士分期分批参加发布会发布了相关信息。而且开创全国首次采用远程视频连线方式,运用5G信号直播新闻发布会。20多个省市的后方记者340多人次通过视频连线方式进行远程提问,央视网、人民网、新华网等近10家新媒体每天对发布会实时直播,每场在线观看人次近300万,及时发布权威信息,为打好这场防控疫情阻击战,营造了良好的舆论氛围。

国务院新闻办评估组(复旦大学),根据全国区域分布以及疫情严重程度(除湖北省外),经过抽样,以北京、上海、浙江、广东、海南、河南、四川、黑龙江、宁夏九省区市2020年1月21日至2月5日召开的60场新闻发布会作为样本,对其自疫情暴发启动相应新闻发布状况进行了研究。课题组在对九省区市抗击新冠肺炎新闻发布进行全面分析和比较过程中,发现各省区市自治区新闻发布工作中存在一些问题和不足,这些构成了当下新闻发布中的若干误区。

一是新闻发布会往往只注重现场的召开,忽视多级传播可以带来的扩散效应和累积效应。

二是一些省区市新闻发布会的视角单一,缺乏社会关切和公众关心的向量,滞后社会公众的信息需求。

三是对不同社会群体的心态和社会需求关注和平衡不足,引发不必要的矛盾和冲突。

四是一些省区市新闻发布会,冗长拖沓,书面化明显,难以贴近公众,制约了新闻发

① 参阅史安斌:《危机传播与新闻发布》,南方日报出版社2004年版,第77页,第120页。

布效果。

五是一些发布人经验匮之，仓促上阵，面对一些可以回应的关键问题常常无言以对。

在进行以上九省区市抗击新冠肺炎意见分析的基础上，课题组还结合国务院联防联控机制新闻发布平台（国务院新闻办公室、国家卫生健康委员会）和湖北省新闻发布台相关的新闻发布情况，进行了综合考察分析，为接下来抗击新冠肺炎新闻发布工作，为疫情平息后全国新闻发布工作如何完善提供相应的对策建议。

一是尽快厘清相关法律、法规中关于信息公开与新闻发布等问题的“边界”，消弭法律、法规间的抵触甚至冲突。

二是在进一步信息公开透明的前提下，要洞悉特殊时期的复杂社会心理，新闻发布既要有利疫情防控，又要有利化解社会矛盾。

三是要将新闻发布和媒体沟通作为硬性要求列入执政能力建设，各部门主要负责人参与新闻发布活动不能流于表面。

四是类似抗击新冠肺炎等专业程度较高的突发公共卫生事件，邀请专业领域权威专家参与新闻发布应该成为标配。

五是疫情防控的新闻发布，策划能力急需加强，要通过凝练主题，有的放矢，大大提升发布和舆论引导效果。

六是要遵循新闻发布规律和借鉴新闻发布成功经验，不断发现问题，补齐短板，与时俱进。①

面对这次突如其来的疫情，根据习近平提出的“要完善疫情信息发布，依法做到公开、透明、及时、准确”的要求，需要认真总结这场战“疫”中召开的众多场新闻发布会，力争在今后的工作中交出满意答卷。

3. 增强公开意识，提高媒体的传播力、引导力、影响力、公信力

“公开、公平、公正”是人们孜孜以求的民主权利，而“公开”是人们实现民主权利的首要前提。人们不仅要求公开结果，而且要求公开过程，即对实现结果的每个程序都需要有所了解。知情权是公民权中的一项重要内容，一个“民可使由之，不可使知之”的国家是不能称为民主法治国家的。公开，可以防止因暗箱操作带来的消极作用；公开，可以防微杜渐，将一切违法乱纪行为消灭在萌芽状态；公开，可以对不成熟方案进行早期补救，减少损失；公开，同时也是对人们进行科学文化知识和民主意识教育的一种良好形式。

① 参阅孟建、裴增雨：《关于我国抗击新冠肺炎新闻发布的实证研究——基于九省区市新闻发布的实证分析和若干对策建议》，2020 年 5 月第 3 期《新闻大学》。

面对网络媒体的挑战，传统媒体需要更加增强透明度，除了那些涉及国家和集体机密、个人隐私和某些特殊的内容不能公开外，受众有权了解一切他们应该知道和希望知道的活动过程和结果。“大道不通小道通”容易引起社会的混乱，这是历史的教训；在信息开放的社会，对于受众想知道、该知道的信息，想捂也是捂不住的。受众知情愈细愈广，表明我们国家的民主程度愈高。同时，知情是公民参与管理国家和大众事务的首要前提，一项事务，只有大家都知道了，都来参与了，这项事务才能办得更好。公民的知情权和参与权有的是通过大众传媒直接实现的，有的则是通过人民代表或其他形式来代替行使的。不论哪一种，公民都不仅需要了解结果，同时要了解产生结果的过程。

2019 年 5 月 15 日开始实施的修订后的《中华人民共和国政府信息公开条例》，在第三章列出必须主动公开的内容——

第十九条　对涉及公众利益调整、需要公众广泛知晓或者需要公众参与决策的政府信息，行政机关应当主动公开。

第二十条　行政机关应当依照本条例第十九条的规定，主动公开本行政机关的下列政府信息：(一)行政法规、规章和规范性文件；(二)机关职能、机构设置、办公地址、办公时间、联系方式、负责人姓名；(三)国民经济和社会发展规划、专项规划、区域规划及相关政策；(四)国民经济和社会发展统计信息；(五)办理行政许可和其他对外管理服务事项的依据、条件、程序以及办理结果；(六)实施行政处罚、行政强制的依据、条件、程序以及本行政机关认为具有一定社会影响的行政处罚决定；(七)财政预算、决算信息；(八)行政事业性收费项目及其依据、标准；(九)政府集中采购项目的目录、标准及实施情况；(十)重大建设项目的批准和实施情况；(十一)扶贫、教育、医疗、社会保障、促进就业等方面的政策、措施及其实施情况；(十二)突发公共事件的应急预案、预警信息及应对情况；(十三)环境保护、公共卫生、安全生产、食品药品、产品质量的监督检查情况；(十四)公务员招考的职位、名额、报考条件等事项以及录用结果；(十五)法律、法规、规章和国家有关规定应当主动公开的其他政府信息。

该条例“第五条　行政机关公开政府信息，应当坚持以公开为常态、不公开为例外，遵循公正、公平、合法、便民的原则。”将“公开为常态、不公开为例外”明确为政府信息公开的范围，不断扩大主动公开范围。“第九条　公民、法人和其他组织有权对行政机关的政府信息公开工作进行监督，并提出批评和建议。”充分体现了宪法强调的公民权利。

此次修订，贯彻落实了党中央、国务院全面推进政务公开的精神，加大政府信息公开力度，既在公开数量上有所提升，也在公开质量上有所优化。例如，第三章从二十条到二十五条，要求建立健全政府信息发布机制和提供多层次、多渠道、多形式的信息公开。第四章将主动公开的政府信息通过特别是“要求应当建立完善政府信息公开申请渠道，为申请人依法申请获取政府信息提供便利”(第二十八条)。“采用书面形式确有困难的，申请人可以口头提出，由受理该申请的政府信息公开工作机构代为填写政府信息公开申请。”（第二十九条）“行政机关收到政府信息公开申请，能够当场答复的，应当当场予以答复。”（第三十三条）“申请公开政府信息的公民存在阅读困难或者视听障碍的，行政机关应当为其提供必要的帮助。”（第四十三条）该条例中有多项条文，对申请公开的时间有了更加明确合理的具体要求，以便更及时有效地回应申请人的申请，切实发挥政府信息对人民群众生产、生活和经济社会活动的服务作用。

该条例的实施，必将有助于我国政府信息公开的数量和质量，保障和扩大公民的知情权，促进社会的和谐稳定发展。

人们的意见表达离不开语言文字，历史经验告诉我们，文风不正，危害极大。媒体中的不正之风自然也在整治之列。2012 年 12 月，党的十八届中央政治局做出关于改进工作作风、密切联系群众的“八项规定”，随后，中宣部发出《关于贯彻党的十八大精神切实改进文风的意见》。该意见再次提倡短、实、新，反对假、长、空的文风。2013 年 1 月 8 日，《人民日报》在读者来信版征集“老百姓最反感的官话”。征稿通知说：“会议没有不隆重的，闭幕没有不胜利的；讲话没有不重要的，鼓掌没有不热烈的；领导没有不重视的，看望没有不亲切的；完成没有不圆满的，成就没有不巨大的；工作没有不扎实的，效率没有不显著的……”官话套话空洞无物，“放之四海而皆准”，惹人烦，令人厌，但多年来在我国相沿成习，会议中的官话套话至今仍存在。1 月 9 日，《人民日报》登了一些官话套话，“高度重视”“情绪稳臁”“亲自过问”“现场指挥”等上榜。在网友的举例中，记者看到很多耳熟能详的官话套话，比如，“要求严格事故问责，加紧事故调查，无论涉及哪一层、涉及什么人，只要有违法违纪违规行为，都要严肃追究责任，坚决遏制类似事故的再次发生”，“××家属情绪稳定，社会秩序工农业生产未受到影响”。此外，还有“高度重视”“充分肯定”“圆满完成”“正确领导”“大力支持”等。

2013 年第 7 期《传媒观察》刊发了《新华日报》在中央出台改进工作作风、密切联系群众的八项规定，中宣部发出切实改进文风的意见后，对该报的词语库进行了一次“大扫除”，清除那些不合时宜的陈词滥调，补充大量源于生活、来自群众的鲜活用语。编委会建议，在新闻中尽量不用或少用以下词汇：高度重视、正确领导、明确要求、重要指示、英明决策、高瞻远瞩、亲自过问、亲切关怀、无微不至、充分肯定、高度评价、热情洋溢、谆谆教诲、指出、强调、亲自、欢声雷动、掌声热烈、一致认为、一致表示、深刻领会、深受启发、心潮澎湃、心潮起伏、心情激动、欢欣鼓舞、热泪盈眶、奔走相告、热烈反响、无比振奋、深入人心、振奋人心、倍感自豪、深受鼓舞、兴奋地说、激动地说、逢人便说、深有体会地说、说到心坎上了、大江南北、春潮涌动、吹响号角、敲响战鼓、轰轰烈烈、突飞猛进、热火朝天、意气风发、斗志昂扬、快马加鞭、大干快上、你追我赶、奋力开创、掀起新高潮、功夫不负有心人、磨刀不误砍柴工、圆满成功、硕果累累、显著成果、成效明显、巨大成就、翻天覆地、焕然一新、日新月异、捷报频传、喜讯连连、高奏凯歌、芝麻开花节节高、长江后浪推前浪、一浪更比一浪高……

这些表达词汇，不仅在新闻报道中常见，在公民的意见表达中也经常运用，至今仍是一个顽症，没有真正彻底地解决。在中央“八项规定”五年以后，2017 年 12 月 12 日，习近平就新华社一篇《形式主义、官僚主义新表现值得警惕》的文章指出，文章反映的情况，看似新表现，实则老问题，再次表明“四风”问题具有顽固性反复性。纠正“四风”不能止步，作风建设永远在路上。各地区各部门都要摆摆表现，找找差距，抓住主要矛盾，特别要针对表态多调门高、行动少、落实差等突出问题，拿出过硬措施，扎扎实实地改。各级领导干部要带头转变作风，身体力行，以上率下，形成“头雁效应”。在即将开展的“不忘初心、牢记使命”主题教育中，要力戒形式主义，以好的作风确保好的效果。只有这样认真落实到位、持之以恒，才能不断提高媒体的传播力、引导力、影响力、公信力，搭建政府与民众沟通的联系之桥，促进社会的和谐有序发展。

2014 年 3 月 18 日，在河南省兰考县县委常委扩大会上，习近平说：“古罗马历史学家塔西佗提出了一个理论，说当公权力失去公信力时，无论发表什么言论、无论做什么事，社会都会给以负面评价，这就是‘塔西佗陷阱’。我们当然没有走到这一步，但存在的问题也不谓不严重，必须下大气力加以解决。如果真的到了那一天，就会危及党执政基础和执政地位。”总书记提醒全党注意“塔西佗陷阱”。在今天的网络时代，面对各类突发事件时，各级政府应秉持积极主动的态度，及时、准确、全面公开信息，有效回应舆情，这对维护公信力至关重要。面对时有情绪激荡的舆论场，对于媒体披露的问题、事件与矛盾，政府不能回避，而应迅速研究有效解决之策，这样才能避免矛盾积累、问题升级。回应热点问题，有学者提出应做到“四讲”：尽早讲，政府要尽快抢占信息发布制高点，第一时间表明对事件的态度及应对措施；持续讲，向公众不断披露事件进展情况；准确讲，发布信息真实全面，争取公众的认可；反复讲，采取各种方式为公众答疑解惑。只有这样政府公信力才能不断提高。①

今天，在突发事件面前，我们不仅提倡人们要有讲真话的嘴巴，更要提倡社会有听真话的耳朵。如果没有听真话的耳朵，讲真话的嘴巴再多也是白搭。为此，我们仍然需要提出“多提供讲心里话的地方”这个课题。媒体特别要注意倾听不同人的意见，讲不同意自己的话，讲反对自己的话，并将这些意见能畅通合时宜地展现在媒体之上。“坚持正确舆论导向，高度重视传播手段建设和创新，提高新闻舆论传播力、引导力、影响力、公信力。”仍是媒体一项循序渐进、不断深入的艰巨任务。随着改革开放和现代化建设的发展，人们关注和发表意见的话题也越来越丰富了，人们对复杂多变的社会有着不同的看法和认识，这是十分正常的事。人们需要知道外面的世界，需要了解各种不同的意见，需要通过相互比较后自己判断抉择。

公民通过撰写评论表达意见是讲真话的一种有效方式。我们曾对全国 36 家报纸

---

① 李海青：《廓清“塔西佗陷阱”迷雾》，2017 年 12 月 17 日《人民日报》。

评论版的发刊词调查，看出现在的评论氛围更加宽容，评论取向趋于多元和开放。在这36篇发刊词中，“不同”出现了11次，“多元”出现了8次，“宽容”出现了8次。[①]

1999年11月1日，“不同”首次出现在《中国青年报》“青年话题”发刊词中：“‘不同’的价值在于，它不仅包含着思想解放和论争的正当秩序，包含着新闻媒介求新求异的运作规律和读者求新求异的阅读规律，更重要的意义是：思想进步可能就孕育在‘不同’之中，而相同只能使我们停在原地。”这则发刊词标题为《倾听》，将自己放在一个倾听者的角度，尊重、并谦虚地聆听不同意见和观点。这对于之前惯于用一元思维进行取舍的评论界来说，不啻于一种颠覆。倾听“不同”，带来思想界的激荡、对民主的反思。[②]

2013年1月4日，《人民日报》在第5版推出了该报历史上第一块新闻评论版。“致读者”表达了这样的意见：自今日起，每周一至周五的工作日，我们将在这里，与您一起倾听、评述、思考。这是一个千帆竞发的多元社会，也是一个百舸争流的观点时代。创办新闻评论版，既是为了回应期待、服务读者、方便阅读，也是为了更好地传递党心民意、建构理性思想、凝聚社会共识。我们还将努力把评论版打造成干部论政的平台、学者争鸣的空间、群众议言的广场，在交流、交融乃至交锋中，传递“中国好声音”，谋求最大公约数，推进社会前进的步伐。

报纸评论版对“多元”“宽容”的追求，意味着拒绝“一言堂”，反对一元价值观，告别非黑即白、非左即右的简单粗暴判断；意味着对不同意见、对人们表达权利的真正尊重；意味着更具包容精神，这些都赋予新世纪人们意愿表达的多元化，为真正实现讲真话提供更多更好的场所和机会。媒体作为民众发表意见的重要场所，责无旁贷地要提供更多更好的版面和时间保障民众畅快表达意愿。

当前，移动互联网、大数据、物联网、云计算和人工智能等新一代信息技术蓬勃发展，先进技术手段与社会治理深度融合，为民众意见表达提供了便捷高效的平台和渠道。2020年爆发的一场新冠肺炎疫情，让宅在家里的人们充分运用手机短信表达了自己的意愿。为此，《湖北日报》运用全媒体做了一次报道：“什么是万众一心、众志成城？什么是英雄的城市、英雄的人民？浏览抗疫期间网民的海量留言，我们读到了对最美逆行者的感恩致敬、对战胜新冠肺炎疫情的强大决心、对中国特色社会主义制度的坚定自信。”——

“我虽然不知道你们长什么模样，但我知道你们穿上防护服有个共同的模样——天使的模样！”

网友“王爱君”：感动得哭了，真的很感动，感恩医护人员千里来援助武汉，这就是中国人，团结一起战胜疫情！

---

① 杨娟、赵振宇：《新世纪中国新闻评论的发展与变化研究——以36份报纸版发刊词为例》，《新闻大学》2005年第4期。

② 赵振宇.《现代新闻评论》第三版，武汉大学出版社2017年版，第43页。

"疫情面前,我们能做什么?"一位叫"全 Jia 福"的网友在网上"自问自答"倡导:"尽量减少聚会,出门戴好口罩。不要再吃野味,避免接触活禽。勤洗手常通风,不信谣不传谣。"一时间,不少网友纷纷跟帖赞同。

网友"武汉阿莫仙":我们地球村小区的社区工作者成天在工作,为保一方平安,他们舍小家为大家,真的很不容易。网友"Nananana":我老公是一名警察,从年初三开始,没休息过一天,每天早出晚归。警察叔叔们都辛苦了!

1 月 30 日,央媒一段新闻视频播出:中央指导组派出督查组到黄冈了解核查防疫情况,面对督查组的提问,时任黄冈市卫健委主任唐志红要么沉默,要么含糊其辞,一问三不知。唐志红当晚被免职。网友"王贤兵"留言叫好。短短数小时,这条"央视新闻"新浪微博的阅读量 143 万,评论 10 万余条,"够迅速""大快人心"这样的字眼高频出现。

年轻一代,疫情期间,想明白了什么事? 00 后网友"me"在网上自述,曾经很羡慕那些网红、明星,幻想跟他们一样在闪光灯下大把赚钱,有很多粉丝追随。但是,在疫情防控阻击战中,"me"仿佛在一夜间长大,"这 3 个月见到了太多的奉献、太多的感动。也真正明白了什么样的人生才是有意义的,什么人才是值得崇拜的。明白了今生作为一个中国人,一辈子怎么也得为祖国燃烧一回。"①

随着网络媒体的快速发展,突发事件中人们向实践学习将成为日常生活的常态。为此,媒体特别是主流媒体加强新闻改革,为民众提供更多更好的表达空间和平台,仍是一项繁重的任务。

4. 增强参与意识,为公民提供更广泛的对话空间

参与权是公民权利的最终实现。对此,我国的《宪法》和我们党的文件都有过明确的规定。我国《宪法》在第 27 条、第 41 条中,确立和规定了公民作为国家的主人,对国家和社会事务的管理具有知情权和表达权,对国家机关及其公务员的活动具有监督权和批评权。党的十八大以来强调"推进权力运行公开化、规范化,完善党务公开、政务公开、司法公开和各领域办事公开制度,健全质询、问责、经济责任审计、引咎辞职、罢免等制度"。舆论监督是监督机制中的一种,而群众监督很多情况下是运用舆论来发挥作用的。没有公民参与传播的时间和空间,或者说这种时间和空间很有限或环境不好,就不可能真正实现群众参与的舆论监督。在传播全球化时代,网络的发展改善了民主参与的技术手段,使公民的参与权更直接、更便捷地实现了。传播学学者麦克卢汉面对 20 世纪 60 年代大规模发展的电视就曾经预言:"随着信息运动的增加,政治变化的趋向是逐渐偏离选民代表政治,走向全民立即卷入中央决策行为的政治。"②

---

① 周芳、志兵、小萍、黄璐、李婷:《在这里倾听人民心声——从网民留言看抗疫正能量》,2020 年 4 月 7 日《湖北日报》。

② 马歇尔·麦克卢汉:《人的延伸——媒介通论》,四川人民出版社 1992 年版,第 234 页。

而网络作为新的政治参与手段较之传统媒体无疑更具威力，网络使信息传播不受时空限制甚至政治控制的特点，以及网络交往的高度随意性和隐匿性，使人们在感知与介入世界方面获得了前所未有的痛快淋漓的感觉，从而也提高了他们参与政治及国家各项事务的兴趣。当网络被广泛应用于政治，则必然会推动公民与政府官员的直接对话，政府官员可以及时看到对公众意见的调查，网络则成为人们进行政治对话、参与国家事务管理的一条主要且有效的途径，切实提高民意在政府运作中的分量。当今时代，传统媒体应就更多的内容，采取更广泛的形式吸引受众参与节目的制作和播放。在传播的过程中，应少一点"导演"的痕迹，多一些"原汁原味"的真实，这对受众和传播者都是大有好处的。

"公民参与"是受国家宪法保护的一种公民权利，同时它也应该是一种有计划的参与行动，不仅表现为"想到就说"，更应表现为"想好了再说"。公民在表达中，不断提高自己的公民素养；同时，这种参与不能只是单向的，而应该是公民参与和政府积极回应的双向交流。公民参与不仅表现在过程中，更应表现在决策的结果上，这样才能化解公民和政府、公民与公民之间的冲突，同时又表现在看得见的成效上，让公民感知到参与的责任和力量。

公民参与的内容大体可以分为三个方面：一是国家和地方立法层面的公众参与，如立法听证和利益表达；二是地方和行政单位等方面的公共决策参与；第三是涉及公众生活环境和社区的公共治理层面的公众参与，包括法律政策实施、基层公共事务的决策管理等。

公民参与是一项更为广泛和深入的人权体现，它必定会随着我国民主政治的进步而提出更新更高的要求。

2020 年发生的新冠肺炎疫情，是新中国成立以来在我国发生的传播速度最快、感染范围最广、防控难度最大的一次重大突发公共卫生事件。我们要深深记住并感谢疫情初期下面几位人士在下面几个时间点的关键进言——

2019 年 12 月 27 日，湖北省中西医结合医院张继先教授向江汉区疾控中心报告不明原因肺炎病例，作为"第一时间报告疫情"写进了 2020 年 6 月中国政府白皮书《抗击新冠肺炎疫情的中国行动》。7 月 16 日，她在接受央视记者李小萌采访回答当时的想法时说，"报对了提醒大家，报错了批评我一个人有什么关系呢?"

1 月 20 日下午，钟南山院士对新华社记者说：没有特殊的事，不要到武汉。晚上在接受中央电视台《新闻 1＋1》记者采访时说：有人传人现象，14 名医护人员已经感染。这天，市民才知道自我保护。

1 月 22 日，李兰娟院士提出：武汉必须封城，中央接受这个建议 23 日 10 点封城。

1 月 27 日，张伯礼院士提出：人分"四类"（确诊、疑似、发烧、接触者），中西医结合治疗，立刻开始选择隔离点。

2 月 2 日，王辰院士建议建"方舱医院"，应收尽收，应治尽治。3 日开始建，增加了

4000个床位，建立方舱医院是中国、世界医疗救援史上的创造。

2月3日，武汉大学中南医院影像科教授张笑春，发微信朋友圈，公开质疑用核酸检测确诊新冠肺炎的可靠性，建议用CT影像作为诊断主要依据。她的建议为加快床位供给、全市拉网式大排查，使得“应收尽收，应治尽治”成为有效防控疫情的关键举措之一。面对媒体的采访，她说：“‘敢言’是一种宝贵的品质，尤其是此时此地此情此景，每犹豫一分钟，可能都是以生命为代价的。”为此，新华社以《让人讲真话，天塌不下来！》为题发表评论，对这种宝贵品格予以褒奖。

习近平在中央党校讲话时曾强调，“要努力活跃党内生活，大力倡导独立思考的风气，进一步创造鼓励讲真话、提倡讲新话的宽松环境”①。

柏拉图说：“如果尖锐的批评完全消失，温和的批评将会变得刺耳。如果温和的批评也不被允许，沉默将被认为居心叵测。如果沉默也不再允许，赞扬不够卖力将是一种罪行。如果只允许一种声音存在，那么，唯一存在的那个声音就是谎言。”②

2010年8月13日，美国著名学者诺姆·乔姆斯基教授在北京大学发表演讲指出：“一个批评者，对于一个公民社会而言意义重大。他可以帮助警惕或规避可能存在的政策失误，也能抵消因为意见过于趋同而导致的独断和冒进。甚至，这样一个批评者能否存在，本身就是一个社会是否开明的评判标准。不要把伟大的批评者，当做国家的敌人。”他的演讲带来一股旋风，除了知识界的欢呼外，《人民日报》也就此发表报道，称他受欢迎的程度“超过国家元首”。③

今天，在我们迈入新时代享受日益丰富物质生活的同时，对民主、法治、公平、正义等也提出更高要求。政府鼓励大家讲真话，就是其中一项重要内容。

三、公民表达的程序保障

无论是自然界的运动，还是社会进程的发展，都离不开程序制度的设置。公民表达是一个运动的庞大系统，也需要在一定的程序制度下进行。科学严谨的程序设置，是保障公民表达的有效前提，这是公民参与和政府管理双方都需要认真把握的。

1. 坚守科学程序，用制度保障公民表达

为了保障公民表达的科学有效，党的十九大报告特别提出：“加强协商民主制度建设，形成完整的制度程序和参与实践，保证人民在日常政治生活中的广泛持续深入参与的权利。”

---

① 中国新闻网：《习近平：倡导独立思考风气　鼓励讲真话讲新话》，2010年5月13日。

② https://www.jianshu.com/p/a3fcee2cf328。

③ 《中国青年报》：http://zixun.010lm.com/a/2020/0218/52653.html。

何谓程序？程，讲的是规章或程式；序，讲的是区分或排列位置。程序是指事物运动的某种次序或过程或环节，含有某种空间秩序或时间顺序的意思。民主政治程序化的内涵包括两方面内容：一是以民主的原则制定程序，即程序的民主化；二是以程序的方式来规范民主政治的运行，即民主政治过程的程序化。程序是目的和手段的统一体，作为目的的程序，它是我们孜孜以求的理想境界；作为手段的程序，它表现在人们的运动过程之中。[①] 民主制度的程序化是现代社会政治发展的客观要求，也是现代民主的一个基本特征。社会主义政治文明的核心在于人民当家作主，使人民真正参与到国家的管理中来，使构成社会的绝大多数人的意志上升为国家意志。加强程序建设，保证民主政治过程科学。民主的重要特征就是按程序办事。多数人的意志要通过程序才能表现和被承认。如果多数人的决策和选择出现错误，也只能通过一定的程序加以改正。程序化是我国民主政治建设的题中之义，“对程序的重视程度，标志着一个国家的法治文明的程度”[②]。由于程序的不科学或人们不按科学的程序去办事而带来损失和造成不好影响的事，在我们的政治、经济、文化生活中时有发生。而且，如果程序设计得不科学，越是参与性强、透明度高，其造成的不良影响面就越广；如果程序安排得不科学，越是动用了法制的力量，越有强制性的害处，因为不科学行为可以在法制的保护下引人们入歧途。

十分遗憾的是，政府和媒体在征求民众意愿的过程中，有时却违反了程序原则，使人民当家作主成为一种形式或摆设。前些年，我国南方某市为了在市内建造一座标志性的建筑，市政府将专家们设计的 6 个方案的图片刊登在当地报纸上，请市民们投票。结果有效选票为 5.5 万份，约 4 万份选择了“一号方案”，于是，我们今天看到的标志性建筑就是由市民投票决定的“一号方案”。几年过后，人们在谈起这个标志性建筑时，有不少人都摇起了头，认为它不能代表该市的形象，至今仍被人们诟病。自然，对一个建筑物，仁者见仁，智者见智，这并不奇怪。问题在于，这样的选择方式，这样的公民参与是否科学，公民的意愿是否为独立自主的。第一，当时刊登 6 个建筑物的候选图片就是有导向性的：“一号方案”和“二号方案”图片比别的方案大得多，而且放在报纸 6 幅图片之首。6 幅图片为什么这样排列？根据是什么？报纸并没有向读者交代。报纸的版面是有讲究的，读者自然也会领会，而且参加投票一旦被选中了还会有一定的奖励，于是，处于报纸版面一号位置的“一号方案”就这样被“选”中了。第二，这是一个什么样的建筑呢？据介绍，该方案总投资 4 亿元左右，包括碟形主体建筑、下沉广场及地下展厅 3 部分，总建筑面积 12 万平方米。主体建筑长 300 米、高 51 米，共 5 层，占地 1.8 万平方米；展厅面积 5 万平方米，可设 3000 个国际标准展位；方案设计注重提炼老式展览馆的

① 赵振宇：《程序的监督与监督的程序》，社会科学文献出版社 2008 年版，第 15 页。

② 韩强：《程序民主论》，群众出版社 2002 年版，第 33 页。

构图元素，大量采用门式构图，整体形象典雅端庄，等等。对这样的建筑做出表态是需要很深的专业知识的。[①]

十年过去了，2010 年 8 月 13 日，《湖北日报》和《长江日报》在第四版，又分别刊登了武汉市东湖国家自主创新示范区为长约 15 公里“高新大道城市设计方案”征求市民意见的整版广告。广告中除了整体城市规划图外，还有较为详细的规划说明。类似这样的“征求民意”，在国内还有许多。对于这些建筑要素，一个普通市民能理解吗？他们凭什么来投票呢？只能靠报纸上刊登方案的位置所发出的提示信息了。这种参与真正表达了参与者的意愿吗？显然是没有做到的，这样的民意表达会起作用吗？明知如此，决策者为何还要花钱（刊发整版广告是需要花大价钱的）去开展这种“征求民意”的无效活动呢？这些都是需要我们认真思考的新问题。

2. 把握好“广泛”“持续”和“深入”的实践程序

党的十九大报告强调：“发展社会主义协商民主，健全民主制度，丰富民主形式，拓宽民主渠道，保证人民当家作主落实到国家政治生活和社会生活之中。”同时又指出：“形成完整的制度程序和参与实践，保证人民在日常政治生活中有广泛持续深入参与的权利。”历史的经验告诉我们，在公民参与的实践中，我们需要把握好三个关键词：“广泛”、“持续”、“深入”。

广泛参与，最大限度调动公民参与的积极性。所谓“广泛”，强调了两层意思，一是公民参与的人员众多，既包括文化素质高、社会资源多的高层人士、社会精英，同时也包括生活在基层单位的员工和社区的普通老百姓。参与人员的广泛性，可以充分发挥他们各自的优势，在他们各自熟悉的领域里畅快地发表自己想得到说得好的真知灼见，有效地促进国家决策和社区管理。二是涉及的问题范围广大，关注的问题众多，既有涉及国家方针政策的问题，也有关乎百姓生活的衣食住行。由于参与者的资历和经历的不同，根据不同人员的不同情况，多组织他们在自己熟悉的领域发表意见，这是十分重要的。

人民是国家的主人，他们的职业、阅历、知识、需求和兴趣也是多方面的，他们希望而且应该在有关他们自己生存和发展的诸多方面参与这些事务的管理——行使讨论权和决定权。随着我国法治化建设的发展，党的十八届四全会作出的《中共中央关于全面推进依法治国若干重大问题的决定》已经将“公众参与”和“专家论证、风险评估、合法性审查、集体讨论决定”一起确定为重大行政决策的法定程序。但在实施时，却存在着一些问题，如有的地方领导，让人们讨论和决定的都是一些无关紧要的小事，而那些人们关心的大事却由少数人说了算；有些讨论的事务虽然重大和宏观，但大众要么不知情要

---

① 参阅《倾注您的智慧，献出您的热情》，1999 年 11 月 8 日《长江日报》。

么不熟悉，参加了也只是做做样子。这种状况是需要改变的。一个地区的重大事务，当然需要更多的人参与，集思广益，择善而从总是好事情。但是，管理事务是需要分层次性，分专业的。好多事情并不是凭人多热气高就能办好事。如关于卫星上天、航母下海、西部开发、南水北调等这样的事情恐怕只能依靠各方面的专家反复研究比较，政府才能最终决策。而像城市和社区的公共设施利用、公共服务优化和公共文化丰富，还有与百姓生活息息相关的厕所、水电气、物业维修到环卫、保安、垃圾分类，他们更有发言权。征求民意讲究科学，特别是遵循程序科学在当下尤为重要，它是保证公民参与国家事务管理的重要前提。

持续参与，用制度体系保证人民当家作主。所谓“持续”——讲的是公民参与管理国家事务的连续性和一贯性。《宪法》规定：“中华人民共和国的一切权力属于人民”“人民依照法律规定，通过各种途径和形式，管理国家事务，管理经济和文化事业，管理社会事务。”这是国家宪法对人权的最高要求和切实保障。这里有两层意思。其一，既然人民是国家主人，公民参与管理国家的意见表达和实践行动就不可能只是一时的短暂的，某一区域的某一方面的。这种参与自然也必定是随着国家社会经济文化的发展和进步持续不断地进行着。时间的连续性和问题的广泛性是公民参与管理国家事务持续性的重要保障。其二，要让公民参与成为一种长期进行的常态，就必须有制度来保证、规范和约束。公民参与程序的科学化是一个重要前提。[①] 党的十八届四中全会通过的《决定》，不仅是我们国家依法治国的准绳，同时也是“用制度体系保证人民当家作主”的最权威行动守则。为了保证公民参与的可持续发展，必须强调公民的一切参与都要以一定的程序办事，讲究行动的科学性。这种有序，一方面要求组织者依法行事，另一方面还要尊重参与者的意愿，在他们自愿的前提下行使参与权利。一切国家机关和有关部门，不得以任何强迫的方式逼迫公民或利用名利等非正常因素诱导公民参与对本地区、本部门有利的活动，违心地表达自己的意愿，从而达到组织者的目的。公民能够心情舒畅有效地表达自己的意见（按照一定的程序），既是我们国家民主政治进步的表现，也是公民人权落实的最大体现。

深入参与，追求公民参与效果的最大化。所谓“深入”，讲的是公民参与管理的力度和参与的效果。公民的参与不仅表现在一定的会议、一定的文件、一定的媒体语言、文字和一定的活动形式上，更要体现在地方和国家的重大行政计划、管理决策的制定和实际成效之中。公民参与只是表现在过程中，还是同时表现在结果上，是对参与是否“深入”，是否有成效或成效大小的一个实践检验。政治民主化的增量推进，加快了思想解放的步伐。从 2008 年 5 月 1 日《中华人民共和国政府信息公开条例》发布，经过十多年的实施和重新修订，2019 年 5 月 15 日新《条例》实行，从党的十三大报告提出的“重大情

---

① 赵振宇：《依制度行事，按规范操作，推进社会主义民主政治程序化》，2018 年 3 月 5 日《人民日报》。

况让人民知道，重大问题经人民讨论”，至今天日益朝着“重大情况向人民报告，重大问题由人民决定”演进。[①] 民主政治迈步向前，保障公民讲真话的权利，它是行政决策科学化的首要前提，它不仅有益于社会秩序的回归，同时对提升民族的公民素养，也大有裨益。

国务院颁布《重大行政决策程序暂行条例(征求意见稿)》，其中特别有一条是“为提高公众参与实效，征求意见稿明确了向社会公开征求意见和举行听证会等的基本要求。”公民参与管理国家事务是公民的权利和义务，它不仅仅是一种形式，一个过程，它同时也应该表现出一种结果。公民的参与，只有以能够让他们看得见的形式表现出来，这才是真正的民主。也只有这样，才能最终保障和调动公民参与政务及一切社会活动的积极性。当然，在实施时还需要制定行动细则和在实践中随着时代的发展变化不断修正完善它。2019 年 9 月 1 日，经国务院征求意见、修改公布的《重大行政决策程序暂行条例》开始实行。该《条例》分 6 章、共 44 条，对重大行政决策事项范围、重大行政决策的作出和调整程序、重大行政决策责任追究等方面作出了具体规定。制度和规范不断发展完善，只有这样，也必须这样，才能保证公民“持续”参与的权利得以落实。

3. 设置和完善时空程序，保障公民有效表达

物质是在一定的时空中运行的，公民的意见表达也需要有一定的空间和时间保证。现在，主办方在设置和选择会议场地时一般都考虑到这一问题，如设置面对面的会谈式意见对话，肩并肩式的意见交流，有条件的还安排了圆形的会议讨论场所，如中国政协举行的双周协商座谈会就是在全国政协的圆桌形会议厅举行的。各种不同的会议场所，为不同需要的参与者意见表达提供了相适宜的表达空间。保障公民的有效表达，除了注意会场的空间程序外，还必须重视对时间程序的管理。开讨论会，很多人喜欢说“议论纷纷”“畅所欲言”。在时间不太充裕的情况下(几乎所有的会议都有规定时间)，由此带来的结果却常常是，能够安排上发言或抢上话筒的代表能够讲话或讲很长的话(是否重要、与会议主题是否相符却很难保证)，而没有这个机会的代表即使有很好的意见和建议也失去了表达的机会。现在，不少的行政和学术会议都设置了闹钟提醒。如全国政协举办的双周协商座谈会(简称“双周会”)坚持小切口、大问题，在全国政协主席的主持下，邀请党内外“内行人”围绕党和国家重大关键性课题协商议政。经过精心策划地探索实践，已成为政协协商民主的一个重要平台，效果显著，引起了社会各界的广泛关注和好评，“双周会”从 2013 年 10 月 22 日第一次举办至今，逐渐成为政协的一张靓丽的名片。为了开好“双周会”，政协办公厅对会场安排和时钟设计都动了脑筋，体现

---

① 赵振宇:《现代新闻评论》，第三版，武汉大学出版社 2017 年版，第 1 页。

出创新意识。圆桌会的安排已经不是什么新鲜事物了，但是能够坚持这么做，却是大有好处的。

需要特别说的是，圆桌会场中央的那个“四方钟”的安放。从 2015 年 11 月 19 日举办的关于非物质文化遗产传承与保护“双周会”开始，会议现场设置了“四方钟”，以此来约定和提示发言时间。据全国政协办公厅秘书局有关负责人介绍，这是为了让与会人士具有平等表达意见的权利，让协商效果和建言质量进一步提升，这也是“双周会”问题导向的一个具体体现。

会场中央设置“四方钟”，有了这个时间标志，所有与会人士不用左顾右盼和特别关注，就十分方便地看到此时此刻是什么时间，讲话用了多少时间，别人发言时间用了多少，会议至结束还剩多少时间。大家在一种很轻松的状态下就把握了时间的运行，同时也提醒大家都来遵守大会的时间规定（在会议进行中，引人注意关注时间的举动有时也会产生不必要的误会和麻烦）。

“四方钟”的设置体现了时间文明。时间文明讲的是在一定时间里对人们行为准则的要求，它需要有一定的条文和物件来提示。“一寸光阴一寸金，寸金难买寸光阴。”“望崦嵫而勿迫，恐鹈鴂之先鸣。”中华民族有着“识时、惜时、守时”的传统美德，“四方钟”的设置给了我们新的有益启示。[①]

四、提高表达技巧，增强表达效果

人们的思想和观点是通过文字和语言，有的还用身体动作来完成。那么，表达的技巧优劣就直接关系人们的意愿表达的效果强弱。

1. 努力学习实践，增进思维品质

语言是人们思维的反映，同时，语言又促进人们的思维发展。人们在社会中生活，拿什么与别人交流呢？靠的就是语言。人类凭借第二信号系统的作用之所以能够进行思维活动，之所以能够认识事物的一般特性以及事物之间的有规律性的联系，乃是因为第二信号系统是以语言的词作为条件反射刺激物的。言词只有通过人的言语活动才能成为第二信号系统的有效的条件刺激物，也就是说，只有在人的言语活动中表现出来的言辞，才能有效地激发第二信号系统来进行思维活动。我们发表自己的意见和接受别人的意见，这些思维活动都是离不开语言作用的。

同时，人们的言语也离不开思维的作用。人们在和别人的言语交流和沟通中，随时需要通过别人的言词来理解传播者的思想或意见。理解就是思维的一种反映。一个人

---

① 赵振宇：《小时钟，大意义》，《中国政协》2016 年第 19 期。

要想准确、清晰和完整地表达自己的意见和态度，必须对自己的言语进行严密的组织，这种组织和调遣也是离不开思维的作用的。

中国人思维中存在缺乏逻辑、不讲逻辑的“内伤”，这种思维缺陷导致中国古代科学不发达，也造成了现代、当代中国公共舆论不发达或严重失序。严重失序的突出表现，就是不少人在参与公共问题讨论和决策时，缺乏摆事实、讲道理的心态和习惯，一上来就以立场站队，以道德划线，以利益区分阵营，一言不合就贴标签、扣帽子、抓辫子、打棍子，这在中国已经成为一个深入公共文化肌理的痼疾。非逻辑的思维、暴戾化的言辞和极端化的情绪，很容易发展成为带有极大恶意的人身攻击，甚至能从口舌之争迅速上升为肢体冲突和行动攻伐。现在一些网友从网上“骂架”演变为网下“约架”，莫不如此。人的素质和能力不是天生的，通过教育，只要经过科学而严格的逻辑训练，中国人是能够提高逻辑思维能力的。[①]《中国青年报》曾发表过一篇新闻调查：九成受访者认为有必要加强逻辑思维能力培养。有学者指出：“逻辑思维是一门科学，需要掌握一些常见的逻辑理论，同时要学习辨识一些基本的逻辑谬误，然后要学习一些批判性思维的规则。”掌握锻炼思维的工具是第一步，接下来要有意识地在日常生活中主动地运用。“还可以看一些经典的法庭辩论词、批判性的文章。另外，还要让自己的思维活跃起来，对一些社会现象的讨论要敏感，不要人云亦云。”[②]思维是一个复杂的多面体，它有许多属性。前面已经讲过，在思维的训练过程中就是要体现和完善它的社会性、时代性、概括性、逻辑性、能动性和批判性等思维品质。

思维品质的训练依赖于两个方面：一是理论的训练，一是实践的训练。在理论训练中，我们首先要认清哪些是积极的思维品质，哪些是消极的思维品质。只有从理论上搞清楚了，才有可能在实践中去认真领会并努力实现它。

人们积极的思维品质需要在实践中培养并巩固。对于消极的东西，认识了还不行，还需要在自己的行动中克服它。这是一个艰难和痛苦的过程。对于积极的东西，知道它的好处，要实践和坚守它，也不是一件容易的事。扬长避短的过程，也是一个夯实理论基础和检验实际行动的过程。它需要人们将双方结合起来并反复论证，一旦行动中出了问题就要从理论上找原因，一旦理论上有了收获，就要在实践去中去检验。理论—实践—再理论—再实践，总结—提高—再总结—再提高，只有经过无数次的反复实践和思考，才有可能促进自己的思维品质的提高。在新闻评论写作和意见表达中，不要轻易地因一两篇叫响的文章而陶醉，重要的是写过和说过之后，总结一下自己运用了什么思维方法，成功在何处，还有哪些不足。一旦我们在理论的指导下，能够运用某种思维方式举一反三地写出好评论讲出好意见，这时才可以说，我们的思维品质训练有了新的进

① 潘洪其：《时事评论对提高公民素养的作用》，《青年记者》2015 年 10 月下。

② 孙山：《你以为你在辩论，其实只是在吵架》，2018 年 10 月 18 日《中国青年报》。

步。自然，保持和提高这种品质，更是一个长期不断的过程，不可松懈。

2. 加强语言训练，提高表达能力

在日常生活中，在新闻报道中，我们时常能听到和看到“我们无法用语言来表达”这样的话语和文字。这是一种情感的表达，一种语言的形容，它反映了说话者当时的一种激动或愤怒的心情。尽管如此，我们的表达还是离不开语言和文字，在我们的意愿表达中，“无法用语言来表达”是不行的。在这里，不仅要求说理者正确地使用语言，而且要求这些语言一定要新颖、深刻、有说服力。只有这样，我们才能有效地传播自己的意见，才能有效地参与管理或说服受众，达到意愿表达的目的。

据媒体报道，最近的一项调查显示，76.5%的受访者感觉自己的语言越来越贫乏，主要表现在不会用复杂、微妙且精确的修辞，以及不会引用乃至创作诗句。正如网友所说，“有时候脑子里想一件事，但无法很利索、饱满地说出来”，越来越多的人习惯使用一套固定句式或者很多夸张的语气词，看似个性实则雷同，既钝化了丰富多彩的表达方式，也在一定程度上阻滞了文化积累。

是我们的语言贫乏了吗？并不尽然。从存量上来说，我们词汇、句子、典故等语料的多少，可能并没有太大变化。从增量上说，网络语言等已有新的迅猛增加。与其说语言贫乏，不如说是表达上的一种偏爱。语言嬗变的风向，也是时代发展的走向。互联网时代争分夺秒，自然要求更直接的信息、更简洁的表达。湍急的信息洪流，也让同质化信息唾手可得，随手复制粘贴称得上高效。网络语言所创造的大量流行词、新句式、新修辞，在简化语言的同时也为其注入了鲜活的生命力和时代感。因此，古诗成语也好，网络用语也罢，都是表情达意的方式，都蕴含着语言的力量。

在一个新词汇层出不穷的时代，准确说出所思所想，比套用流行词汇更有价值。很多时候，网络用语的风头只是暂时的，真正拥有生命力的语言总会在时间的沉淀下大浪淘沙。只有直面内心感受的差异化表达，才能生机勃勃、经久不衰，成为语言的经典。[①]网络带给传统语言生活最大的改变，是大大加速了互联互通的效率，把每位网民都推向了熙熙攘攘的广场，使其面向公共空间说话，从少数精英的特权变成了人人可享的服务。网络大大加速了语言发展和演变，激发了全民的语言创造热情。与此同时，当全民进入网络空间时，难免泥沙俱下；来得太快，难免让人不适应，自然也带来焦虑。这种焦虑是多方位的，伦理的（如隐私）、经济的（如虚拟货币）、文化的，自然也少不了语言本身的。

有学者指出，当下社会的语言能力并没有退化，而要进一步提高个体的语言能力，网络空间恰恰给了他们这样的机会。语言生活规划者需要做的就是鼓励产出更多优秀

① 盛玉雷：《善用我们的语言宝库》，2019年4月3日《人民日报》。

的语言作品，减少低俗恶俗的词汇与表达方式，把最大的自由空间还给每一个语言使用者，去激发语言创造的热情。语言和语言生活是需要规划，需要建设的。相信人人努力，营造自由开放，又有引导性的语言生活，就可以既做心口一致的君子，也做美言美语的贤人。①

提高公民语言文字的表达修养和素质可从以下几点入手。

语言文字必须准确表达自己的意见。中国的语言是十分丰富而多变的：相同的词在不同的场合有不同的意思，不同的词在某种场合可能表达相同的意思；不同的人、不同文化背景的人，对某种相同的词可能产生不同的理解，或对某种不同的词可能产生相同的理解；不同的时间，人们对相同的词语可能产生不同的看法，等等。加之目前信息传播的多样化、多元化，词语在传递过程中有时也会产生延时或扭曲。这些都需要我们认真把握。

语言文字表达要清晰易懂。书面语言和口头语言不同，它意蕴深刻，令人回味。但是，不能因为此就忘记了语言的多样性和受众的多样性。特别是在科学技术迅猛发展的时代，很多专业性的词语人们不懂，很多词语的使用有了新的内涵，在公民参与管理的大多数场合，使用语言文字时必须让你的接受对象明白无误。

语言文字使用要有系统性。一篇发言稿、一个议案都是讲道理的，那么，它的遣词造句、它的字里行间，都要体现文本所要表达的主题。文章的语言，要做到前后呼应，形成一体。在语言文字的选择、运用的风格、语言的分量等方面都要注意它的系统性，使受众读完或听完一篇文案后能得到文字和思想的完美享受。

语言文字力求生动活泼。公民在参与社会管理的过程中，既要求自己的意愿表达具有理论的深刻性和推理的逻辑性，同时也要求表达的语言文字让更多的人能够和愿意接受它、看懂它、听懂它，而不至于敬而远之、望文生畏。在这里，生动活泼是不可少的，以理服人和以情动人在公民的意愿表达中是相互依存、相得益彰的。

复旦大学中文系教授申小龙提出建议："语言的优美在于其独特的表达功能，在于用起来是否得心应手、能否满足表达需要、是否适应场合和情境。一味使用网络流行语会钝化我们的感受，滥用华丽的书面语同样会让表达苍白空洞。因此，使用语言要力戒盲从，做到'修辞立其诚'，提升自己的语言表达能力，用差异化的语言表达自己的独特感受。"②

除了书面文字的训练外，平时的口头语言训练也是很重要的，如对话、发言和辩论等活动，都是提高思维能力的一种好方法，要写、说并重，使之相互促进。

善于发表意见是一种表达艺术。公民表达不仅要有思想，敢于讲话，还要明确自己

① 饶高琦：《让网络激发语言热情》，2019 年 4 月 6 日《光明日报》。

② 许晴：《今天如何好好"说话"》，2019 年 5 月 17 日《人民日报》。

讲话时的身份和受众对象的不同。否则，也会使传播受阻或者难以被受众接受，不能收到好的传播效果。为此，要把握好“说者谁”“对谁说”“说什么”“怎么说”等问题。

“说者谁”，说的是要弄清此时此刻自己的身份，如一位教授，在学校是老师，在家庭是父亲或丈夫，在小区是业主，在政府可能是官员或咨询委员，等等。身份不同，说话的内容和方式也会不一样。

“对谁说”，要明晰受众职业、经历、现状等特点，注重表达意见的准确性和针对性，让讲话做到有的放矢，收到成效。

“说什么”，讲的是知晓受众需求，针对受众感兴趣的、存有疑惑的题材去形成意见表达，这样才能激起共鸣或促进争鸣。现在媒体的时评跟着焦点新闻、热点新闻走，就是这个道理。

“怎么说”，是讲注意选择合适的说理方式。其中应注意两点：一是讲话要生动活泼但不能过分调侃，要根据意见表达时的场景需要而定；二是应研究和吃透理论，才能使意愿立论高远、见解精辟并能促进实践。

学会与媒体打交道，学会在参与社会事务管理中讲好话，是对领导干部的制度要求，普通大众也需要在实践中不断提高自己的表达素养和表达效果，自然这也需要媒体和政府的积极反应及有效配合。

在今天网络普及“人人都有麦克风”的时代，在今天需要和鼓励公众参与管理国家事务的形势下，不断提高公民的参政议政和民意表达同样也是一项重要任务。现在，网络流行词“后真相”被英国牛津词典选择为 2016 年词汇，说的是“诉诸情感及个人信念，较客观事实更能影响民意”，说的是人们无法从媒体提供的事实上获得真知。定义舆论场不仅是信息，更是对信息的解码，是在分析与理解信息的基础上形成的思想和观点。① 时代的发展告诉我们，在网络信息时代，思想观点的表达日益显得重要。

随着网络媒体的迅猛发展，人们表达自己意愿的渠道和途径也越来越多，时效性也越来越强，影响也越来越大，同样，问题也越来越多样化。青年评论家曹林指出当下时评存在的七大弊病，我们在意愿表达中也应引起注意：快评的浮躁、口水评论泛滥、鸡汤评论的伪情怀、跟风评论成新闻附庸、暴力评论降低说服力、同质评论味同嚼蜡、八股评论倒人胃口。② 除此，还有一些评论指出的问题也值得我们警惕，如《“批评”和“抹黑”不是一回事》《网络言论需要自由却不可“任性”》《不要把“敢骂”解读为“质疑”精神》《请善用手中的评价权》《“好缺点”是种假把戏》《谈话批评不能包“糖衣”》等，还有《为说真话

---

① 张铁：《从“内容＋”到“价值＋”：让“评论思维”成为时代的基础思维》，《新闻战线》2019 年 3 期。

② 曹林：《当下时评的七大弊病》，《青年记者》2015 年 10 月下。

者撑腰》《听真话体现胸怀》等评论也值得我们学习。① 表达意见是一门科学。现在，国家已将“表达权”作为公民的一项重要内容予以保障，对于积极参与管理国家事务的公民表达者来说，难道不更应加强表达意见的训练吗?

中国互联网协会理事长、中国工程院院士胡启恒对网络时代如何提高公民媒体文化素养发表了很好的意见。他指出，公民社会的成熟，不仅限于参与，还需要教育。参与，将有助于提高社会公德观念，从而加快社会的进步；然而，没有强大的社会教育环境，仅仅有参与的机会，并不足以使个体转变为有社会责任感的公民。网络时代要求公民具有相对成熟的辩证思维能力，能在积极参与、分享时代机遇的同时，正确理解和接受媒体信息。公民媒体文化素养的薄弱，对我国信息化新媒体发展的制约和不利影响，将日益成为一个不容忽视的问题。

他认为，在网络时代，只是能读会写，而不能充分利用数字技术的机遇，不足以成为有竞争力的社会公民。提高公民文化素养可从以下几方面入手：其一，要有使用现代媒体工具的知识和技能。就像你拥有一部很好的照相机后，还需要掌握现代媒体工具的知识和技能，将及时拍到的好照片尽快发送到想要发送的地方去。其二，要有对信息的内容进行理解、分析和批判、评价的辩证思维能力。在网上看到的信息不一定都是真的，你应该有能力去分析鉴别。第三是人际沟通、社会交往中的法理与伦理道德修养。如果你在网上随便公布和评论人家的私生活，不仅不道德，还触犯了法律。②

3. 学点新闻评论，提升思辨深度

笔者从 1982 年大学毕业分配到新闻媒体从事新闻评论实践，后来调入大学从事新闻评论教学和研究，近 40 年的时间。上述经历对笔者从事新闻评论教学、研究和撰写本书有着很大的帮助。借此机会谈点学习和写作评论体会，供从事新闻评论实践和教学者参考，同时对提高公民参与管理国家和社会事物发表意见，也会有一定的帮助。

新闻在传播的过程中有两种信息：一是传播事实信息，一是传播观点信息，两者合一才是新闻的真正完整的含义。人们接收信息，不仅需要及时了解该事件的发生过程，同时也想知道该事件发生的性质和意义。随着信息传播的广泛和及时，一般来说，在短时间里掌握某一事件并不是什么困难的事情。但是，如何评判这一事件，这一事件的性质、意义如何，必定是因人而异、千差万别的。而且，人们通过对这些事件的识别，不仅可提高自己的观念意识和主动参与、表达意识，同时也能更深切地感知和认识该事件。

---

① 作者分别为 2015 年 1 月 27 日《中国青年报》曹林，2015 年 7 月 1 日《中国青年报》朱恒顺，2015 年 9 月 29 日《中国青年报》熊丙奇，2018 年 5 月 18 日《人民日报》欧阳洁，2018 年 6 月 5 日《人民日报》徐文秀，2018 年 6 月 5 日《人民日报》舒毅，2016 年 12 月 29 日《人民日报》肖伟光，2017 年 8 月 3 日《人民日报》夏锦文。

② 胡启恒：《网络时代如何提高公民媒体文化素养》，2009 年 12 月 30 日《光明日报》。

同时，一家媒体评论水平的高低，也是人们鉴别这家媒体的重要尺度。媒体的评论水准高下，已成为人们选择或购买某一媒介信息与否的重要依据。正因为如此，当下，不少的媒体都在重视和加强新闻评论，推出了大量的评论专栏、专版和专刊，吸引了大批精英人士加盟，而且，大众评论、公民评论的趋势已渐高涨。媒体的竞争，从某种意义上说，更是思想的竞争。精心打造评论，扩大评论队伍，提高评论素质，扩充评论版面或时间，改革评论生产方式，等等，已经成为媒体新一轮改革和发展的重要内容。我们完全有理由相信，随着对新闻定义的全面认识，在新的时期，中国的新闻业界和学界都会有新的亮点和增长点。

新闻评论是运用概念、判断、推理和论证来完成意见表达的，评论教科书上有着详尽的解读。这里只介绍几种常用的方法，供我们在参与管理表达意见时参考借鉴。

第一，新闻发现是新闻评论的基础。新闻评论在新闻传播中发挥着重要作用。在这里，新闻评论必须依赖于事实，不论这个事实是现在、新近或将要发生的事实。事实是第一性的，评论是第二性的，后者是对前者的一种思想反映。新闻评论是对新闻事实的反映，先有显露的事实，后有跟进的评论。我们要关注那些不曾被人们注意，但确实蕴涵着可评可点的事实由头。只要我们认真关注并把握它，它就有可能成为我们评论的一个亮点。法国著名雕塑家罗丹说过这样的话：生活中不是缺少美，而是缺少发现美的眼睛。借用这句话，我们可以说，评论中不缺少由头，而是缺少发现不一般由头的思想。

第二，新闻评论也要讲好故事。所谓故事，是对过去发生的事实或事件的回忆与讲述。在新闻评论中，选择和运用故事除了作为事实论据论证主题外，有时也借以抒发作者的情感，为整篇文章的立论和论述起着铺垫和渲染的作用。评论者讲故事有着自己特殊的要求——所有的讲述都是为论证服务的，也就是说，我们所选择和讲述的故事都要发挥事实论据的作用，要成为支撑观点的有力助手。所谓讲好故事，就是把评论赖以存在的事实讲清楚讲明白，因为“事实胜于雄辩”。故事中反映的事实是新闻评论之“本”，如何选择和讲好故事关乎评论的深度和广度，可考虑以下几点：一是它的独特性，即该事例是其他场合所没有或很少见到的；二是它的针对性，即该事实的运用既能反映该类事物的现状，又能促进该类事物的改变和发展；三是它的时代性，即该事例的运用反映了当今时代的特征和特点，它能激起人们的共鸣；四是它的新闻性，即该事例是最近出现的事物，与评论写作的时间距离较短。越是新近发生的事情，越是身边或周围发生的事情，对受众来说，越有吸引力。历史经典一旦被赋予时代需要，同样也是受欢迎的。

第三，把常识讲清楚是评论的基本功。面对社会现象、新闻事件、热点问题，细究一下就会发现许多都是常识惹的祸。对此，我们应该问自己几个问题：什么是常识？为什么常常犯常识上的错？哪些问题虽然重要却不容易被想到？哪些问题人们大都知道却常常解决不了？等等。在社会生活中常有人忘记常识甚至酿成大错，于是便有了常常讲常识的评论。

常识是什么？它就是经过人们长期社会实践检验的能为大众所了解和掌握的基本知识。常识的问题是一个常讲常新、与时俱进的老话题。要将常识的老话题讲出新意，不仅表现在社会发展和人们的思想领域，同时也表现在日常生活里，如“生命在于运动”。大家都认为这是常识，但是细究一下，也会发现问题。什么是生命？生命是蛋白质存在的一种形式。而蛋白质是天然的高分子有机化合物，它是由多种氨基酸组成，是构成生物体活质的最重要部分，是生命的基础。这些专业知识为我们重新解读“生命”提供了新视角：“生命在于和谐”。生命的和谐包括三要素：适宜的运动，均衡的营养和有效的休息。自然，要把这些新的“常识”讲清楚，并使之为大众所接受，还是要做很多功课的。这又是一项评论人的新任务。

第四，新闻评论也要抢、要养。评论要抢的是运用概念、判断、推理和论述发表对该事实的观点和思想，这个观点和思想要符合该事实的整体和本质特征，特别是引用的事实不能有一丝一毫的差错和虚假。但恰恰是在这一点上，常有评论人因为“抢”而发生差错。新闻报道讲究真实，新闻评论也该如此。当事实都不存在或不清楚或与真相相悖时，任何评论都是无效的有时甚至会起到消极的作用。在“抢时效”与“求真相”的选择中，“求真相”永远是第一位的。

天下事瞬息万变，对于一个评论者来说不可能时时处处都能在第一时间发表独到观点。此刻，想好了的可以先写，没想好的或事实还不明了或其他不宜发表的，不妨采用延时的方法，将评论的由头或思想养起来，换一个地方或换一个时间再予发表，这就是“新闻评论要养”的原因。新闻评论求新，强调的是一个“快”字。而“想好了再说”，它包含的是评论者的知识积累和运用，思想过程和表达，它追求的是一个“好”字。经济建设讲究“又快又好”，新闻评论也该如此。“又快又好”是个辩证统一体，需要评论人通过长期实践，用心感悟，力求“快”，争取“好”，“快”中求“好”，“好”中求“快”。当“快”与“好”发生冲突时，追求“好”永远是第一位的，这是新闻评论的本质所在，也是评论者的一种社会责任，须臾不可忘记。

第五，学习领会和阐释文件精神。现实问题是一切研究的源头；关注社会，参与实践，与时俱进，是一切研究者的职责。一个有良知、有社会责任感的知识分子，应该是知识和文凭、关注和投入、批评与建设三者的完整统一。

新闻评论要在新闻事实披露的基础上，探究这些新闻事实背后的原因、源头和发展趋势，揭露其本质，反映其规律性。那么，在我们的政治生活中，许多会议、文件、法规和领导讲话中，有很多重要精神是需要学习、领会和阐释的，于是这也就成为新闻评论选题的一个重要内容。

及时传达和解读上级精神;关注新提法,促进新发展;在持续不断中解读政策和理论。在不断学习文件的过程中,会发现有某个提法常常在用。看似不是新提法,但深究一下,其实里面包含的深意不少;保证中央精神落到实处,这就是我们常说的,要"上接天""下接地",紧密结合现实生活的实际,找出与文件精神联系密切的突出问题写评论,这样才能做到有的放矢,收到成效。

运用新闻评论来阐释文件精神,其一,要深刻学习和领会文件和讲话精神。只有自己把中央的精神学习领会了,才可能写出好评论。真理有时是在"再坚持一下的努力之中"发现的。只要自己真正弄懂了、吃透了中央文件精神,就要坚信:自己的观点总有一天能够被媒体所接受,文章总有一天可以公开发表。

其二,要从上级文件和领导人讲话中选题,要结合自己了解的情况,并找出自己特别有体会和有见地的话题做文章。从个人写作而言,找出要点,突出重点,单篇突破,选择其中一句话、一个观点、一个提法,都可以写出好评论。对于媒体而言,并非每次大会或讲话都要写系列评论。少而精的长篇评论,只要写得好,受众也是欢迎的;多而长、杂而滥的系列评论,看起来有气势,并非能达到好效果。

第六,评论要经得起历史的检验。实践是检验真理的唯一标准,而检验真理的实践则是一个长时间的历史过程。新闻评论是对新闻事实、事件、现象、问题的一种有形意见表达,它对人们明辨是非、针砭时弊、弘扬社会正能量是大有好处的。同时,它也要与事实一起接受历史的检验。

时间是检验新闻评论对错优劣的最终标准。马克思主义哲学认为,理性认识只有回到实践中,才能得到检验、修正、丰富和发展,才能指导实践、服务于实践,从而达到改造客观世界的目的。新闻评论的论说要符合历史唯物主义和辩证唯物主义的观点,在论述时遵守论说的一般规律;此外,它的论说要有理论根据,而这种理论也能经过历史的检验,是科学的。评论者要养成这样一种习惯,时常翻阅一下自己的作品,不时地检查和反思一下,过去的东西还有多少在今天看来还是正确的、有生命力或有很强生命力的。一个评论作者,应争取多写一些经过历史检验的有生命力的好评论。这是一个理论基础问题,同时也是一个做人的道德修养问题,需要引起评论作者的注意。一个成熟的媒体,也应高度重视这一问题。对评论者来说,时时回头看看自己的作品观点是否新颖、论据是否精当、论证是否缜密,是很有必要的。①

上述意见,不仅适用于专业评论员,对于提高广大公民表达也是有积极意义的。

讲好中国故事是当下在全国广泛开展的群众参与活动,也是人们的一种意愿表达。

---

① 参阅赵振宇:《现代新闻评论》,第三版,第十五章《新闻评论实践与思考》,武汉大学出版社 2017 年版。

“讲好故事事半功倍。”这是习近平在一份信息简报上的批示。在讲好中国故事中提高自己的表达能力，也是一种在实践中学习的好方式。

其一，用真实情感讲述客观故事。这里需要用大家听得懂的故事、情节、词语，包括数据、事例、引文和权威出处讲清楚讲明白，注意书面语言和口语表达的不同。有关演讲与口才的书很多，我担任过大赛的评委和辅导过选手获得好成绩，这里仅就故事开头和结尾的语言、情感、动作设计谈点意见。

心理学上有种效应叫首因效应，说的是人们在最初接触到的信息所形成的印象，也称第一印象。尽管第一印象不是那么准确和科学，仅凭此就给一个人和一篇演讲下结论也是不妥当的。但是，人们根据最初获得的信息所形成的印象不易改变，它确会影响以后我们对一个人行为活动的评价，甚至会左右对后来获得新信息的解释。所以，对于一个选手来说，登台的前几分钟、开场白的几句话和动作尤为重要。给观众和评委留下良好的第一印象是选手取胜的关键一步。

心理学上还有一种效应叫近因效应，它说的是人们识记一系列事物时对末尾部分、最近发生信息的记忆效果优于中间和开头部分信息的现象。近因效应与首因效应相反，是指人们交往中最后一次见面、最近一个信息给对方留下的印象，这个印象在对方的脑海中也会存留很长时间，甚至会影响首因效应的结论而作出新的判断和结论。这在比赛中也是常见的，本是不错的选手，就因为即将告别舞台的最后几句话没讲好或某个手势不妥当，而失去了获奖或失去了获好名次的机会；相反，有的选手由于最后结尾时的精彩表现，改变了评委的看法而获得好成绩。

其二，运用概念、判断、推理和论证来揭示故事中蕴藏的真理。所谓故事，是对过去发生的事实或事件的回忆与讲述。“讲好”故事，不仅要求选手用真情表白打动人，更需要将故事中蕴藏的观点、理论、思想征服人。

有学者研究恐怖事件中西方媒体报道中存在的“傲慢与偏见”，我们应该采取的应对策略是：一要主动出击，发布权威信息，积极引导西方大众舆论；二要积极关注网络坊间舆论，主动发挥论坛的作用；三要建立后续发布机制，在连续报道中揭示真相，澄清西方媒体的不实报道。①

这些强调的都是评论的作用。在“讲好”故事中，选择和运用故事除了借以抒发作者的情感外，也要考虑它能较好地为整篇文章的立论和论述起着铺垫和渲染的作用。“讲好”故事有多种形式，但是，“讲好”故事有着自己特殊的要求——所有的讲述都是为论证服务的，也就是说，我们所选择和讲述的故事都要发挥事实论据的作用，要成为支撑观点的有力助手。

---

① 薛涛、张荣美：《西方媒体涉华报道中的“傲慢与偏见”》，《现代传播》2017年第1期。

时下，新闻评论越来越受到媒体和大众的关注，这是因为，改革发展中的越来越多问题需要人们运用评论的力量来解读论证，释疑解惑；在与世界的交往中越来越多的事件和纷争需要揭示真相，明辨是非，所有这些都少不了演讲者对评论的关注和投入。综观近年来开展的演讲大赛，动情讲故事的多，而能够将故事的事实、数据、描述与判断、解读、评论融为一体的少，这是我们需要改进的一个方面。我们的大赛需要培养更多有理想有知识有理论有激情演讲者的踊跃参与，提高选手们的评论素质，让演讲台成为不断提升民众描述和评论素质的训练场。①

五、转变观念提高素质：据势行事，以事成势

新时代赋予了新任务，新形势提出了新要求。公民面对经济建设、政治建设、文化建设、社会建设和生态文明建设的政治参与，必须把握好“形势”与“行事”之间的辩证关系，不断提高公民表达素质和表达效果。

公民在政治参与中，不能只顾一地之域、一时之间、一事之限而谋事，只从某一具体事情入手而忘了大局，只谈现象而忘了抓住事物的本质。我们不能简单地“就事论事”，需要就“势”论事，即根据现在的形势和发展的趋势来认识我们所干之事；据“势”行事，即遵循形势的要求做好每一件具体事情；以事成“势”，即发挥聪明才智，创新方法和手段，使我们所干之事能积聚成势，从而，在坚持正确导向的前提下，提高政治参与效果和意见表达的传播力和引导力。

把握大局，精心行事，处理好“形势”与“行事”的关系。

在“事与势”的关系中，所谓“事”，说的是人类生活中一切活动和一切社会现象，有时也指单个的活动和表现；而“势”则是指一切事物力量表现出来的整体特性和趋向，形势是事物发展的当下状况，趋势则是事物发展的未来动向和走势。它们的性质由该系统诸事物背后的规律和本质所决定。我们讨论“事”与“势”就是研究和把握事物运动、发展、变化过程中个别与整体、当下与长远、具体与抽象的运动关系。

习近平在2013年8月19日的讲话中曾对宣传思想工作提出要求，一定要把围绕中心、服务大局作为基本职责，胸怀大局、把握大势、着眼大事，找准工作切入点和着力点，做到因势而谋、应势而动、顺势而为。这也应该是新闻评论和公民表达的最高境界。

所谓因势而谋，说的是对宏观世界的调控和把握，强调的是人们在观察社会、判断社会时所需要的“运筹帷幄之中，决胜千里之外”的战略能力。孙子曰：“不谋全局者，不足谋一域。”我们要从大“势”的角度看待某一事的位置和作用，从而制定意见表达的规划和举措。

① 参阅赵振宇：《一位高校评委对“好记者讲好故事”的解析与参赛建议》，《中国记者》2017年10月。

应势而动，说的是在整体规划下的行动计划及行动举措，强调的是意见表达的战术能力。公民在政治参与，在对某一事情、问题表达意见和进行反馈时，需要在运动中兼顾上下左右、轻重缓急的关系。

顺势而为，说的是在政治参与中发现和掌握事物的本质特征，遵循事物发展的一般规律和某一特殊事物的个别特性，“一把钥匙开一把锁”，强调的是公民意见表达时所追求的创造性和有效性。

就事论事，在很多情况下是少不了的，它是我们实现宏大目标的基础。但是，仅仅局限于某一事情而丢失对大局、大势的把握，就可能变成井底之蛙，事倍功半；只有在“势”中观事，在“势”中办事，以事促“势”，以事成“势”，方能够开创大势所趋、势不可当、势如破竹的新形势，形成抢抓机遇、借机发力的持续发展新趋势。

据“势”行事、以事成“势”至少要做好以下几方面的工作：

一是积小事成大事，聚大事成气势，让我们“每事每刻”的政治参与、意见表达都符合中央和上级制定的大目标，与当前的发展形势相吻合、相促进。作为一个公民，不论是撰写新闻评论还是参加民主协商、民主评议、民主监督等活动，只有从国家和宏观的大事大势着眼，才能干好我们每天的小事和具体事。也只有在努力干好每一件具体小事的基础上，才能聚成大事形成气势，在自己的意见表达中真正把握和体现正确的舆论导向。

二是在纷繁复杂、千变万化的情况下选择最能反映时代特征和本地特色、凸显本单位和本人优势、能够干且干得好的事情，发挥聪明智慧把握该事物的本质，将蕴涵其中的道理讲出来、讲精辟，并使之为领导机关、新闻媒体和广大民众所接受。在“形势”与“行事”的关系中，这项工作更重要。一篇评论、一次讲话或许没有什么特殊意义，但是，如果这篇评论、这次讲话在一个特殊场合、特殊问题上发挥了积极作用，对于参与者来说意义就不一般了。在做好“势”中之事时，也要注意做好那些与“势”看起来联系不紧或暂时联系不大的一般评论和发言，千万不要因一时的疏忽大意轻视了这些评论和讲话，使其影响到外界对自己的印象。虽然第一印象往往是靠不住的，但要消除这种心理效应却不是一件容易的事情。千里之行始于足下，创新之举活力无限，我们要认真走好意见表达的第一步！

三是在处理“事”与“势”的关系中特别要注意对时间的认识和把握。时间文明讲的是在一定时间里对人们行为准则的要求。所谓认识时间，就是掌握时间的本质和特性，在价值前提下把握时间的真谛。马克思在《资本论》中说：“一切节约归根到底都是时间的节约。”[①]时间是物质存在的一种客观形式，它反映了物质存在和运动发展的一种状

---

① 《马克思恩格斯全集(第 46 卷〈上〉)》第 1 版，人民出版社 1982 年版，第 120 页。

态。一切事物的发展变化都离不开时间，公民政治参与意见表达时更是如此。

事物的发展都有一个过程，这个过程是需要时间的。“不懂的事，别轻易评论；不了解的事，别妄下判断，还是等了解了前因后果和相关背景后再去表达意见。事实不清时，静默地等待事实逐渐浮出水面，等事实清楚后再做判断，有时候，静默等待比夸夸其谈可贵得多。”①

“讲好真话”是一篇大文章，也是对与时俱进的发展过程和历史的反映，它同时也是政府、媒体和公民三位一体的系统工程。新时代是我们实现民族复兴、共筑中国梦的时代。在近代百年中国人民寻梦、追梦、圆梦的历史进程中，我们已经走过“雄关漫道真如铁”的昨天，正在经历“人间正道是沧桑”的今天，翘首展望“长风破浪会有时”的明天。讲真话是光明大道、是人间正道，这条道还很长很长，但是，只要我们上下齐心、共同努力、坚持不懈、遵循规律，就一定能够实现毛泽东同志提出的“一个又有集中又有民主，又有纪律又有自由，又有统一意志、又有个人心情舒畅、生动活泼，那样一种政治局面”。②

作品选编

巴金走了，我们还寄托于谁

巴金走了，他是以中国作家协会主席的身份离开我们的。

他从 1981 年担任此职已达 24 年之久，这恐怕是中国乃至世界上少有的——他是一个真正的杰出的作家。从 1921 年公开发表第一篇文章，到 1999 年 2 月续写《怀念振铎》一文，巴金一生中创作与翻译了 1300 万字的作品。他的《激流三部曲》(《家》《春》《秋》)、《爱情三部曲》(《雾》《雨》《电》)以及《寒夜》《憩园》《第四病室》等文学作品，是中国文学的丰碑。巴金还是杰出的出版家、编辑家。20 世纪三四十年代，他曾任上海文化生活出版社总编辑达 14 年之久，培育了大批文学青年。2003 年 11 月 25 日，巴金百岁生日，国务院在上海授予巴金“人民作家”光荣称号。这些都是有目共睹、令世人信服的。

巴金走了，他更是以“说真话”的思想战士的身份离开我们的。

1978 年 12 月至 1986 年 7 月，他用了整整 7 年的时间完成了煌煌 5 卷 40 多万字的《随想录》。在这部由 150 篇短文组成的散文随笔集中，巴金没有醉心于苦难，也没有把

---

① 曹林:《事实不清时，耐心等待是最好的姿态》，2015 年 4 月 1 日《中国青年报》。

② 《建国以来毛泽东文稿(第六册)》，中央文献出版社 1992 年版，第 543 页。

自己当作受害者去谴责别人，而是把自己连同历史一起进行审视、拷问，“把笔当作手术刀一下一下地割自己的心”。正如他在五部集子的合订本序言中所说：“讲出了真话，我可以心安理得地离开人世了。”《随想录》以各种版本问世后，引起社会很大反响。作家张光年曾说：“他在很多篇章里，毫无保留地深刻剖析自己的灵魂。实际上，他是在剖析我们的时代，我们的社会，我们一代知识分子的心灵。我们珍视这些文章，因为这是巴金全人格的体现，是巴金晚年最可贵的贡献。”从 20 世纪末至 21 世纪初的 20 多年时间里，他一直以一个“说真话”的民主战士活在人们的心里，每逢纪念他的生日的时候，这样的文字就会成为各家媒体的主旋律。看看他逝世后几天的报纸和电视，大都是围绕“说真话”这个主题而展开。一位鼎鼎有名的大作家，人们纪念他，不是谈他的小说文章，而是大讲他的“说真话”，不知这是巴金的骄傲，还是我们民族的悲哀？今天，这位英雄走了，他心安理得地离开了我们，他说的真话够多的了。

巴金走了，我们还寄托于谁？

在巴金的晚年，特别是在他重病卧床不起的十余年里，他几度病危，又几度好转，他有意识，但又不能说话，因为气管切开，不能言语。他要进食，但不能咀嚼，只能靠导管直达胃中补充营养……如此艰难地活着（不是生活）已经不是为了他自己，而是为千千万万个崇尚讲真话说实话，希冀民主自由博爱的民众，为他们提供一个可以朝拜、能够慰藉、足以鼓起追求真理勇气的精神领袖！如今，这棵大树倒下了，这个不眠灯熄灭了，这个英灵离我们远去了，到了他该去的地方——为他而命名的巴金星座。也恰恰此刻，载着航天英雄费俊龙、聂海胜的“神舟六号”遨游太空五天五夜后胜利归来了，历史就是如此之巧。宇宙间的物质不灭定律告诉我们，物质永远是守恒的，该结束的终究要结束，该诞生的必定会出现，我们需要做和能够做的就是将这个转变的过程进行得好一些、自然一些、平稳一些罢了。

巴金知道：“我提倡讲真话，并非自我吹嘘我在传播真理。正相反，我想说明过去我也讲过假话欺骗读者，欠下还不清的债。”讲真话，是人们反映客观现实的基本属性，是我们一切决策者领导人制订计划实施决策的基本前提。但是，多少年来，这一基本属性被扭曲了、被压抑了，有的地方有的时候甚至被扼杀了。讲真话，并不等于都是真理，更不能决定一切；但是，没有了真话，排斥和压制真话，对一切绝对是不利的。巴金走了，作为一个讲真话的精神寄托，他走了。但是，作为一种讲真话人的属性应该回归——从来就没有什么救世主，也不靠神仙皇帝。要创造人类的幸福全靠我们自己，不是这样么。

但愿这个话题不只是热闹这么几天。

（原载 2005 年 10 月 21 日《武汉晨报》）

今天，怎样讲好真话

何谓讲真话，我以为它至少应包括以下两种情况：其一，真实地反映客观现实的话，经过实践检验它是正确和基本正确的话。其二，它是发自肺腑的，它可能是不正确不全面甚至是错误的话。

今天，我们该如何讲真话?

首先，利用大众传媒讲真话。真话只在私下讲，日记簿里面讲；只在床头讲，洗手间里讲，显然是不行的。既然是讲真话，就应该在大众场所和通过大众传媒来讲，让更加广泛的受众都知道。20 多年前我在《人民日报》一版发表过一篇评论，叫作《多提供讲心里话的地方》。文章指出，报纸、广播、电视要多开辟版面、时间发表人民群众的心里话。当时还没有网络和手机等新兴媒体。如今，现代传播媒介和手段较 20 年前已经有了突飞猛进的发展，发生了翻天覆地的变化。今天，要求人们或人们希望讲真话，就不能不开辟更为便捷的传播渠道，提供更为广阔的意见平台了。在大众媒体上讲真话和在私下讲真话是不完全相同的，要注意表达方式和技巧。

其次，在岗位上讲好真话。现在并不是所有的人在所有的时间都不讲真话。不信你到老干部活动中心转转，在居委会的麻将室里坐坐，在街头巷尾的里弄里走走，时常会听到那些离开工作岗位上的老人们的真心话。我就听到过一些曾在宣传部门和新闻单位领导岗位上工作多年退下来的老同志闲谈，那里有很多在岗位上听不到的真话。人一没有乌纱，不在岗，心里踏实了，真心话也就多了，也都敢讲了。有没有用呢，有一点用，不然憋在心里会闹出毛病来，说出来心里痛快。但是，我以为真话还是多在岗位上讲要好。不论做什么工作，在生产、工作一线，了解的情况多，说真话的机会多，说出的真话对于促进社会科学发展、和谐发展的好处也多得多。

再次，对当事人当面讲真话。任何讲话都有自己的讲话对象，不论是亲朋好友，还是同学同事，或是上级领导、行政官员，只有“锣鼓对面敲”，真话讲给当事人听，才会收有好效果。但是，要做到这点很难。前几年就有报道说，温家宝同志到一个地方视察时，在一天里对受访群众说了五次“要给我说实话”。中纪委、中组部到地方考核干部，遇到的一个共同问题就是下面不敢讲真话。中央领导、中央部门听真话这么困难，这会给政府的科学决策增添多少困难，增加多少投入?而要保证受访者敢于讲真话，我以为领导出行还应轻车简从，少些陪同，特别是少一些受访者的顶头上司。陈毅有诗曰：“难得是诤友，当面敢批评。”当面讲的不仅是批评的话，还有建议的话、商量的话、研究的话和贴心的话。难得当面讲真话，我们努力做这样的人，有关方面创造环境保护好这样的人。

最后，讲真话要合法规合情理。真话就是心里话，说了就痛快。但是，作为一种信息交流和传播，说话者不能不考虑说话的效果，想到就说，还没想好就说，想都不想就说，完全不考虑法规，不考虑情理，这也是不妥当的。讲真话作为一种个人真心的表白，当然不能顾忌太多，老是看上级、同事、周围人的眼色行事，那样活着也太累。但是，既然要说话，要传播信息，就不能不考虑说话的效果。讲假话、传谣言，蛊惑人心，那是绝对不许可的。有好心,凭直觉,说真话违反了国家法规和人间情理,也是不能允许的。说真话虽是个体行为,但是,一旦到了大众场所和大众传媒,说话者就不能不考虑自己的责任了,特别是在当今网络系统迅猛发展的形势下。

讲真话好,讲真话难,唯有难才需要我们大家都去努力实践——要有新闻的敏锐和理论的深刻,能在发现问题或问题端倪时早说真话;要在人们趔趄不前、嗫嚅而言时敢说真话;要在能说真话时说好真话;要将真话时常挂在嘴边长说真话(谣言说了十次都成了真话,真话不常讲也可能会成为假话);讲了真话,被实践证明是不正确或错误后,要认账改错。讲真话从我做起,从现在做起,从能够做的地方和时间做起,比如从删去我们时常看到和听到的社论、报告、演讲和主持人的最后一段空话套话开始,讲符合当时当地情况的、管用的真话。

(原载 2011 年 8 月 26 日《人民日报》)

用制度体系保证人民当家作主

党的十九大报告重申,“有事好商量,众人的事情由众人商量,是人民民主的真谛”。为达此目的,必须加强民主制度建设,形成完整的制度程序和参与实践,保证人民在日常政治生活中有广泛持续深入参与的权利。扩大人民有序政治参与,保证人民依法实行民主选举、民主协商、民主决策、民主管理、民主监督。人们的意愿不仅仅表现在参与过程的讨论和表决中,更应表现在经过民主程序而产生的科学结果上。这就需要保障人民知情权、参与权、表达权、监督权,各级领导干部就要增强民主意识,发扬民主作风,接受人民监督,人们的意志能够直接影响和决定他们的去留升迁。

一、形成完整的制度程序和参与实践

在建立和发展完整的制度程序和参与实践中把握以下几点:第一,必须在一定的法律和规定的范围内进行,按照有序的原则进行;第二,应以有利于大众和社会为出发点和最终的检验标准,如有不到,则应接受批评并作出自省。

公民参与的基本准则为“依法”“有序”“广泛”。具体表现如下:

“依法”说的是参与者的行为准则和规范,公民行使参与权要遵守国家和地方制定的相应法律和规定。

“有序”强调的是公民的一切参与都要以一定的程序办事,讲究行动的科学性。这种有序,一方面要求组织者依法行事,另一方面还要尊重参与者的意愿,在他们自愿的前提下行使参与权利。一切国家机关和有关部门,不得以任何强迫的方式逼迫公民或利用名利等非正常因素诱导公民参与对本集团或部门有利的活动,违心地表达自己的意愿,从而达到组织者的目的。

“广泛”是指最大限度地调动公民的积极性和创造性,同时也要为他们的参与提供最好的参与环境。

公民参与管理国家事务是公民的权利和义务，它不仅仅是一种形式、一个过程，同时也应该表现出一种结果。公民的参与，只有以能够让他们看得见的形式表现出来，这才是真正的民主。也只有这样，才能最终保障和调动公民参与政务及一切社会活动的积极性。

参与的过程本身就是一个学习和体验的过程，在自觉参与和平等交流中，大家会在过程的体验中感悟到国家法律的尊严，建设的艰辛，管理的繁杂，社会的多样化。学习和升华，对于提高整个民族的政治和科学文化素质是大有好处的。

二、坚持合法性，加快推进程序化建设

所谓程序的合法性，说的是一切程序的设置都要符合和遵守国家的根本大法和有关法律，这些程序包括立法程序、执法程序和守法程序，同时，程序的运行也需要法律的保障。

程序的合法性可以最大限度地维护人的尊严、保障人的人格与自由权利。所以，法律界有人打比方说，实体错误只是把一个东西称错了，而程序错误则是把秤杆上的定盘星定错了，称什么东西都不准。

在程序的制定和实施中，要把握好以下几点：

其一，有法可依，先立法后行动。我们的社会是一个逐渐步入法制的社会，不论是哪级政府和组织，即使是做对人民大众有利的事，也必须依法行事。如果还没有相关的法律，就要先制定再行动，逐步使我们的一切工作都做到有法可依，程序的制定也应如此。要善于使党的主张通过法定程序成为国家意志，善于使党组织推荐的人选通过法定程序成为国家政府机关的领导人员。

其二，一切可用法律都要为大众所知晓。改革开放以来，我们国家制定了不少的法律和法规，但是，在不少地方和工作中还存在着有法不依的情况。为什么呢？就是有关法律虽然已经制定，但还不为大众所知晓。所以，必须加强对已有法律和法规的宣传普及教育工作，包括对广大群众和领导机关、管理部门人员的教育，使大家都能知晓法规，按法规办事。只有这样，我们制定和实施程序时，才能保证它的合法性。

其三，违法必究，监督落实。从人治到法治是一个长期的过程。在这个过程中，既包括对依法办事者的肯定和鼓励，也包括对有法不依和亵渎法律者的批评和惩处。奖励和惩罚是一个社会进行科学管理的有效杠杆，我们的社会只有对那些违法者实施严格的惩罚，才可能保证大多数人的利益不受侵犯。在这个过程中，要充分发挥组织监督、民主监督和舆论监督的作用，特别是对领导机关和权力部门的监督。不仅要监督运行的结果，而且要监督运行的过程，只有运行程序是科学的，才有可能保证其结果是有效的。

（原载 2017 年 11 月 13 日《北京日报》）

标语口号慎提为好

为配合中心工作，为鼓舞员工士气，在城市、在乡村、在工地、在练场，提口号、挂标语、拉横幅是需要和可行的。但是，要注意克服以下两方面的问题。

一是标语口号不科学。不久前，南方一家大报刊发报道《从“七个武汉”开始，认识武汉、爱上武汉、助力武汉复兴》。文中提到本报新闻客户端“认识武汉”频道上线频道设置的系列栏目，用了“七个武汉”的提法帮助大家进一步了解武汉的历史、现实和未来：国家战略聚焦的武汉，山水形胜的武汉，科教发达的武汉，九省通衢的武汉，工业重镇的武汉，人才荟萃的武汉，宜人居住的武汉。

编辑策划的思路是积极的，用心是好的。但这种概括式的提法却是不科学、不完整，容易引起歧义的。武汉作为国家发展中的一个特大中心城市，它的功能是多样的，它的特性和优势也是丰富多彩的，很难从几个方面和用城市名片的方式来准确形容和概括。而且，随着城市的发展，这些描述还会与时俱进不断发展和变化。《人民日报》曾写过一篇评论：“在城市的历史长河里，今人的想法再多，大多数也只不过是一朵浪花、一个旋涡而已。‘上有天堂、下有苏杭’‘天府之国’‘六朝古都’等震古烁今的‘城市名片’提醒我们，给一个地方‘起名画像’要有敬畏之心，至少不要变来变去，否则就是热闹一时的过眼烟云。”（载 2017 年 7 月 20 日《人民日报》）

另外，从数字表达的角度来看，除了“七个武汉”，还有“四个武汉”（创新中心、贸易中心、金融中心、高端制造中心）、“五个武汉”（活力城市、高教城市、绿色城市、宜居城市、包容城市）的提法，那么，武汉到底有几个？区级政府还有“四个江汉”（富裕江汉、活力江汉、美丽江汉、幸福江汉）的概括等。从全国来看，还有“四个济南”（区域性经济中心、金融中心、物流中心和科技创新中心）、“五个重庆”（宜居重庆、畅通重庆、森林重庆、平安重庆、健康重庆）和“五个湖北”（富强湖北、创新湖北、法治湖北、文明湖北、幸福湖北）等等表述。一个区、一个市、一个省就是一个区、市、省，现在出现对一个辖区的多位数描述，对于小孩和未成年人、外地和外国人来说会产生歧义，他们不知道中国到底有几个武汉、几个济南、几个重庆和几个湖北或这样表述是什么意思。如果将这些数字统计上升到国家层面，麻烦就更大了！

二是标语口号泛滥。神州大地，大江南北，我们时常可以看到这样的标语。春天来了，“全民植树，绿化祖国”；夏日到了，“大家齐动手，洁净美家园”；“三八”来了，为妇女而书；“五一”到了，为工人阶级而写；教师节、儿童节、建军节，更是有着明确的书写对象；遵守交通规则涉及人的生命安全，写几条标语立于街头理所当然；防火防盗，教育好孩子更是居委会常做常新的话题；“七一”“十一”是党的生日、祖国的诞辰，那么，“大战三十天，向七一献礼”“再创新成绩，迎接国庆节”等一类的标语口号悬挂于大街小巷、施工现场更是司空见惯的事了。到了年底，各种各样为提前完成任务的标语口号就更多更多了……

早在1905年，由詹天佑主持修建的京张铁路的青龙桥至今还在长城八达岭下服务，但是在很多城市为子孙后代修建地铁的工地上，却可以看到“建百年地铁　铸精品工程”的宣传牌；计划生育是基本国策不能不宣传，国家放开生育二胎政策，在农村就可以看到这样的标语“让村里每个女人怀上二胎，是村支书不可推卸的责任”……可以这么说，在工厂、学校、机关、游乐场所，几乎有人活动的地方都有各种各样的口号。

看到这些无章无序、充满时空的标语、口号、横幅，我就想起了多少年不变的中南海新华门壁照上毛泽东手书的“为人民服务”题字，还有天安门城楼上醒目的标语“中华人民共和国万岁”和“世界人民大团结万岁”。天安门广场是全国人民向往的地方，但是，那里除了重大节日和活动外，平时都只有五星红旗在广场四周上空飘扬。前不久，中央环保督察组在向天津反馈督察情况时就明确指出天津工作中存在“口号多、落实少”的问题。(见2017年7月30日《人民日报》)中央关于改进工作作风、密切联系群众《八项规定》指出，领导同志到基层调查研究时，“不张贴悬挂标语横幅”。这个问题不仅表现在环保工作中，不仅强调调查研究时，同时也表现在一个城市和一个地方的整体工作和定位宣传中，这是需要引起政府机关和领导同志注意的。对于新闻媒体来说，也要注意报道时的规范语言，不要将地方政府和领导人的不当用语直接搬到媒体报道中。

(原载2018年2期《中国政协》)

奖励英雄，不是奖励者展示自己资源和权力的时候

关于如何奖励抗击新冠肺炎战疫中牺牲和做出贡献的医务人员，由媒体发表该奖励什么的不同评论引起广大民众积极参与的讨论还在继续之中，我以为很好。它为我们提供了一个“百家争鸣、百花齐放”的舆论环境，为政府决策创造了一个“集思广益、择善而从”的工作程序。希望它能够成为一个推进国家治理体系和治理能力现代化的典型案例，让政府、媒体和民众的各个方面都从中受益。

我从20世纪80年代开始关注和研究奖励问题，出版了《奖励的奥妙》《奖励的科学与艺术》《神奇的杠杆——激励理论与方法》等多部著作，在媒体上开辟“奖励学漫谈”专栏，对社会上出现的奖励问题予以研究和探讨。在多年的研究中，我以为，奖励是社会对人们良好行为或成果的积极肯定的信息反馈，促使人们将这种行为保持和增强，加快人的自我发展，为社会创造更大的效益。奖励既包括物质的，如奖金、奖品、提薪、分房等；也包括精神的，如表扬、记功、授助、登报；同时，也包括物质与精神合一的信息载体，如记功、晋级(在这里，物质奖励和精神奖励的划分是相对的)。除此以外，在社会生活中，对人们的理解、信任、尊重，对工作的肯定、支持、帮助，对创造发明的重视、宣传、运用，以及同志之间、上下级之间赞许的目光、友好的微笑、善意的手势等，只要是能给人们带来欣悦，巩固和激发积极行为的反馈信息，都可称为奖励。奖励在调动人的积极性

提升人的素质过程中，与需要、情感、意识、意志、创造力、竞争力、道德品质等方面有着密切的关系。

今天，在抗击疫情中对优秀医务员给予奖励，教育部门拿出了中考加分的指标，旅游部门送出了免费的旅游项目，还有组织人事部门出台了有关奖励他们的文凭、职称、晋级等优惠政策等。那么，住房和建设部门应该拿出什么服务于英雄，交通运输部门如何为他们提供旅途方便，保险公司应该拿什么解除他们的后顾之忧？还有那些与英雄们衣食住行须臾不可少的公交、医疗、餐饮、超市、银行、小区服务等众多部门，该为他们提供怎样的奖励项目？除此，还有这次抗疫中很少露面的农村农业部门、水利矿产部门、自然生态环境部门，公检法司、文物局、档案馆、博物院等部门，还有一些在此次疫情中出现问题和大家都知道而又不便公开说的一些部门，他们是否也需要向抗疫英雄们一一展示自己的资源，动用自己分工部门的权力，向他们表示自己特有的敬意？试想一下，如果这些部门都行动起来，是否又要麻烦全社会对参与展示资源的"奖励英雄"来一次排名大赛？如果能行，大赛排名后是否会影响到人们特别是学子们对那些资源丰厚部门进行新的职业选择和求学指向？

此次新冠肺炎疫情是一次特别重大的突发公共卫生事件，已被世界卫生组织认定为"国际关注的突发公共卫生事件"。大事当前，我们的一切行动都必须按照国家法规办事。由全国人民代表大会常务委员会通过的《中华人民共和国突发事件应对法》（后简称《突发事件应对法》），是规范突发事件应对活动的根本法。《突发事件应对法》"第四条　国家建立统一领导、综合协调、分类管理、分级负责、属地管理为主的应急管理体制。"根据这一条例，国家成立了中央应对新冠肺炎疫情工作领导小组，建立国务院联防联控机制，各省市自治区成立了辖区的抗击新冠肺炎指挥部。"第六十一条　公民参加应急救援工作或者协助维护社会秩序期间，其在本单位的工资待遇和福利不变；表现突出、成绩显著的，由县级以上人民政府给予表彰或者奖励。"

《突发事件应对法》告诉我们，对抗击疫情医务人员（包括其他优秀参与人员）的奖励应由国家或地方政府统一组织颁发，不能由中央或地方某一个或几个有资源的部门出面。这种奖励与企业、个人的捐赠和褒奖是不同的，企业和个人可随自己意愿而行，而政府部门不行。行文至此，刚刚获悉新华社播发中央应对新型冠状病毒感染肺炎疫情工作领导小组印发《关于全面落实进一步保护关心爱护医务人员若干措施的通知》（后简称《通知》）。《通知》提出了爱护、保障和奖励一线医务工作人员的十项举措。各地现在的任务就是，以高度负责的精神将《通知》要求落实到位，为坚决打赢疫情防控阻击战提供有力保障。

（原载 2020 年 2 月 28 日《河南日报》）

后 记

我于1982年大学毕业后分配到长江日报社工作，2001年调入大学任教。从一个媒体评论员到高校评论教授，长期的媒体评论和教学实践促使我思考一个问题：评论是什么，如何认识它，怎样发挥它在社会进程中的积极作用？在长期的教学实践和理论研究中，我慢慢悟出并坚定了这样一种认识：从新闻学视野解读新闻评论——新闻评论作为一种观点信息越来越受到人们的关注，自然也得到媒体的重视；从社会发展视野研究新闻评论——新闻评论作为舆论环境建设的一个重要组成部分，在促进民主政治建设中越来越发挥着积极作用；从认识论视野阐释新闻评论——新闻评论作为一种理性认识的表现形式，有助于人们更全面、更科学地认识世界。由此得出结论：评论是一项需要普及和提高的公民素质。正是在这种理念的指导下，我先后出版了普通高等教育“十一五”国家级规划教材《现代新闻评论》（武汉大学出版社2009年版）、研究新闻评论思维和品格的研究生教材《新闻评论研究引论》（中国人民大学出版社2011年版）和关于新闻评论教育、评论人才培养的《新闻评论通论》（清华大学出版社2014年版）。我讲授的视频公开课“社会进程中的公民表达”被列为教育部精品视频公开课。同样，根据这一理念，我们团队在新闻评论教学改革与创新方面经过17年的努力，获得了教育部2018年国家级教学成果奖二等奖。我本人也入选教育部马克思主义理论研究和建设工程重点教材《新闻评论》首席专家。这些成绩和荣誉是政府和社会对我们新闻评论教学改革创新的肯定和褒奖，同时，也说明了评论在社会进程中对于提高公民素质的重要作用。

社会上还有这么一种认识上的偏差，人们一说到新闻评论，大都会想到犀利、不讲情面，而大多数评论教材，在介绍新闻评论的特性时也都强调它的战斗性。近些年来，我作为特邀评论员参加一些省市电视台的“电视问政”节目，也常被观众誉为“最犀利的评论员”。从某种意义上来说，这种说法是对的，因为评论作为一种直接表达思想和观念的论说形式，当然不能像抒情散文和诗歌那样绵柔。但是，我们也必须认识到，评论不全都是“投枪”和“匕首”，它也可以说得很委婉、很动情；当评论发挥着“投枪”和“匕首”功能时，不能伤及无辜；当我们不讲情面地发表意见时，也要容忍别人对自己的不讲情面。说到底，我们的一切言论和行动，都是为了整个社会的和谐。在新闻评论的词典里强调犀利、不讲情面的同时，也该有“宽容”的一席之地。我一直以为，一个有良知、有社会责任感的评论员，应该将民主意识、科学精神、独立品格和宽容胸怀统一地呈现在自己的意见表达中；这同样也应该成为广大民众意见表达的准绳，要在循序渐进的学习中、在锲而不舍的坚持中才能逐步得以实现。这也正是我撰写本书的初衷所在。

《中华人民共和国宪法》保障人民充分享有言论自由权，人民有权管理、监督、批评政府，并对政府或社会各种侵犯公民利益的行为提出有效的解决办法或建议。2009年4月13日，新华社发表了由国务院新闻办公室公布的《国家人权行动计划(2009—2010年)》(下文简称《行动计划》)。《行动计划》在第二部分“公民权利与政治权利保障”中提出“采取有力措施，发展新闻、出版事业，畅通各种渠道，保障公民的表达权利。——加强对新闻机构和新闻记者合法权利的制度保障，维护新闻机构、采编人员和新闻当事人的合法权益，依法保障新闻记者的采访权、批评权、评论权、发表权。”这里第一次提出了“评论权”，“评论权”不仅仅是记者的权利，同时也是广大民众的权利。

当今时代，在知识信息骤增的大背景下，在传播速度越来越快捷且媒体形式越来越多元化的形势下，受众已更加理智，除了需要知道新闻报道的事实外，更有深入了解事实成因及后果的欲求。简单化报道和发表意见已难以激发人们的阅读欲，而视角独特、见解独到、说理透彻、思维方式新颖、富有张力的言论，才会受到读者的青睐。今天，我们不能一味鼓励“想到就说”，而要力求“想好了再说”，提倡“讲好真话”。

讲真话好，讲真话难，正因为难才需要我们大家都努力去实践——要有新闻的敏锐和理论的深刻，能在发现问题或问题端倪时快说真话；要在人们趑趄不前、嗫嚅而言时敢说真话;要在人们能说真话时说好真话;要将真话时常挂在嘴边常说真话(谣言说了十次都成了真话,真话不常讲也可能会成为假话);要在讲了真话且被实践证明是不正确或错误后认账改错。讲真话从我做起,从现在做起,从能够做的地方和时刻做起,比如从我们删去时常看到或听到的社论、报告、演讲和主持人的最后一段空话套话开始,讲出符合当时当地情况的管用的真话来。实践是检验真理的唯一标准,而时间则是评判人们认知和实践是非功过、真伪优劣的最终标准。

1999 年,我出版了第一本评论杂文集《与灵魂对话》(长江文艺出版社)。该书收集了我在长江日报社工作期间发表于各种报纸、杂志和书籍中的评论、杂文和生活随笔。那是一位新闻人对自己过往时光的小结,有感悟、有体味、有思考,也有求知的探索。今日翻阅,发现还有很多的领域未能涉足。

2009 年,我出版了《我们说了些什么——一个新闻学教授的历史回眸》(武汉大学出版社)一书。1978—2008 年,我国经历了以阶级斗争为纲转向以经济建设为中心的现代化建设、改革开放和加入世界贸易组织等重大变革,其间还伴随着知识经济浪潮、网络媒体革命和政治体制改革,影响是深远的。作为这个时代的参与者和见证人,我以一个新闻学教授的责任感,用纪实的方式,在书中回眸了 30 年来中国民主进程中发生的重大变革、一代知识分子的思考、典型的新闻事件以及媒体对此的评论。

2019 年更是一个值得大书的日子——伟大祖国,欣欣向荣,中华人民共和国成立 70 周年。在近代百年中国人民不屈不挠、顽强拼搏的奋斗中,我们创造了举世瞩目的伟大业绩,中华民族对世界做出了重大贡献。今天,我们进入了一个寻梦、追梦、圆梦的新时代。人们不仅对物质文化生活提出了更高要求,而且在民主、法治、公平、正义等方面的要求日益增长。人民对美好生活的向往就是我们的目标,人民有信仰,国家有力量,民族有希望。马克思曾经说过:“发表意见的自由是一切自由中最神圣的,因为它是一切的基础。”满足了人们的这些要求,就能更好地推动人的全面发展、社会进步。为此,党的十九大报告指出,“众人的事情由众人商量,是人民民主的真谛”,要“加强协商民主制度建设,形成完整的制度程序和参与实践,保证人民在日常政治生活中有广泛持续深入参与的权利”。在这种时代背景下,经过了近十年的努力探索,我出版了《讲好真话》一书。我们有必要在全体民众中提倡和奖励讲真话,学习讲好真话,提高讲真话的表达艺术和技巧;反对讲假话,批评和惩罚讲假话——建立一种良好政治生态的舆论环境和管理体制。写作的过程,也是一个不断提升自己的过程。在以后的日子里,我将努力以积极审慎的态度,说一点自己能够说、说得好的话,做一点自己能够做、做得好的事。

十分感谢华中科技大学出版社选择本书作为该社的重点图书予以支持。总编辑姜新祺先生以高度的政治责任感和出版家的敏锐为本书把握方向。责任编辑杨玲女士是一位年轻睿智的哲学博士，她像母亲呵护孩子一样对本书的内容、章节、装饰等细节都给予了细致关心和统筹安排。美术编辑刘婷女士毕业于清华大学，她的美工设计为这本理论读本的普及增色不少。感谢青年漫画家曹一先生加盟本书的漫画创作，他以漫画人特有的线条勾勒方式，为本书点睛增趣，开启了我们新的合作。感谢学校学院多届领导和诸位同仁的关爱和支持，感谢新闻评论班教学团队的老师们和评论班同学们长期的配合和帮助，他们为本书提供了众多时代新知和鲜活案例，感谢新闻宣传教育部门的关注和支持，感谢众多新闻媒体平台倾力合作和高校同行们的鼎力相助，本书在论述时选用了许多典型报道和精彩点评，除在文内注明外，在此谨表示谢忱。期待阅读本书的读者朋友们提出更多更真切的批评和指教！

赵振宇
2019 年 10 月于武汉